Kohlhammer

Manfred Hutter

Handbuch Bahā'ī

Geschichte – Theologie –
Gesellschaftsbezug

Verlag W. Kohlhammer

1. Auflage 2009

Alle Rechte vorbehalten
© W. Kohlhammer GmbH, Stuttgart
Gesamtherstellung: W. Kohlhammer GmbH, Heßbrühlstraße 69, 70565 Stuttgart
produktsicherheit@kohlhammer.de

Print:
ISBN 978-3-17-019421-2
E-Book-Format:
PDF: ISBN 978-3-17-023168-9

Für den Inhalt abgedruckter oder verlinkter Websites ist ausschließlich der jeweilige Betreiber verantwortlich. Die W. Kohlhammer GmbH hat keinen Einfluss auf die verknüpften Seiten und übernimmt hierfür keinerlei Haftung.
   Dieses Werk einschließlich aller seiner Teile ist urheberrechtlich geschützt. Jede Verwendung außerhalb der engen Grenzen des Urheberrechts ist ohne Zustimmung des Verlags unzulässig und strafbar. Das gilt insbesondere für Vervielfältigungen, Übersetzungen, Mikroverfilmungen und für die Einspeicherung und Verarbeitung in elektronischen Systemen.

Inhaltsverzeichnis

1.	Einleitung	9
2.	Religion und Geschichte	17
2.1	Der geistes- und kulturgeschichtliche Hintergrund im schiitischen Iran	17
2.2	Das Wirken des Bāb (1819–1850) und die Entstehung der Bābī-Religion	19
2.2.1	„Messiaserwartungen" im Iran und die Sheikhī-Theologie	19
2.2.2	Sayyid ᶜAlī Muhammad, genannt der Bāb	22
2.2.3	Die Versammlung von Badasht (1848) und die eigenständige Bābī-Identität	26
2.3	Dynamik und Veränderung unter Bahā'u'llāh (1817–1892): Vom frühen Bābismus zur Bahā'ī-Religion	31
2.3.1	Die Entwicklung Bahā'u'llāhs vom Bābī zum Urheber der Bahā'ī-Religion	31
2.3.2	Bahā'u'llāhs Wirken als neuer Offenbarungsbringer	38
2.3.3	Exkurs: Subh-i Azal und seine Anhänger als eigenständige Religion nach der Trennung von den Bahā'ī	44
2.4	ᶜAbdu'l-Bahā (1844–1921) als Nachfolger Bahā'u'llāhs und der Beginn der Verbreitung der Religion im Westen ...	46
2.5	Shoghi Effendi (1897–1957) und die Phase der Organisation und Systematisierung der weltweiten Religionsgemeinschaft	50
2.6	Die Bahā'ī unter der Führung des Universalen Hauses der Gerechtigkeit (seit 1963)	54
2.7	Israel und Iran als Typen eines „Heiligen Landes"	56
2.7.1	Israel und die Bahā'ī-Stätten	56
2.7.2	Irans heilige Stätten und die Verfolgung der Bahā'ī	60

2.8	Lokale Religionsgeschichte: Die Bahā'ī im deutschsprachigen Raum	68
2.8.1	Deutschland	68
2.8.2	Österreich	73
2.8.3	Schweiz und Liechtenstein	78
3.	Religion und Theologie	83
3.1	Das religiöse Schrifttum	83
3.1.1	Die „Heiligen Schriften" des Bāb	83
3.1.2	Die „Heiligen Schriften" Bahā'u'llāhs	88
3.1.3	Zur Auslegung und zum Verstehen der Schriften des Bāb und Bahā'u'llāhs	96
3.1.4	Die Bedeutung der Schriften in der Überlieferung und Kalligraphie	100
3.2	Lehrinhalte und theologische Symbolik	103
3.2.1	Gottesbild und Offenbarer	103
3.2.2	Kosmologische Vorstellungen	106
3.2.3	Das Menschenbild der Bahā'ī	113
3.2.4	Das Konzept der fortschreitenden Offenbarung	118
3.2.5	Fortschreitende Offenbarung und der Eigenwert der „anderen" Religionen im interreligiösen Dialog	122
3.2.6	Das religiöse Recht und die Gemeindeordnung	125
3.3	Die religiöse Praxis	129
3.3.1	Feste und kultischer Kalender	131
3.3.2	Gebete und Gotteslob in den „Häusern der Andacht"	139
3.3.3	Besuche an heiligen Orten	144
4.	Religion und Gesellschaftsbezug	149
4.1	Demographische Verbreitung und Wachstumsraten	149
4.2	Organisationsstrukturen der Bahā'ī-Religion und Gemeinden	155
4.2.1	Das Hüteramt und die „Hände der Sache Gottes"	155
4.2.2	Das Universale Haus der Gerechtigkeit und die Geistigen Räte	156
4.2.3	Weitere organisatorische Einrichtungen	160

4.3	Bahā'ī-Ethik als Beitrag zur Entwicklung einer globalen Menschheit	163
4.3.1	Grundlagen der Bahā'ī-Ethik	164
4.3.2	Verhalten im Umgang miteinander	167
4.3.3	Erziehung und Bildung	171
4.3.4	Entwicklung und Verbesserung der Lebensbedingungen ...	177
4.3.5	Politik, Frieden und Globalisierung	181
4.4	Bahā'ītum und Bahā'ī-Kultur	189
4.4.1	Kulturelle Widerspiegelungen des Glaubens	189
4.4.2	Die kontinentalen Häuser der Andacht: Fokussierungspunkte lokaler Bahā'ī-Kultur im globalen Kontext	192
4.5	Die Bahā'ī und die Religionen der Welt	198
4.5.1	Das Verhältnis zu den „abrahamitischen" Religionen Judentum, Christentum und Islam	199
4.5.2	Zoroastrismus und Bahā'ī-Religion	204
4.5.3	Das Verhältnis zu den Religionen in Südasien und Ostasien	207
4.5.4	Offenheit und Inklusivismus	211
5.	Anhang	215
5.1	Literaturverzeichnis	215
5.1.1	Quellen und offizielle Bahā'ī-Schriften	215
5.1.2	Sekundärliteratur	216
5.2	Register	224
5.2.1	Zitierte Stellen	224
5.2.2	Namen- und Sachregister	225

1. Einleitung

Als relativ junge Religionsgemeinschaft ist die Bahā'ī-Religion nicht ohne Verbindung zu anderen Religionen entstanden, wobei das Selbstverständnis der Bahā'ī darauf hinausläuft, dass die älteren Religionen durchaus wahr und nützlich waren, die zutreffendste Religion für die Gegenwart jedoch die Bahā'ī-Religion ist. Aus diesem Grund finden sich in den Glaubenslehren der Bahā'ī immer wieder Anklänge an frühere Religionen, v.a. an den Islam, da die frühen Lehrinhalte, aber auch das kulturelle Umfeld der Bahā'ī, nicht von der religiösen, sozialen und geschichtlichen Situation im Iran in der Mitte des 19. Jahrhunderts zu trennen sind. Jedoch wurden die Bahā'ī von Beginn an von islamisch-klerikalen Autoritäten argwöhnisch beobachtet und frühzeitig verfolgt. Der Stifter der Religion trägt den Ehrentitel Bahā'u'llāh (1817–1892), die „Herrlichkeit Gottes". Er war seit der Mitte des 19. Jahrhunderts ein Anhänger des Bāb (1819–1850), der „Pforte" zum verborgenen Imām des zwölferschiitischen Islam. Da das Werden einer neuen Religion meist kein punktuelles Ereignis ist, sind auch hier zwei „Entstehungsdaten" zu nennen: das Jahr 1844, als der Bāb sein öffentliches Wirken beginnt, und das Jahr 1863, als Bahā'u'llāh einem kleinen Kreis von Anhängern in Bagdad erklärt, dass er der vom Bāb verkündete Bringer einer neuen Offenbarung sei. Nach einigen Jahren seines Wirkens in Edirne (Türkei) verbannt die Osmanische Regierung ihn im Jahr 1868 nach ᶜAkkā in Palästina (heute Israel). An diesem Ort und in der näheren Umgebung verbringt er seine weiteren Lebensjahre bis zu seinem Tod im Jahr 1892. Sein Sohn ᶜAbdu'l-Bahā (1844–1921) und dessen Enkel Shoghi Effendi (1897–1957) werden die rechtmäßigen Nachfolger des Religionsstifters. Nach dem Tod Shoghi Effendis wird die Gemeinde seit 1963 von einem gewählten neunköpfigen Gremium, dem „Universalen Haus der Gerechtigkeit", geleitet. Das administrative Zentrum der Religionsgemeinde befindet sich aus historischen Gründen in Haifa (Israel), Bahā'ī-Gemeinden in einzelnen Ländern bzw. Orten werden durch so genannte „Nationale" bzw. „Lokale Geistige Räte" geleitet.
   Meine religionswissenschaftliche Beschäftigung mit dieser religiösen Gemeinschaft, der heute weltweit etwa sechs Millionen Menschen angehören, reicht bis zum Beginn der 1990er Jahre zurück und fällt zufällig mit einem Aufschwung der Bahā'ī-Studien zusammen. Im Jahr 1992 wurde – bewusst auf die Wiederkehr des 100. Todestages des Religionsstifters datiert – das Hauptwerk von Bahā'u'llāh, der *Kitāb-i Aqdas*, das „Heiligste Buch", durch das Universale Haus der Gerechtigkeit in offizieller englischer Übersetzung herausgegeben. Auch wenn die deutsche

Übersetzung erst acht Jahre später erschienen ist (Bahā'u'llāh, KA / 2000), gingen von diesem wichtigen Quellentext (vgl. Hutter 1995) entscheidende Impulse für eine vertiefte Beschäftigung mit den Inhalten der Lehren Bahā'u'llāhs und deren Wirkungen aus. Die seither erschienenen Studien zu den unterschiedlichen Aspekten der Bahā'ī-Geschichte, zur Theologie sowie zu Beziehungen der Bahā'ī-Gemeinde als Ganzer sowie einzelner lokaler Gemeinden zur jeweiligen kulturellen und gesellschaftlichen Umgebung sind für das vorliegende Buch entsprechend berücksichtigt worden. Dadurch liefert das Buch erstmals eine umfangreiche und aktuelle Gesamtdarstellung des Bahā'ītums aus religionswissenschaftlicher Perspektive in deutscher Sprache, wobei sowohl die einschlägige Literatur als auch die Entwicklungen innerhalb der Bahā'ī-Gemeinde bis zum Spätsommer des Jahres 2008 berücksichtigt werden konnten. Margit Warburg hat zwar im Jahr 2006 eine noch umfangreichere Monographie über das Bahā'ītum in englischer Sprache vorgelegt, allerdings unterscheidet sich jenes Werk vom vorliegenden Buch. M. Warburgs Intention ist einerseits viel stärker soziologisch ausgerichtet, wobei die zentrale Fragestellung des Buches die Globalisierung der Religionsgemeinschaft ist, auch wenn die Autorin selbstverständlich immer wieder ausführlich die historischen und theologischen Aspekte der Religionsgemeinschaft berücksichtigt. Ferner liegt der „lokale" geographische Schwerpunkt jener Arbeit in der ausgezeichneten Berücksichtigung der Bahā'ī in Dänemark (Warburg 2006: 229–284), während diese Arbeit das lokale Interesse auf die Bahā'ī im deutschsprachigen Raum legt; in dieser Hinsicht ergänzen sich die beiden Arbeiten.

Der methodische Zugang, den ich für diese Darstellung des Bahā'ītums wähle, ist folgendermaßen zu beschreiben. Obwohl die Bahā'ī-Religion historisch enge Verbindungen zum schiitischen Islam hat, die an zutreffender Stelle gebührend berücksichtigt werden, bleibt meine Untersuchung der Bahā'ī-Religion nicht auf die Perspektive der Beschreibung im Verhältnis zum Islam beschränkt, sondern ich sehe die Bahā'ī-Religion – v.a. in ihren Anfängen – als „iranische" Religion. Für die Analyse und für das Verständnis der Lehren sind daher die älteren Religionen des Iran, v.a. der Zoroastrismus, teilweise aber auch der Manichäismus zu bedenken; genauso muss man sich in der Analyse der Lehren der Bahā'ī dessen bewusst bleiben, dass spätestens seit Beginn der 1860er Jahre das Christentum und die Bibel Bahā'u'llāh nicht unbekannt gewesen sind. Quantitativ beeinflussen diese Religionen zwar die entstehende Bahā'ī-Religion weniger als der Islam, aber man sollte sie deswegen nicht unberücksichtigt lassen, wenn man Lehren und Entwicklung dieser Religion beschreibt. Der universale Anspruch Bahā'u'llāhs, in dem er betont, dass seine Verkündigung das, was frühere Religionen gelehrt haben, wieder aufgreift, setzt eben nicht nur die

Berücksichtigung des Islam für die Analyse und Beschreibung der Bahā'ī-Religion voraus, sondern das größere Spektrum von Religionen, die in der zweiten Hälfte des 19. Jahrhunderts die iranische Religionsgeschichte geprägt haben. In dieser Hinsicht ist die „Annäherung an Fremdes" durch die Beschreibung einer Religion aus der Perspektive der vergleichenden Religionswissenschaft geeignet, den Eigenwert der Religion als Beziehungsgeflecht von Menschen, Gesellschaftsformen und Kultur (vgl. Hutter 2000: 118) besser zu erfassen, als dies bei einer Betrachtung der Bahā'ī-Religion nur als Abkömmling des schiitischen Islam der Fall wäre. Dem trägt auch Rechnung, dass im vorliegenden Buch an mancher Stelle „typische Bahā'ī-Begriffe" verwendet werden, um die Darstellung der Religion so zu gestalten, dass trotz der Distanz, die der Religionswissenschaftler zu seinem „Beschreibungsobjekt" hat, die Gläubigen ihre eigene Religion in der Beschreibung wiedererkennen können. Trotz der Annäherung an eine „fremde" Religion, die der Religionswissenschaftler von außen vornimmt, muss auch die jeweilige „Innenperspektive" der Religion beachtet werden, indem die Aussagen zur Bahā'ī-Theologie, die von Bahā'ī selbst formuliert und publiziert werden, in der Darstellung berücksichtigt werden. Theologische Deutungen – der Geschichte, der kultischen Praxis, des gesellschaftlichen Engagements – durch die Gläubigen sind in einer Außendarstellung einer Religion zumindest dahingehend zu berücksichtigen, inwieweit sie für die Angehörigen der betreffenden Gemeinschaft von Wert sind (vgl. Hutter 2000: 124f.).

Eine Bemerkung ist zu einem weiteren methodischen Aspekt – der Frage der Wiedergabe arabischer und persischer Wörter sowie Namen oder Buchtitel – notwendig. Hier ließ sich weder eine durchgehende Einheitlichkeit noch eine Lösung finden, die rundum befriedigend wäre, sondern ich habe einen Kompromiss gewählt. Dies sei anhand eines Beispiels illustriert: Das wichtigste Werk des Religionsstifters trägt – in der von mir gewählten Umschrift – den Titel *Kitāb-i Aqdas*. Die „offizielle" Bahā'ī-Umschrift lautet *Kitáb-i-Aqdas*. Da dieses Buch jedoch in arabischer Sprache abgefasst ist, wäre eine exakte arabische Wiedergabe des Titels als *al-kitāb al-aqdas* genauso möglich. Ebenso lässt sich in Erwägung ziehen, den Titel in einer möglichen Form der Umschrift des Neupersischen wiederzugeben, das hieße als *ketāb-e aqdas*. In der Entscheidung für eine dieser vier Wiedergaben des Buchtitels – mit unterschiedlicher Setzung von diakritischen Zeichen – gehe ich den Weg, dass ich mich zwar an der Bahā'ī-internen Schreibweise für Wörter und Namen orientiere, allerdings in zwei Punkten von der Bahā'ī-Praxis abweiche: So setze ich – zur Markierung langer Vokale – nicht Akzente, sondern Striche über dem Vokal. Ebenso setze ich die Bindestriche zwischen einzelnen Wörtern in Zusammensetzungen nur in eingeschränktem Ausmaß. Beide Abweichungen tragen dem – zumindest weit vertretenen – Konsens bzgl. der Umschrift von arabischen und persischen Wörtern in den orientalistischen Fachdisziplinen Rechnung, bewahren aber gleichzeitig eine möglichst große Nähe meiner Umschrift zur offiziellen Schreibweise der Bahā'ī, so dass meine Wiedergabe von Namen problemlos von den Religionsangehörigen wiedererkannt werden kann. Hinsichtlich der Wiedergabe der Konsonanten ist eine Vereinfachung gewählt, indem emphatische Konsonanten, die in der wissenschaftlichen Transkription mit einem diakritischen Punkt unter dem Konsonanten wiedergegeben werden, hier ohne diese Markierung geschrieben werden. Auch bei manchen spirantischen oder frikativen Konsonanten habe ich eine vereinfachte Umschrift gewählt, indem etwa solche Laute durch Schreibungen mit /sh/ (Aussprache entsprechend dem deutschen [sch]), mit /th/ (Aussprache entsprechend dem englischen stimmlosen [th]) und der stimmhaften Form /dh/ wiedergegeben werden. Da – wie am Beispiel des vorhin genannten *Kitāb-i Aqdas* – für manche Buchtitel sowohl eine persische als auch eine arabische Ansetzung des Buchtitels möglich ist, orientiere ich mich an jenen Formen, die Peter Smith in seiner kurzen Zusammenstellung der Schriften Bahā'u'llāhs (Smith 2000: 80–86) nennt, allerdings nach den genannten Kriterien in der Umschrift entsprechend modifiziert. Die Zitation einzelner Abschnitte aus den Bahā'ī-Schriften geschieht in der Regel nach Abschnitten, die durch ein der Abschnittsnummer vorangestelltes „#" gekennzeichnet sind; dadurch wird das Auffinden des Abschnittes in unterschiedlichen Ausgaben bzw. Übersetzungen von Bahā'ī-Schriften erleichtert.

Die Dreigliederung des Buches in „Geschichte" – „Theologie" – „Gesellschaftsbezug" führt zu einem weiteren methodischen Aspekt. Die „Theologie" bildet formal den Mittelpunkt, allerdings nicht um zu betonen, dass die Theologie das Zentrum jeder Religionsbeschreibung ist. Vielmehr soll dieser Aufbau verdeutlichen, dass Theologie in einer „dichten Beschreibung" immer eingebettet sein muss in den historischen Rahmen und die gesellschaftliche Bedeutung. Theologie, soweit sie für Menschen relevant ist, ist nicht nur als isoliertes oder abstraktes Denkmodell zu beschreiben. Mit dem Begriff „dichte Beschreibung" ist eine sozialwissenschaftliche Theorie genannt, die meinen Versuch der Beschreibung des Bahā'ītums beeinflusst, ohne dass ich diese Theorie ausschließlich verwenden würde. Die Rede von einer „dichten Beschreibung" von Religionen bzw. Kulturen ist durch Clifford Geertz (1926–2006) bedeutsam geworden. Das, womit ein Autor es bei einer – so gut wie möglich – „umfassenden" Beschreibung einer Religion(sgemeinschaft) zunächst zu tun hat, „ist eine Vielfalt komplexer, oft übereinandergelagerter oder ineinander verwobener Vorstellungsstrukturen, die fremdartig und zugleich ungeordnet und verborgen sind und die er zunächst einmal irgendwie fassen muss" (Geertz 1983: 15). Dabei muss man sich bewusst halten, dass das, was man als religionshistorischen Datenbestand bezeichnet, bereits (eigene und fremde, subjektive oder autoritative) Auslegungen dieses Datenbestandes sind. Im Rahmen einer „dichten Beschreibung" von gesellschaftlichen, historischen oder religiösen Ereignissen und Praktiken muss daher beachtet werden, dass trotz dieser Auslegungen für die Angehörigen der Religion der Sinn, den sie mit diesen Ereignissen und Praktiken verbinden, erkennbar bleibt (vgl. Gräb 2005: 208). Daraus leitet Geertz seine Definition des Religionsbegriffes ab (Geertz 1983: 48): „Religion ist (1) ein Symbolsystem, das darauf zielt, (2) starke, umfassende und dauerhafte Stimmungen und Motivationen in den Menschen zu schaffen, (3) indem es Vorstellungen einer allgemeinen Seinsordnung formuliert und (4) diese Vorstellungen mit einer solchen Aura von Faktizität umgibt, dass (5) die Stimmungen und Motivationen völlig der Wirklichkeit zu entsprechen scheinen." Dadurch gestaltet eine Religion die Lebens- und Sozialformen, deren kulturelle Ausdrucksform sie (mit)bestimmt, wobei die drei ersteren Punkte der Definition für die hier vorgelegte Interpretation der Bahā'ī-Religion mir wichtiger erscheinen. Für die Beschreibung von Religionen bedeutet dieser methodische Zugang zweierlei: „eine Erforschung der Bedeutungssysteme, wie sie sich in den Symbolen symbolisiert, die die eigentliche Religion ausmachen; und das In-Beziehung-Setzen dieser Systeme mit soziokulturellen ... Prozessen" (Geertz 1983: 94; vgl. Gräb 2005: 213f.). Daraus resultiert für dieses Buch – ohne in jeder Einzelheit dem theoretischen Ansatz von Clifford Geertz zu folgen – die Beschreibung der Theologie der Bahā'ī als Symbolsystem in unmittelbarer Verbindung mit den historischen und gesellschaftlichen Prozessen. Zur „dichten Beschreibung" (d.h. „Interpretation") der komplexen Zusammenhänge, die eine Religion ausmachen, gehört eine Beschäftigung mit der jeweiligen Religion auf den unterschiedlichsten Ebenen: einerseits die literarische Analyse normativer sowie repräsentativer Texte, aber auch die Analyse religiöser Handlungen der Gemeinschaft und die Wahrnehmung von administrativen Einrichtungen der Religionsgemeinschaft. Während ersteres methodisch stärker philologisch-historisch ausgerichtet ist, ist letzteres an sozialwissenschaftlichen Methoden orientiert. Während meiner Beschäftigung mit der Bahā'ī-Religion habe ich im Laufe der Jahre an verschiedenen Festen an unterschiedlichen Orten (Bonn, Graz, Hofheim, Köln, Wien) teilgenommen, Bahā'ī-Einrichtungen (unter anderem die Häuser der Andacht in Hofheim und New Delhi) besucht und in Korrespondenz mit den Nationalen Geistigen Räten in Deutschland, Österreich und der Schweiz sowie mit dem Universalen Haus der Gerechtigkeit (Forschungsabteilung) bereitwillige Auskunft auf meine Fragen erhalten. Informelle Gespräche und Korrespondenz konnte ich mit vielen deutschsprachigen Bahā'ī bei einer Fülle von Gelegenheiten führen, punktuelle Kontakte entstanden gelegentlich zu Bahā'ī in einigen Ländern Südostasiens. Dadurch habe ich versucht, ein weit gefasstes Bild dieser Religion aus verschiedenen Blickwinkeln zu erhalten, was zu meiner Beschreibung und Deutung der Religion und der Gemeinschaft insgesamt geführt hat. Dieser methodische Zugang ermöglicht eine religionswissenschaftliche Beschreibung des Bahā'ītums, bei der der eigene religiöse Standpunkt in den Hintergrund rückt (vgl. Hutter 2000: 122f.), so dass eine Annäherung an Fremdes, als das sich eine Religion für ein Nicht-Mitglied immer darstellt, dennoch in nachvollziehbarer Form gewährleistet werden kann. Auch wenn in der Arbeit häufig von „Bahā'ī-Religion" die Rede ist, so ist „Religion" nicht nur als Symbolsystem zu verstehen, sondern immer in der Wechselwirkung mit der konkreten, individuellen und kollektiven Lebenswelt zu sehen; dies vermag der gelegentlich verwendete Begriff „Bahā'ītum" auszudrücken, mit dem diese Einbettung der Religion in größere kulturelle Zusammenhänge angesprochen werden soll.

Die Einordnung der Bahā'ī in den größeren Kontext von Kulturen und Religionen führt zur letzten Vorbemerkung dieser Einleitung. Wegen des Wirkens des Bāb sowie Bahā'u'llāhs in einer vom Islam geprägten Kultur ist in der früheren Forschung häufig davon ausgegangen worden, dass die Bahā'ī-Religion eine „islamische Sekte" sei. Bei einer Einschätzung, die „Sekte" im ursprünglichen Wortsinn als „Lehrmeinung" und „Schulrichtung" innerhalb einer Religion versteht, ist eine solche Charakterisierung für die ersten Jahre der Lehre des Bāb zulässig, weshalb der erste deutschsprachige Artikel über den Bāb (Wright 1851) mit einem gewissen Recht von Sekte gesprochen hat. Allerdings hat sich bereits der Bāb mit seinen Anhängern im Jahr 1848 in religionsrechtlicher und kultischer Praxis vom Islam distanziert und Bahā'u'llāh hat in seiner Interpretation und Fortführung des Werkes des Bāb die Eigenständigkeit der Bahā'ī-Religion gegenüber dem Islam weiter verdeutlicht. Als junge Religion teilt die Bahā'ī-Religion manche Inhalte mit anderen Religionen, keineswegs nur mit dem Islam. Daher ist der Anspruch der Bahā'ī, eine eigenständige Religion und keine „islamische Sekte" zu sein, religionswissenschaftlich zutreffend. Man kann die aktuelle Bahā'ī-Religion durchaus als Weltreligion beschreiben. Wenn hier von „Weltreligionen" gesprochen wird, so greife ich einen Begriff der Alltagssprache und abendländischen Tradition auf. Dabei muss aber zugleich erwähnt werden, dass dieser Begriff als religionswissenschaftliche Kategorie nicht geeignet ist, um bestimmte Religionen ausschließlich und eindeutig zusammenzufassen und sie zugleich von anderen Religionen klar abzugrenzen (vgl. Hutter 2008: 9–16). Denn es lassen sich nur mit Einschränkungen überzeugende Kriterien benennen, die eine Weltreligion charakterisieren. Das populärste Kriterium ist ein universeller Geltungsanspruch; einen solchen Anspruch erheben seit dem 19. Jahrhundert – nicht selten in Reaktion auf Missionsversuche des Christentums – praktisch alle Religionen und sind also in diesem Sinn

„Weltreligionen". Allerdings sollte man nicht übersehen, dass dies innerhalb der Religionsgeschichte ein zeitlich relativ neuer Anspruch ist, da viele so genannte Weltreligionen zu Beginn ihres Bestehens einen solchen Anspruch nicht formuliert haben. Als weiteres Kriterium für Weltreligionen wird die Zahl der Anhänger oder die weltweite Verbreitung genannt. Ersteres ist äußerst subjektiv, weil sich die Frage stellt, wer die Größe dieser Zahl verbindlich festlegen könnte; letzteres ist subjektiv, weil aufgrund von Globalisierungsprozessen inzwischen sehr viele Religionen „weltweit" verbreitet sind. Bahā'ī weisen mit Vorliebe darauf hin, dass ihre Religion nach dem Christentum die geographisch am weitesten verbreitete Religion ist. Als Faktum ist diese Aussage unbestritten, der Aussagewert sollte aber nicht überbewertet werden. Als drittes Kriterium für den angeblichen Status als Weltreligion wird häufig das Alter einer Religion genannt. Auch hier fehlt wiederum die Objektivierbarkeit, wie alt eine Religion sein müsse, um aufgrund eines solchen Senioritätsprinzips „Weltreligion" zu sein bzw. zu werden. Außerdem lässt das Alterskriterium die Dynamik der Religionsgeschichte außer Acht, dass Religionen neu entstehen und auch Weltreligionen werden könnten oder sich aufgrund historischer Entwicklungen von einer Weltreligion zu einer nur lokalen Religion zurückentwickeln könnten. Somit muss man als Fazit festhalten, dass die Frage, ob die Bahā'ī-Religion zu den Weltreligionen gehört, kaum sinnvoll ist. Denn alle diese Kriterien, die zur Definition von angeblichen Weltreligionen herangezogen werden, sind nur mit äußerst großen Einschränkungen geeignet, eine klar umgrenzte Gruppe von Religionen zusammenzufassen. Vielmehr tragen die Bahā'ī – wie Angehörige vieler anderer Religionen – zu jenem religiösen Pluralismus bei, der sich in einer zunehmend globalisierten Welt in Zukunft noch erweitern wird. Daher mag es nützlich sein, sich mit Geschichte, Theologie und Gesellschaftsbezug der Bahā'ī-Religion genauso zu beschäftigen wie mit den Vorstellungen anderer Weltreligionen oder so genannter „Nicht-Weltreligionen". Ob man der Bahā'ī-Religion und anderen Religionen, die Teil einer pluralistischen Religionswelt sind, das Epitheton Weltreligion zuschreibt oder nicht, ist dabei wesentlich weniger wichtig als eine Kenntnis der Lehren und Aktivitäten dieser Religion in der Gegenwart.

2. Religion und Geschichte

2.1 Der geistes- und kulturgeschichtliche Hintergrund im schiitischen Iran

Die religionsgeschichtliche Entstehung der Bahā'ī-Religion ist nicht loszulösen von der iranisch-islamischen Religionsgeschichte, so dass ein kurzer Rückgriff am Beginn gemacht werden muss: Der Islam im Iran ist durch die Schia bestimmt, d.h. jene Richtung, die sich über den vierten Kalifen ᶜAlī, den Schwiegersohn Muhammads, auf den Propheten zurückführt. Nach der Ermordung von ᶜAlīs Sohn Husain (680 n.Chr.) wird in der Schia der Führungsanspruch der (sunnitischen) Kalifen abgelehnt. Spätestens seit diesem Zeitpunkt gelten Schiiten und Sunniten als zwei islamische Richtungen. Die geistige und politische Führung lag dabei in den Händen der Imāme, wobei der zwölfte Imām Muhammad ibn Hasan al-Mahdī im Jahr 260 islamischer Zeitrechnung (= 873 n.Chr.) von der Erde entrückt wurde und seither in Verborgenheit lebt. Die Vorstellung vom verborgenen Imām ist ein Charakteristikum, das für die weitere Thematik wesentlich ist. Solange dieser Imām verborgen bleibt, haben auf Erden die (Rechts-)Gelehrten (ᶜulamā) die Rolle eines Stellvertreters inne, so dass sie die geistige Führung übernehmen. Ein zweiter Aspekt ist mit dem Verschwinden des zwölften Imāms im Jahr 260 verbunden: Während seiner Verborgenheit weiß die Schia um die Möglichkeit des Kontaktes mit ihm, da Mittlerfiguren, z.B. der „vollkommene Schiite", den Kontakt zwischen dem Imām und den Menschen herstellen können. Dass die Wiederkunft des verborgenen Imāms bald bevorstehe, war weit verbreitete Erwartung in der ersten Hälfte des 19. Jahrhunderts, da sich das Verschwinden des zwölften Imāms im Jahr 1260 nach dem islamischen Mondkalender zum tausendsten Mal jährte, was dem Jahr 1844 n.Chr. entspricht. Um diesen Zeitpunkt konnten sich daher vielfältige chiliastische Erwartungen ranken (vgl. Gollmer / Towfigh 1995: 462–465; Cole 1998a: 23f.). Die für die Entstehung der späteren Bahā'ī-Religion wichtigste Strömung stammte von Sheikh Ahmad Ahsā'ī (gestorben 1826) und seinen Anhängern und Nachfolgern (besonders Sayyid Kāzim Rashtī, gestorben 1843).

Dieses geistige Gedankengut prägt die Schia während der Qadsharen-Dynastie, die 1779 an die Macht gekommen war und bis 1925 den Iran beherrschte. Den Qadsharen war es gelungen, den Iran wieder zu vereinen und zu einem Machtfaktor zu machen, nachdem er im 18. Jahrhundert in miteinander konkurrierende kleinere Einheiten zerfallen bzw. zu einem Teil Afghanistans (Zand-Dynastie) geworden war. Der Neuansatz der Qadsharen-Dynastie wird dadurch sichtbar, dass Āghā Khān, der erste Qadsharen-Herrscher, die provinzielle Stadt Teheran zur neuen Hauptstadt erklärte, wobei allerdings erst einer seiner Nachfolger, Nāsir ad-Dīn (1848–1896), Teheran inspiriert von europäischen Hauptstädten großartig auszubauen begann (vgl. Keddie 1999: 19–31). Europa war nicht nur das positive Vorbild, sondern unter Fath ᶜAlī Shāh (1797–1834) begann auch der europäische Blick auf den Iran, und es kam zu Kriegen zwischen Russland und dem Iran – zu Ungunsten Irans. Die Großreichspolitik, die Fath ᶜAlī Shāh und Nāsir ad-Dīn – nach dem Vorbild der Safawiden – anstrebten, führte zeitweilig zumindest im Osten zur Expansion, allerdings wurden die heutigen Grenzen im Jahr 1872 durch britische Vermittlung in groben Zügen festgelegt. Schließlich stand an der Westgrenze des Iran mit dem Osmanischen Reich bis zum Gebiet des heutigen Irak ein ebenfalls großer (und sunnitischer) Staat, der seinen Einfluss auf die Weltpolitik – im Wettbewerb mit dem Iran – geltend machen wollte. Vor einem solchen Hintergrund fand die innere Erneuerung dabei in der ersten Hälfte des 19. Jahrhunderts v.a. auf militärischem Gebiet statt. Kronprinz ᶜAbbās Mīrzā (1789–1833) holte britische und französische Militärberater ins Land und die Reform lag in den Händen des Premierministers von Nāsir ud-Dīn, Amīr-i Kabīr: Obwohl er – auf Betreiben der Beamtenschaft – 1851 hingerichtet wurde, ist seine Bedeutung nicht unwesentlich, da er das Dār al-Funūn („Polytechnicum") in Teheran gegründet hat, die erste westlich-wissenschaftliche höhere Bildungsstätte im Iran. Schwerpunkte waren zunächst militärische, medizinische und naturwissenschaftliche Studien, die die traditionellen – nur islamisch(-theologisch)en – Wissenschaften in den Hintergrund rückten. Europäische Bücher wurden übersetzt, so dass westliche Vorstellungen ins Land kamen und eine Schicht von Intellektuellen beeinflussten. Diese Lehranstalt war erfolgreicher als die militärischen Reformen im 19. Jahrhundert im Iran. – Insgesamt muss aber festgehalten werden, dass die Modernisierungspolitik der Qadsharen eher zaghaft und planlos war. Stammesführer, aber auch Religionsgelehrte besaßen relativ große Unabhängigkeit gegenüber dem Shāh und reagierten – um die Wahrung der eigenen Interessen bemüht – skeptisch-zurückhaltend auf Reformversuche. In diesem Kontext steht die Regierung der Qadsharen einerseits im Streit um eine Angleichung Irans an die westliche Zivilisation, andererseits aber auch in der Bewahrung der und im Rückzug auf die eigenen Traditionen, um sich vor einer zu starken Verwestlichung zu schützen.

Welche Rolle spielten dabei die Schia und die schiitischen Gelehrten? Da der Imām auch politische Führungsgestalt ist, haben irdische Herrscher lediglich Stellvertretungscharakter und müssen ihre Herrschaft im islamischen Sinn legitimieren. Diese Verflechtung von Staat und Religion führte im 19. Jahrhundert dazu, dass sich die ᶜulamā immer mehr zu einem Klerus entwickelten, da sie ihre Unabhängigkeit vom Staat auszubauen vermochten, u.a. deswegen, weil die Qadsharen-Dynastie keine religiöse Legitimation aufweisen konnte. In den Augen der ͨulamā waren die Qadsharen nur „weltliche" Herrscher, mit denen man zwar zusammenarbeiten konnte, die aber keine religiöse Autorität besaßen, weil diese allein in Händen der Religionsgelehrten lag. Dies ist für die weitere religionsgeschichtliche und religionspolitische Entwicklung ein nicht unwesentlicher Faktor. Dadurch beanspruchten die Religionsgelehrten nicht nur das alleinige Sagen in Sachen Orthodoxie, sondern sie versuchten auch, der Politik ihren Stempel aufzudrücken. Da die ͨulamā die Kompetenz des „Für-ungläubig-Erklärens" (takfīr), die dem schiitischen Imām zukommt, an sich rissen, konnten sie Missgläubige brandmarken, die dadurch ihren Status als Muslime verloren und zugleich – in Kooperation von ͨulamā und Staat – zum Tode verurteilt werden konnten. Opfer der „Exkommunikation" durch die ͨulamā waren im Kreis der schiitischen Gnostiker und Theosophen der Schule von Isfahān zu suchen, weil sie sich selbst der unmittelbaren Erleuchtung und Einsicht in die Geheimnisse Gottes rühmten. In der Mitte des 19. Jahrhunderts entstand so eine oberste theologische Instanz als Hierarchie der Geistlichkeit, die im Wesentlichen bis heute Bestand hat: Ein überragender und anerkannter religiöser Gelehrter kann von den anderen Religionsgelehrten als höchste religiöse Autorität angesehen werden, der man den Zugang zum verborgenen Imām zutraute, dessen bald bevorstehende Wiederkunft man erwartete. Erwähnenswert ist ferner, dass die Religionsgelehrten im 19. Jahrhundert bereits einen nicht unwesentlichen Rückhalt in der Händler- und Bazarschicht hatten, was ihnen sowohl den nötigen finanziellen Rückhalt als auch die Zustimmung eines relativ breiten Bevölkerungsteiles gab. Diese „ökonomische" Unterstützung der Religion setzt sich bis zur Islamischen Revolution 1978–79 fort, die ebenfalls in Bazarkreisen den ersten starken Rückhalt hatte. Aus solchen Kreisen stammte auch der Bāb.

2.2 Das Wirken des Bāb (1819–1850) und die Entstehung der Bābī-Religion

2.2.1 *„Messiaserwartungen" im Iran und die Sheikhī-Theologie*

Die Vorstellung vom verborgenen Imām und die damit verbundenen chiliastischen Erwartungen spielen für den größeren Rahmen des Auftretens des Bāb eine wichtige Rolle. Besonders hervorzuheben ist dabei jene Strömung, die man nach ihrem Urheber als Sheikhismus bezeichnet. Der im Jahr 1753 geborene Sheikh Ahmad ibn Zain ad-Dīn al Ahsā'ī (vgl. Eschraghi 2004a: 8–13) soll bereits während seiner Kindheit zurückgezogen gelebt und mehrere Visionen erlebt haben. Er unterzog sich einer klassischen Ausbildung mit dem Auswendiglernen des Korans und dem Studium der arabischen Grammatik, studierte aber auch Autoren der so genannten Illuminationsphilosophie. Im Jahr 1772 setzte er seine Studien in den schiitischen Zentren des Irak fort, wo er jedoch nur etwa ein Jahr lang blieb. Zwischen 1806 und seinem Tod 1826 lebte er die meiste Zeit in Yazd bzw. Kermānshāh im Iran, unterbrochen von mehrfachen Pilgerfahrten nach Mashhad bzw. Mekka; auf seiner letzten Pilgerreise nach Mekka verstarb er in der Nähe von Medina. Schon zu seinen Lebzeiten genoss er hohe Anerkennung als Gelehrter, wobei er sich – trotz des Vorwurfes mancher Gegner – immer als Vertreter der zwölferschiitischen Orthodoxie verstand. Manche seiner Lehren und Thesen weichen jedoch von der traditionellen theologischen Sichtweise ab, v.a. bei Fragen der leiblichen Auferstehung am Jüngsten Tag, der Himmelfahrt Muhammads und der Stufe der Imāme neigte Ahmad Ahsā'ī zu einer spirituellen Interpretation. Hier war er besonders vom Gedankengut Mullā Sadras (gestorben 1640) und der Schule von Isfahān beeinflusst, die sich auf die Mystiker Ibn ᶜArabī (gestorben 1240) und Suhrawardī (gestorben 1191) stützte, aber auch von esoterischen und diffus-gnostischen Traditionen, die im iranischen Volksglauben Fuß gefasst hatten. Ahmad Ahsā'īs Lehren lassen sich aus einem relativ umfangreichen Schrifttum, das hauptsächlich aus seinem letzten Lebensjahrzehnt stammen dürfte, erkennen.

Eng verbunden mit seinem Lehrer dürfte Sayyid Kāzim ibn Qāsim ar-Rashtī ein „Vorzugsschüler" gewesen sein, der ohne Widerstand nach dem Tod Ahmad Ahsā'īs die Führung der Anhänger übernahm (vgl. Eschraghi 2004a: 21–28). Verschiedene Angaben über sein Geburtsjahr schwanken von 1784 bis 1800; er stammte aus einer Händlerfamilie. Über seine Jugend erzählt man ähnlich wie bei Ahsā'ī, dass er mystisch veranlagt gewesen sein soll und ihm im Traum Fātima erschienen sei, die ihm den Auftrag gegeben habe, zu Ahsā'ī nach Yazd zum Studium zu gehen. Zwischen 1809 und 1814 dürfte Rashtī mit Ahsā'ī zusammengetroffen sein, wo er sich schnell zum besten Schüler Ahsā'īs entwickelte. Rashtī zeichnete sich dadurch aus, dass er sehr schnell umfangreiches Wissen in den verschiedenen Zweigen der islamischen Theologie erwarb, was ihm innerhalb und außerhalb der Anhängerschar Ahsā'īs Ansehen brachte. Nach dem Tod seines Lehrers war daher seine Führerschaft unbestritten, jedoch musste er Ahsā'īs und seine eigenen Lehren gegenüber manchen Kreisen des schiitischen Klerus verteidigen; daher umfasst ein Teil seiner Werke apologetische Schreiben, in denen sich Rashtī gegen die Vorwürfe, die ihm und Ahsā'ī entgegengebracht wurden, verteidigt. Diskussionspunkte betrafen Ahsā'īs Lehren bezüglich der leiblichen Auferstehung am Jüngsten Tag, die von einigen Mullās in einer Diskussion mit Ahsā'ī im Jahr 1828 in der Stadt Kerbelā als Häresie betrachtet wurden: Rashtīs Position wurde zwar in diesem Religionsdisput als *takfīr* (Unglaube) erklärt, allerdings hatte er es geschafft, sich so weit zu verteidigen, eventuell unter Ausnutzung des schiitischen Konzepts der *taqīya*, d.h. des Verbergens bzw. Verschleierns der eigenen Ansichten, dass seine Gegner – trotz des *takfīr*-Urteils – nicht weiter gegen ihn vorgehen konnten. Dies hängt damit zusammen, dass den in dieser Auseinandersetzung in Kerbelā beteiligten Mullās die Unterstützung breiter Kreise der schiitischen Gelehrten fehlte. Die Auseinandersetzungen zwischen Rashtī und seinen Gegnern führten aber auch dazu, dass Rashtīs Anhänger ein Solidaritätsgefühl entwickelten, weshalb man sagen kann, dass die Anhänger der Lehren Ahsā'īs und Rashtīs erst unter letzterem zu einer „Schule", den so genannten Sheikhīs, geworden sind. Diese „Schule" konnte in den dreißiger Jahren des 19. Jahrhunderts mehrere schiitische Gelehrte auf ihre Seite bringen, wozu Rashtīs intensive Kontakte zu verschiedenen schiitischen, teilweise auch sunnitischen Persönlichkeiten, beitrugen. Sogar einige Mitglieder der Familie des Shāh schlossen sich den Sheikhīs an. Erfolg und Missgunst hielten sich jedoch die Waage, als Rashtī am 31. Dezember 1843 oder am 1. Januar 1844 in Kerbelā starb.

Aus Rashtīs Schriften wird deutlich, dass er – wie sein Lehrer Ahsā'ī – eine Vorliebe für esoterische Begriffe hatte, was für Muslime außerhalb seiner Schule zu Missverständnis oder Unverständnis führte, teilweise unterstützt durch Rashtīs bewusste Verwendung des *taqīya*-Prinzips, um seine Lehre besser gegen theologische Angriffe schützen zu können. Somit ist Rashtīs Lehre – trotz kleiner Akzentunterschiede – eine direkte Fortführung der Vorstellungen Ahsā'īs, so dass man beide als gemeinsame Gründer des Sheikhismus ansehen darf. Auch die Zeitgenossen sahen diese Lehre als einheitliche Strömung, da sich die Bewegung erst in den Nachfolgediskussionen nach Rashtīs Tod in unterschiedliche Richtungen entfaltete, wodurch Führungsansprüche jeweils mit Interpretation und Weiterentwicklung der Lehre Ahsā'īs und Rashtīs begründet wurden. Bezüglich der Lehrinhalte des Sheikhismus sind lediglich diejenigen hier kurz zu nennen, die Beziehungen zur Bābī-Religion aufweisen. Einerseits kann man auf die komplexe Auferstehungslehre der Sheikhīs hinweisen (vgl. Eschraghi 2004a: 39f.): Der Mensch besteht demnach aus zwei grobstofflichen und zwei feinstofflichen Teilen sowie einer Seele. Beim Tod zerfällt der eine grobstoffliche Teil des Körpers, während der andere als „Astralkörper" bis zur Auferstehung im Grab bleibt. Der eine feinstoffliche Körper dient der Seele nach dem Tod als Transportmittel in die Zwischenwelt, wo beim Jüngsten Gericht dieser feinstoffliche Körper zerstört wird, wenn sich die Seele mit dem zweiten feinstofflichen Körper und dem im Grab ruhenden Astralkörper zur Auferstehung vereinigt. Der auferstehende Mensch besteht somit aus drei Komponenten, wodurch die Sheikhī-Theologie gegenüber der schiitischen Mehrheit die leibliche Auferstehung differenziert, ohne jedoch eine vollkommene Spiritualisierung der Auferstehung vorzunehmen. Ein anderer Aspekt der Lehrmeinung der Sheikhīs, die zumindest unter einem Teil der Anhänger en vogue war, war eine „Naherwartung" des wiederkehrenden Imāms, wobei manche Andeutungen in den Schriften Rashtīs darauf hinweisen, dass er möglicherweise seinen Lehrer Ahsā'ī als Verkörperung dieses Imāms gesehen hat. Allerdings ist dies kaum explizit ausgedrückt, so dass man das Sheikhī-Denken eher in der allgemeinen Erwartung des wiederkehrenden Imāms verorten kann; dadurch bietet der Sheikhismus für einen Teil seiner Anhänger aber zugleich die Basis dafür, dass diese Anhänger sich nach dem Tod Rashtīs der Auslegung der Schia durch den Bāb anschließen konnten (vgl. Eschraghi 2004a: 92f.). Man würde jedoch der komplexen religiösen Erwartungshaltung vor der Mitte des 19. Jahrhunderts nicht völlig gerecht, wenn man die Sheikhī-Erwartung isoliert betrachtet. Es gab in jener Zeit eine Reihe von „Messiaserwartungen", die teilweise durch den gesellschaftlichen Umbruch im Iran – und an anderen Stellen – aufgrund der beginnenden Moderne hervorgerufen wurden (vgl. Ekbal 1998b). Durch diese Veränderungen erwartete man eine anbrechende „Endzeit", so dass christliche und jüdische Gruppen sich in Palästina als „heiligem Land" niederließen. Muslime im Iran griffen nicht nur die Hoffnung der Wiederkehr des zwölften Imāms auf, sondern koppelten solche Erwartungen zum Teil auch mit zoroastrischen Erwartungen; denn zoroastrische apokalyptische Texte rechnen ebenfalls mit dem Kommen eines zukünftigen Retters (Saošyant / Sōšyans). Es überrascht daher nicht, dass Quellen aus der Qadsharen-Zeit eine Fülle von Personen nennen, die als Wanderprediger umherzogen und sich selbst – oder eine kommende Gestalt – als den wiederkehrenden Imām oder als „Tor" (bāb) zum Imām ausgaben, z.B. ein nicht namentlich genannter alter Mann aus Tabrīz, der alle Haus- und Moscheetüren mit dem Kürzel „z 1260" (zuhur = Offenbarung) markierte (vgl. Ekbal 1998b: 172f.). Dies ist das geistige Milieu, in dem Sayyid ᶜAlī Muhammad, der so genannte Bāb, aufgetreten ist.

2.2.2 *Sayyid ᶜAlī Muhammad, genannt der Bāb*

Sayyid ᶜAlī Muhammad wurde am 20. Oktober 1819 in eine Kaufmannsfamilie in Shīrāz geboren. Die Zeit bis zu seinem öffentlichen Auftreten lässt sich etwa folgendermaßen zusammenfassen (vgl. Balyuzi 1973: 32–47; Rabbani 2004: 101–107): Er war ein frommer Schiite, der Wallfahrten zu den schiitischen Zentren nach Nadshaf und Kerbelā im Irak unternimmt; dabei studiert er 1840/41 acht Monate lang bei Sayyid Kāzim Rashtī, was auch Rashtīs Nachfolger, Karīm Khān Kermānī, trotz theologischer Differenzen zur Verkündigung des Bāb, bestätigt (vgl. Lawson 1988: 226). Nach seiner Rückkehr nach Shīrāz im Jahr 1842 heiratet er, wobei der einzige Sohn dieser Ehe noch als Kleinkind im ersten Jahr des öffentlichen Wirkens von ᶜAlī Muhammad stirbt. Aus dieser Zeit stammt ein erster Kommentar zum Koran, der *Tafsīr Sūrat al-Baqara*, der sich auf die beiden ersten Suren bezieht (Lawson 1988: 233ff.; Eschraghi 2005a: 21–25). Dieser Kommentar, den ᶜAlī Muhammad aus Anlass des Todes von Sayyid Kāzim Rashtī verfasst hat, kreist um den Gedanken der spirituellen Führerschaft, wobei der Bāb in seiner Kommentierung den Vorstellungen der Sheikhīs nahesteht. Für die zeitgenössische Schia galten damals als spirituelle Führer v.a. die so genannten vierzehn Heiligen (d.h. Muhammad, Fātima, die zwölf Imāme), unter denen der zwölfte Imām hervorragt. Zugang zu diesen „Heiligen" ermöglicht der „vollkommene Schiite". Dabei ist zu sehen, dass sowohl Rashtī als auch der Bāb von ihren Anhängern gerne in diesem Kontext verstanden werden.

Als nach dem Tod Rashtīs seine Anhänger eben diesen geistigen Führer suchen, kommt Mullā Husain Bushrū'ī, ein islamischer Gelehrter, nach Shīrāz, wo er am 22. Mai 1844 mit ᶜAlī Muhammad zusammentrifft. Es ist denkbar, dass Mullā Husain nicht zufällig auf den ihm fremden ᶜAlī Muhammad trifft, sondern möglicherweise den jungen Kaufmann in Shīrāz als Mittler zum erwarteten Imām betrachtet hat. Jedenfalls führt die Begegnung der beiden Männer dazu, dass sich Sayyid ᶜAlī Muhammad noch in der Nacht vom 22. auf den 23. Mai als „Tor (*bāb*) zum kommenden Imām" bekannt gibt. Der exakte Zeitpunkt dieses Ereignisses wird im persischen *Bayān*, einem Werk des Bāb, mit zwei Stunden und elf Minuten nach Sonnenuntergang angegeben. Der Titel Bāb, den ᶜAlī Muhammad fortan führt, verbindet dieses religiöse Erleben klar mit dem schiitischen Islam, da schon die frühe Zwölferschia diese Bezeichnung als Ehrentitel für den ältesten Schüler des Imām kannte, der sozusagen den Zugang zum Imām für andere ermöglichte. Gleichzeitig macht dieser Titel klar, dass sich ᶜAlī Muhammad in dieser Zeit noch nicht als der verheißene Mahdī ansah. Anschließend an diese Offenbarung schrieb ᶜAlī Muhammad das erste Kapitel seines Werkes *Qayyūm al-Asmā'*, d.h. „der, welcher die Namen zur Auferstehung bringt" (vgl. Eschraghi 2004a: 169–171; Ders. 2005a: 25–27; Ders. 2005b: 56–65). Dabei handelt es sich um einen allegorischen Kommentar zu der in der Schia äußerst beliebten Sure 12 des Korans, der so genannten Yūsuf-Sure. Entsprechend den 111 Versen der Sure des Korans ist der Text in 111 Kapitel gegliedert, wobei die Niederschrift angeblich in vier Tagen abgeschlossen war, doch sprechen innere Gründe dafür, dass die endgültige Vollendung dieses Werks erst auf der Wallfahrt nach Mekka geschehen ist. Mit der Veröffentlichung dieser Schrift, von der bald zahlreiche Abschriften verbreitet waren, wird der Bāb zum Kristallisationspunkt eines Teils von Rashtīs Anhängern. Dieser Kommentar zeigt den frühen, noch nicht offenen Anspruch des Bāb, einen Einschnitt in die Geschichte der Religionen zu bringen. Man kann durchaus sagen, dass dieser Text der wichtigste Kommentar des Bāb zu einem Abschnitt des Korans ist. Stilistisch ist der Text in einer symbolhaltigen, aber eng am Koran orientierten Sprache verfasst, eine Vorgehensweise, die auch den frühen Sheikhīs vertraut war. Dieser stilistische Koran-Bezug bringt aber auch implizit zum Ausdruck, dass die Schrift des Bāb selbst göttliches Wort und Zeichen (āyāt) wie der Koran ist. Dadurch wird zwar in verhüllter Formulierung, jedoch für den Gläubigen erkennbar deutlich, dass der Bāb nicht nur ein „Ausleger" des Korans als Offenbarungsschrift ist, sondern selbst eine Offenbarungsschrift vorlegt. Somit können diese Schrift und das Ereignis vom 22. Mai 1844 einerseits als Zeugnis dafür gelten, dass die Anfänge der Verkündigung des Bāb nicht von der Sheikhī-Bewegung zu trennen sind, andererseits zeigen sie, dass der Bāb mehr ist als ein bloßer Vertreter des Gedankenguts der Sheikhīs, da implizit der Anspruch auf eine eigene göttliche Sendung sichtbar wird (vgl. auch Gollmer / Towfigh 1995: 467f., 471f.; Smith 1996: 25f.). Dies bestätigt die schnell einsetzende Bekämpfung des Bāb und seiner Anhänger: Ein Gerichtsurteil (fatwā) gegen Mullā ᶜAlī-yi Bastāmī noch aus dem Jahr 1844 betont, dass der Verfasser des Textes von Qayyūm al-Asmā' eine nach-koranische Offenbarung bringe, so dass sowohl er als auch jeder, der dieses Buch besitzt, wegen Apostasie vom Islam zu verurteilen sei (vgl. Momen 1982a). Auch Karīm Khān Kermānī, der Führer der Sheikhīs nach dem Tod Rashtīs, sieht im Bāb nicht nur einen theologischen Widersacher der Sheikhīs, sondern auch einen „Neuerer", dessen Schrift weit über die Auslegung des Korans hinausgeht, da der Bāb implizit beansprucht, eine dem Koran gleichwertige Offenbarung zu bringen (vgl. Eschraghi 2005b: 74–76).

Insgesamt waren es achtzehn Anhänger, allen voran Mullā Husain, der in der weiteren Bābī- und Bahā'ī-Tradition den Ehrentitel „erster Gläubiger" erhielt. Ferner ist hervorzuheben, dass unter diesen frühen Anhängern mit Qurrat al-ᶜAyn (später genannt Tāhira, die „Reine") auch eine Frau war. Sie stammte aus Qazwīn, von wo sie sich 1843 auf den Weg zu Rashtī nach Kerbelā gemacht hatte. Sie konnte ihn zwar nicht mehr vor seinem Tod treffen, darf aber als seine geistige Schülerin gelten (Stümpel 1998: 129f.; Momen 2003). Die achtzehn ersten Anhänger, die sich schon im Sommer 1844 um den Bāb sammelten, gelten als die „Buchstaben des Lebendigen" (hurūf al-hayy). Neben den beiden eben erwähnten Personen kann man u.a. noch folgende nennen (vgl. Warburg 2006: 128 sowie die vollständige Liste bei Balyuzi 1973: 26f.): Mullā Muhammad ᶜAlī-yi Bārfurūshī, genannt Quddūs, Mullā ᶜAlī-yi Bastāmī, Mīrzā Muhammad ᶜAlī-yi Qazwīnī, ein Schwager von Tāhira, Sheikh Saᶜīd-i Hindī, der bereits früh in Indien die Lehren des Bāb verkündete. Alle diese wurden – wie die Mehrheit der „Buchstaben des

Lebendigen" – hingerichtet. Dass es sich insgesamt um achtzehn Personen handelte, hat Symbolwert: Dadurch werden sie zu Repräsentanten der vierzehn Heiligen der Schia und der vier „abwāb" (Plural zu bāb, d.h. Tore), die während der so genannten „kleinen Verborgenheit" des zwölften Imāms mit ihm in Kontakt standen. Zählt man den Bāb selbst hinzu, so hat diese erste Gemeinde neunzehn Mitglieder, wobei auch dieser Zahl eine tieferliegende Symbolkraft zukommt (Mihrshahi 2004: 16–19; Warburg 2006: 144). Die Zahl 19 entspricht der Summe der Buchstaben der „Bismillāh", d.h. der arabischen Einleitungsformel jeder Sure, nämlich „Im Namen Gottes des Barmherzigen, des Erbarmers". Mit dem Zahlenwert 19 ist dieser Lobpreis Gottes symbolisch ausgedrückt, wobei die Sheikhīs ebenfalls diese Zahlensymbolik kennen. Wenn der Bāb diese Symbolik nicht nur für die Zahl seiner ersten Anhänger, sondern auch für die Gestaltung des Kalenders und anderer Bereiche des religiösen Lebens aufgreift, wird erneut seine kulturelle Verbindung zu islamischen Traditionen deutlich, die er in allegorischer Form neu interpretiert.

Weitere Stationen des Lebensweges des Bāb seien hier nur kurz erwähnt: Von September 1844 bis Sommer 1845 unternimmt er eine Wallfahrt nach Mekka und Medina, während der er seine Sendung auch öffentlich bekannt gibt (vgl. Balyuzi 1973: 69–75; Rabbani 2004: 114–117). Als er Anfang Juli 1845 wieder in Shīrāz eintrifft, hat der Erfolg seines Auftretens die islamische Geistlichkeit nicht unberührt gelassen. Einer der Anhänger des Bāb hatte – seinem Auftrag folgend – beim Gebetsruf die Worte „Ich bezeuge, dass ᶜAlī Muhammad das Tor zum Verheißenen ist" hinzugefügt, was einer theologischen Herausforderung der schiitischen Geistlichkeit gleichkam (Eschraghi 2004a: 102; vgl. Rabbani 2004: 119–125; Warburg 2006: 131). Daraufhin wurde der Bāb verhaftet, und verbrachte bis zum Herbst 1846 den Großteil der Zeit unter Hausarrest, ehe er sich nach Isfahān begeben konnte. Der christliche (georgische) Gouverneur Manūchihr Khān Muᶜtamid al-Dawla (Kondo 2005: 228–231) unterstützte ihn in Isfahān, so dass der Bāb seine Lehre ungehindert verbreiten konnte. Aufgrund der zunehmenden Popularität vermehrte sich jedoch der Widerstand der Geistlichkeit. Manūchihr versuchte vermittelnd einzugreifen und versteckte schließlich den Bāb in seinem Haus. Der überraschende Tod des Gouverneurs im Frühjahr 1847 machte das Versteck des Bāb bekannt, woraufhin er festgenommen und über Qazwīn nach Mākū gebracht wurde. Dies bedeutete für das Leben des Bāb einen Einschnitt, da er es ab diesem Zeitpunkt in Gefangenschaft verbringen musste.

Vom Spätsommer 1847 bis April 1848 blieb er in Mākū im Nordwesten Irans gefangen, ehe er in die etwa 100 km südlich von Mākū gelegene Festung Chihrīq verlegt wurde, wo er – mit einer kurzen Unterbrechung in Tabrīz – die letzten zweieinhalb Lebensjahre bis zu seinem

Tod im Juli 1850 verbrachte. Trotz der Gefangenschaft verbreiteten seine Anhänger die Lehre landesweit und propagierten die Wiederkunft des verborgenen Imām. Die Jahre der Gefangenschaft sind dabei jene Zeit, in welcher der Bāb einige seiner wichtigsten Schriften verfasste, so v.a. den persischen und den wesentlich kürzeren arabischen *Bayān*, die die systematische religiöse Grundlage des Bābismus bilden (MacEoin 1989b; Eschraghi 2004a: 131f.). Die Wertschätzung des *Bayān* als zentrale Schrift des Bābismus zeigen nicht nur über 50 Manuskripte, sondern auch die Bezeichnung der Anhänger des Bāb als *ahl-i Bayān*, als „Volk des *Bayān*". Hervorzuheben ist auch ein Brief, den der Bāb am Ende seines Aufenthalts in Mākū an Mullā Sheikh ᶜAlī Turshizī geschrieben hat. Darin bezeichnet der Bāb sich als Wiederkehr des verborgenen Imāms, durch den die Sharīᶜa abgeschafft ist. Hiermit geschieht explizit der entscheidende Wendepunkt der religiösen Laufbahn des Bāb: Er ist ab diesem Zeitpunkt derjenige, der sein eigenes religiöses und philosophisches System nicht nur öffentlich darbietet, sondern seinen Anhängern, die aufgrund der Gefangenschaft nicht im unmittelbaren und regelmäßigen Kontakt und Austausch mit ihm stehen, den Anlass bietet, sich deutlicher als Gemeinschaft mit einer eigenen – vom Islam unterschiedenen – religiösen Identität zu deklarieren. Auch wenn dieser „Öffentlichkeitsbezug" erst hier zu Tage tritt, dürfte sich der Bāb bereits in den ersten Jahren seines Wirkens als religiöser Denker verstanden haben, der mehr war als nur ein islamischer Mystiker oder Philosoph. Allerdings teilte er mit diesen die Praxis, seine eigenen Ansichten und sein Sendungsbewusstsein zunächst nur verhüllt und vage zu umschreiben, notfalls sogar zu verleugnen, um weltliche Gefahren für die eigene Verkündigung zu verhindern bzw. um Anhänger erst schrittweise mit seinem religiösen Anspruch vertraut zu machen.

2.2.3 Die Versammlung von Badasht (1848) und die eigenständige Bābī-Identität

Badasht ist eine kleine Siedlung in der Nähe der Grenze der nordiranischen Provinzen Māzandarān und Khorasān. An diesem Ort trafen sich im Juli 1848 Anhänger des Bāb, der sich im Frühjahr jenes Jahres in seiner Gefangenschaft in Mākū in Iranisch-Azerbaidshan in einem Brief an Mullā Sheikh ᶜAlī Turshizī als wiedergekehrter zwölfter Imām erklärte. Dieses in den Jahren seit 1844 schrittweise gewachsene Selbstverständnis führte dazu, dass der Bāb die Gültigkeit der Sharīᶜa für seine Anhänger als aufgehoben erklärte. Der Anlass des Treffens in Badasht war dabei, die Konsequenzen der Außerkraftsetzung der Sharīᶜa sowie Pläne für eine Befreiung des Bāb zu beraten. Teilnehmer an dieser Versammlung waren – mit Ausnahme von Mullā Husain Bushrū'ī – die „Buchstaben des Lebendigen" (*hurūf al-hayy*) und andere führende

Bābīs; zu den Hauptpersonen gehörten u.a. Qurrat al-ᶜAyn Tāhira, Bahā'u'llāh und Muhammad ᶜAlī Bārfurūshī Quddūs (vgl. Balyuzi 1991: 68). Der entscheidende Punkt in der Bestimmung der Bewegung des Bāb im Verhältnis zum schiitischen Islam wird dabei in der Bahā'ī-Geschichtsschreibung durch Shoghi Effendi (GGV / 1954, # 2:27–31) wie folgt dargestellt:

> Der Hauptzweck der Versammlung war, die Offenbarung des Bayān durchzusetzen mittels eines plötzlichen, völligen und dramatischen Bruchs mit der Vergangenheit, mit ihrer Ordnung, ihrem Klerus, ihren Traditionen und Bräuchen. ... Eines Tages ... trat plötzlich Tāhira, die als reines, makelloses Sinnbild der Keuschheit und Verkörperung der heiligen Fātima galt, geschmückt, aber unverschleiert vor die versammelten Gefährten und setzte sich zur Rechten des entsetzten, in Zorn geratenden Quddūs. Mit feurigen Worten zerriss sie die Schleier, die die heiligen Riten des Islams schützten, und verkündete, einem Fanfarenruf gleich, den Beginn einer neuen Sendung. ... An diesem denkwürdigen Tag war das im Koran erwähnte *„Horn"* erschallt, ist laut der *„betäubende Fanfarenstoß"* erklungen und die *„Katastrophe"* eingetreten. Nach diesem aufsehenerregenden Abrücken von den altehrwürdigen Traditionen des Islams erlebte die unmittelbar folgende Zeit einen wahren Umsturz in den Anschauungen, dem Verhalten, den religiösen Handlungen und der Art der Gottesverehrung bei diesen bis dahin eifrigen und ergebenen Verfechtern des mohammedanischen Gesetzes.

Damit war u.a. eine formelle Trennung vom Islam vollzogen, die nicht nur einen radikalen Einschnitt in der Bewegung des Bāb darstellte, sondern auch zu einer Politisierung führte, um einen Bābī-Staat zu errichten. Dem ist hier nicht weiter nachzugehen, sondern es soll lediglich nach der Bedeutung dieser Trennung vom Islam gefragt werden.

Shoghi Effendis Darstellung der Ereignisse von Badasht hebt zu Recht die wichtige Rolle von Qurrat al-ᶜAyn Tāhira hervor, die sich bereits im Jahr 1844 dem Bāb angeschlossen hatte. Aufgrund der guten theologischen Ausbildung, die Qurrat al-ᶜAyn von ihrem Vater in Qazwīn, aber auch in Kerbelā im Umkreis des Sheikhismus erhalten hatte, zog sie als erste eigenständige und radikale Konsequenzen aus der Verkündigung des Bāb. Aus der Erwartung der nahen Wiederkehr des Imāms leitete sie die Außerkraftsetzung der islamischen Rechtsvorschriften und Traditionen ab (vgl. Stümpel 1998: 131–134; Smith 1996: 32–41; Momen 2003: 46–49; ferner Cole 1998a: 168f.). Dies zeigt sich u.a. daran, dass sie im Muharram, dem schiitischen Fastenmonat, nicht schwarz gekleidet erscheint, sondern bunte Festgewänder trägt, da sie den Anhängern des Bāb gegenüber betont, dass der 1. Muharram nicht mehr als Tag des Martyriums gefeiert werden soll, sondern als Freudentag des Geburtstages des Bāb. Bereits in den ersten Jahren hält sie Aussagen des Bāb für entscheidender als die Sharīᶜa, denn sie spricht sich dafür aus, dass Rauchen und Kaffeegenuss verboten sind, weil der Bāb dies nicht wünscht. Die radikalste Absetzung gegenüber der islamischen Umwelt stellt aber zweifellos ihre Aufforderung an die Anhänger des Bāb dar, keine im Basar gekauften Esswaren mehr zu genießen, da diese von den „Ungläubigen" – d.h. von Muslimen – stammen und deshalb unrein sind. Mit solchen anti-islamischen Handlungen und Worten zieht sich Qurrat al-ᶜAyn die Opposition sowohl der Sheikhīs als auch nicht so radikaler Bābīs zu, so dass sie im Frühjahr 1847 aus Kerbelā zu ihrer Familie in den Iran zurückkehren muss. Die folgende Zeit bleibt spannungsgeladen, daher holt Bahā'u'llāh sie Ende des Jahres heimlich nach Teheran, von wo aus sie ihn Mitte des Jahres 1848 nach Badasht begleitet.

Dass sie bei dieser Versammlung führender Bābīs eine wesentliche – wenngleich nicht unumstrittene – Rolle spielt, ist vorhin schon angeklungen. Unter der Voraussetzung, dass der Bāb sich zum Imān erklärt hatte, war es aber sicherlich konsequent, dass Qurrat al-ᶜAyn radikal die Verwerfung der islamischen Religionsgesetze einforderte und letztlich gegen den Widerstand mancher Bābīs, v.a. gegen Muhammad ᶜAlī Bārfurūshī Quddūs, auch durchsetzte. So kann man Isabel Stümpel in ihrem Beitrag über Qurrat al-ᶜAyn durchaus Recht geben, wenn sie betont, dass die Radikalisierung der Bābī-Bewegung und die Trennung vom Islam vornehmlich auf Qurrat al-ᶜAyn zurückzuführen sind, und dementsprechend formuliert (Stümpel 1998: 136): „Wiederholt schritt Tāhira ihrem Meister voran, indem sie in Wort und Tat eigenmächtig spätere Offenbarungen und Gebote des Bāb vorwegnahm, so dass man versucht ist, zu fragen, wer hier in wessen Dienst stand. Im Hinblick auf Alter und Ausbildung jedenfalls war sie ihm unbestreitbar überlegen." Über die Leistung dieser Einzelperson hinausgehend ist der Abgrenzungsprozess gegenüber dem Islam noch in anderer Hinsicht von Bedeutung. Der iranische Islam des 19. Jahrhunderts war von Pluralismus gekennzeichnet, wobei einzelne Strömungen miteinander konkurrierten. Dieses pluralistische Milieu erleichterte das Entstehen der zunächst innerislamischen Bābī-Bewegung, bot aber zugleich einen Nährboden, der eine Verselbstständigung und die Neufindung einer neuen nicht-islamischen Identität ermöglichen sollte. Trotz des Bruches mit dem islamischen Religionsgesetz bleibt aber eine gewisse Kontinuität mit der Religion des Islam bestehen, da der Bāb sich als ein göttlicher Verkünder versteht, der im Kern erneut jene göttliche Offenbarung bringt, die schon die Gottesboten vor ihm den Menschen mitgeteilt haben. Allerdings bewertet eine islamisch-schiitische Sichtweise die Ereignisse als Abfall vom Islam, was zur Spannung gegenüber den Bābīs und zur Verfolgung des neuen religiösen Anspruchs führt. Beide Sichtweisen sind aus dem theologischen Interesse der jeweiligen Religion erklärbar. Somit bedeutet das Geschehen in Badasht einen Bruch zwischen den Anhängern des Bāb und dem Islam, wodurch auch die Kontinuität der Gültigkeit islamischer Gesetze zu Ende kommt und aus islamischer Perspektive letztlich keine Ansprüche mehr erhoben werden dürfen.

Die Trennung vom Islam führt dabei zur Politisierung der Bābī-Religion, was aufgrund des Herrschaftswechsels im Iran durch den Tod von Muhammad Shāh am 4. September 1848 begünstigt wurde (vgl. Smith 1996: 42–47; Keddie 1999: 27f.; Zabihi-Moghaddam 2004: 186–193). Bis der Thronerbe Nāsir ud-Dīn Shāh den Thron in Teheran besteigen konnte, nutzten Bābīs das kurze Interregnum, um durch Aufstände in Māzandarān, Fars und Zanjān ihren Anspruch auf ein eigenes Staatswesen, in dem nur noch Bābīs wohnen sollten, zu demonstrieren. Den Höhepunkt erreichten diese politischen Aktivitäten vorerst im Konflikt beim Schrein von Sheikh Tabarsī zwischen September 1848 und Mai 1849. An diesem lokalen Heiligtum in der Provinz Māzandarān sammelten sich im Laufe der Zeit bis zu 600 Bābīs, die das Heiligtum zu einer Festung zum Schutz gegen die Angriffe lokaler Truppen ausbauten. Allerdings konnten die Bābīs auf Dauer der Belagerung nicht standhalten, so dass sich die Verteidiger Anfang Mai auf Zusicherung eines freien Abzugs ergaben. Die meisten Bābīs wurden jedoch entwaffnet und hingerichtet, nachdem sie die befestigte Anlage verlassen hatten. Insgesamt dürften nur sechzig Anhänger des Bāb das Massaker überlebt haben. Trotz dieser vernichtenden Niederlage gab es in den folgenden Jahren weitere blutige Auseinandersetzungen zwischen Bābīs und iranischen Muslimen, wobei sich die Bābīs auf ein Verständnis des Dshihād stützten, demzufolge der bewaffnete Kampf gegen die Feinde der Religion gestattet ist. Unterstützung fand dieses Denken im *Bayān*, der festhält, dass die fünf iranischen Provinzen Fars, Irak, Azerbaidshan, Khorasān und Māzandarān jene Gebiete sein sollen, wo in Zukunft nur noch Bābīs leben dürfen. Der Gedanke an den Dshihād enthält dabei zugleich ein Vergleichspotenzial zur Stellung der frühen Schiiten, die sich in der Auseinandersetzung mit den Sunniten nicht scheuten, für ihre Ideale und die politische Durchsetzung derselben gegebenenfalls den Tod auf sich zu nehmen. Die schiitische Martyriumsfrömmigkeit, die nach der Niederlage der Schiiten in der Schlacht von Kerbelā im Jahr 680 entstand, ist den Bābīs nicht fremd gewesen. Ihren Dshihād und den möglicherweise zu erleidenden Tod konnten sie dabei in Parallele setzen zu den Leiden, die die Anhänger ᶜAlīs gegenüber den sunnitischen Kalifen ertragen mussten (vgl. Åkerdahl 2002: 74–78, 103f.; Warburg 2006: 141f.). Im Mai 1850 kam es zu massiven Kämpfen sowohl in Nayrīz als auch in Zanjān. Beides sind Orte, in denen jeweils eine große Anzahl von Bābīs wohnte, wobei in beiden Städten die Auseinandersetzungen bis zum Beginn des Jahres 1851 anhielten; dabei ist zu vermuten, dass zwischen 2.000 und 3.000 Bābīs in diesen Kämpfen getötet worden sind. Den Abschluss dieser Kampfhandlungen markiert ein missglücktes

Attentat auf Nāsir ud-Dīn Shāh am 15. August 1852. Die beiden Urheber des Attentats wurden sofort hingerichtet und eine Reihe von Bābīs inhaftiert. Letztere Ereignisse fanden bereits nach dem Tod des Bāb statt. Fragt man nach der Größenordnung der Anhängerschaft des Bāb sowie der in die Kämpfe Involvierten, so gehen Schätzungen davon aus, dass am Ende der 1840er Jahre rund zwei Prozent der iranischen Bevölkerung als Bābīs gelten können. Ihr Engagement für die Sache gab ihnen aber einen ungleich höheren Stellenwert, als dies nur aufgrund der absoluten Zahlen zu erwarten gewesen wäre. Dadurch brachten die permanenten Aufstände die Machthaber in Teheran dazu, endgültig gegen den Bāb vorzugehen, wobei das staatliche Engagement in der Verfolgung und Verurteilung des Bāb zugleich deutlich macht, dass seine Bewegung nicht nur ein religiöser, sondern auch ein wichtiger politischer Faktor in jenen Jahren war (vgl. Balyuzi 1973: 152–159; Amanat 1997: 84–88, 204–208; Eschraghi 2004a: 109f.; Warburg 2006: 132). Er wird im Juli 1850 nach Tabrīz gebracht, wo er zum Tod durch Erschießen verurteilt wird. Gemeinsam mit einem Anhänger namens Mullā Muhammad ᶜAlī aus Yazd wird der Bāb am 9. Juli 1850 hingerichtet. Nach der Hinrichtung bergen einige Anhänger die beiden Leichname, die schließlich über mehrere Jahrzehnte im Iran verborgen gehalten werden, ehe die sterblichen Überreste des Bāb am 21. März 1909 ihre letzte Ruhestätte am Abhang des Karmel über der Stadt Haifa in Israel finden (Rabbani 2003). Dort hatte in unmittelbarer Nähe jener Stätten, an denen Bābs Nachfolger Bahā'u'llāh einen Großteil seines Lebens verbringen musste, ᶜAbdu'l-Bahā einen Grabbau für den Religionsstifter errichten lassen.

Fasst man abschließend das Wirken und die wichtigsten Lehren des Bāb kurz zusammen, so kann man folgendes nennen. Im *Bayān* sind einige der wichtigsten religiösen und religionsrechtlichen Neuerungen gegenüber dem Islam genannt, indem der Bāb die Gebetsrichtung von der Kaᶜba in Mekka zu seinem Haus in Shīrāz verlegte. Die kultische Neugestaltung des rituellen Jahres mit der Einführung des 19-tägigen Badīᶜ-Kalenders, d.h. des „wunderbaren" (persisch: *badīᶜ*) Kalenders, gehört zu diesen Neuerungen. Genauso ist im kultischen und organisatorischen Bereich zu erwähnen, dass der Bāb bereits einen geistlichen Stand abgeschafft hat, indem alle Gläubigen in direkter Weise Zugang zur Religion haben, ohne dass sie der Vermittlung durch einen besonderen Spezialisten in religiösen Dingen bedürfen. Diese unterschiedlichen Neuakzentuierungen der Bābī-Religion dienen unübersehbar dazu, der neuen Religion eine klar vom Islam unterscheidbare Identität zu geben, da die kulturgeschichtliche Verbindung der Bābī-Religion mit dem Islam nicht geleugnet werden kann. Nicht nur die Wertschätzung eines Heiligen Buches als geoffenbarter Text oder das Festhalten am Dshihād zeigen dies, sondern auch die Bewahrung eines streng monotheistischen und transzendenten Gottesbildes. Andere der islamischen Theologie vertraute Lehrinhalte werden hingegen neu interpretiert. So wird – wie schon innerhalb des Sheikhismus – die islamische Lehre von der leiblichen Auferstehung und vom Paradies in spiritueller Weise re-interpretiert. Ferner ist mit der Neuinterpretation der Eschatologie die Vorstellung verbunden, dass diese „Endzeit" mit dem Kommen eines neuen göttlichen Offenbarers anbricht. Die Gestalt dieses zukünftigen Offenbarers, „den Gott offenbaren wird" (*man yuzhiruhu'llāh*), trennt dabei nicht nur die Bābī-Religion entscheidend von der islamischen Theologie, welche betont, dass mit dem Kommen Muhammads als „Siegel der Propheten" die Offenbarung Gottes in letztmaliger und vollkommener Form geschehen ist. Diese Lehre von einem Offenbarungsbringer nach dem Wirken des Bāb wird in der Folge zugleich zu einem Prüfstein für die Anhänger des Bāb, wie sie die Rolle Bahā'u'llāhs zu verstehen haben.

2.3 Dynamik und Veränderung unter Bahā'u'llāh (1817–1892): Vom frühen Bābismus zur Bahā'ī-Religion

2.3.1 *Die Entwicklung Bahā'u'llāhs vom Bābī zum Urheber der Bahā'ī-Religion*

Mīrzā Husain ᶜAlī Nūrī, der später unter dem Ehrentitel Bahā'u'llāh („Herrlichkeit Gottes") bekannt geworden ist, wurde am 12. November 1817 in Teheran geboren. Sein Vater Mīrzā Buzurg-i Wazīr ᶜAbbās aus Nūr in Māzandarān war Wesir unter den Qadsharen, einer seiner Onkel war Staatssekretär unter Nāsir ud-Dīn Shāh. Seiner Herkunft entsprechend standen ihm daher höhere Ämter durchaus offen. Als sein Vater 1837 starb, wurde – den Gepflogenheiten entsprechend – das politische Amt des Vaters dem Sohn angeboten, der dies allerdings ausschlug. Aus der Familie ist noch Mīrzā Yahyā Nūrī zu erwähnen, der später den Titel Subh-i Azal („Morgen der Ewigkeit") trägt. Er war ebenfalls ein Sohn von Mīrzā ᶜAbbās, doch bald nach seiner Geburt 1830 starb seine Mutter. Daraufhin wurde er von Mīrzā Husains Mutter Khadidshā Khānum erzogen. Trotz des Altersunterschiedes von 13 Jahren standen somit die beiden Halbbrüder in engem Kontakt miteinander.

Bald nach der Verkündigung des Bāb kommt das Brüderpaar in Kontakt mit der neuen religiösen Bewegung. Mīrzā Husain wird im Sommer 1844 durch einen der ersten Anhänger des Bāb, Mullā Husain, für die Bewegung gewonnen, auch Mīrzā Yahyā ist für die Verkündigung des Bāb offen; so versucht er, von zu Hause auszureißen, um mit Mullā Husain nach Khorasān zu gehen. Zunächst hat Mīrzā Husain dies unterbunden; allerdings nimmt er ab dem folgenden Jahr seinen jüngeren

Bruder auf seinen Reisen zu den Zentren des Bābismus mit. Dadurch gehören beide Halbbrüder praktisch von Anfang an zu der Bewegung des Bāb, bleiben aber in den ersten vier Jahren im Hintergrund. Das Schicksal der beiden Brüder ist durch ihre unterschiedliche Persönlichkeit geprägt. Etwa zwanzig Jahre lang gehören sie gemeinsam der Religion des Bāb an und prägen diese. Gleichzeitig führen sie die völlige Spaltung dieser Religion herbei. Die zahlenmäßig unbedeutende Glaubensrichtung der Azalīs, die sich der „konservativen" Interpretation Subh-i Azals anschlossen, steht am Ende der Bahā'ī-Religion gegenüber, die die „fortschrittlichere" Position Bahā'u'llāhs darstellt.

Nach dem Tod des Bāb (1850) ist Subh-i Azal zunächst Oberhaupt der Bābī-Gemeinde, da er als solches noch im Jahr 1849 vom Bāb eingesetzt wurde (vgl. Gollmer / Towfigh 1995: 506–511; Warburg 2006: 146). Bahā'u'llāh hat sich dabei seinem Halbbruder untergeordnet. Viele frühe Anhänger des Bāb hatten inzwischen den Tod gefunden, v.a. im Gefolge der Aufstände im Norden Irans, eines missglückten Attentatsversuchs auf Nāsir ud-Dīn Shāh im Jahr 1852 und der daraus resultierenden Verfolgungen (vgl. Amanat 1997: 208–218; Eschraghi 2004b: 27; Amanat 2008: 176f.). Nach diesem Attentat auf den Shāh ist Subh-i Azal nicht in Teheran, scheint aber von den staatlichen Stellen deswegen nicht behelligt worden zu sein, weil seine Rolle als Oberhaupt der Bābīs im Wesentlichen gemeindeintern war, aber auch, weil Subh-i Azal nach dem missglückten Attentatsversuch in den Untergrund gegangen war. Bahā'u'llāh war bereits seit der Konferenz von Badasht stärker als öffentlicher Proponent des Glaubens hervorgetreten. Deswegen wurde er in der Folge des Attentats in Teheran im so genannten „Schwarzen Loch" (Sīyāh Chal) gefangen gehalten, obwohl er mit dem Attentat in keinem direkten Zusammenhang stand. Während dieser Gefangenschaft erlebt er in ersten Visionen, in denen er den Geist Gottes in der Gestalt einer göttlichen Jungfrau erfährt, den Ausgangspunkt seiner prophetischen Berufung (Bahā'u'llāh, BSW / 1988: 33f.; Shoghi Effendi, GGV / 1954, # 6:26–28; vgl. Ekbal 1997: 129f.). Unter anderem setzt sich der russische Konsul in Teheran für ihn ein, so dass er nach vier Monaten mit der Auflage aus dem Gefängnis entlassen wird, aus Teheran und aus dem Qadsharenreich in die Verbannung zu gehen. Möglicherweise hat neben der russischen Intervention auch Bahā'u'llāhs Verwandtschaftsverhältnis zu wichtigen Personen am Qadsharenhof dazu beigetragen, dass er nur in die Verbannung geschickt wurde und so einer längeren Haft oder eventuell einer Hinrichtung entging (Amanat 1997: 216; Eschraghi 2004b: 28). Ein russisches Angebot, in Russland Asyl zu finden, lehnt Bahā'u'llāh ab und verlässt im Januar 1853, begleitet von zwei Brüdern und deren Familien, Teheran in Richtung Bagdad. Dort trifft er am 8. April ein. Zwei Monate später trifft auch Subh-i Azal als Derwisch verkleidet über Gilān und Kermānshāh in Bagdad ein.

Den ersten Monat verbringt Bahā'u'llāh v.a. in Qadimain, einem wegen seiner Heiligtümer von Schiiten häufig besuchten Ort etwas außerhalb von Bagdad, danach lässt er sich in einem Haus in Bagdad direkt nieder. Die Wahl von Bagdad als Exilsort haben Subh-i Azal und Bahā'u'llāh nicht zufällig getroffen: Die Stadt liegt im Gebiet des osmanischen Reiches und somit außerhalb des direkten persischen Zugriffes, ferner befinden sich in der Nähe von Bagdad die berühmtesten schiitischen Wallfahrtsorte: Kerbelā mit dem Grab des dritten Imāms Husain, des Sohnes von ᶜAlī, sowie Nadshaf mit dem Grab ᶜAlīs. Auch die Gräber anderer Imāme befinden sich in der Nähe. Da diese Gegend ein beliebtes Pilgerziel schiitischer Wallfahrer ist, sind Bahā'u'llāh und Subh-i Azal trotz des Exils keineswegs vom Strom der schiitischen Gläubigen abgeschnitten, unter denen die Lehre des Bāb propagiert wird. So gelingt es der durch die Verfolgungen in Persien zwischen 1848 und 1852 empfindlich geschmolzenen Gemeinde, in Bagdad wieder neu Fuß zu fassen. Da Subh-i Azal sich aber immer mehr zurückzieht, verliert er zusehends an Einfluss auf die Gemeinde, die ihn zwar achtet, aber im praktischen Leben auch ohne ihn auszukommen vermag. In Bagdad schließt sich ein gewisser Sayyid Muhammad Isfahānī den Bābīs um Subh-i Azal an, wobei er für den weiteren Verlauf der Geschichte insofern von Bedeutung ist, als Isfahānī auf Azal jenen Einfluss auszuüben vermag, der dessen immer stärker werdende Ablehnung gegenüber Bahā'u'llāh nährt (vgl. Gollmer / Towfigh 1995: 493f.). – Bahā'u'llāh hingegen hatte durch seine Familienbande Verbindungen bis in Regierungskreise, so dass es ihm gelingt, Kontakte zur sunnitischen und schiitischen Geistlichkeit zu knüpfen, Zugang zu den politischen Machthabern des Osmanenreiches zu finden und schiitische Pilger für die Gemeinde des Bāb zu werben. Genauso kann er nach den Aufständen der vorherigen Jahre die Bābī-Gemeinde zur Loyalität gegenüber dem bestehenden Staat verpflichten. So gelingt es ihm sehr bald, praktischen Einfluss auf die Gemeinde zu gewinnen, an deren Reorganisation er entscheidenden Anteil hat (Smith 1996: 52–55; Eschraghi 2004b: 30–37). Dadurch wachsen jedoch auch die Spannungen zwischen Subh-i Azal und Bahā'u'llāh, wobei Subh-i Azal nicht nur Bahā'u'llāhs Anhänger anfeindet, sondern auch behauptet, dass Bahā'u'llāh die Führung der Bābīs beanspruche, obwohl der Bāb Subh-i Azal als seinen Nachfolger eingesetzt hatte. Als vorläufiges Ergebnis dieser Zwistigkeiten verlässt Bahā'u'llāh am 10. April 1854 Bagdad heimlich, um den Streit zu beenden.

Die nächsten beiden Jahre verweilte er weitgehend in Abgeschiedenheit im kurdischen Bergland außerhalb von Sulaymānīyya, ohne an eine Rückkehr nach Bagdad zu denken (vgl. Bahā'u'llāh, KI / 2000, # 278f.).

Allerdings wurde er mehrfach von Sufis besucht, von denen manche ihn als mystischen Führer ansahen. Gegen Ende seines Aufenthaltes in Kurdistan ließ sich Bahā'u'llāh schließlich für einige Monate im Konvent des sufischen Khālidī-Ordens nieder (vgl. Cole 1984). Als schließlich Bābīs in Bagdad von dem Aufenthaltsort Bahā'u'llāhs erfuhren, schickten sie einen Boten zu ihm, um ihn zur Rückkehr nach Bagdad zu bewegen, da Subh-i Azal nicht nur unfähig war, die Gemeinschaft zu führen, sondern auch ihm missliebige Personen zu beseitigen trachtete. Durch die Rückkehr Bahā'u'llāhs sollte diese Verunsicherung und Zerrüttung der Gemeinde gestoppt werden, wobei Bahā'u'llāh den Bitten seiner Anhänger nachkam und am 19. März 1856 wiederum in Bagdad eintraf.

Nach seiner Ankunft übernahm Bahā'u'llāh de facto die Leitung der Gemeinde in spiritueller und organisatorischer Hinsicht (Warburg 2006: 167). Sein Ansehen unter den Bābīs sowie unter Sufis und schiitischen Pilgern wuchs schnell an. Dabei war Bahā'u'llāh darum bemüht, Kontakte nach außen zu knüpfen, sowohl zu Repräsentanten der osmanischen Regierung als auch zur einfachen Bevölkerung, die er auf dem Bazar oder im Teehaus traf. Obwohl dieses Auftreten einen äußerlichen Gegensatz zu Subh-i Azals Tätigkeit darstellt, lässt sich diese „Doppelspitze" durchaus aus Vorstellungen der Schia und des Bābismus erklären, macht aber den Unterschied zwischen Bābismus und Bahā'ī-Religion klar: Subh-i Azals zurückgezogene Tätigkeit favorisiert weiterhin das *taqīya*-Konzept, um dadurch seine Position als Religionsführer nach außen und gegenüber Angriffen zu verbergen und auf diese Weise den Bābismus zu schützen. Bahā'u'llāh hingegen geht den Weg in die Öffentlichkeit, um den Bābismus in neue Bahnen zu lenken. Dies zeigen die ersten wichtigen Schriften, die aus diesen Jahren stammen: Bahā'u'llāh deutet darin seine eigene göttliche Sendung an, ehe er etwas weniger als ein Jahrzehnt später dieses Verständnis explizit formuliert. Im Jahr 1858 entstand die kleine Schrift mit dem Namen „Verborgene Worte" (*Kalimāt-i Maknūnih*), ein an sufischen Idealen orientiertes Erbauungsbuch (Bahā'u'llāh, VW / 1982). Angeblich hat es der Erzengel Gabriel der Prophetentochter Fātima überbracht, um sie über den Tod ihres Vaters zu trösten. Nach schiitischer Theologie ist dieses Buch beim Mahdī verborgen, der es bei seiner Wiederkunft enthüllen wird. Wenn Bahā'u'llāh dieses Buch bringt, so wird hier zweierlei deutlich: Einerseits beruhen seine Aussagen teilweise auf schiitischer Theologie, andererseits klingt bereits an, dass er ein neuer göttlicher Gesandter ist. Auch andere Schriften aus dieser Zeit stehen der islamischen Mystik nahe, so etwa die „Sieben Täler" (*Haft Vādī*) und die „Vier Täler" (*Chahār Vādī*; Bahā'u'llah, HV / 1988). Theologisch bedeutsamer ist jedoch der *Kitāb-i Īqān*, das „Buch der Gewissheit" (Bahā'u'llāh, KI / 2000; vgl. Buck 1995). Im Jahr 1862 hat es Bahā'u'llāh angeblich in zwei Tagen und drei Nächten geschrieben. Der Text zielt zwar auf die Verherrlichung des Bāb ab, gilt aber gleichzeitig als Vollendung der noch ausstehenden Kapitel des Persischen *Bayān*. Da aber die Vollendung des *Bayān* nach der Vorstellung der Bābīs die Aufgabe dessen sein wird, „den Allāh offenbaren wird" (*man yuzhiruhu'llāh*), ist damit der Anspruch Bahā'u'llāhs, ein neuer Offenbarer zu sein, durch den die Eigenständigkeit der Bābī-Religion abgeschlossen wird, implizit ausgedrückt. Damit verstärken sich wiederum die internen Spannungen mit Subh-i Azal, gleichzeitig kommt es seit 1861 zu einem äußeren Druck auf die inzwischen erstarkte Religionsgemeinde. Obwohl den Osmanen – aus politischem Gegensatz zu den Qadsharen – die „persisch-schiitische" Opposition auf ihrem Staatsgebiet gar nicht unlieb war, konnten sie – aus politischer Räson – nicht zu offenkundig die Bewegung unterstützen, weil persische Gesandte immer wieder gegen die Bābīs am Hof des Sultans in Istanbul vorsprachen (vgl. Eschraghi 2004b: 37–41). Zu den massivsten Widersachern Bahā'u'llāhs in dieser Zeit in Bagdad gehörten der iranische Botschafter Mīrzā Buzurg Khān-i Qazwīnī und der schiitische Geistliche ᶜAbdu'l-Husain Tehrānī, die Verleumdungen über Bahā'u'llāh nach Teheran schickten, dass dieser einen Umsturz im Iran plane. Die verschiedenen iranischen Interventionen für eine Auslieferung Bahā'u'llāhs nach Teheran führten zu keinem Erfolg, allerdings konnte die iranische Regierung erwirken, dass Bahā'u'llāh von den osmanischen Behörden aufgefordert wurde, Bagdad zu verlassen und sich weit entfernt von der Grenze zum Iran in Istanbul niederzulassen.

Die Verbannung innerhalb des osmanischen Reiches markiert einen wichtigen Einschnitt in der Lebensgeschichte Bahā'u'llāhs. Im Frühjahr 1863 kam es dazu, dass die ganze engere Gemeinde von Bagdad nach Istanbul übersiedeln sollte. Die zwölf Tage vor der Abreise aus Bagdad, nämlich vom 22. April bis zum 3. Mai 1863, sollten dabei für die weitere Geschichte der Religion einen entscheidenden Anstoß geben. Die zwölf Tage sind durch verschiedene Vorbereitungen geprägt, zentral ist dabei die so genannte Proklamation im Garten Ridvān außerhalb von Bagdad. Einem kleinen Kreis seiner Anhänger gegenüber hat sich Bahā'u'llāh nämlich als „derjenige, den Gott offenbaren wird" (*man yuzhiruhu'llāh*) erklärt. Für den Bahā'ī-Glauben ist dieses Ereignis von zentraler Bedeutung, was alljährlich mit dem zwölftägigen Ridvān-Fest gefeiert wird. Shoghi Effendi schreibt über das Geschehen im Garten Ridvān (Shoghi Effendi GGV / 1954, # 9:6; vgl. Balyuzi 1991: 208f.):

> Über die genauen Begleitumstände dieser epochemachenden Erklärung sind wir leider nur äußerst dürftig unterrichtet. Die von Bahā'u'llāh bei diesem Anlass tatsächlich geäußerten Worte, die Art und Weise Seiner Erklärung, der Widerhall, den sie auslöste, ihre Wirkung auf Mīrzā Yahyā sowie Angaben darüber, wer das Vorrecht hatte, Ihm zuzuhören:

alles dies ist in ein Dunkel gehüllt, das künftige Geschichtsschreiber nur mit Mühe werden durchdringen können.

Trotz dieser einschränkenden Stellungnahme Shoghi Effendis bezüglich des Wissens über die historischen Einzelheiten der Vorgänge im Ridvān-Garten bei Bagdad ist festzuhalten, dass diese Erklärung zunächst im kleinen Kreis geschehen ist. Worin der zentrale Gedankengang dieser Selbstdarstellung bestand, lässt sich aus einigen späteren Hinweisen in Schriften Bahā'u'llāhs erkennen; v.a. aus einem persischen Brief aus dem Jahr 1886/87, in dem er rückblickend die drei inhaltlichen Neuerungen gegenüber der Bābī-Religion aufgrund der Offenbarung im Jahr 1863 benennt (vgl. Gollmer / Towfigh 1995: 491; Cole 1998a: 116; Eschraghi 2004b: 42; Lambden 2006: 29): Das Bābī-Konzept des Dshihād, d.h. die Erlaubnis, die Religion notfalls mit Gewalt zu verbreiten, erfährt nunmehr eine Absage. Ab diesem Zeitpunkt haben religiös motivierte Aufstands- oder Widerstandsbewegungen, durch die die Bābīs ihre eigene Position gegenüber der islamischen Umwelt erkämpfen wollten, keinen Platz mehr. Mit dem Anspruch, dass Bahā'u'llāh selbst der vom Bāb angekündigte neue Offenbarungsbringer ist, ist dabei nicht nur die Führungsrolle Subh-i Azals für die Bābīs theoretisch außer Kraft gesetzt, sondern Bahā'u'llāh betont zugleich, dass ein neuer Offenbarer erst nach Ablauf eines Jahrtausends erscheinen werde. Schließlich klingt in der Erklärung von Ridvān an, dass die neue Bahā'ī-Religion das den Bābīs noch vertraute Konzept von „ritueller Unreinheit" abschafft. Dieses Konzept hat implizit beinhaltet, dass nicht alle Menschen der Religion des Bāb angehören können, so dass die Abschaffung von „Unreinheit" eine Erneuerung der kosmischen Ordnung und zugleich den universellen Anspruch der Bahā'ī-Religion ausdrückt. Mit diesen Inhalten ist im Kern der Neuansatz der Offenbarung Bahā'u'llāhs – und religionshistorisch die Entstehung der neuen Religion – begründet. Der Anlass für diese Erklärung dürfte in der bedrängenden Situation des drohenden Exils zu sehen sein, was Bahā'u'llāh zu diesem Schritt motiviert hatte, vor der notwendigen Abreise wenigstens in kleinem Rahmen den Bābīs in seinem engeren Umkreis über seine eigene Stellung Klarheit zu verschaffen. Vielleicht nutzte er aber auch symbolisch die Situation des (erzwungenen) weltlichen Aufbruchs für den religiösen Neu-Aufbruch. Man sollte nicht die Zeitkomponente übersehen, dass diese Erklärung 19 Jahre nach der Erklärung des Bāb im Jahr 1844 stattfand: Damit wird nicht nur auf die unter den Bābīs geläufige Symbolzahl Bezug genommen, sondern der so genannte Badī^c-Kalender, den der Bāb eingeführt hat, orientiert sich nicht nur – im Unterschied zum islamischen Mondkalender – am Sonnenjahr, sondern ein Zyklus von jeweils 19 Jahren bildet im Badī^c-Kalender eine „Einheit" (*wāhid*). Eine Stelle im Persischen *Bayān* weist darauf hin, dass der Bāb eventuell mit der Möglichkeit rechnete, dass bereits innerhalb eines *wāhid* ein neuer Offenbarer auftreten werde (vgl. Gollmer / Towfigh 1995: 478f.). Wenn somit Bahā'u'llāhs Erklärung im Ridvān-Garten im letzten Monat des neunzehnten Jahres stattfindet, drückt er damit symbolisch aus, dass das Zeitalter des Bāb nach dem ersten *wāhid* der Badīᶜ-Zeitrechnung abgelaufen ist und nun ein neues Zeitalter beginnt.

Analog zur symbolischen Handlung Tāhiras in Badasht zur Abgrenzung der Bābīs gegenüber dem Islam ist somit die Erklärung Bahā'u'llāhs eine Abgrenzung gegenüber der Verkündigung des Bāb bzw. der Bābī-Gemeinde. Ebenfalls analog zu Tāhiras Abgrenzung vom Islam, die sie schrittweise vollzogen hat, ehe dies für die Gemeinde relevant wurde, ist sich auch Bahā'u'llāh seiner eigenen Sendung schrittweise bewusst geworden. Dadurch hat sich seine Stellung innerhalb der Bābī-Gemeinde geändert, so dass er und seine Anhänger eine neue Identität gewinnen. Man darf daher Bahā'u'llāhs Entwicklung zu einem Religionsstifter als einen dynamischen Prozess ansehen, der sich von seinem Berufungserlebnis während seiner Gefangenschaft im Herbst 1852 in Teheran über die Veröffentlichung der „Verborgenen Worte" und des *Kitāb-i Īqān* bis zur Erklärung von Ridvān zieht. Eventuell ist auf das Ereignis im Ridvān-Garten bereits im *Kitāb-i Īqān* (# 188f.) angespielt, wenn dort von der „Stätte ewigen Friedens" die Rede ist (vgl. auch Buck 1995: 246f.). Aber auch an einer weiteren Stelle des *Kitāb-i Īqān* könnte bereits ein Hinweis auf den Anspruch Bahā'u'llāhs vorliegen, wenn es darin heißt (Bahā'u'llāh, KI / 2000, # 101):

> Und nun bitten Wir das Volk des Bayān, alle die Gelehrten, die Weisen, Geistlichen und Zeugen unter ihnen, nicht die Wünsche und Ermahnungen zu vergessen, die in ihrem Buche offenbart sind. Lasst sie allezeit ihren Blick auf das Wesentliche ihrer Sache heften, damit sie dann, wenn Er, die Quintessenz der Wahrheit, die innerste Wirklichkeit aller Dinge, die Quelle allen Lichtes, sich offenbart, sich nicht an bestimmte Stellen des Buches halten und Ihm zufügen, was in der Sendung des Qur'ān geschehen ist. Denn Er, der König göttlicher Macht, ist wahrlich imstande, mit einem Buchstaben Seiner wundersamen Worte den Lebensodem des ganzen Bayān und seines Volkes auszutilgen, mit einem Buchstaben ihnen ein neues unsterbliches Leben zu verleihen.

Einen weiteren Hinweis für diese Entwicklung gibt ein Text, der sich auf eine zwölftägige mystische Phase zu Beginn des Monats Muharram bezieht, während der sich Bahā'u'llāh offensichtlich seiner eigenen Berufung als der vom Bāb angekündigte neue göttliche Gesandte bewusst geworden ist (Cole 1998a: 115f.). Hält man sich diese einzelnen Elemente vor Augen, so wird deutlich, dass die Verkündigung von Bahā'u'llāhs Anspruch, der göttliche Gesandte zu sein, kein plötzliches Ereignis war, sondern der Abschluss eines Prozesses wachsender religiöser Erfahrungen innerhalb der Bābī-Gemeinde.

2.3.2 Bahā'u'llāhs Wirken als neuer Offenbarungsbringer

Die Abreise Anfang Mai 1863 aus Bagdad führte über Mossul, Diyarbakir und Sivas in Zentralanatolien zunächst nach Samsun am Schwarzen Meer, von wo aus die Reise auf einem Schiff nach Istanbul fortgesetzt wurde. Am 16. August erreichte die Gruppe schließlich die Hauptstadt des osmanischen Reiches. Istanbul sollte jedoch nur eine Zwischenstation bleiben, denn aufgrund der Intervention von muslimischen Autoritäten und persischen Diplomaten musste die Gruppe im Dezember 1863 nochmals weiter in den Westen aufbrechen, um für die folgenden fünf Jahre eine Bleibe in Edirne im europäischen Teil der heutigen Türkei zu finden. Bahā'u'llāh wohnte in Laufe der Zeit in fünf verschiedenen Häusern, von denen eines noch gut erhalten und ein zweites in seinen Grundmauern sichtbar ist; beide Orte werden von der lokalen Bahā'ī-Gemeinde in Edirne, der ca. 75 Personen angehören, gepflegt und von rund 1.000 Bahā'ī alljährlich besucht (Warburg 2006: 174f.). Edirne ist jener Ort der Bahā'ī-Religionsgeschichte, an dem Bahā'u'llāhs Anspruch, der Bringer einer neuen Offenbarung zu sein, immer deutlicher öffentlich wurde. Dadurch gewinnen die beiden genannten Häuser für die Gläubigen eine wichtige Bedeutung, auch wenn sie keine offiziellen Pilgerorte sind. Aus Edirne hat Bahā'u'llāh als Zeichen seines „öffentlichen Anspruchs" und einer beginnenden „Globalisierung" der Religion eine Reihe von Briefen an verschiedene Herrscher geschickt, um sie entweder zu ermahnen oder zu einer gerechten Herrschaft aufzufordern (vgl. auch Sabet-Sobhani 2000: 25–28). Der erste Adressat ist der osmanische Sultan ʿAbdu'l ʿAzīz (regierte von 1861 bis 1876), an den sich Bahā'u'llāh erstmals während seines Aufenthaltes in Istanbul wendet (*Lawh-i ʿAbdu'l ʿAzīz*), aber auch die *Sūrat al-Mulūk*, das „Sendschreiben an die Könige", aus dem Jahr 1867 spricht an vielen Stellen den osmanischen Herrscher an. Auch Nāsir ud-Dīn Shāh ist ein individueller Empfänger eines solchen Sendschreibens, des *Lawh-i Sultān*, das noch in der Spätphase in Edirne verfasst wurde, dem Qadsharen-Herrscher jedoch erst von ʿAkkā aus zugestellt wurde. Die Praxis, seinen universellen Anspruch an Herrscher in aller Welt durch Sendschreiben mitzuteilen, setzt Bahā'u'llāh auch in späteren Jahren fort. Dass diese Praxis unmittelbar mit dem Erreichen des „neuerlichen" Exils nach dem Wegzug aus Bagdad einsetzt, ist aussagekräftig, weil dadurch das „Neue" des Anspruchs Bahā'u'llāhs – im Unterschied zum Anspruch des Bāb – deutlich wird. Die mit der Erklärung von Ridvān vollzogene Ablehnung des Dshihād bedeutet eine neue Einstellung zur politischen Welt: Es geht nicht mehr darum, einen „Bābī-Staat" als Enklave der „Reinen" gegenüber dem unreinen Rest der Welt zu errichten, sondern die universell ausgerichtete Bahā'ī-Religion will die bestehenden Gesellschaften und deren politische Formen durchdringen und im eigenen Sinn – aufgrund der Legitimität des Offenbarungsanspruchs Bahā'u'llāhs – neu gestalten. Dadurch sind diese frühen „politischen" Sendschreiben eine logische Konsequenz des Anspruchs Bahā'u'llāhs in der Öffentlichkeit.

Die Erklärung Bahā'u'llāhs im Ridvān-Garten war somit – aus Sicht der Bahā'ī – mehr als eine bloße Frage des Führungsanspruchs innerhalb der Bābī-Gemeinschaft. Da jedoch Subh-i Azal nicht zu jenem kleinen Personenkreis gehört hatte, dem Bahā'u'llāh sein Selbstverständnis als göttlicher Gesandter mitteilte, musste die Situation in Edirne letztlich dazu führen, dass sich die Spannungen zwischen den beiden Halbbrüdern erneut verschärften, in denen Subh-i Azal selbst vor Mordanschlägen gegen seinen Halbbruder nicht zurückscheute (Gollmer / Towfigh 1995: 535f.). Dazu trug auch bei, dass Bahā'u'llāh sich – neben den politischen Sendschreiben – im Frühjahr 1864 in der *Sūrat al-Damm* als „Wiederkehr (*raj^{c}a*) des Bāb" bezeichnete, wobei die Verbreitung dieser Schrift unter Bābīs in Iran auf offene Ohren stieß. Diese Schrift stellte die Position Subh-i Azals zunehmend in Frage. Den theologischen Schlusspunkt erreichte die Auseinandersetzung im Jahr 1866, als Bahā'u'llāh in einem Brief (*Sūrat al-Amr*) seinen Halbbruder davon in Kenntnis setzte, dass er der vom Bāb verheißene *man yuzhiruhu'llāh* sei, „derjenige, den Gott offenbaren werde". Zugleich forderte Bahā'u'llāh seinen Halbbruder in diesem Schreiben zu einer Stellungnahme auf, die jedoch unterblieb. Damit war eine Entscheidung der Bābīs für Bahā'u'llāh oder für Subh-i Azal gefordert. Nach Hasan Balyuzi (1991: 275; vgl. Buck 1995: xxxii) ist dieses Schreiben auf den 10. März 1866 zu datieren, so dass man ab diesem Tag soziologisch von der Bahā'ī-Religion als neuer Religionsgemeinschaft sprechen muss, wodurch aus der Sicht der Bahā'ī die Bābī-Religion beendet worden ist und der Bāb nur noch als „Vorläufer" Bahā'u'llāhs seinen bleibenden Wert hat. Dem wird dadurch Rechnung getragen, dass in der Bahā'ī-Theologie von einer „Zwillingsoffenbarung" die Rede ist, wodurch zum Ausdruck kommt, dass es letztlich ein gemeinsames Werk ist, das der Bāb und Bahā'u'llāh als Offenbarungsbringer vollbringen. Der Bāb und Bahā'u'llāh als Manifestationen Gottes verbinden nach dem Bahā'ī-Glauben die Welt Gottes mit der Welt der Schöpfung, wobei Bahā'u'llāhs Anliegen, Gottes Offenbarung universalistisch in die Welt zu tragen, eine gewisse Neuerung gegenüber dem noch engeren – lokalen – Horizont des Bāb darstellt. Diese enge Zusammengehörigkeit wird noch an einem weiteren Aspekt deutlich. Die Geburtstage der beiden Religionsstifter fallen nach dem islamischen Kalender auf den ersten und zweiten Tag des Monats Muharram, worin man ebenfalls ein Symbol für das enge Aufeinander-Bezogensein der beiden sehen kann. Aufgrund der Vorstellung von einer „Zwillingsoffenbarung" gelten daher in der Bahā'ī-Theologie jene Anhänger des Bāb, die sich der Neuinterpretation seiner Lehren durch Bahā'u'llāh nicht angeschlossen haben, als Personen, die die Offenbarung des Bāb mit den daraus folgenden Konsequenzen missachten. Aus der Perspektive der Anhänger Subh-i Azals ist jedoch Bahā'u'llāh mit seinen Nachfolgern derjenige, der die Religion des Bāb verfälscht hat. Beide konkurrierenden Gruppen bringen ihre unterschiedliche Wahrnehmung und Interessenlage bezüglich desselben Ereignisses innerhalb einer Gemeinde zum Ausdruck und gewinnen dadurch voneinander getrennte Identitäten, obwohl beide voneinander getrennten Gruppen die Kontinuität zum gemeinsamen Ursprung betonen. Aus dem Festhalten an der tatsächlichen oder fiktiven Kontinuität werden dabei in der Folge Ansprüche abgeleitet, die im Falle der Azalīs, d.h. der Anhänger Subh-i Azals, im Verlauf der Religionsgeschichte jedoch wesentlich geringeren nachhaltigen Erfolg hatten, als dies bei den Bahā'ī der Fall war.

Die formelle Trennung der beiden Gemeinden ist nicht problemlos verlaufen, denn das Jahr 1867/68 war gekennzeichnet von gegenseitigen Anschuldigungen, die Verkündigung des Bāb verraten zu haben. Die Anhänger Subh-i Azals denunzierten Bahā'u'llāh bei der osmanischen Regierung, dass er staatsgefährdende Ideen vertrete und den Islam verrate; andererseits bringt die Gruppe um Bahā'u'llāh dieselben Vorwürfe gegen die Azalīs beim Sultan vor. Beide Gruppen hatten in diesem Streit auch Tote zu beklagen, wobei manche die religiösen Ideale hintangestellt haben, um die eigene Auffassung um jeden Preis durchzusetzen. Die Regierung in Istanbul setzte dem Streit durch eindeutiges Handeln ein vorläufiges Ende, indem beide Führer in getrennte Exilsorte verbannt werden sollten (vgl. Beveridge 1995: 33–41; Smith 1996: 58f.). Am 26. Juli 1868 erließ Sultan ᶜAbdu'l ᶜAzīz einen Befehl zur Verbannung Bahā'u'llāhs, wobei dieser Befehl am 5. August in Edirne von den Behörden dessen Sohn ᶜAbdu'l-Bahā zugestellt wurde, mit der Auflage, dass die Abreise so schnell wie möglich zu organisieren sei. Zunächst sollte die Exilierung den engsten Familienkreis betreffen, allerdings wurde der Befehl dahingehend abgeändert, dass die ganze Gemeinde von Edirne wegziehen sollte. Der Aufbruch von Edirne zur Hafenstadt Gallipoli fand am 12. August statt; erst dort wurde den Exilierten das Ziel ihrer Deportation mitgeteilt: Bahā'u'llāh und seine Familie sowie vier Anhänger Subh-i Azals waren vom Sultan zur lebenslangen Verbannung in die Strafkolonie ᶜAkkā verurteilt worden, während Subh-i Azal mit einigen eigenen Anhängern und vier Parteigängern Bahā'u'llāhs den Weg nach Zypern einschlagen musste. Am 21. August konnten alle ein Schiff besteigen, das über Izmir nach Alexandria in Ägypten fuhr. Von dort aus ging die Deportation auf einem anderen Dampfschiff nach Haifa in Palästina, von wo Bahā'u'llāh und die mit ihm Verbannten auf einem kleineren Schiff weiter nach ᶜAkkā fuhren, wo sie am 31. August eintrafen; diese Gruppe der Exilierten zählte 77

Personen. Die kleinere Gruppe gemeinsam mit Subh-i Azal fuhr von Haifa weiter nach Larnaka auf Zypern, wo das Schiff am 3. September im Hafen einlief; die Azalīs ließen sich danach in Famagusta nieder. Damit war politisch ein Schlussstrich unter die Auseinandersetzung zwischen den beiden Gruppen gezogen.

ᶜAkkā wurde dadurch jener Ort, der – gemeinsam mit der Umgebung – für die weitere Geschichte der Bahā'ī das lokale Zentrum darstellt (Smith 1996: 58–62; Viswanathan 1996: 275–280; Warburg 2006: 426–429). Im osmanischen Reich galt der Ort als die Strafkolonie schlechthin, so dass man sagen kann, dass Bahā'u'llāh in den Augen des Sultans als Hauptschuldiger an dem Zwist galt. Als Bahā'u'llāh und seine Begleiter am 31. August 1868 in ᶜAkkā ankamen, wurde er für die nächsten zwei Jahre in der Befestigung der Stadt als Gefangener festgehalten, wobei kaum ein Kontakt zur Außenwelt möglich war. Bahā'ī-Pilger, die aus Persien kamen, um ihren religiösen Führer zu sehen, konnten dies nur aus großer Entfernung tun, d.h. sie konnten nur einen Blick auf das Fenster werfen, hinter dem Bahā'u'llāh festgehalten wurde. Bereits seit Ende der 1860er Jahre und zu Beginn der 1870er hatte sich die überwältigende Mehrheit der Bābīs Bahā'u'llāh angeschlossen, so dass Azalīs in ᶜAkkā keine Rolle mehr spielten, außer in jenem Zwischenfall, bei dem sieben Bahā'ī im Januar 1872 drei Azalīs ermordeten (Gollmer / Towfigh 1995: 525–527). Für Bahā'u'llāh selbst wurde zu Beginn des Jahrzehnts die Gefangenschaft etwas gelockert, so dass er Pilger empfangen konnte. Die dadurch wieder erleichterten Kontakte zum Iran führten in den 1870er Jahren auch zu einer Erweiterung des Konvertitenkreises, indem sich nicht nur Muslime, sondern auch Zoroastrier und Juden im Iran seit jenen Jahren der Lehre Bahā'u'llāhs zuwandten. Genauso traten nun iranischstämmige Muslime in Indien in den Gesichtskreis der Verkündigung, da Bahā'u'llāh im Jahr 1872 Jamāl Effendi nach Indien schickte, um dort die neue Religion zu verbreiten (vgl. Vahman 2008: 40–42; Momen 1999/2000: 50–57). Die Milderung der Haft führte ferner dazu, dass Bahā'u'llāhs Sohn ᶜAbbās Effendi, der unter dem Titel ᶜAbdu'l-Bahā bekannt ist, 1877 in Mazraᶜih ein Landgut mieten konnte. Nach zwei weiteren Jahren kam es schließlich zu einer endgültigen Übersiedelung auf ein Landgut in Bahjī, rund zehn Kilometer nördlich von ᶜAkkā. In Bahjī war Bahā'u'llāh wieder ganz der Natur verbunden und lebte zurückgezogen, wobei seine Anhänger und Pilger ihn nur gelegentlich bei Audienzen sahen. In den 1880er Jahren nahm die Zahl von Bahā'ī in der Umgebung von ᶜAkkā nochmals zu, da rund 180 Gläubige, die bislang in Mossul im Nordirak gewohnt hatten, sich dort niederließen, um den Anfeindungen in Mossul zu entkommen (Rabbani 2005: 75). Die organisatorische Arbeit sowie den Kontakt mit öffentlichen Stellen hatte in all diesen Jahren ᶜAbdu'l-

Bahā übernommen, der sich auch darum bemühte, Grundbesitz für die Bahā'ī-Gemeinde zu erwerben.

Die Jahre, die Bahā'u'llāh in ᶜAkkā und Umgebung verbringt, sind durch eine reichhaltige literarische Tätigkeit geprägt, so dass man insgesamt mehr als einhundert Werke zählen kann: Als zentraler Text für die Bahā'ī-Religion ist der arabische *Kitāb-i Aqdas* (Bahā'u'llāh, KA / 2000), das „Hochheiligste Buch", hervorzuheben, das 1873 abgeschlossen worden ist; die Entstehung des Buches dürfte sich jedoch über den Zeitraum zwischen 1868 und 1873 erstreckt haben (Ekbal 1998a: 63f.). Dieses Buch setzt für die neue Religionsgemeinde die Verbindlichkeit des *Bayān* des Bāb außer Kraft und behandelt Fragen des Religionsgesetzes, aber auch ethische Themen und Aspekte des Zivilrechts für eine nach Bahā'ī-Prinzipien zu gestaltende Gesellschaft. Diese Regelungen geben der entstehenden Bahā'ī-Gemeinde eine erste eigene Organisationsstruktur, wobei – trotz der sprachlichen Nähe des *Kitāb-i Aqdas* zur Sprache des Koran – auch westliche Ideen, mit denen Bahā'u'llāh in ᶜAkkā in Berührung gekommen ist, in diesem grundlegenden Werk der Bahā'ī-Religion fassbar werden.

Mit seiner literarischen Tätigkeit festigt Bahā'u'llāh nicht nur seine Gemeinde und gibt ihr ein theologisches Fundament, sondern seine staatsrechtlichen Aussagen tragen wesentlich dazu bei, dass die Gläubigen dem (osmanischen bzw. persischen) Staat gegenüber loyal sind, die staatliche Autorität als solche anerkennen, wenngleich sie demokratisch von ihrer Religionsfreiheit und Kritikfähigkeit – gegenüber einer absolutistischen Regierung – Gebrauch machen sollen (vgl. Cole 1998a: 34f., 115–118). Es ist dabei ein unbestrittenes Verdienst Bahā'u'llāhs, dass es ihm gelungen ist, seine Anhänger während seines Lebens in ᶜAkkā in den Staat zu integrieren. In positiver Konsequenz ergab sich daraus, dass die Verfolgungen ab den 1870er Jahren nachließen. Einzelne Übergriffe der Obrigkeit oder fanatischer Muslime sind zwar nicht ganz ausgeblieben, so etwa wurden um 1890 in Isfahān und Yazd, den Zentren der Bahā'ī in Persien, aber auch im Azalī-Zentrum Kermān mehrere Anhänger des Glaubens ermordet. Im großen Stil waren die Verfolgungen jedoch überwunden (Momen 1998: 36–38).

In den späten 80er Jahren des 19. Jahrhunderts hat Bahā'u'llāh seinen ältesten Sohn ᶜAbdu'l-Bahā zum Nachfolger eingesetzt (vgl. Cole 2005: 319f.). Zwar spricht schon der *Kitāb-i Aqdas* Fragen der Nachfolge des Religionsstifters in # 121 und # 174 an, allerdings bleibt die Formulierung mehrdeutig, da sie sich theoretisch auf alle Söhne Bahā'u'llāhs beziehen ließe, die „aus dieser urewigen Wurzel" stammen. Erst im Testament Bahā'u'llāhs, dem *Kitāb-i ᶜAhd*, werden die Verse des *Kitāb-i Aqdas* eindeutig auf ᶜAbdu'l-Bahā bezogen, indem dieser als Nachfolger eingesetzt wird, während sein jüngerer Bruder Mīrzā Muhammad ᶜAlī ihm untergeordnet sein solle; im Testament heißt es (Bahā'u'llāh, BA / 1982, # 15:9):

> Dies ist der Letzte Wille des göttlichen Erblassers: Es ist den Aghsān, den Afnān und Meiner Verwandtschaft zur Pflicht gemacht, dass sie allesamt ihr Antlitz dem Mächtigsten Zweig zuwenden. Beachtet, was Wir in Unserem Heiligsten Buch offenbart haben: „Wenn das Meer Meiner Gegenwart verebbt und das Buch Meiner Offenbarung abgeschlossen ist, so wendet euer Angesicht zu Ihm, den Gott bestimmt hat, der aus dieser Urewigen Wurzel kam." Mit diesem heiligen Vers ist kein anderer gemeint als der Mächtigste Zweig. So haben Wir euch gnädig Unseren machtvollen Willen offenbart, und wahrlich, ich bin der Gnadenvolle, der Allmächtige. Wahrlich, Gott hat verordnet, dass die Stufe des Größeren Zweiges [Mīrzā Muhammad ᶜAlī] unter derjenigen des Größten Zweiges [ᶜAbdu'l-Bahā] ist. Er ist fürwahr der Verordner, der Allweise. Wir haben „den Größeren" nach „dem Größten" erwählt, wie es der Allwissende, der Allkennende befiehlt.

Damit ist die Nachfolgeregelung prinzipiell klar, wobei Juan Cole (2005: 320) vermutet, dass Bahā'u'llāh in dieser Nachfolgeregelung damit rechnete, dass Muhammad ᶜAlī seinen älteren Bruder ᶜAbdu'l-Bahā entsprechend lange überleben würde, so dass diese Nachfolgeregelung zwischen den beiden Söhnen des Religionsstifters durchaus Sinn macht. Tatsächlich ist ᶜAbdu'l-Bahā als Nachfolger Bahā'u'llāhs bereits 1921 verstorben, Muhammad ᶜAlī jedoch erst 1937. Ferner scheint von Bahā'u'llāh ursprünglich vorgesehen gewesen zu sein, dass nach dem Tod seines letzten Sohnes die Führung der Bahā'ī-Religion in die Hände des Universalen Hauses der Gerechtigkeit zu legen sei, wie man aus seiner Schrift *Ishrāqāt* aus der Mitte der 1880er Jahre ableiten kann (Bahā'u'llāh, BA / 1982, # 8:60):

> Der Abschnitt, den die Feder der Herrlichkeit nunmehr schreibt, gilt als Teil des Heiligsten Buches: Die Mitglieder von Gottes Haus der Gerechtigkeit sind mit den Angelegenheiten des Volkes betraut. Sie sind wahrlich die Treuhänder Gottes unter seinen Dienern und die Morgenröten der Amtsgewalt in Seinen Landen.

Diese Nachfolgeregelung ist nicht vollkommen verwirklicht worden, da – wie im nächsten Abschnitt zu zeigen sein wird – Muhammad ᶜAlī gegen seinen Bruder ᶜAbdu'l-Bahā und gegen die vorgesehene Nachfolge opponiert hat. ᶜAbdu'l-Bahā konnte jedoch die ihm von seinem Vater anvertraute Nachfolge in der Führung der Religionsgemeinde antreten und als Bevollmächtigter und autorisierter Ausleger der Schriften Bahā'u'llāhs und des Bāb die neue Religion über die Grenzen der näheren Umgebung hinaustragen, um jene Epoche der Religion einzuleiten, in der sie gefestigt und in Europa bekannt wurde. Am 29. Mai 1892 ist Bahā'u'llāh schließlich 75-jähriger in Bahjī gestorben; sein Grab in den Gärten von Bahjī ist bis heute ein Pilgerort der Bahā'ī aus aller Welt.

2.3.3 Exkurs: Subh-i Azal und seine Anhänger als eigenständige Religion nach der Trennung von den Bahā'ī

Nach der Verbannung Subh-i Azals nach Famagusta auf der Insel Zypern bleibt eine kleine Gruppe von „traditionellen" Bābīs, die den Offenbarungsanspruch Bahā'u'llāhs nicht teilten, religionsgeschichtlich als eigenständige Azalī-Bābī-Religion bestehen. Die ersten Jahre seines Lebens auf Zypern verbrachte Subh-i Azal als Verbannter des osmanischen Sultans. Als im Jahr 1878 die Verwaltung Zyperns in die Hände der Briten fiel, wirkte sich dies auch auf ihn aus, da 1881 seine Verbannung zwar aufgehoben wurde, er jedoch mit seiner Familie auf der Insel blieb (vgl. Momen 1991: 87–103). Dort war er das Oberhaupt der kleinen Gemeinschaft, deren Anhängerzahl auf der Insel selbst nicht zunahm, aber auch innerhalb des osmanischen Reiches sowie im Qadsharen-Reich schrittweise rückläufig war, weil sich Bābīs noch in späteren Jahren nach der Trennung der beiden Halbbrüder der Bahā'ī-Religion anschlossen. Als er schließlich am 29. April 1912 in Famagusta starb, wurde er auf einem islamischen Friedhof begraben, wohl ein Zeichen dafür, dass die Azalīs auf der Insel kaum imstande waren, eine eigene Organisation für ihre Religion zu entwickeln. In den 1960er Jahren hat eine Iranerin, die sich als Verwandte Subh-i Azals ausgab, auf dem Friedhof einen kleinen Schrein für Subh-i Azal errichtet (Warburg 2006: 177 und Farbtafel 4).

Das Wirken Subh-i Azals in Famagusta ist nur teilweise dokumentiert, wobei – entsprechend dem schiitischen und von den Bābīs geteilten Konzept der *taqīya* – er öffentlich als muslimischer Heiliger betrachtet wurde, der an den schiitischen Trauerfeierlichkeiten für Imām Husain festhielt. Allerdings hatte er einige Schriften des Bāb in seinem Besitz, die er teilweise durch Interpolation überarbeitete, woraus sich religionshistorisch sein Anspruch ablesen lässt, dass er sich auf Zypern als Führer und Bewahrer, aber zugleich als Interpret der Lehren des Bāb verstanden hat. Er hat selbst eine Reihe von Schriften verfasst, eine der Wichtigsten ist *Mutammim-i Bayān*, eine Vollendung des *Bayān* des Bāb. Daraus kann man ableiten, dass sich Subh-i Azal – in Opposition zu Bahā'u'llāhs Anspruch – selbst als „Vollender" des Werkes des Bāb verstanden hat, d.h. als derjenige Offenbarer, den der Bāb angekündigt hat. Allerdings bleibt – mangels der Quellenlage – weitgehend unklar, wie man Subh-i Azals Sichtweise des Verhältnisses zwischen dem Azalī-Bābītum und dem Islam einzuschätzen hat, d.h. ob er die Azalī-Bābīs weiterhin als völlig eigenständige Religion betrachtete oder ob er sich eventuell insofern dem Islam wiederum genähert hat, als er die Azalī-Bābīs als innerislamische Richtung – analog zu den Sheikhīs oder zu den Bābīs vor 1848 – verstanden hat. Hinsichtlich seiner Nachfolge weiß man, dass zunächst sein Sohn Ahmad Bahhāj die Führungsrolle übernehmen sollte; er hat sich jedoch mit seinem Vater überworfen und nach dessen Tod in Haifa den Bahā'ī angeschlossen. Auch einige andere Nachkommen der großen Familie Subh-i Azals scheinen den Anspruch erhoben zu haben, die Religionsgemeinde zu führen, so einer seiner Enkel, der 1971 verstorbene Jalal Azal; andere heute noch auf Zypern lebende Nachkommen Subh-i Azals verstehen sich als Muslime.

Einige Azalīs in Persien waren in den letzten Jahrzehnten des 19. und zu Beginn des 20. Jahrhunderts in nationalistischen und freidenkerischen Kreisen aktiv, wobei sie die Vorstellungen und Lehren des Bāb v.a. dazu benutzten, ihre Gegenposition zu islamisch geprägten politischen Konzepten zu formulieren (MacEoin 1989a: 180f.). Zu diesen Azalī-Bābīs in Persien gehörten Mīrzā Hādī Dawlatābādī aus Isfahān, der der Führer der Azalī-Gemeinden in Persien war, und sein Sohn Yahyā Dawlatābādī; ersterer war von Subh-i Azal als sein Nachfolger vorgesehen, da er jedoch vor Subh-i Azal verstarb, dürfte sein Sohn schließlich die Führung der Azalī-Bābīs nominell übernommen haben. Er war jedoch in religiösen Angelegenheiten kein engagierter Führer der Religionsgemeinde, sondern mehr an iranischem Nationalismus interessiert. Dadurch kam es zu einer Erstarrung der Bewegung in Persien, so dass sie bereits in den ersten Jahrzehnten des 20. Jahrhunderts immer mehr an Bedeutung verlor. Lediglich Qāsimī, der nach Yahyā Dawlatābādī von manchen Azalī-Bābīs in Persien als Führer der Gemeinde angesehen wurde, hat sich von den 40er bis in die 60er Jahre des 20. Jahrhunderts um die Verbreitung von Bābī-Schriften bemüht und damit für eine gewisse organisierte Betreuung der Anhänger gesorgt. In der folgenden Zeit ist diese organisatorische Tätigkeit jedoch zum Erliegen gekommen, so dass es keine Gemeinde mehr in Persien gibt. Man darf vielleicht damit rechnen, dass es zwischen 1.000 und 2.000 Personen gibt, die sich als Anhänger oder Sympathisanten der Lehren des Bāb in der Islamischen Republik Iran verstehen, jedoch bleiben sie äußerlich in ihr islamisches kulturelles Umfeld eingebettet.

Somit lässt sich die Situation der Azalī-Bābīs wie folgt zusammenfassen (vgl. Gollmer / Towfigh 1995: 502): Sie sind keine lebendige religiöse Gemeinschaft mehr, sondern sind inzwischen wieder Teil der islamischen Gemeinschaft, auch wenn einzelne Personen die Schriften des Bāb und Subh-i Azals weiter bewahren und für ihre religiöse Vertiefung lesen. Seit einigen Jahren ist jedoch – bislang nur anhand der Internetseite www.bayanic.com – eine „Revitalisierung" des „Volkes des *Bayān*" festzustellen. Dabei wird einerseits betont, dass die Azalīs oder – abgeleitet vom *Bayān* – die Bayānīs Angehörige der Religion des Bāb seien, die die Eigenständigkeit der Religion des Bāb weiterführen und sich dadurch von der Bahā'ī-Lehre und Bahā'ī-Organisation abgrenzen. Allerdings gibt die Internetpräsenz der Bayānīs (Azalī-Bābīs) keine weitere Auskunft darüber, in welcher Weise die Bayānīs als religiöse Gruppe organisiert sind, wie es um die Leitung der Gemeinschaft steht oder in welcher Weise die Religion auch in gemeinsamen Gottesdiensten praktiziert wird.

2.4 ᶜAbdu'l-Bahā (1844–1921) als Nachfolger Bahā'u'llāhs und der Beginn der Verbreitung der Religion im Westen

ᶜAbbās Effendi ᶜAbdu'l-Bahā (vgl. Balyuzi 1983–84; Smith 1996: 74–76) wurde als ältester Sohn Bahā'u'llāhs am 23. Mai 1844 in Teheran geboren, das heißt in jener Nacht, in der der Bāb seine Sendung erstmals verkündet hat. Seine Kindheit ist von den Verfolgungen geprägt, die sein Vater erlitten hat, wodurch eine enge Verbindung zwischen Vater und Sohn entstanden ist, die ᶜAbdu'l-Bahā zeitlebens geprägt hat. Ferner ist für seine Kindheit charakteristisch, dass er keine reguläre Schulbildung erhalten hat, sondern sein Wissen von seinem Vater erhalten hat, so dass die Tradition sagt, dass ᶜAbdu'l-Bahā schon sehr früh während der Zeit in Bagdad intuitiv gewusst habe, dass Bahā'u'llāh der vom Bāb vorhergesagte Gesandte Gottes sei. Der heranwachsende ᶜAbbās Effendi ᶜAbdu'l-Bahā bemüht sich um das Abschreiben der Schriften des Bāb, genauso nimmt er regelmäßig in Moscheen an theologischen Disputen teil, um auf diese Weise religiöse Bildung zu erlangen. Ab der Exilszeit in Edirne beginnt seine organisatorische Tätigkeit neben seinem Vater, ehe er mit der weiteren Verbannung Bahā'u'llāhs nach ᶜAkkā dessen Sekretär wird. Im Jahr 1873 heiratet ᶜAbdu'l-Bahā die Perserin Munīra Nahrī (1847–1938), deren wunderbare Geburt auf den Segen des Bāb zurückgeführt wurde. Mit ihr hatte er zwei Söhne und sieben Töchter, von denen alle bis auf vier Töchter als Kinder starben. Bereits zu Lebzeiten Bahā'u'llāhs hat ᶜAbdu'l-Bahā einige Werke verfasst: „Das Geheimnis göttlicher Kultur" aus dem Jahr 1875 (ᶜAbdu'l-Bahā, GGK / 1973; vgl. Cole 1998a: 81–91; Scharbrodt 2005a: 111–127) ist eine Schrift, in der er Überlegungen zu Reformen und Modernisierungen von Staatsformen – v.a. im Iran – formuliert, die thematisch mit jenen Gedanken zu verbinden sind, die sein Vater in den Sendschreiben an verschiedene Herrscher ausdrückt. Eine andere wichtige Schrift ist der „Bericht eines Reisenden" (*Maqāla-yi Shakhsī Sayyāh*; vgl. Browne 1891) aus dem Jahr 1886, eine kurze Geschichte der Bābī- und Bahā'ī-Religion bis zu jenem Zeitpunkt.

Bahā'u'llāh hatte im Jahr 1890 im *Kitāb-i ᶜAhd*, dem „Buch des Bundes", eine Nachfolgeregelung hinterlassen, in welcher er ᶜAbdu'l-Bahā zum Nachfolger und autorisierten Ausleger der Lehre bestimmte, an den sich alle nach seinem Tod in Glaubensfragen zu wenden hätten. Gleichzeitig regelte das „Buch des Bundes" auch, dass sein Bruder Mīrzā Muhammad ᶜAlī in diesen Jahren die zweite Stelle in der Bahāʾī-Hierarchie einnehmen sollte. Diese Regelung führte ab 1892 zu einer Krise der Religion, die in gewisser Weise zu den Auseinandersetzungen zwischen Bahāʾuʾllāh und Subh-i Azal in der Nachfolge des Bāb analog war (vgl. auch Cole 2005: 327–331). Zunächst war ᶜAbduʾl-Bahā in der Situation des Schwächeren, da seine Anhängerschar auf den Kreis seiner engeren Familie schrumpfte, wobei neben seiner Gattin und seinen vier Töchtern lediglich seine jüngere Schwester Bahīya Khānum (1846–1932) und ein Onkel väterlicherseits ihm die Treue hielten. Es ging dabei nicht nur um persönliche Interessen, sondern zugleich um einen theologischen Aspekt, der die religiöse Stellung ᶜAbduʾl-Bahās betraf, wenn es bei Shoghi Effendi heißt (GGV / 1954, # 15:11):

> Wo sie nur konnten, ... stellten sie ᶜAbduʾl-Bahā als einen ehrgeizigen, eigenwilligen, prinzipien- und schamlosen Thronräuber hin, der bewusst die testamentarischen Verfügungen Seines Vaters missachte, der sich in absichtlich verhüllter, vieldeutiger Sprache eine Stellung anmaße, die derjenigen der Manifestation gleichkomme, der in Seiner Korrespondenz mit dem Westen im Begriff sei, sich als den wiedergekommenen Christus hinzustellen, den Gottessohn, wiedergekommen „in der Herrlichkeit des Vaters", der in Seinen Briefen an die indischen Gläubigen sich als den verheißenen Shāh Bahrām bezeichne und sich das Recht anmaße, die Schriften Seines Vaters auszulegen, eine neue Sendung einzuleiten und gleich Ihm die größte Unfehlbarkeit – ausschließliches Vorrecht der Träger des Prophetenamtes – zu besitzen.

Auch wenn hier die Argumente der Anhänger Muhammad ᶜAlīs negativ dargestellt werden, so kann man herauslesen, dass es um einen theologischen Streit ging, wobei Muhammad ᶜAlī einen „konservativen" und ᶜAbduʾl-Bahā einen „fortschrittlichen" Kurs vertrat. Die erstere Richtung ging davon aus, dass die Offenbarung mit Bahāʾuʾllāh abgeschlossen sei, so dass seinen Schriften nichts mehr hinzuzufügen sei – nicht einmal in Form einer Auslegung durch ᶜAbduʾl-Bahā. Das starre Festhalten hatte wohl darin seinen Grund, dass diese Gruppe die Befürchtung hatte, dass ᶜAbduʾl-Bahā sich selbst als Offenbarer und Manifestation Gottes ausgeben könnte, d.h. aus dem menschlichen in einen göttlichen Rang erhoben werden könnte. Immerhin sind solche Befürchtungen nicht ganz unverständlich, da die zahlreichen Ehrentitel, mit denen ᶜAbduʾl-Bahā schon zur Zeit Bahāʾuʾllāhs überhäuft worden war, ihm eine deutliche Sonderstellung innerhalb der Bahāʾī-Gemeinde zubilligten. ᶜAbduʾl-Bahā selbst vertrat eine flexiblere Haltung, die zwar betonte, dass die Offenbarung mit Bahāʾuʾllāh abgeschlossen sei, allerdings sei er zur Auslegung dieser Offenbarung berechtigt. Denn Offenbarung und die Interpretation derselben seien zu trennen.

Die Auseinandersetzung war dabei keineswegs eine lokale Angelegenheit, da Bahā'ī seit 1894 auch in den USA vertreten waren und Ibrāhīm Khayrullāh, ein Libanese, sich ab 1898 in den USA zugunsten von Muhammad ᶜAlī einsetzte (vgl. Hollinger 1984; Smith 1996: 95f.). Auch die Gemeinden in Persien, Ägypten und Syrien waren durch diese internen Zwistigkeiten in Mitleidenschaft gezogen. Um die Jahrhundertwende gelang es ᶜAbdu'l-Bahā aber, seine Position zu festigen. Im Jahr 1901 verhängte die osmanische Regierung in Istanbul jedoch über ihn und Muhammad ᶜAlī einen erweiterten „Hausarrest" für das Gebiet von ᶜAkkā. Trotz der Einschränkung der Bewegungs- und Handlungsfreiheit begann ᶜAbdu'l-Bahā bereits während dieser Zeit, die stärkere Strukturierung einzelner lokaler Bahā'ī-Gemeinden in die Wege zu leiten, um den Zusammenhalt zwischen einzelnen Bahā'ī sowie den Gemeinden insgesamt zu fördern und dadurch Spaltungen und gemeinschaftsinterne Unruhen zu reduzieren. Daher stammen aus dieser Zeit bereits die ersten Teile von „Wille und Testament" (ᶜAbdu'l-Bahā, WT / 1989), worin nicht nur die Frage der Nachfolge geregelt ist, sondern auch die Etablierung von organisatorischen Strukturen für den Aufbau der Bahā'ī-Gemeinden. Dieses Bemühen, alle Bahā'ī in eine hierarchische Gemeindestruktur einzubinden, führte zum völligen Bruch zwischen ᶜAbdu'l-Bahā und Muhammad ᶜAlī in diesen Jahren. Mit dem jungtürkischen Umsturz des Jahres 1908 in Istanbul und den dadurch entstandenen neuen politischen Verhältnissen, durch die ᶜAbdu'l-Bahā im September 1908 die völlige Freiheit nach der Aufhebung des Hausarrestes bekam, geht diese erste Wirkungsphase zu Ende.

Die wiedergewonnene Freiheit eröffnete für ᶜAbdu'l-Bahā eine neue Tätigkeitsepoche (vgl. Smith 1996: 79–82). Zunächst kam es zur Übersiedelung von ᶜAkkā in die aufstrebende Hafenstadt Haifa am Fuß des Berges Karmel. Zugleich wurde es möglich, das Mausoleum für den Bāb auf dem Karmel zu vollenden. Der Platz für dieses Bauwerk war noch von Bahā'u'llāh ausgesucht worden, doch konnte er erst 1899 gekauft werden. Nach der Grundsteinlegung kamen die Bauarbeiten – bedingt durch die von Seiten der osmanischen Regierung verfügte Internierung ᶜAbdu'l-Bahās – fast völlig zum Erliegen. Nach der Freilassung ᶜAbdu'l-Bahās konnte der Bau so weit fertiggestellt werden, dass am Neujahrsfest des Jahres 1909 der Leichnam des Bāb endgültig beigesetzt werden konnte (vgl. Rabbani 2003: 86; UHG 2003a: 20–22). Neben dem Grab Bahā'u'llāhs in Bahjī kristallisierte sich dabei dieses Grab bald als zentrale Gedenkstätte für die Bahā'ī heraus. Auch die politische Situation, die es Bahā'ī unmöglich machte, die älteren geschichtsträchtigen Orte in Shīrāz und Bagdad als Wallfahrtsstätten (vgl. *Kitāb-i Aqdas*, # 32) zu besuchen, förderte den Besuch am Schrein des Bāb (vgl. auch Viswanathan 1996: 272, 279). Zeitgleich mit der Vollendung dieses Bauwerkes ist ein weiteres Unternehmen erwähnenswert, nämlich der Beschluss über die Errichtung des „Hauses der Andacht" in Wilmette am Michigan-See in den Vereinigten Staaten von Amerika. Dieser erste Kultbau der Religion außerhalb Palästinas und des Orients mag die frühen Missionserfolge illustrieren, die nicht nur in Amerika, sondern auch in Europa seit dem Ende des Jahrhunderts eingesetzt hatten: In Frankreich, England und Deutschland entstanden in jenen Jahren die ersten Zentren, wobei für den deutschsprachigen Raum das Jahr 1905 als Gründungsdatum einer deutschen Bahā'ī-Gemeinde angegeben werden kann. Neben den prestigereichen europäischen und amerikanischen Missionserfolgen steht der zahlenmäßig größere Erfolg in Asien. Insgesamt spiegelt sich der Missionserfolg darin, dass zu den 13 Ländern, in denen die Bahā'ī-Religion zu Lebzeiten Bahā'u'llāhs Einzug gehalten hatte, bis zum Tod ᶜAbdu'l-Bahās 22 weitere Länder hinzukamen. Neben diesem zahlenmäßigen Zuwachs beginnt sich in dieser Zeit auch eine inhaltliche Gewichtsverschiebung abzuzeichnen, indem gegenüber Bahā'u'llāhs Wirken, das die Bahā'ī-Religion in der Praxis noch eng als iranische und schiitische Religion darstellte, mit ᶜAbdu'l-Bahā die Globalisierung der Religion einsetzte.

Die Missionserfolge waren es auch, die ᶜAbdu'l-Bahā bewogen haben, auf einigen Reisen die Gläubigen im Westen zu besuchen (Warburg 2006: 191–193). Eine erste Reise führte ihn über Ägypten am 4. September 1911 nach London, von wo er etwa einen Monat später nach Paris weiterreiste; am Ende des Jahres kehrte er von dort nach Ägypten zurück. Im Frühjahr 1912 führte eine weitere Reise zunächst in die USA und nach Kanada, als deren äußerlicher Höhepunkt die Grundsteinlegung für das „Haus der Andacht" in Wilmette zu betrachten ist. Schließlich kam er im Dezember 1912 erneut nach London, um von dort wieder nach Paris zu fahren. Im Jahr 1913 führte die Reise schließlich von Paris über Stuttgart, Budapest, Wien und wiederum Stuttgart über die Schweiz zurück nach Paris, von wo aus er die Rückreise nach Ägypten und weiter nach Haifa antrat.

Von den zahlreichen Vorträgen auf diesen Reisen sind die „Ansprachen in Paris" (ᶜAbdu'l-Bahā, AP / 1995) vom Herbst 1911 besonders bekannt geworden, da sie schon frühzeitig in einer englischen Übersetzung veröffentlicht worden sind. ᶜAbdu'l-Bahā konnte damit nicht nur den Missionserfolg festigen, sondern die im Westen gehaltenen Ansprachen zeigen zugleich eine stärkere sprachliche und inhaltliche Orientierung am Christentum, wodurch das islamische Erbe zurücktritt. Verschiedene Ansprachen und Kontakte mit Gläubigen und Persönlichkeiten des öffentlichen Lebens haben dabei zum Bekanntwerden der Religion beigetragen. Ferner ist eine sehr große Anzahl von Briefen zu erwähnen (vgl. eine Auswahl in ᶜAbdu'l-Bahā, BB / 1992), die ᶜAbdu'l-Bahā im Laufe seines Wirkens an einzelne Gläubige oder an lokale Gemeinden geschickt hat.

Mit der Rückkehr nach Haifa im Dezember 1913 setzt die dritte Tätigkeitsphase ein (vgl. Smith 1996: 82–85). Durch den Ausbruch des ersten Weltkrieges fand nicht nur die Reisetätigkeit ihr Ende, sondern die Bahā'ī in Palästina wurden indirekt in die Kriegswirren hineingezogen, da das osmanische Reich unaufhaltsam auseinanderfiel. Da die Küste Palästinas mit Haifa und ʿAkkā unter den kriegerischen Auseinandersetzungen zu leiden hatte, flohen manche Bahā'ī weiter ins Landesinnere. Um die Gemeinde weiter zu schützen, evakuierte ʿAbdu'l-Bahā die restlichen Bahā'ī aus ʿAkkā und Haifa im September 1914 ins drusische Bergland nach Abu Sinan. Rund 140 Personen waren davon betroffen und der Aufenthalt dauerte bis Mai 1915, als eine Rückkehr nach Haifa möglich wurde, weil die Kampfhandlungen und Bombardierungen der Küstenorte aufgehört hatten (Rabbani 2005). Die letzten Lebensjahre waren der Stärkung und auch materiellen Unterstützung der eigenen Gemeinde sowie der Bevölkerung Palästinas aufgrund der Kriegswirren gewidmet. In Anerkennung der humanitären Verdienste, die sich ʿAbdu'l-Bahā dadurch erwarb, wurde er am 27. April 1920 zum „Knight of the British Empire" geadelt. Diese weltliche Ehre, die ihm zuteil wurde, kann verdeutlichen, wie er – obwohl primär religiöser Führer – über die Grenzen der Religion hinaus geschätzt wurde. Seine Toleranz Andersgläubigen gegenüber, seine charismatische Ausstrahlung und sein Wirken, das von Vitalität und Weitsicht geprägt war, hatten ihn in diesen Jahren zu einer Gestalt gemacht, die weit geachtet war. Als ʿAbdu'l-Bahā am 28. November 1921 in Haifa starb, war daher die Anteilnahme – auch von Christen, Juden und Moslems – sehr groß (vgl. UHG 2003a: 58f.). Beim Begräbnis am folgenden Tag wurde der „Meister der Bahā'ī-Religion" im Grabmal des Bāb beigesetzt. Die Nachfolge ʿAbdu'l-Bahās als Führer der Religionsgemeinschaft ging an seinen Enkel Shoghi Effendi, der sich zum Zeitpunkt des Todes zu Studienzwecken seit rund zwei Jahren in Oxford in England befand.

2.5 Shoghi Effendi (1897–1957) und die Phase der Organisation und Systematisierung der weltweiten Religionsgemeinschaft

Shoghi Effendi Rabbanī war der Sohn von ʿAbdu'l-Bahās ältester Tochter Diyā'iyya Khānum und wurde am 1. März 1897 in ʿAkkā geboren (Smith 1996: 101f.). Im Unterschied zu den anderen führenden Persönlichkeiten der Religion erhielt er eine systematische Schulbildung, zunächst in Haifa und Beirut. Während der Ferienzeiten begleitete er regelmäßig ʿAbdu'l-Bahā, der ihn 1912 auch auf seine Amerika- und Europareise mitnehmen wollte. Nach ʿAbdu'l-Bahās Rückkehr nach Palästina begleitete er seinen Großvater weiterhin, wenn dieser Pilger empfing oder sich mit weltlichen und geistlichen Repräsentanten traf. Dadurch war Shoghi Effendi bereits in jungen Jahren mit wichtigen Vorgängen innerhalb der Gemeinde vertraut, ehe er nach seinem Schulabschluss in Beirut im Jahr 1918 ᶜAbdu'l-Bahās Hauptsekretär wurde. Im Jahr 1920 konnte er mit einem Stipendium ein Studium der Politik- und Wirtschaftswissenschaften in Oxford beginnen, wo er am Vormittag des 29. November 1921 telegraphisch die Kunde vom Tod ᶜAbdu'l-Bahās erhielt und nach Haifa zurückkehrte.

Nach seiner Ankunft am 29. Dezember 1921 erfuhr Shoghi Effendi vom Testament ᶜAbdu'l-Bahās, durch das er zum Nachfolger seines Großvaters und zum Gemeindeoberhaupt bestimmt wurde. Diese Entscheidung traf sowohl ihn als auch viele andere Bahā'ī ziemlich unerwartet, jedoch war Shoghi Effendi trotz seiner Jugend aufgrund der engen Beziehung zu ᶜAbdu'l-Bahā nicht völlig unvorbereitet für die neuen Aufgaben. Dennoch wurden schnell Stimmen laut, die das Testament und die Rolle Shoghi Effendis in Frage stellten; letztlich sollte es fast zwei Jahrzehnte dauern, bis Shoghi Effendi seine Position endgültig gefestigt hatte (vgl. U. Gollmer 1995b: 571–581; Smith 1996: 103f.). Die Opposition gegen Shoghi Effendi erwuchs in erster Linie aus dem Kreis der Familie Bahā'u'llāhs, wobei Muhammad ᶜAlī als einer der ersten seinen Widerstand gegen Shoghi Effendi formulierte, indem er sich auf Bahā'u'llāhs *Kitāb-i ᶜAhd* berief, in dem er als „Größerer Zweig" bezeichnet wurde, der nach dem „Größten Zweig" ᶜAbdu'l-Bahā bis zur Einrichtung des Universalen Hauses der Gerechtigkeit als Leitungskollektiv der Bahā'ī die Führung der Gemeinde übernehmen sollte. Dieses erste Infragestellen des Amtes von Shoghi Effendi durch Muhammad ᶜAlī ist dabei eine Konsequenz aus dem Zerwürfnis zwischen ᶜAbdu'l-Bahā und Muhammad ᶜAlī. ᶜAbdu'l-Bahā formulierte in „Wille und Testament" aufgrund seiner Position als autoritativer Interpret der Schriften Bahā'u'llāhs die neue Regelung der Nachfolge, deren Wortlaut der Äußerung im *Kitāb-i ᶜAhd* widersprach. Damit wurde phänomenologisch erneut jener Streitpunkt aufgegriffen, der bereits bei ᶜAbdu'l-Bahās Amtsantritt die Gemeinde erschütterte: Wie weit geht die Legitimität der Auslegung von Schriften Bahā'u'llāhs durch ᶜAbdu'l-Bahā? Darf ᶜAbdu'l-Bahā in seiner Kompetenz als Ausleger ein neues Amt – nämlich die Funktion des „Hüters (*walī*) der Religion" – für Shoghi Effendi schaffen, das im *Kitāb-i ᶜAhd* nicht vorgesehen war und das Shoghi Effendi – bis zur Errichtung des Universalen Hauses der Gerechtigkeit – die Führungsrolle zubilligt? (vgl. dazu auch Cole 2005: 336f.). Diese Fragestellungen, die die Gültigkeit des Testaments ᶜAbdu'l-Bahās bezweifelten, haben lange Zeit das Wirken Shoghi Effendis behindert, wobei – u.a. weil der Text des Testaments nach dem Tod ᶜAbdu'l-Bahās nur schrittweise veröffentlicht wurde – auch Vermutungen in die Welt gesetzt wurden, dass das Testament überhaupt eine Fälschung durch Shoghi Effendi sei. Die Hauptwidersacher Shoghi Effendis waren Rūhī Afnān, ein Cousin Shoghi Effendis und zwischen 1922 und 1936 dessen Sekretär, ferner die amerikanische Bahā'ī Ruth White, die in den Jahren 1929 und 1930 den Vorwurf der Testamentsfälschung gemeinsam mit Sohrāb Ahmad, der zwischen 1912 und 1917 ᶜAbdu'l-Bahās Sekretär gewesen war, populär machte. In Deutschland sammelte im Jahr 1930 Wilhelm Herrigel einige Bahā'ī um sich, die die Führungsrolle Shoghi Effendis ablehnten. Trotz des massiven, wenngleich nur von wenigen Personen getragenen Widerstandes ist es Shoghi Effendi gelungen, seinen Führungsanspruch schrittweise in die Tat umzusetzen, wobei er darin durch ᶜAbdu'l-Bahās Schwester Bahīya Khānum bis zu ihrem Tod im Jahr 1932 aktiv unterstützt wurde. Den Schlussstrich unter die Infragestellung seiner Führung setzt Shoghi Effendi mit dem Ausschluss von Ruth White und Sohrāb Ahmad im Jahr 1933 bzw. eines großen Teils der Familie ᶜAbdu'l-Bahās gemeinsam mit Rūhī Afnān im Jahr 1941.

Shoghi Effendis Wirken entfaltete sich schrittweise (vgl. Warburg 2006: 195): Im Gegensatz zu ᶜAbdu'l-Bahā hat er ein eher zurückgezogenes Leben geführt, so dass er sich nur selten in der Öffentlichkeit zeigte und auch die reichhaltige Ansprachentätigkeit seines Großvaters nicht aufgriff. Genauso ist für ihn charakteristisch, dass er den iranisch-islamischen kulturellen Hintergrund der Bahā'ī-Religion deutlich verringerte, was v.a. unter den persischen Bahā'ī manchmal Unverständnis und teilweise Missgunst hervorrief. Symbolisch drückt sich diese Universalisierung der Religion auf Kosten des lokalen kulturellen Gepräges iranischer Provenienz im äußeren Lebensweg Shoghi Effendis aus, da er am 24. März 1937 die Kanadierin Mary Sutherland Maxwell, genannt Ruhīya Khānum (1910–2000), heiratete. Dennoch ließ in den 1930er Jahren die Opposition gegen Shoghi Effendi nach, so dass er nunmehr seine Arbeitskraft verstärkt zur aktiven Gestaltung der Religion verwenden konnte, wobei besonders seine literarische und organisatorische Tätigkeit die Bahā'ī-Geschichte nachhaltig prägt. Von seinen schriftlichen Werken ist zunächst die Historiographie zu nennen (vgl. Smith 1996: 105–107): Im Jahr 1932 legt er eine offizielle Übersetzung der Geschichte des Bābismus und der Bahā'ī-Religion bis zum Tod Bahā'u'llāhs von Mullā Muhammad Nabīl Zarandī vor (Shoghi Effendi, NB / 1975–1991). Für Bahā'ī ist dieser Text eine wichtige Quelle zur Religion des Bāb, aber durch die Übersetzung Shoghi Effendis wurden die historischen Unterschiede zwischen der Lehre des Bāb und derjenigen Bahā'u'llāhs weitgehend geglättet, so dass die historische Eigenständigkeit der Bābī-Religion in dieser theologischen Geschichtsdarstellung und -deutung nicht zum Tragen kommt, sondern die Bābī-Religion nur als Teil der „Zwillingsoffenbarung" beschrieben wird. Analoges gilt für „Gott geht vorüber", worin Shoghi Effendi die Geschichte der

Bahā'ī zwischen 1844 und 1944 beschreibt (Shoghi Effendi, GGV / 1954; vgl. UHG 2003a: 107f.). Das englische Werk ist typisch für Shoghi Effendis Stil, der durch lange Sätze und komplexe Satzkonstruktionen charakterisiert ist. Ferner sind hinsichtlich der literarischen Tätigkeit seine zahlreichen (Teil-)Übersetzungen von Werken des Bāb, Bahā'u'llāhs und ᶜAbdu'l-Bahās ins Englische zu nennen. Dadurch hat er nicht nur diese Werke jenen Bahā'ī, die nicht aus dem islamischen Kulturraum stammen und die daher die arabischen bzw. persischen Originalschriften nicht lesen konnten, bekannt gemacht, sondern auch zur internationalen Verbreitung der Glaubensinhalte beigetragen. Aufgrund der Autorität Shoghi Effendis als „Hüter der Sache Gottes" haben diese Übersetzungen für die Gläubigen ebenfalls normativen Charakter wie die Schriften in den Originalsprachen, wobei der englische Sprachstil Shoghi Effendis für spätere Übersetzungen als vorbildhaft gilt (Warburg 2006: 199f.). In quantitativer Hinsicht muss man auch die umfangreiche Korrespondenz erwähnen, die entweder Shoghi Effendi selbst oder seine Sekretäre sowie Ruhīya Khānum in seinem Auftrag getätigt haben. In vielen Fällen handelt es sich dabei um die Beantwortung von konkreten Anfragen einzelner Bahā'ī oder von lokalen oder nationalen Einrichtungen, die alle Bereiche der Religion – sei es in kultischer, rechtlicher oder theologischer Hinsicht – betreffen.

Mit dem Wirken Shoghi Effendis beginnt die Zeit der Organisation der Bahā'ī-Religion im größeren Stil, die er als „gestaltendes Zeitalter" bezeichnet, in dem die Institutionen des Glaubens Gestalt anzunehmen beginnen (Smith 1996: 107–111; UHG 2003a: 87–90). Die Entfaltung dieser Organisationsformen dient dazu, die Geschlossenheit der Religionsgemeinschaft zu sichern. Bereits im Jahr 1922 plante Shoghi Effendi die Errichtung eines Nationalen Geistigen Rates für Iran, was jedoch erst 1934 verwirklicht werden konnte; andere in den ersten Jahren seines Wirkens entstandene Geistige Räte waren in den USA, auf den Britischen Inseln, in Deutschland und Österreich, in Indien und Burma, ferner in Ägypten und Sudan. Neben der Entstehung von örtlichen und nationalen Geistigen Räten ruft Shoghi Effendi eine weitere Institution ins Leben, die Hände der Sache Gottes. Einen solchen Titel hatte schon Bahā'u'llāh als Ehrenprädikat an verdienstvolle Gläubige verliehen, wobei die Institutionalisierung solcher Hände im Testament ᶜAbdu'l-Bahās vorgesehen ist, was Shoghi Effendi im Jahr 1951 verwirklicht hat, indem er die ersten zwölf Gläubigen zu solchen Händen berufen hat. Neben diesen institutionellen und strukturellen Aktivitäten bemüht sich Shoghi Effendi seit der Mitte des 20. Jahrhunderts um die systematische Planung der Erschließung von immer neuen Gebieten für die Verbreitung der Religion, besonders durch mehrjährige Rahmenpläne für einzelne Länder oder Regionen, die jeweils klar umrissene Ziele zur Förderung der Religion enthielten (vgl. UHG 2003a: 125–127; Warburg

2006: 201–204). Alle diese Bemühungen, das gestaltende Zeitalter der Religion voranzubringen, kommen durch seinen überraschenden Tod am 4. November 1957 in London jedoch zum Ende. Das Grabmal Shoghi Effendis in London wird jährlich von mehr Bahā'ī besucht, als dies bei vielen anderen Bahā'ī-Stätten der Fall ist. Dazu trägt die geographisch günstige Lage in der Nähe des Flughafens Heathrow bei, so dass ein Stopp zwischen zwei Anschlussflügen für einen Grabbesuch genutzt werden kann. Allerdings bleiben solche Besuche am Grabmal Ausdruck der individuellen religiösen Praxis und haben keinen offiziellen kultischen Status (Warburg 2006: 204f. und Farbtafel 5). Shoghi Effendi ist ohne Nachfolger verstorben, da die Ehe mit Ruhīya Khānum kinderlos geblieben ist. Da er auch kein Testament hinterlassen hat, das die Frage der Nachfolgerschaft hätte regeln können, trat die Bahā'ī-Religion für die folgenden Jahre in eine Zeit des Interregnums. In diesen Jahren bereiteten die Hände der Sache Gottes die Etablierung des Universalen Hauses der Gerechtigkeit als bereits von Bahā'u'llāh vorgesehenes Leitungskollektiv der Religion vor.

2.6 Die Bahā'ī unter der Führung des Universalen Hauses der Gerechtigkeit (seit 1963)

Der Tod Shoghi Effendis bedeutet einen wesentlichen Einschnitt in der Geschichte der Bahā'ī: War die Religion bislang von Führern geleitet – dem Bāb, Bahā'u'llāh, ʿAbdu'l-Bahā, Shoghi Effendi –, von denen jeder durch seine (charismatische) Art zur Entwicklung der Religion beitrug, so war jetzt der Zeitpunkt erreicht, an dem eine Institution aktiviert werden musste. Dies vorzubereiten, oblag den 27 Händen der Sache Gottes, die 1957 gelebt haben, und dem Internationalen Bahā'ī-Rat. Die Beratungen und Planungen verliefen dabei nicht ganz problemlos, v.a. als im Jahr 1960 Charles Mason Remey (1874–1974), ein hochangesehener amerikanischer Bahā'ī unter den Händen der Sache Gottes, sich selbst zum Hüter der Religion und somit zum Nachfolger Shoghi Effendis ernannte; da sein Anspruch von den anderen Händen und dem Bahā'ī-Rat abgelehnt wurde, trennte er sich mit einer kleinen Gruppe von Anhängern von der Religionsgemeinde (Warburg 2006: 205f.). Obwohl die Abspaltung eine zahlenmäßig unbedeutende Gruppe betraf, erfasste dennoch eine Verunsicherung die gesamte Bahā'ī-Welt, da sich manche als führerlose Gemeinde verstanden. In den folgenden Jahren gelang den Händen der Sache Gottes jedoch eine Konsolidierung, und der 21. April 1963 wurde als Tag für die erste Wahl der neun Mitglieder des Universalen Hauses der Gerechtigkeit festgelegt. Das Datum war bewusst ausgesucht worden, weil es die hundertste Wiederkehr der Verkündigung Bahā'u'llāhs im Ridvān-Garten in Bagdad markierte. Damit wurde anhand des Wahltermins deutlich der untrennbare Zusammenhang zwischen Bahā'u'llāhs Verkündigung und der Etablierung jener Einrichtung aufgezeigt, die für die Zukunft das Werk des Religionsstifters bewahren und weiter fördern sollte. Für die Wahl kamen Vertreter von insgesamt 56 Nationalen Geistigen Räten nach Haifa, um die neun männlichen Mitglieder des ersten Universalen Hauses der Gerechtigkeit zu wählen. Da die Hände der Sache Gottes auf eigenen Wunsch nicht wählbar waren, setzte sich dieses erste, für die Dauer von fünf Jahren gewählte Gremium aus folgenden Personen zusammen: Hugh Chance, Hūshmand Fathe-Azam, Amos Gibson, Lutfu'llāh Hakīm, David Hofman, H. Borrah Kavelin, ᶜAlī Nakhjavānī, Ian Semple und Charles Wolcott. Da auch die mehrmalige Wiederwahl als Mitglied des Universalen Hauses der Gerechtigkeit möglich ist, haben bis auf Lutfu'llāh Hakīm alle Mitglieder über mehrere Wahlperioden dieses Amt ausgeübt, am längsten Ian Semple (geboren 1928), der erst im Jahr 2005 auf eigenen Wunsch und aus Altersgründen diesen Dienst für die Religionsgemeinde beendet hat. Die gewählten Mitglieder des Universalen Hauses leiten seither als gemeinsames Gremium die Geschicke der Religionsgemeinschaft. Eine der ersten Aufgaben und Entscheidungen des Universalen Hauses der Gerechtigkeit war im Oktober 1963 die Erklärung, dass es nach einer Untersuchung der Schriften Bahā'u'llāhs, ᶜAbdu'l-Bahās und Shoghi Effendis keine Möglichkeit gibt, jemals wieder einen Hüter der Religion zu ernennen, so dass das Hüteramt als kurzlebige Episode der Bahā'ī-Geschichte unwiderruflich erloschen ist (UHG 2003a: 133f.).

Die Jahrzehnte des Wirkens des Universalen Hauses der Gerechtigkeit sind von einer weiteren Etablierung untergeordneter Bahā'ī-Institutionen geprägt, die im Zusammenhang mit der Beschreibung der Organisationsstrukturen der Religion im Detail dargestellt werden. Die weitere Entwicklung der Organisationsstrukturen hängt mit jenen Projekten zusammen, die die Verbreitung der Religion weltweit vorantreiben, einerseits durch die Etablierung von so genannten Häusern der Andacht, aber auch durch Pläne, die demographische Entwicklung der Bahā'ī-Religion erfolgreich zu fördern (vgl. UHG 2003a: 153–155). Bis zum Ende des 20. Jahrhunderts wurden durch verschiedene Mehrjahrespläne, die 1964 mit einem Neunjahresplan begannen, dem ein Fünfjahresplan seit dem Jahr 1974 folgte, kontinuierlich Schritte vollzogen, um die Zahl der Gläubigen zu erhöhen, die Vielfalt des Bahā'ī-Lebens kulturell zu erweitern und die Religion auch in weniger entwickelten Gegenden zu etablieren. Solche vom Universalen Haus der Gerechtigkeit initiierten Aktivitäten fördern die historische Entwicklung der einzelnen Bahā'ī-Gemeinden im jeweiligen lokalen Kontext, was im Folgenden an ausgewählten Ländern – Israel, Iran, Deutschland, Österreich, Schweiz – anhand einiger Details gezeigt werden soll.

Trotz dieser Erfolge der Verbreitung der Religion seit einigen Jahrzehnten sind auch Rückschläge in der historischen Entwicklung zu verzeichnen, die meist durch das Verbot bzw. die Verfolgung der Religionsgemeinschaft in unterschiedlichen Staaten aufgrund deren politischer Ausrichtung verursacht sind. Die bis zur Gegenwart nachhaltigste Einschränkung erfährt die Bahā'ī-Religion seit 1979 in der Islamischen Republik Iran, wobei nach vorübergehenden Erleichterungen der Einschränkung der Menschenrechte der Bahā'ī am Ende der 1980er Jahre und zu Beginn des 3. Jahrtausends eine neue Entwicklung zu beobachten ist. Seit 2007 nehmen unbegründete Verhaftungen und Verhöre von Bahā'ī, aber auch deren Diskriminierung im öffentlichen Leben bzw. deren Ausschluss vom Zugang zu Bildungseinrichtungen wiederum deutlich zu. Das Universale Haus der Gerechtigkeit (vgl. UHG 2003a: 182–187) und andere überregional ausgerichtete Bahā'ī-Institutionen setzen dabei ihre Kompetenz und ihre internationalen Kontakte – auch mit Hilfe nationaler Bahā'ī-Einrichtungen – ein, damit auf öffentlichen Druck hin Diskriminierung von Religionsangehörigen zumindest reduziert werden kann.

2.7 Israel und Iran als Typen eines „Heiligen Landes"

Durch die Geschichte der Bahā'ī verdienen zwei Länder eine besondere Aufmerksamkeit: Palästina bzw. Israel und Iran. Neben der historischen Bedeutung, die diese Regionen für die Entwicklung der Religion haben, sind es auch einige symbolische Aspekte, die im Bahā'ī-Schrifttum in Bezug auf diese Länder genannt werden. Insofern kann man aus einer systematisch-deutenden Perspektive beide Länder jeweils mit unterschiedlichen Nuancen als „Heiliges Land" ansehen.

2.7.1 *Israel und die Bahā'ī-Stätten*

Die Bahā'ī-Geschichte auf dem Boden Palästinas bzw. des heutigen Staates Israel begann im Jahr 1868 mit der Ankunft Bahā'u'llāhs in ᶜAkkā. Die Orte in der Umgebung von Haifa und ᶜAkkā, die mit dem Leben des Religionsstifters in Gefangenschaft verbunden sind, besitzen dabei für Bahā'ī als besondere Erinnerungsorte der eigenen Religionsgeschichte eine herausragende Bedeutung, so dass Israel symbolisch als eines der beiden „heiligen" Länder für Bahā'ī gewertet werden kann. Dabei ist die Bedeutung dieses Landes und seiner heiligen Stätten weniger für die Bahā'ī in Israel selbst von Bedeutung, denn es leben nur rund 300 Bahā'ī im Land, in der Regel Ausländer, die in Bahā'ī-Einrichtungen beschäftigt sind (Günzel 2006: 55). Vielmehr liegt die Bedeutung des Landes darin, dass es die Gedächtnisstätten, die auch

Pilgerstätten für die Angehörigen der Religion sind, beherbergt und – so betont Shoghi Effendi (FB / 1947; vgl. Lundberg 2004) – dadurch eine genauso wichtige Rolle für die Bahā'ī spielt wie das Land gemeinsam mit der Stadt Jerusalem für Juden, Christen und Muslime. Durch diese Verbindung zwischen Bahā'ī und Israel hebt er die Bahā'ī-Religion auf eine Ebene mit den drei anderen genannten monotheistischen Religionen.

Den zentralen Beleg für die Bedeutung des Landes für die Bahā'ī liefert die so genannte „Tafel vom Karmel" (*Lawh-i Karmil*). Bahā'u'llāh hat diesen Text wahrscheinlich im Sommer 1891 an jener Stelle offenbart, an der in Zukunft ein Haus der Andacht errichtet werden soll und die derzeit durch einen Obelisken markiert ist (Maani 1998: 53; Åkerdahl 2002: 207f.). Aber bereits im *Kitāb-i Aqdas* (# 80) wird der Karmel gemeinsam mit Jerusalem erwähnt, von wo aus die Erfüllung der Verheißungen der früheren Religionen verkündet wird. Die Bedeutung der Tafel vom Karmel – als späte Schrift Bahā'u'llāhs – ermöglicht, dass darin eine Vorausschau auf die Entwicklung der Bahā'ī-Bauten auf den Hängen des Karmel gesehen wird. Denn der Berg Karmel ist symbolisch eine *axis mundi* (Mittelpunkt der Welt), die die Weltordnung Bahā'u'llāhs in innerweltlicher Weise verdeutlicht (Åkerdahl 2002: 211; UHG 2003a: 219). Somit liefert die Tafel vom Karmel die Möglichkeit, die Geschichte und Heilsgeschichte der eigenen Religion in enger Weise zu verknüpfen, wodurch das ganze Land Israel eine gegenüber den meisten anderen Ländern hervorgehobene theologische Stellung gewinnt.

Die theologische Bedeutung des Landes Israel verdeutlichen aber auch die zentralen Stätten und Bauwerke der Religionsgemeinschaft in der Region zwischen Haifa und ᶜAkkā (vgl. Barrett 1986; Gross 1998). Bereits zu Lebzeiten Bahā'u'llāhs begann die administrative und spirituelle Entwicklung jener Orte, die mit dem Religionsstifter verbunden waren, und die Vorbereitungen dafür, dem Bāb endgültig auf dem Karmel eine letzte Ruhestätte zu gewähren. Der Ort für die Errichtung des Grabmals für den Bāb wurde 1891 durch Bahā'u'llāh ausgewählt, der Grabbau wurde zwischen 1899 und 1909 als einstöckiges Bauwerk unter der Leitung von ᶜAbdu'l-Bahā errichtet. Die feierliche Beisetzung des Bāb fand 1909 statt; seither gehört dieses Grabmal zu den von Bahā'ī und Nicht-Bahā'ī sehr häufig besuchten Orten, obwohl es nicht zu den heiligen Häusern gehört, zu denen die verpflichtende Pilgerfahrt führt. Zwischen 1948 und 1953 wurde der Bau erweitert, indem das einstöckige Gebäude durch eine Kolonnade und einen Kuppelbau erweitert wurde. Bereits 1910 plante ᶜAbdu'l-Bahā die weitere bauliche Entwicklung durch die Anlage von 19 Terrassen um das Grabmal herum, die zum auf den Ausläufern des Karmels gelegenen Grabmal führen. Die architektonische Umsetzung dieser Terrassenbauten – verbunden mit Gartenanlagen – wurde in den Jahren 1990 bis 2001 verwirklicht (vgl. Warburg 2006: 430–436). Die Zahl 19 bettet die Architektur in die Symbolik der Frühgeschichte der Religion ein, da die Zahl an die „19 Buchstaben des Lebendigen", d.h. an den Bāb und seine ersten 18 Anhänger, erinnert. Seither bilden der Schrein des Bāb und die neugeschaffenen Terrassenanlagen ein nicht nur geschlossenes architektonisches, sondern auch theologisches Ensemble.

Mit dem Tod Bahā'u'llāhs gewinnen zwei Bauwerke in Bahjī an Bedeutung: sein Wohnhaus und sein Mausoleum (Viswanathan 1996: 278f.; Warburg 2006: 436f.). Bahā'u'llāh hatte seit 1879 bis zu seinem Tod in einem osmanischen Bauwerk gewohnt, das im Jahr 1821 errichtet worden war. In diesem Haus hatte er einige seiner späten Schriften verfasst, und das Haus war noch zu Lebzeiten des Religionsstifters ein Anziehungspunkt für Bahā'ī geworden. In einem Raum in der Südostecke der oberen Etage des Hauses ist Bahā'u'llāh gestorben, die Beisetzung erfolgte in einem Nebengebäude, das zu einem Mausoleum für den Religionsstifter umgebaut wurde. Dieses Grabmal ist für die Bahā'ī der heiligste Ort, in dessen Richtung sie sich beim Pflichtgebet orientieren. Religionsphänomenologisch kann man dieses Haus als Fokussierungspunkt der Bahā'ī mit der Ka'ba in Mekka als Gebetsrichtung für Muslime vergleichen, in gewisser Weise aber auch mit der so genannten Klagemauer in Jerusalem für Juden, deren Bausubstanz auf den herodianischen Tempel zurückgeht. Wohnhaus und Mausoleum sind in großzügig angelegte Gartenanlagen eingebettet, die es dem Pilger erlauben, in kreisförmiger Weise das Heiligtum zu umrunden, das man als geistigen Mittelpunkt der Bahā'ī-Religion bezeichnen kann. Auch hier ist wiederum die Architektur und Raumgestaltung in eine theologische Aussage einbezogen, indem sie das Zentrum der Religion deutlich hervorhebt.

Shoghi Effendis Beitrag zum „gestaltenden Zeitalter" der Bahā'ī spiegelt sich in der Errichtung bzw. Planung von weiteren Bauten auf dem Abhang des Berges Karmel wider, die in enger Weise mit der administrativen Ordnung der Bahā'ī verbunden sind. Das erste Bauwerk der administrativen Einrichtungen ist das zwischen 1954 und 1957 errichtete Internationale Archivgebäude, dessen neoklassischer griechischer Stil zugleich formgebend für die weiteren Gebäude des Administrationszentrums werden sollte. Das Archivgebäude beherbergt heute die Originalmanuskripte und alten Handschriften der Werke des Bāb, Bahā'u'llāhs, 'Abdu'l-Bahās und Shoghi Effendis, aber auch Handschriften früher Bahā'ī-Gelehrter und Historiographen. Zwischen 1975 und 1983 wurde das Universale Haus der Gerechtigkeit errichtet, das das Amtsgebäude des seit 1963 bestehenden neunköpfigen gleichnamigen Leitungskollegiums der Religionsgemeinschaft ist. Ebenfalls im neoklassischen griechischen Stil errichtet, ist es architektonisch durch eine Kolonnade im Stil korinthischer Säulen hervorgehoben. Für Studium und Verbreitung der Bahā'ī-Religion sind in diesem architektonischen Verwaltungsviertel zwei weitere Bauten wichtig, das 1999 fertiggestellte Studienzentrum und das 2000 vollendete Gebäude des Internationalen Lehrzentrums. Diese Gebäude, die unmittelbar mit dem administrativen Mittelpunkt der Religion verbunden sind, tragen aufgrund des theologischen Selbstverständnisses der Bahā'ī, dass die Organisationsform der Religion keineswegs nur eine „praktische", sondern auch eine religiöse Angelegenheit ist, in gleicher Weise wie die mit dem Bāb und mit Bahā'u'llāh verbundenen Bauten dazu bei, Israel einen besonderen Rang als ein „Heiliges Land" für Bahā'ī zu geben.

Die zentralen Stätten der Religionsgemeinde genießen in Israel großes öffentliches Interesse, was sich in Besucherzahlen widerspiegelt. Nach Abschluss der Ausbauarbeiten auf den Hängen des Berges Karmel außerhalb von Haifa mit den administrativen Bauten und den Terrassen im Jahr 2001 wurden in den ersten Monaten jeweils rund 130.000 Besucher in den Anlagen gezählt; inzwischen hat sich die Besucherzahl auf etwa 10.000 pro Woche eingependelt, in Ferienzeiten ziehen die Anlagen eine größere Zahl von Besuchern an. Die Gartenanlagen in Bahjī, die weniger verkehrsgünstig für Tagesbesucher gelegen sind, weisen etwa 100.000 Besucher jährlich auf. Die überwältigende Mehrheit der Besucher sind keine Bahā'ī, sondern in- und ausländische Touristen. Denn außer den Bahā'ī, die in den Einrichtungen der Religionsgemeinde beschäftigt sind, sowie den Bahā'ī-Pilgern gibt es keine eigene israelische Bahā'ī-Gemeinde. Dennoch hat die Bahā'ī-Religion in Israel den Status einer staatlich anerkannten Religionsgemeinschaft (Günzel 2006: 61, 323). Eheschließungen unter Bahā'ī, die durch das Universale Haus der Gerechtigkeit in Haifa vorgenommen werden, werden daher von der israelischen Regierung anerkannt (Günzel 2006: 251). Der Status als anerkannte Religionsgemeinschaft gibt auch den Bahā'ī-Stätten einen rechtlichen Schutz, so dass Bahā'ī sich unbesorgt um die Erhaltung und Erweiterung ihrer heiligen Stätten kümmern können. Dabei ist es ein Anliegen der Bahā'ī-Administration, durch den Erwerb von neuen Grundstücken bzw. durch den Tausch vorhandener Grundstücke gegen andere ein möglichst geschlossenes Areal um die heiligen Stätten zu schaffen. Dadurch können bauliche Veränderungen, die aufgrund der Urbanisierung möglicherweise manche Orte der Bahā'ī-Geschichte gefährden würden, vermieden werden. Dass es im Land keine lokale Gemeinde gibt, hängt mit einer Entscheidung Bahā'u'llāhs zusammen; er wollte Spannungen zwischen seiner Exilsgemeinde und der muslimisch geprägten Umgebung vermeiden, zugleich aber auch verhindern, dass sich zu viele Bahā'ī im Umfeld von ᶜAkkā niederlassen, da eine solche Bevölkerungskonzentration an einem Ort nicht dem universalen Anspruch der Bahā'ī entspricht. Die Entscheidung Bahā'u'llāhs wurde im Jahr 1948 durch eine Vereinbarung zwischen Shoghi Effendi und dem

Staat Israel weiter gefestigt. Aufgrund dieser Vereinbarung müssen daher Israelis, die sich der Bahā'ī-Religion anschließen, aus ihrer Heimat auswandern. Der Verzicht der Bahā'ī auf die Verbreitung der Religion im neu gegründeten Staat brachte der Religionsgemeinschaft im Gegenzug eine Schutzgarantie für ihre zentralen Stätten. Damit wurde eine zuverlässige Basis für den Bestand des administrativen Zentrums der Religion geschaffen. Die Bedeutung dieser Stätten der Religion wurde in jüngster Zeit weiter gestärkt, da am 8. Juli 2008 die UNESCO das Grabmal des Bāb und das Grabmal Bahā'u'llāhs in die Liste jener Bauwerke aufgenommen hat, die zum Weltkulturerbe zählen.

2.7.2 Irans heilige Stätten und die Verfolgung der Bahā'ī

Obwohl nur das erste Jahrzehnt der Bahā'ī-Geschichte im Iran spielt, da seit der Verbannung Bahā'u'llāhs im Jahr 1853 alle Führungspersonen und zentralen Einrichtungen außerhalb des Herkunftslandes tätig sein mussten, bleibt der Iran ein zentrales Land für Bahā'ī – einerseits in symbolischer Hinsicht, andererseits wegen der immer wieder stattfindenden Verfolgung von Angehörigen der Gemeinde. Aber auch die zahlreichen Briefe, die Bahā'u'llāh und ᶜAbdu'l-Bahā an Bahā'ī in Iran schrieben, illustrieren klar die Bedeutung dieses Landes, ohne dass sich die Bahā'ī einem iranischen Nationalismus verschreiben würden. Historisch ergibt sich daraus, dass der Iran während der zweiten Hälfte des 19. Jahrhunderts jenes Land war, in dem die meisten Bahā'ī lebten. In absoluten Zahlen ausgedrückt kann man für die 80er Jahre des 19. Jahrhunderts damit rechnen, dass mindestens 100.000 Bahā'ī im Iran lebten, d.h. zwischen ein und zwei Prozent der Gesamtbevölkerung des Landes. Etwa bis 1920 nahm die Zahl der Bahā'ī im Iran kontinuierlich zu, in den späteren Jahrzehnten verringerte sich jedoch aufgrund von Verfolgung und Auswanderung der Bahā'ī-Anteil an der Gesamtbevölkerung auf rund ein halbes Prozent; aktuelle Schätzungen gehen von etwa 300.000 bis 350.000 Bahā'ī im Iran bei einer Gesamtbevölkerung von 68 Millionen Menschen aus.

Die Wertschätzung Irans klingt v.a. im *Kitāb-i Aqdas* an, was u.a. mit der Herkunft Bahā'u'llāhs aus Iran begründet wird. So heißt es (Bahā'u'llāh, KA / 2000, # 91f.):

> Lass dich durch nichts betrüben, o Land von Tā (Teheran), denn Gott hat dich auserkoren zum Quell der Freude für die ganze Menschheit. Er wird, so es Sein Wille ist, deinen Thron segnen mit einem, der mit Gerechtigkeit regieren und die Herde Gottes sammeln wird, die von Wölfen zerstreut ward. Ein solcher Herrscher wird mit Freude und Frohsinn sein Antlitz dem Volke Bahās zuwenden und ihm seine Gunst erweisen. ... Jauchze mit großer Freude, denn Gott hat dich zum „Tagesanbruch Seines Lichtes" gemacht, da in dir die Manifestation seiner Herrlichkeit

geboren ward. Freue dich dieses Namens, der dir verliehen ward, eines Namens, durch den die Sonne der Gnade ihren Glanz ergoss, durch den Erde und Himmel erleuchtet werden.

Die hier erwähnte Hervorhebung Teherans (und implizit Irans), weil Bahā'u'llāh dort geboren wurde, ist allerdings auch mit der Hoffnung verbunden, dass in Zukunft Iran für Bahā'ī ein Land sein wird, das der Religionsgemeinschaft eine günstige Lebensgrundlage bieten kann. Diese zukünftige Perspektive wird auch daran sichtbar, dass Shoghi Effendi nordöstlich von Teheran auf den Vorbergen des Alburz-Gebirges ein Areal erworben hat, auf dem einmal ein Haus der Andacht für den Iran errichtet werden soll (Shoghi Effendi, GGV / 1954, # 22:22). Die Schwierigkeiten der realen Lebenssituation für Bahā'ī im Iran klingen dabei – trotz der Hervorhebung des Landes – an weiteren Stellen des *Kitāb-i Aqdas* an, so in # 94 mit der Erwähnung des Landes Khā (Khorasān im Osten Irans) und in # 164 mit der Erwähnung von Kermān.

Ein weiterer Aspekt, der Iran eine besondere Stellung verleiht, ist durch den Bāb und seine Offenbarung gegeben. Das Haus des Bāb in Shīrāz ist durch # 32 des *Kitāb-i Aqdas* als Zentrum der Pilgerfahrt festgelegt, wobei man aus dieser Regelung wiederum einen Hinweis auf die Bedeutung Irans für Bahā'ī ableiten kann, auch wenn diese Pilgerfahrt nach Iran bzw. Shīrāz aus politischen Gründen nicht durchgeführt werden kann. Bereits kurz nach Beginn der Islamischen Revolution wurde das Haus des Bāb am 26. April 1979 unter die Kontrolle der Revolutionsgarden in Shīrāz gestellt, wobei zunächst unklar bleiben sollte, wie sich dies auf den Status des Hauses auswirken würde. Am 1. September begannen jedoch Arbeiter, umliegende Gebäude abzureißen und am 8. September wurde das Haus dem Erdboden gleich gemacht. Zwei Jahre später wurde der Platz eingeebnet, um als Baugrund für die Errichtung der Mahdī-Moschee zu dienen. Die Errichtung der Mahdī-Moschee ist eine islamische Gegeninterpretation des Anspruchs des Bāb, das „Tor" zum kommenden Mahdī zu sein. Aus der Perspektive der Vertreter der Islamischen Revolution steht somit auf jenem Grund und Boden des vormaligen Hauses des Bāb eine Moschee für den „wahren" Mahdī, die als symbolischer Repräsentationsbau die Glaubensüberzeugung der Bahā'ī als unterlegen und falsch charakterisiert (Iran Human Rights Documentation Center 2006: 36–38; vgl. auch die Abbildungen bei BIC 2005b: 12, 68f.). Damit sind die Bahā'ī praktisch in doppelter Weise getroffen, indem nicht nur eine der zentralen heiligen Stätten der eigenen Religion(sgeschichte) vernichtet wurde, sondern indem auch die überlegene Macht der islamischen Behörden in Shīrāz demonstriert wird. Das Vorgehen von Mullās und lokalen Behörden gegen Bahā'ī-Stätten im Iran, die mit der Frühgeschichte der Bābī- und Bahā'ī-Religion verbunden sind, ist einerseits ein Versuch, Spuren der Bābī-

und Bahā'ī-Geschichte aus der Erinnerung Irans zu tilgen, andererseits werfen sie implizit nochmals Licht auf die Bedeutung Irans für die Bahā'ī: Deren Geschichte der eigenen Religion ist untrennbar mit wichtigen Orten im Iran verbunden, so dass gerade die Zerstörung solcher Orte – neben dem Haus des Bāb etwa die Zerstörung des Grabmals von Mullā Muhammad ʿAlī Bārfurūshī-yi Quddūs, der zu den ersten Anhängern des Bāb gehörte, im April 2004 oder die Zerstörung des Hauses von Mīrzā ʿAbbās Nūrī, des Vaters von Bahā'u'llāh, im Juni 2004 (vgl. die Abbildungen über diese Zerstörungen in BIC 2005b: 4, 22, 34, 37) – den Bahā'ī immer wieder die Besonderheit Irans für die eigene Religion in Erinnerung ruft.

Rekapituliert man die Bedeutung Irans für die Bahā'ī-Religion, so ist Iran ein heiliges Land, das für die Religionsgemeinde zwar von Anfang an mit Leid verbunden ist, aber immer auch die Wertschätzung der Bahā'ī erfahren hat. Allerdings haben die Bahā'ī trotz ihrer Verbindung zu diesem Land keine nationalistische Haltung in Bezug auf den Iran entwickelt, da eine solche mit der theologisch begründeten kosmopolitischen Einstellung der Religionsangehörigen nicht vereinbar ist. In diesem Unterschied zwischen einem iranischen (und schiitischen) Nationalismus und einer kosmopolitischen Bahā'ī-Haltung liegt die plausible Begründung, weshalb Bahā'ī praktisch von Beginn an bis zur Gegenwart im Iran massiv verfolgt werden (Chehabi 2008: 191–195; Vahman 2006). Vorwürfe des fehlenden Patriotismus, der Verbindung mit imperialistischen Mächten des 19. Jahrhunderts wie Russland oder England bzw. der Unterstützung des Zionismus, die iranische Muslime häufig gegen Bahā'ī erheben, entbehren der historischen Faktizität. Sie lassen sich aber als Ausformung unterschiedlicher Weltsichten interpretieren, indem aus der Perspektive eines iranischen Nationalismus Bahā'ī wegen ihrer globalen Orientierung und Verbreitung als „un-iranisch" angesehen werden; denn ein „Iraner" muss zumindest kulturell seinem schiitischen Hintergrund verbunden bleiben, was bei Bahā'ī nicht zutrifft. Die religiöse Unterscheidung zwischen Bahā'ī-Religion und dem (schiitischen) Islam wird als Argument in der Verfolgung oder Benachteiligung von Bahā'ī im Iran kaum genannt. Dabei wirkt sicherlich mit, dass der Bahā'ī-Glaube in der konstitutionellen Verfassung aus dem Jahr 1906 nicht zu den anerkannten Religionen – Islam, Christentum, Judentum, Zoroastrismus – im Iran gezählt wurde; diese Position vertritt auch die Verfassung der Islamischen Republik Iran (vgl. Iran Human Rights Documentation Center 2006: 21–23). Wenn daher Bahā'ī verfolgt werden, geschieht dies zwar mit dem Hinweis, dass das Bahā'ītum im Iran verboten ist, aber es unterbleibt in der Regel eine religiöse Argumentation, weil man dem Bahā'ī-Glauben den Status einer Religion abspricht. Eine religiöse Argumentation gegen die Bahā'ī würde nämlich indirekt die Anerkennung, dass es sich bei der Verkündigung Bahā'u'llāhs um eine nach-islamische Religion handelt, beinhalten. Das wollen islamische religiöse Autoritäten im Iran jedoch vermeiden, so dass sie die Benachteiligung des Bahā'ītums aus dem „Un-Iranischen" und dem Universalismus der Bahā'ī herleiten.

Obwohl bereits das 19. Jahrhundert von lokalen und individuell eingeleiteten Verfolgungen der Bahā'ī gekennzeichnet war, ermöglichte die Nicht-Erwähnung der Bahā'ī in der konstitutionellen Verfassung des Jahres 1906 eine gesetzliche Basis, gegen die Gemeinschaft vorzugehen (vgl. Iran Human Rights Documentation Center 2006: 6–14; Tavakoli-Targhi 2008). Eine erste Welle von Restriktionen gab es in den 1930er und 1940er Jahren, als Bahā'ī-Literatur der Zensur unterworfen war und Bahā'ī-Schulen geschlossen wurden. Verbunden waren solche Anti-Bahā'ī-Aktivitäten mit der Entfaltung einer allgemeinen Stimmung gegen die Bahā'ī in der Öffentlichkeit durch islamische Prediger. Den Höhepunkt erreichten diese Aktivitäten im Ramadan des Jahres 1955, als Mullā Muḥammad Taqī Falsafī, ein populärer Prediger und Bekannter von Ayatullāh Rūḥullāh Khomeini, in seinen Ramadan-Predigten in Teheran, die zugleich im Rundfunk übertragen wurden, beinahe alltäglich gegen Bahā'ī predigte. Damit konnte er die Stimmung gegen die Bahā'ī anheizen, so dass in der dritten Woche des Ramadans das Nationale Bahā'ī Zentrum (*Hazīrat al-Quds*) in Teheran besetzt und die Kuppel des Gebäudes schließlich am 22. Mai 1955 zerstört wurde (Abbildung bei BIC 2005b: 67; Tavakoli-Targhi 2008: 214; siehe ferner Warburg 2006: 155–157). In den folgenden Wochen kam es auch außerhalb Teherans zu Übergriffen auf Bahā'ī, in deren Gefolge am 28. Juli 1955 sieben Bahā'ī in einem Dorf in der Umgebung von Yazd von der aufgebrachten Menge getötet wurden. Häuser und Einrichtungen von Bahā'ī wurden in vielen Städten – z.B. in Rasht, Shīrāz, Isfahān, Ahwāz oder Abadān – geplündert, gebrandschatzt oder zerstört. Parallel zu solchen Übergriffen setzte der schiitische Klerus seine Anti-Bahā'ī-Propaganda aktiv fort, wobei Regierungskreise diese Propaganda nur so weit kontrollierten, dass die öffentliche Ruhe nicht zu sehr gestört wurde, um dadurch nicht die internationale Aufmerksamkeit auf die Restriktionen, denen die Bahā'ī-Minderheit im Iran unterworfen war, zu lenken. Prinzipiell sind die letzten zweieinhalb Jahrzehnte der Herrschaft von Muhammad Rezā Shāh durchaus von einer – vorsichtigen – Sympathie mit der Anti-Bahā'ī-Stimmung und mit den Anti-Bahā'ī-Aktivitäten geprägt, weil die universelle Ausrichtung der Bahā'ī nicht der Nationalismus-Politik von Muhammad Rezā Shāh entsprach. Wegen der engen Beziehungen von Muhammad Rezā Shāh zu den Vereinigten Staaten von Amerika und einigen europäischen Staaten war ihm aber nicht an einer offenkundigen Unterdrückung der Bahā'ī gelegen, um nicht die Kritik seiner politischen Bündnispartner herauszufordern. Dadurch war es einigen Iranern, deren Eltern Bahā'ī waren, möglich, wichtige öffentliche Ämter zu übernehmen (Chehabi 2008: 189f.). Diese Personen gehörten aber selbst nicht aktiv der Religionsgemeinde an oder ihnen waren – wie im Fall des Verteidigungsministers Asadullāh Sanī'ī – vom Nationalen Geistigen Rat die administrativen Rechte als Bahā'ī entzogen worden, weil Sanī'ī ein parteipolitisches Amt angenommen hatte. Solche Beispiele belegen jedoch keine Favorisierung von Bahā'ī während der Herrschaft Muhammad Rezā Shāhs. Dadurch konnte sich die Anti-Bahā'ī-Propaganda schiitischer Kreise relativ ungehindert entfalten, wobei seit dem Beginn der 1960er Jahre auch Ayatullāh Khomeini vermehrt begonnen hat, in Predigten aktiv gegen die Bahā'ī Stellung zu beziehen. Khomeini verbindet dabei die Bahā'ī-Thematik häufig mit seinen Angriffen auf den Staat Israel, den er nicht nur als Feind des Islam, sondern auch als Schutzmacht der Bahā'ī schildert, was – so Khomeini – sich darin zeigte, dass sich die Zentren der Bahā'ī in Israel befinden (Tavakoli-Targhi 2008: 221–224; Afshari 2008: 240f.).

Eine neue Phase der Verfolgung der Bahā'ī setzt unmittelbar vor Beginn der Islamischen Revolution ein, wobei diese Phase der Unterdrückung – mit kurzen Zeiten einer gewissen Beruhigung – bis zur Gegenwart in der Islamischen Republik Iran andauert (vgl. Warburg 2006: 161–165; Afshari 2008). Mitte des Jahres 1979 erließ der neue Erziehungsminister Muhammad ᶜAlī Rajā'ī ein Rundschreiben, das zur Entlassung aller Bahā'ī-Lehrer aufforderte. Genauso hatten Kleriker bereits zuvor begonnen, mit radikalisierter Rhetorik die Bahā'ī als politische Gruppierung mit Spionageverbindungen zu ausländischen Interessen darzustellen, so dass in den ersten chaotischen Monaten nach Ausbruch der Islamischen Revolution eine große Zahl von Bahā'ī den Tod fand. Obwohl manchmal betont wird, dass die iranische Regierung einen systematischen Genozid an den Bahā'ī beabsichtigte, dürfte hinter den Verfolgungen und Hinrichtungen kein systematischer Plan hinsichtlich der Vernichtung der Bahā'ī von Seiten der Revolutionsregierung gestanden haben. Ein solcher Plan war letztlich auch nicht notwendig, da aufgrund der Anti-Bahā'ī-Propaganda schiitischer Kleriker eine weit verbreitete Stimmung gegen die Bahā'ī als angebliche Anti-Revolutionskräfte vorherrschte, denen man Kollaboration mit ausländischen Mächten, v.a. mit den USA und mit Israel, zum Sturz der iranischen Regierung nachsagte. Diese gegen die Bahā'ī gerichteten Vorurteile und Verleumdungen reichten vollkommen aus, um immer wieder Übergriffe auf Bahā'ī durchzuführen, die manchmal tödlich endeten, bzw. um Bahā'ī festzunehmen und sie ohne Verfahren oder Begründung hinzurichten. Die Tatsache, ein Bahā'ī zu sein, war in den ersten Jahren der Islamischen Revolution ausreichend für ein entsprechendes Gerichtsverfahren und Todesurteil. Träger solcher Verfahren waren dabei in der Regel radikale Mullās und lokale Komitees, deren Tätigkeit offiziell weder unterstützt noch verurteilt wurde, jedoch stillschweigend von der Regierung geduldet wurde (Afshari 2008: 239f.). Obwohl sich Ayatullāh Khomeini – anders als in der Zeit während seines Exils im Irak und kurzzeitig in Frankreich – nach seiner Rückkehr in den Iran nicht explizit gegen die Bahā'ī äußerte, wusste er um die radikalen Einstellungen lokaler Mullās und Rechtsgelehrter gegen die Bahā'ī, ohne diese zu unterbinden. Dadurch kann ihm letztlich die Verantwortung für die fatalen Auswirkungen solcher Einstellungen gegenüber den Bahā'ī zugeschrieben werden. Eine Schilderung von Verfolgung, Gefängnis und Diskriminierung in den frühen 1980er Jahren bietet der biographische Augenzeugenbericht von Olya Roohizadegan aus Shīrāz, die beeindruckende Einblicke in die Situation einzelner festgenommener und hingerichteter Bahā'ī geliefert hat (Roohizadegan 1995). In kurzer chronologischer Abfolge sind folgende Ereignisse besonders hervorzuheben (BIC 2005b: 51–57; Iran Human Rights Documentation Center 2006: 23–33; Afshari 2008: 242f.): Im Sommer 1980 fanden Verfolgungen in Yazd statt, während solche in Shīrāz erst im Frühjahr 1981 begannen und sich bis zu ihrem Höhepunkt im Sommer 1982 fortsetzten. In Tabrīz wurden am 29. Juli 1981 die neun Mitglieder des Lokalen Geistigen Rates hingerichtet, in Teheran verteilt sich die Zahl der Todesopfer wie folgt: 19 im Jahr 1980, 20 im folgenden Jahr, neun im Jahr 1982 und drei ein Jahr später, ehe 1984 mit 15 getöteten Bahā'ī wieder ein deutlicher Anstieg der Opfer zu verzeichnen war. Unter den Toten der Jahre 1980 und 1981 in Teheran waren jeweils auch die neun Mitglieder des Nationalen Geistigen Rates von Iran. Neben den Todesfällen wurden zahlreiche Bahā'ī gefangen genommen, zwischen 1982 und 1984 mehr als 1.000 Personen, wovon zu Beginn der 1990er Jahre noch knapp 100 inhaftiert waren. Im Zusammenhang mit dieser Inhaftierungswelle hat am 29. August 1983 der islamische Generalstaatsanwalt Ayatullāh Husain Mūsavī Tabrīzī alle Versammlungen und administrativen Einrichtungen der Bahā'ī verboten. In der Folge führte dieses Verbot dazu, dass Bahā'ī-Friedhöfe ebenfalls geschlossen bzw. teilweise geschändet wurden, was die angemessene Beisetzung von Angehörigen der Religion in manchen Fällen erschwerte. Fasst man die Verfolgungen kurz zusammen, so ergibt sich, dass zwischen dem Beginn der Islamischen Revolution und dem Jahr 2005 insgesamt 215 Bahā'ī hingerichtet wurden bzw. verschollen sind, wobei die weitaus größere Anzahl der Toten vor 1985 zu beklagen ist (vgl. Afshari 2008: 246). Dabei handelt es sich in vielen Fällen um hochrangige Bahā'ī, d.h. Mitglieder Geistiger Räte, Bahā'ī-Gelehrte oder Angehörige der Religionsgemeinde, die Führungspositionen in den Gemeinden innehatten. Dadurch ist in diesem Vierteljahrhundert der Verfolgung der Bahā'ī-Religion im Iran nachhaltiger Schaden entstanden.

Im Februar 1991 wurde vom Obersten Revolutionsrat ein Memorandum erlassen, das betonte, dass die Situation der Bahā'ī so gestaltet werden sollte, dass sie ihren Glauben aufgeben (BIC 2005b: 16–20; Iran Human Rights Documentation Center 2006: 48f.; Afshari 2008: 261f.). Letztlich hat dieses Memorandum die prekäre Situation der Bahā'ī, die bereits seit Beginn der Revolution herrschte, kaum verändert, wobei das Memorandum indirekt zeigt, dass während des ersten Jahrzehnts der Verfolgung kein Plan existierte, systematisch gegen Bahā'ī vorzugehen. Zugleich macht das Memorandum aber auch deutlich, dass offizielle Behauptungen der Iranischen Regierung, Bahā'ī seien keiner Verfolgung ausgesetzt, unglaubwürdig sind. Eine der internationalen Auswirkungen des Memorandums war seit der Mitte der 1990er Jahre, dass die Unterdrückung der Bahā'ī im Iran international größere Aufmerksamkeit erfahren hat, v.a. im Zusammenhang mit der damals einsetzenden Einschränkung der Ausbildungsmöglichkeiten für Bahā'ī-Jugendliche im Iran. Als Reaktion auf die Beschränkung von Bildungsmöglichkeiten bereits in den 1980er Jahren hatten Bahā'ī im Jahr 1987 das „Bahā'ī Institut für Höhere Bildung" gegründet, das aus Sicherheitsgründen an unterschiedlichen Orten dezentralisierte Niederlassungen hatte, um dadurch vor Verfolgungen besser geschützt zu sein (BIC 2005a: 19–26; BIC 2005b: 26f.). Dieses ermöglicht – v.a. durch Bahā'ī-Akademiker, die in der Folge der Islamischen Revolution aus ihrem Dienst an Universitäten entlassen wurden – in Form einer Fernuniversität Jugendlichen Zugang zu akademischen Standards. In der Blütezeit konnte dieses Institut mit rund 150 Lehrenden bis zu 900 Studierende betreuen. Ein erster geplanter Schlag gegen diese Bildungstätigkeit geschah im September 1998 mit der Festnahme von mindestens 36 Lehrern sowie der Beschlagnahmung von Unterrichtsmaterialien und Laborgeräten, Fotokopierern und Computern. Zwar konnten die Unterrichtsaktivitäten in der Folge wieder aufgenommen werden, allerdings immer wieder unter der Gefahr eines erneuten Eingreifens lokaler Behörden. Mitte August 2005 kam es schließlich zu einem Übergriff von vier Angehörigen des Geheimdienstes auf eine solche private Erziehungseinrichtung. Mit diesen Benachteiligungen verbunden ist auch der Ausschluss der Bahā'ī von der Wissenskultur, indem Jugendlichen, die prinzipiell die Zugangskriterien für ein Universitätsstudium erfüllt haben, die Einschreibung für ein Studium untersagt wird, weil sie – als Bahā'ī – keine der vier in der Verfassung anerkannten Religionen als Religionszugehörigkeit angeben können. Auch wenn die Angabe der Religion in den Jahren 2004 und 2005 bei den Aufnahmeverfahren weniger streng überprüft wurde, blieb in diesem Punkt die Diskriminierung unübersehbar.

Gewisse vorsichtige Anzeichen einer Entspannung ließen sich in den ersten Jahren des 21. Jahrhunderts unter Präsident Muhammad Khātamī beobachten, so dass Bahā'ī ansatzhaft ihre Religion unbehindert praktizieren konnten (Afshari 2008: 264). Dies heißt nicht, dass die Unterdrückung aufgehoben wäre, sondern die Politik bestand – zumindest gelegentlich – in einem Gewähren-Lassen der Bahā'ī. Bahā'ī-Bestattungen waren in diesen Jahren leichter möglich als zuvor, Bahā'ī-Versammlungen wurden geduldet und im April 2005 konnten sich einige Bahā'ī in einem öffentlichen Park in den Außenbezirken von Teheran unbehelligt zur Feier des ersten Tages des Ridvān-Festes treffen. Gelegentlich war es Bahā'ī seit 2000 auch möglich, ihre Ehe offiziell anerkennen zu lassen. Allerdings hat sich mit der Wahl von Mahmūd Ahmadīnijād zum Präsidenten Irans im Jahr 2005 die Situation wiederum verschärft (Iran Human Rights Documentation Center 2006: 50f.). In den Medien wird wieder vermehrt Anti-Bahā'ī-Propaganda laut, was an jene Stimmungsmache gegen die Religion erinnert, die im Jahr 1955 und zu Beginn der Islamischen Revolution zu unkontrollierten Angriffen auf Bahā'ī geführt hat. Inhaltlich greift diese Propaganda erneut das bekannte Motiv der Verbindung zwischen Bahā'ī und Israel als Feinde des Islam auf. Als Folge dieser erneuten Verschärfung der prekären Situation für die Bahā'ī setzten 2008 wiederum Verhaftungen ein. Nachdem am 5. März Frau Mahvash Sabet in Mashhad festgenommen worden war, wurden am 14. Mai in Teheran zeitgleich weitere fünf Männer und eine Frau festgenommen und im Evin-Gefängnis inhaftiert. Diese sieben Personen bildeten ein Führungsgremium der Bahā'ī im Iran, das religiöse und soziale Aktivitäten der Gemeinde im Iran landesweit informell koordinierte, da seit 1983 im Iran alle Bahā'ī-Institutionen verboten sind. Die Verhaftung der sieben Personen lässt sich mit dem Vorgehen der Vertreter der Islamischen Revolution vergleichen, die sowohl 1980 als auch 1981 jeweils alle Mitglieder des Nationalen Geistigen Rates des Iran festnahmen und hinrichteten (vgl. FAZ, Nr. 183 vom 7. August 2008). Als Reaktion auf die Festnahme der Bahā'ī hat sich Ayatullāh Hossein Ali Montazeri jedoch zugunsten der Bahā'ī ausgesprochen. Montazeri betont zwar, dass die Bahā'ī – anders als die in der iranischen Verfassung genannten Juden, Christen und Zoroastrier keiner anerkannten Religion angehören und auch kein „himmlisches Buch" besitzen, dass sie allerdings als iranische Staatsbürger das Recht haben, im Iran zu leben und dass ihnen das vom Koran geforderte Mitgefühl mit allen Menschen entgegengebracht werden müsse. Montazeri war gemeinsam mit Ayatullāh Khomeini der theologische Vordenker der islamischen Revolution im Iran, hat sich allerdings seit Ende der 1980er Jahre immer wieder kritisch gegen Fehlformen der Islamischen Revolution und der Politik der Islamischen Republik Iran geäußert, so dass er von Khomeini degradiert wurde und in der Folge in der iranischen (Religions-)Politik keine Rolle mehr spielte. Allerdings wird Montazeri bis zur Gegenwart von vielen als religiöse Autorität im Land hoch geschätzt. Auch wenn sich mit Montazeri erstmals ein hochrangiger muslimischer Gelehrter im Iran ausdrücklich für die Bahā'ī ausgesprochen hat, kam es in der Folge zu weiteren Verhaftungen einzelner Bahā'ī sowie zu Übergriffen auf Bahā'ī-Eigentum, z.B. wurden im Juli in Kermān ein Haus in Brand gesteckt und Autos angezündet. Auch Drohbriefe, deren Absender einen „Heiligen Krieg gegen die Bahā'ī" ankündigen, wurden im Juli 2008 mehrfach versandt, wie eine Pressemitteilung der Bahā'ī-Religionsgemeinschaft Österreich vom 31. Juli 2008 bekannt gemacht hat.

Fasst man die Situation der Bahā'ī während der drei Jahrzehnte in der Islamischen Republik Iran zusammen, so markiert die Mitte der 1990er Jahre einen gewissen Einschnitt: Vor diesem Zeitraum gab es immer wieder spontane Übergriffe auf Bahā'ī-Eigentum, Entführungen von Angehörigen der Religionsgemeinschaft und die Ermordung oder Hinrichtung von Personen; solche Anti-Bahā'ī-Aktivitäten waren aber wenig überregional koordiniert bzw. waren das Werk lokaler Behörden. Wegen des spontanen Ausbrechens solcher Verfolgungen waren sie weder chronologisch noch geographisch gleichmäßig verteilt. Seit Mitte der 1990er Jahre hat die Intensität der Unterdrückung insgesamt zwar etwas nachgelassen, allerdings findet sie seither nicht nur kontinuierlicher statt, sondern betrifft auch weitgehend flächendeckend Bahā'ī im ganzen Land. Die Menschenrechtsverletzungen gegen die religiöse Minderheit der Bahā'ī im Iran sind seit jener Zeit Teil der staatlichen Politik gegen die Religionsgemeinschaft, die durch die Bürokratie beginnend mit den Regierungsbehörden über regionale Behörden bis hinab zur lokalen administrativen Ebene unterstützt und gefördert wird. Bahā'ī, die ihre Religionszugehörigkeit auf einem niedrigen (und wenig sichtbaren) Niveau halten, sind dabei derzeit außerhalb des Fokus dieser Bürokratie. Religionsangehörige, die das grundlegende Menschenrecht der Religionsfreiheit für sich beanspruchen, um ihre Religion ungehindert zu praktizieren, werden jedoch immer wieder mit gezielten Restriktionen wegen ihrer Religionszugehörigkeit konfrontiert.

2.8 Lokale Religionsgeschichte: Die Bahā'ī im deutschsprachigen Raum

2.8.1 Deutschland

Die Geschichte der Bahā'ī in Deutschland beginnt mit der Rückkehr des Deutschamerikaners Dr. Edwin Fischer, der in den Vereinigten Staaten von Amerika die Bahā'ī kennen gelernt und sich der Religion angeschlossen hatte. Zwischen 1905 und 1913 war er in der Umgebung von Stuttgart tätig, wo in der Folge einige kleine Bahā'ī-Gruppen entstanden. Dem Engagement von Dr. Fischer entsprang 1906 auch die erste

Bahā'ī-Publikation in Deutschland. Zu den ersten Bahā'ī in Stuttgart gehörten neben Dr. Fischer noch Alma Knobloch, Albert Schwarz und Alice Schwarz-Solivo (Mayer-Berdjis 2005: 50; Schaal 2005: 62–64), ferner Wilhelm Herrigel, der einen kleinen Verlag begründete und sich in den ersten beiden Jahrzehnten der Religion in Deutschland Verdienste um die Herausgabe und Übersetzung von Bahā'ī-Texten in die deutsche Sprache erwarb (vgl. Flasche 1977: 199). Den ersten Höhepunkt erlebte die deutsche Bahā'ī-Geschichte im Jahr 1913, als ᶜAbdu'l-Bahā auf seiner Reise, die ihn von Paris ausgehend nach Österreich und Ungarn und wieder zurück führte, Stuttgart, Esslingen und Bad Mergentheim besuchte. Vom 1. bis 9. April sowie vom 25. April bis 1. Mai 1913 hielt er sich in Deutschland auf (W. Gollmer 1988). Bei seinem Aufenthalt in Deutschland wurde ᶜAbdu'l-Bahā von Sayyid Ahmad-i Bāqiroff, Mīrzā Mahmūd-i Zarqānī, Sayyid Asadu'llāh und Mīrzā Ahmad Sohrāb begleitet. Mīrzā Ahmad Sohrāb diente dabei mehrfach als „Erstübersetzer", indem er ᶜAbdu'l-Bahās Ansprachen aus dem Persischen ins Englische übertrug, und Wilhelm Herrigel, Edwin Fischer oder Alma Knobloch übersetzten dann weiter ins Deutsche. Neben Gesprächen und Vorträgen im privaten Kreis mit Bahā'ī fanden auch mehrere öffentliche Vorträge statt, u.a. am 5. April vor der Stuttgarter Esperanto-Gesellschaft. Durch diese öffentlichen Vorträge erfuhren ᶜAbdu'l-Bahās Besuch und die Bahā'ī-Religion als Ganze ein Echo in den lokalen Zeitungen (vgl. W. Gollmer 1988: 95–98), so dass das Interesse an den Vorträgen ᶜAbdu'l-Bahās nach seiner Rückkehr aus Wien und Budapest, wohin er von Wilhelm Herrigel begleitet worden war, noch größer war als bei seiner ersten Anwesenheit in Stuttgart. Am 1. Mai verließ ᶜAbdu'l-Bahā Stuttgart, um über Pforzheim nach Paris zurückzukehren. Von dort aus schickte er am 6. Mai 1913 an die Gläubigen in Stuttgart und Esslingen ein Tablet (W. Gollmer 1988: 138–140). Darin erwähnt er nochmals die glücklichen Tage, die er in Stuttgart verbringen durfte, und wünscht der Bahā'ī-Gemeinde Stärkung und göttlichen Segen. Die Begegnung der frühen deutschen Bahā'ī mit ᶜAbdu'l-Bahā hat in der Gemeinde nachhaltigen Eindruck hinterlassen, auch wenn durch den ein Jahr später ausbrechenden Ersten Weltkrieg die Bahā'ī-Aktivitäten nur in geringem Umfang weitergeführt werden konnten.

Nach dem Tod ᶜAbdu'l-Bahās lud Shoghi Effendi im März 1922 Bahā'ī aus verschiedenen Ländern zu Beratungen über die weitere Entwicklung der Religion nach Haifa ein; darunter befanden sich als Vertreter der deutschen Bahā'ī Albert Schwarz und Alice Schwarz-Solivo aus Stuttgart (Mayer-Berdjis 2005: 51). Im September des Jahres konnte – als Ergebnis dieser Beratungen – der Geistige Nationalrat gewählt werden. In dieser Zeit konnte die Religion auch im Norden Deutschlands – u.a. in Rostock, Warnemünde, Schwerin, Stettin und Hamburg – Fuß fassen. Während der 1930er Jahre konnte sich die Gemeinde zunächst entfalten, indem 1931 ein erstes festes Zentrum bei Esslingen am Neckar erbaut werden konnte, das zu einem frühen Treffpunkt und Studienzentrum wurde. Ein Jahr danach wurde der „Geistige Nationalrat der Deutschen Bahā'ī e.V." ins Vereinsregister beim Amtsgericht Stuttgart eingetragen, im August wurde der Name in „Nationaler Geistiger Rat für Deutschland und Österreich" geändert und erweitert, wodurch Aktivitäten der Religionsgemeinschaft auch auf eine rechtliche weltliche Basis gestellt wurden (vgl. Käfer 2005: 84; E. Towfigh 2006: 118). Die frühen 1930er Jahre brachten aber nicht nur Aufschwung, sondern auch Probleme. Einer der frühen deutschen Bahā'ī, Wilhelm Herrigel, hat sich 1928/1929 von der Gemeinde getrennt und die so genannte Weltunion Bahā'ī gegründet (Käfer 2005: 88f.). Herrigel hatte – unter dem Einfluss von Ruth White – ᶜAbdu'l-Bahās Testament und die Stellung Shoghi Effendis in Frage gestellt, weshalb er die Gemeinde verließ. Einen noch empfindlicheren Einschnitt für die Entwicklung der Gemeinde als der Weggang Herrigels und einiger anderer stellte jedoch das Verbot der Religion und ihrer administrativen Institutionen durch Heinrich Himmler unter den Nationalsozialisten am 21. Mai 1937 dar. Aber schon zuvor wurden Bahā'ī häufig polizeilich überwacht, wie Heinz Mürmel (2006) anhand von Akten des Polizeipräsidiums in Leipzig für diese Stadt für die Jahre 1934 bis 1937 aufgezeigt hat. Die internationale Ausrichtung der Bahā'ī und ihre Ablehnung der Rassenideologe des Nationalsozialismus aufgrund der eigenen Lehre von der Einheit der Menschheit waren Auslöser für das Vorgehen der Gestapo gegen die Gemeinschaft. Mehrfach wurden Bahā'ī zwischen 1939 und 1944 verhört und angeklagt und zu Geld- und Gefängnisstrafen verurteilt; einige Bahā'ī jüdischer Herkunft fanden in diesen Jahren auch in Konzentrationslagern den Tod (Flasche 1977: 200; Mayer-Berdjis 2005: 52; Schaal 2005: 65f.).

Nach dem Ende des Zweiten Weltkrieges konnte – mit Unterstützung einiger amerikanischer Soldaten, die der Religion angehörten – ein Wiederaufbau der Gemeinde beginnen, so dass zum Ridvān-Fest des Jahres 1946 wiederum die Wahl eines neuen Nationalen Geistigen Rates möglich war, der erneut in Stuttgart ins Vereinsregister eingetragen wurde. Mit der Festigung und Entfaltung der Gemeinde konnte auch der Bahā'ī-Verlag seine Tätigkeit wieder aufnehmen und im Jahr 1951 wurde das Verwaltungszentrum von Stuttgart nach Frankfurt verlegt. Der Aufschwung der deutschen Bahā'ī war jedoch nur im Gebiet der Bundesrepublik Deutschland möglich, da in der DDR nur vereinzelte Bahā'ī in Leipzig und Dresden isoliert lebten, die manchmal heimlich Besuch von westdeutschen Bahā'ī bekommen konnten (vgl. Schuckelt 2006). Eine entscheidende Förderung erhielt die deutsche Gemeinde, als im Jahr 1952 Shoghi Effendi entschieden hatte, in Deutschland das erste europäische Haus der Andacht zu errichten. In den folgenden Jahren begann die Suche nach einer passenden Örtlichkeit für den Bau dieses Hauses, bis man im Jahr 1957 die Entscheidung für den Standort in Langenhain bei Hofheim traf. Die Grundsteinlegung geschah durch Amelia Collins, eine Hand der Sache Gottes, am 20. November 1960, worauf im Verlaufe der folgenden dreieinhalb Jahre das Haus fertiggestellt und am 4. Juli 1964 durch Amatu'l-Bahá Rūḥīyih Khānum eingeweiht wurde. Die Baukosten betrugen rund vier Millionen Mark. Der Durchmesser der Grundfläche des neuntorigen, überkuppelten Baus beträgt 48 Meter, wobei der Kuppelraum an der Grundfläche 25 Meter im Durchmesser misst; das ganze Gebäude erreicht eine Gesamthöhe von 28 Metern. Umgeben ist das Haus der Andacht von einem Informationszentrum für Besucher und den Verwaltungsgebäuden des Nationalen Geistigen Rates; geplant ist für die Zukunft die Errichtung von sozialen Einrichtungen im Umfeld des Hauses der Andacht, wobei ein Heim für ältere Menschen als erstes Projekt konkretisiert werden soll (Westerhoff 1998: 119; Kazemzadeh 2005: 97). Insgesamt zeigen die bestehenden und geplanten Einrichtungen im Umfeld des Hauses der Andacht, dass dieses Mittelpunkt einer umfangreichen geistigen, kulturellen und sozialen Begegnungsstätte sein will.

Seit den 1980er Jahren ist die Gemeinde immer wieder in Aktivitäten der Öffentlichkeitsarbeit engagiert, um auf die Menschenrechtsverletzungen an Bahā'ī im Iran hinzuweisen. Kurz vor dem Ende der DDR erlangten die Bahā'ī dort Rechtsfähigkeit, als am 17. September 1990 das Amt für Kirchenfragen des Ministerrates der DDR die Religionsgemeinschaft legitimierte, so dass ab diesem Zeitpunkt Bahā'ī-Aktivitäten erlaubt waren (E. Towfigh 2006: 119). Allerdings sind erst nach der Wiedervereinigung neue Gemeinden auf dem Boden der ehemaligen DDR entstanden, so u.a. in Greifswald, Jena, Halle, Potsdam, Rostock und Erfurt. Der Impuls, der aus Anlass der 100. Wiederkehr des Todestages Bahā'u'llāhs viele Bahā'ī weltweit zu neuen Aktivitäten anregte, zeigte auch Auswirkungen in Deutschland. In den folgenden Jahren entstanden mehrere Organisationen, die auf je unterschiedliche Weise Kenntnisse über Bahā'ī vermitteln wollen oder Bahā'ī-Werte ins gesellschaftliche Leben einbringen (Mayer-Berdjis 2005: 57; Clauß 2008: 223f.). Dazu gehört etwa ein Kindergarten- und Schulkonzept in Guest bei Greifswald, dessen pädagogisches Konzept sich auf die ethischen Grundlagen und Lehren der Religionsgemeinschaft beruft. Als anderes Beispiel kann man die Gesellschaft für Bahā'ī-Studien nennen, die sich um die wissenschaftliche Erforschung des Bahā'ī-Schrifttums bemüht und zu diesem Zweck nationale wie internationale Studientagungen und Veröffentlichungen organisiert; meist finden diese Treffen in Tambach statt. Genauso ist das im Jahr 1997 gegründete Bahā'ī-Forum für bildende Kunst zu nennen, das ein Ausdruck des Bemühens ist, aufgrund der eigenen religiösen Basis an der Gestaltung aller Bereiche der Kultur mitzuwirken. Die jüngste diesbezügliche Einrichtung ist die am 19. Dezember 2006 als Stiftung bürgerlichen Rechts anerkannte Stiftung für Bahā'ī-Studien, deren satzungsgemäßes Ziel Forschungen im Bereich der Theologie, der Medizin, des Ingenieurwesens sowie der Geistes-, Sozial-, Natur- und Agrarwissenschaften und der Übersetzung Heiliger Texte sind, um dadurch das Bahā'ītum als Forschungsgegenstand in der Öffentlichkeit und im akademischen Bereich besser zu etablieren. Genauso sind die konkreten Aktivitäten von Vertretern der Religionsgemeinde bei interreligiösen Veranstaltungen oder deren Mitarbeit am „Runden Tisch der Religionen in Deutschland" zu nennen. Der Runde Tisch ist ein nationales Gremium, dem Vertreter der christlichen Kirchen, der Muslime, Juden, Buddhisten und Bahā'ī angehören und das sich seit dem Jahr 2002 regelmäßig trifft, einerseits zur gegenseitigen Information, andererseits auch zu gemeinsamen Stellungnahmen zu Fragen des interreligiösen Miteinanders (vgl. Brendle 2007: 8).

Die deutsche Bahā'ī-Gemeinde hat gegenwärtig etwas weniger als 5.100 Mitglieder (vgl. Kazemzadeh 2005: 91; E. Towfigh 2006: 119), wobei ein nicht unbeträchtlicher Teil von ihnen sich erst im Laufe ihres Lebens – häufig vor einem christlichen, manchmal auch vor einem muslimischen religiösen Hintergrund – der Religion angeschlossen hat. Um die Aktivitäten der Lokalen Geistigen Räte innerhalb eines gemeinsamen geographischen Raumes besser koordinieren zu können, wurde im Jahr 2006 durch die Errichtung von drei so genannten Regionalen Räten (Clauß 2008: 224f.) eine organisatorische Zwischenebene zwischen den Lokalen Geistigen Räten und dem Nationalen Geistigen Rat neu geschaffen. Im Jahr 2008 gab es 107 Lokale Geistige Räte, allerdings entfalteten die Mitglieder der deutschen Bahā'ī-Gemeinde, in der Angehörige von rund 70 unterschiedlichen Volksgruppen und Nationen vertreten sind, ihre Gruppenaktivitäten in insgesamt 865 Orten.

Hinsichtlich der Rechtsstellung der Bahā'ī ist eine Entscheidung des Bundesverfassungsgerichts vom 5. Februar 1991 von entscheidender Bedeutung, da in diesem Gerichtsentscheid festgehalten wurde, dass Geistige Räte entsprechend dem Vereinsrecht gegründet werden dürfen; dadurch sind Geistige Räte handlungs-, vermögens-, partei- und prozessfähig (Schaal 2005: 67f.; E. Towfigh 2006: 120). Dieser letztinstanzlichen Entscheidung war eine Beanstandung der Satzung des Lokalen Geistigen Rates von Tübingen vorangegangen, die die Vereinsautonomie der Lokalen Geistigen Räte in Frage stellte, weil diese hierarchisch direkt dem Nationalen Geistigen Rat und indirekt auch dem Universalen Haus der Gerechtigkeit unterstellt sind. Die Endentscheidung betont jedoch, dass Bahā'ī-Institutionen ihre Rechtsordnung bezüglich der (Lokalen) Geistigen Räte auf eine Offenbarung, die als Grundlage ihrer Religion anzuerkennen sei, stützen, so dass man den Geistigen Räten gewissermaßen eine Sonderstellung in der Anwendung des Vereinsrechts zubilligen muss. Aufgrund dieser Entscheidung ist die Rechtsfähigkeit der Geistigen Räte in Deutschland auf eine sichere Basis gestellt. Für die Erlangung des Status einer Körperschaft des öffentlichen Rechts müsste vom Nationalen Geistigen Rat ein Antrag auf Verleihung dieses Rechtsstatus eingebracht werden. Als rechtliche Voraussetzung, damit einer Religionsgemeinschaft ein solcher Status zuerkannt wird, gelten die Gewähr einer dauerhaften Existenz der Gemeinschaft, eine Verfassung und eine Mitgliederzahl, die ein Tausendstel der Einwohnerzahl jenes Bundeslandes ausmacht, in dem der Antrag gestellt wird. E. Towfigh (2006: 163–179) geht in seiner Untersuchung zur rechtlichen Stellung der Bahā'ī davon aus, dass diese Voraussetzung in kumulativer Betrachtung erfüllt wird. Unproblematisch ist der dauerhafte Bestand, zumal Bahā'ī seit 1932 nach dem Vereinsrecht erfasst sind, auch Vermögensfragen, Lebendigkeit der religiösen Aktivitäten und die Verbreitung von lokalen Gemeinden und deren organisatorische Struktur sprechen für die Verleihung des Körperschaftsstatus. Problematischer ist jedoch – bei isolierter Betrachtung – sicherlich die Frage der Mitgliederzahl. Da der Sitz des Nationalen Geistigen Rates in Hessen ist, ist wohl von der Einwohnerzahl von Hessen mit etwas mehr als 6 Millionen Menschen auszugehen, d.h. es sollten für die Antragstellung 6.000 Bahā'ī in Hessen wohnen, was eine größere Zahl als die Gesamtzahl der Bahā'ī in Deutschland insgesamt darstellt. Dieses Problem der fehlenden Mitgliederzahl kann eventuell in der Frage nach Körperschaftsrechten durch die anderen notwendigen Kriterien gemindert werden, v.a. durch das seit 1980 kontinuierliche Wachstum der Mitgliederzahl von jährlich um 2,5%. Daher meint E. Towfigh (2006: 179), dass man mit großer Wahrscheinlichkeit davon ausgehen kann, dass die Gemeinde die kumulativen Voraussetzungen für die Verleihung der Körperschaftsrechte in Hessen erfüllt, obwohl die absolute Mitgliederzahl noch weit vom formalen Richtwert abweicht.

2.8.2 Österreich

Die Anfänge der Kenntnis der Bahā'ī in Österreich sind mit einem wirtschaftlichen Unternehmen und einem literarischen Werk verbunden: Die Verbannung Bahā'u'llāhs von Adrianopel nach ʿAkkā geschah auf dem Seeweg, der ihn und zweiundsiebzig mit ihm Verbannte von Gallipoli über Alexandria nach Haifa brachte; diese Reise dauerte vom 21. August bis zum 31. August 1868, wobei das Schiff, das die Verbannten transportierte, ein Dampfer der Österreichischen Lloyd gewesen ist (Beveridge 1995: 41). Das Geschick der Bābīs (und frühen Bahā'ī) wurde durch Berichte von Diplomaten und Journalisten in europäischen Zeitschriften seit der Mitte des 19. Jahrhunderts bekannt. Darauf fußt auch das Epos „Gurret-ül-Eyn: Ein Bild aus Persiens Neuzeit in sechs Gesängen" von Marie von Nahjmajer (1844–1904). Darin verarbeitet die Literatin die Lebensgeschichte von Qurrat al-ᶜAyn poetisch, wobei sie – gemeinsam mit Marianne Hainisch – die iranische Titelheldin auch als Vorbild für den Kampf um die Emanzipation der Frauen darstellte. Das Literaturwerk ist 1874 in Wien publiziert worden (Beveridge 1995: 102–105). Es gab jedoch im 19. Jahrhundert keine Personen in Österreich, die sich der Religion anschlossen.

Der erste namentlich bekannte Bahā'ī in Wien ist vermutlich Hans Petris, ein Kapitän der Donaudampfschifffahrtgesellschaft, der von Alma Knobloch und Margarethe Döring auf einer Donaufahrt im Jahr 1910 für die Religion begeistert wurde, so dass er sich zum Bahā'ī erklärte. 1911 ließ sich die erste persischstämmige Bahā'ī-Familie – Sayyid Mahdī Ridā Khamsī-Bāqiroff mit seiner Frau und drei Kindern – in Wien nieder (Beveridge 1995: 113f.; Poostchi / Käfer 2001: 20; Käfer 2005: 18–25). Sayyid Mahdī war der Bruder von Sayyid Ahmad-i Bāqiroff, einem der Begleiter ᶜAbdu'l-Bahās auf dessen Europareise, wodurch der Besuch ᶜAbdu'l-Bahās in Wien vorbereitet wurde. Während eines kurzen Zwischenstopps am 9. April 1913 in Wien traf ᶜAbdu'l-Bahā einige Iraner, ehe die Fahrt nach Budapest weiterging. Vom Abend des 9. April bis zum 18. April traf er in Budapest u.a. mit den Orientalisten Armin Vambéry, der in den 1860er Jahren bei einer Persienreise mit Bābīs zusammengetroffen war (Beveridge 1995: 95–97), und Ignaz Goldziher zusammen. Auf seiner Rückfahrt hielt er sich schließlich vom 18. bis 24. April in Wien auf. Im Unterschied zum großen öffentlichen Interesse, das ᶜAbdu'l-Bahās Anwesenheit in Stuttgart bzw. Budapest hervorgerufen hat, blieb die öffentliche Aufmerksamkeit in Wien eher beschränkt. Er traf v.a. privat mit einigen Bahā'ī zusammen, hielt aber auch drei Vorträge auf Versammlungen der Theosophischen Gesellschaft; ferner kam es zu einem Treffen mit dem Botschafter des Osmanischen Reiches und der Friedensnobelpreisträgerin Baronin Bertha von Suttner (Beveridge 1995: 117–123: Käfer 2005: 27–35). Die Bemühungen der Familie Bāqiroff im Anschluss an ᶜAbdu'l-Bahās Besuch, den Glauben in Wien weiter zu verbreiten, brachte der Erste Weltkrieg zum Erliegen.

Ein Neuanfang geschah im Jahr 1919 durch die Rückkehr von Franz Pöllinger (1895–1979), der 1916 in Deutschland Bahā'ī geworden war, nach Österreich. Er konnte nicht nur in Wien, sondern während eines längeren Besuches bei seinem Bruder in Sankt Veit an der Glan eine neue Gemeinde aufbauen (Käfer 1988: 38f.; Ders. 2005: 44–46). Mit diesem Wirken Pöllingers kann man die ersten organisierten Anfänge der Religion in Österreich verbinden. Hervorzuheben ist aus der Frühzeit der Religion ebenfalls, dass viele der ersten Anhänger der Religion einen jüdischen Glaubenshintergrund hatten, so z.B. der Jurist Dr. Hugo Maier oder Eleonora Wachsberger (spätere Kaufmann), die durch die

Bahā'ī-Lehren Jesus und Bahā'u'llāh als Offenbarer anerkannten. Die ersten Wiener Bahā'ī konnten in diesen Jahren bereits regelmäßige Kontakte zu Bahā'ī in Deutschland unterhalten, mehrfach kamen Martha Root und Wilhelm Herrigel nach Österreich. 1922 oder 1923 lassen sich die ersten Bahā'ī in Graz nachweisen, und im Jahr 1926 wurde die Grazer Gemeinde als Verein konstituiert; in den folgenden Jahren war Franz Pöllinger häufiger in Graz, um am Aufbau einer kleinen Gemeinde zu arbeiten (Käfer 2005: 60–64). Für die weitere administrative Entfaltung der Gemeinde ist die erstmalige Wahl des Lokalen Geistigen Rates von Wien im Jahr 1926 wichtig. Dadurch wurde die Wiener Gemeinde strukturell weiter gefestigt, so dass die Zahl der Mitglieder wuchs, wozu regelmäßige Veranstaltungen, Vorträge und Studienklassen beitrugen, die über die lokale Presse angekündigt wurden. Durch die Unterstützung durch deutsche Bahā'ī konnten auch in weiteren Orten außerhalb Wiens sowie in Innsbruck und Salzburg gegen Ende der 1920er Jahre Bahā'ī-Gruppen gegründet werden. Seit 1930 besaßen die Bahā'ī – innerhalb des Hauses von Barbara Pendl in Wien – einige Räume als feste Adresse, Verwaltungszentrum und Veranstaltungsort, die den Bedürfnissen der wachsenden Gemeinschaft angemessen waren. Seit 1933 erschienen monatlich die „Wiener Bahá'í-Nachrichten", die unter den Gemeinden in ganz Österreich und in Budapest Verbreitung fanden (Käfer 1988: 44f.; Ders. 2005: 80–84, 90–93). Denn in den frühen 1930er Jahren waren auch die Kontakte zwischen österreichischen Bahā'ī und der Gemeinde in Budapest wieder belebt worden. Seit 1934 waren die österreichischen Bahā'ī über den „Nationalen Geistigen Rat der Bahā'ī in Deutschland und Österreich" in die Administration der internationalen Bahā'ī-Gemeinschaft einbezogen.

Die sich gegen Mitte der 1930er Jahre verschärfenden inneren Unruhen in Österreich betrafen auch die Bahā'ī-Gemeinde, so dass zwischen Juli und November 1936 öffentliche Bahā'ī-Veranstaltungen verboten waren. Interne Versammlungen – als „Andachtsübungen" charakterisiert – konnten zwar stattfinden, sie wurden jedoch durch die Anwesenheit von Kriminalbeamten kontrolliert. Am 1. Juli 1937 wurden schließlich alle Bahā'ī-Aktivitäten durch eine polizeiliche Verordnung verboten (Käfer 1988: 45; Dustdar 1999: 508; Käfer 2005: 106f.). Durch den Anschluss Österreichs an Deutschland begannen weitere Beschränkungen, unter anderem die Beschlagnahmung von Archivmaterialien und Dokumenten. Da in der Wiener Gemeinde ein hoher Anteil von Gläubigen jüdischer Herkunft war, traf die antisemitische Haltung der Nationalsozialisten auch die Gemeinde empfindlich. Zwar konnten einige der Unterdrückung durch Emigration nach Brasilien, in die Schweiz bzw. nach England entkommen, andere wurden jedoch deportiert und kamen in Konzentrationslagern um (Käfer 1988: 47; Ders. 2005: 118–126).

Nach Kriegsende gab es außerhalb von Wien nur einzelne Bahā'ī in Linz und Innsbruck, doch konnte bereits 1945 nach sechsjähriger Unterbrechung wieder ein Lokaler Geistiger Rat in Wien gegründet werden; ein Jahr später erstand auch der Nationale Geistige Rat für Deutschland und Österreich wieder zu neuem Leben. Durch die Vermittlung von Shoghi Effendi erhielten die Not leidenden österreichischen Bahā'ī in den ersten Nachkriegsjahren Lebensmittelsendungen von Bahā'ī v.a. aus den Vereinigten Staaten und aus dem Iran (Käfer 1988: 48). Größere Aktivitäten setzten erst in den Fünfzigerjahren ein, wozu die Ankunft von Bahā'ī aus dem Ausland, die sich als so genannte Pioniere um den Wiederaufbau der Gemeinde in Österreich bemühten, beigetragen hat (Käfer 2005: 139–146). Zunächst war es 1955 möglich, in Wien ein Haus als Sitz des nationalen Verwaltungszentrums und als Versammlungsort für die Gemeinde zu erwerben. In den nächsten Jahren entstanden Lokale Geistige Räte in Graz, Salzburg, Innsbruck und Linz. Einen vorläufigen Höhepunkt des neuen Aufschwungs der Religion markierte die Wahl des ersten eigenständigen Nationalen Geistigen Rates für Österreich beim Ridvān-Fest am 25. April 1959 durch Delegierte aus den damaligen fünf österreichischen Bahā'ī-Gemeinden Graz, Innsbruck, Linz, Salzburg und Wien. Erster Vorsitzender des Rates wurde Dr. Mehdi Varqā aus Wien. Damals gab es etwa 200 Bahā'ī in Österreich. Ein weiteres wichtiges Ereignis der österreichischen Bahā'ī-Geschichte war die Teilnahme der Mitglieder des Nationalen Geistigen Rates als Delegierte bei der ersten Wahl des Universalen Hauses der Gerechtigkeit im April 1963 in Haifa, unter ihnen Franz Pöllinger (Käfer 2005: 186–196).

Der Festigung des Glaubens in Österreich dienten in den folgenden Jahren Ausstellungen und Vorträge in öffentlichen Räumen, teilweise auch mit Vortragenden aus Deutschland. Zur Bekanntheit der Bahā'ī trug zwischen 1970 und 1992 die Bahā'ī-Musikgruppe „Dawn Breakers" bei. Durch Fernseh- und Radioauftritte, Live-Konzerte und mehrere Langspielplatten mit Liedern, die Texte der Bahā'ī vertonten bzw. deren Texte von Bahā'ī-Inhalten geprägt waren, konnte die Gruppe Bahā'ī-Gedankengut in zeitgemäßer Form einer jüngeren Zuhörerschaft vermitteln. Musikalisch geleitet wurden die Dawn Breakers vom Violinvirtuosen Bijan Khadem-Missagh (Käfer 2005: 204–209). Eine andere Form öffentlicher Aufmerksamkeit und Anerkennung erfuhren die österreichischen Bahā'ī in den frühen 1980er Jahren durch die Betreuung von 420 Bahā'ī-Flüchtlingen aus dem Iran, die größtenteils als Transitflüchtlinge von Bahā'ī betreut wurden. Dieser Flüchtlingsstrom brach im Jahr 1987 ab, da in jenem Jahr ein Abkommen zwischen Pakistan (als Nachbarland Irans erstes Zielland der Flüchtlinge) und den Vereinigten Staaten über die direkte Weiterreise der Flüchtlinge ohne den Umweg durch europäische „Drittländer" geschlossen wurde (Käfer

2005: 263–267). Ebenfalls der zentralen Lehre von der Einheit der Menschheit entsprechend ist eine weitere Aktivität zu nennen, die seit 1989 vermehrt aufgegriffen wurde, nämlich die Lehrarbeit unter ethnischen Minderheiten, d.h. v.a. unter Sinti und Roma, unter Kroaten, Slowenen und Türken, die in einzelnen Gebieten Österreichs in größerer Zahl wohnen. Als sichtbares Ergebnis solcher Bemühungen ist etwa festzustellen, dass zwischen April 1991 und April 1992 sich 130 Personen hauptsächlich türkischer Herkunft (aber auch fünf Roma, vier Serben, zwei Polen, zwei Ungarn, zwei Albaner und ein Rumäne) der Religion anschlossen; insgesamt gehörten damals 904 Personen in Österreich der Religion an (Käfer 2005: 344f.). – In der zweiten Hälfte der 1980er Jahre wird eine weitere wichtige Aktivität der österreichischen Bahā'ī möglich, nämlich die vermehrte Lehrarbeit in Ländern Osteuropas; bedingt durch die günstige geographische Lage gab es zwar schon früher vereinzelte private Kontakte in diesen Raum, in größerem Ausmaße wurde ein Engagement zur Verbreitung des Glaubens in diesen Gebieten aber erst aufgrund der politischen Entwicklungen und Lockerung in Bezug auf Religionsfreiheit in diesen Ländern möglich. Jugoslawien und die Tschechoslowakei (mit deren Nachfolgestaaten in den kommenden Jahren) sowie Ungarn und Albanien konnten mit Bahā'ī-Literatur versorgt werden, aber auch öffentliche Vorträge wurden möglich. So kam es aufgrund der aktiven Unterstützung zur Bildung der ersten Nationalen Geistigen Räte in der damaligen Tschechoslowakei (1991) und in Ungarn (1992).

Das Jahr 1992 markierte ein doppeltes „Jubiläum", der Todestag Bahā'u'llāhs jährte sich zum 100. Mal und sein Geburtstag zum 175. Mal. Daher war dieses Jubiläumsjahr von besonderem Bemühen gekennzeichnet, zur Bekanntmachung der Religion in der Öffentlichkeit beizutragen, so dass es im Laufe dieses Jahres gelang, erstmals die Tausendergrenze der Bahā'ī in Österreich zu erreichen, da sich in diesem Jahr 163 Personen neu der Religion angeschlossen haben. In den folgenden Jahren bis zur Gegenwart hat sich die Gesamtzahl der Angehörigen der Religionsgemeinschaft etwas langsamer entwickelt, so dass 2005 insgesamt 1.171 Gläubige in 160 Orten in Österreich lebten. Zum Ridvān-Fest Ende April / Anfang Mai des Jahres 2008 wurden 23 Lokale Geistige Räte gewählt, wobei die Gesamtzahl der Bahā'ī zu diesem Zeitpunkt 1.216 betrug. Dass aktuell nur ein langsamer Anstieg der Gesamtsumme zu vermerken ist, ist auch dadurch bedingt, dass alljährlich Bahā'ī Österreich wieder verlassen, um z.B. als Pioniere in östlichen und südöstlichen Nachbarländern zur Verbreitung der Religion beizutragen.

Die Rechtsstellung von Bahā'ī-Einrichtungen war bis zum Jahr 1998 nur über das Vereinsrecht möglich. Bereits am 31. August 1981 hatte die Gemeinde den Antrag gestellt, als Religionsgesellschaft entsprechend dem Anerkennungsgesetz von 1874 anerkannt zu werden. Dieser Antrag wurde vom zuständigen Bundesministerium für Unterricht und kulturelle Angelegenheiten nicht weiter bearbeitet. Ein lang andauernder Rechtsstreit führte schließlich am 10. Januar 1998 zur Schaffung eines Bundesgesetzes über die Rechtspersönlichkeiten von religiösen Bekenntnisgemeinschaften. Aufgrund dieser neuen Rechtsgrundlage wurde schließlich mit Wirkung vom 11. Juli 1998 der Bahā'ī-Gemeinde und weiteren Religionsgesellschaften der Status einer Rechtspersönlichkeit verliehen (Dustdar 1999: 508–510; Käfer 2005: 383f.; vgl. Hutter 2001: 203–206). Mit dieser gesetzlichen Neuregelung ist in Österreich eine Gesetzesregelung geschaffen, der zufolge in dreifacher Weise zwischen Religionen hinsichtlich ihrer rechtlichen Position unterschieden wird: Anerkannte Religionen entsprechend dem Anerkennungsgesetz von 1874, Religionen als staatlich eingetragene religiöse Bekenntnisgemeinschaften und nur nach dem Vereinsrecht registrierbare religiöse Gruppierungen oder Einrichtungen. In dieser „Rechtshierarchie" nehmen die Bahā'ī somit eine mittlere Position ein, wobei das Bestreben der Gemeinde darauf ausgerichtet ist, in Zukunft den „höheren" Status einer staatlich anerkannten Religionsgesellschaft zu erlangen. Der Status einer „religiösen Bekenntnisgemeinschaft" setzt voraus, dass die Religionsgemeinde durch ein Statut ihre Struktur, Organisationsformen (inklusive Fragen von Eintritt und Austritt aus der Religion) und finanziellen Grundlagen festlegt, ferner muss eine Darstellung der Inhalte und Praxis der Religion formuliert werden. Quantitative Mindestvoraussetzung für den Erwerb einer Rechtspersönlichkeit sind mindestens 300 Mitglieder, wodurch auch die Garantie eines zumindest längeren Bestandes als gegeben erscheint. Diese Kriterien erfüllt die Bahā'ī-Gemeinde in Österreich. Für die Anerkennung nach dem Anerkennungsgesetz sind vom Gesetzgeber zwei zusätzliche Kriterien gefordert, nämlich die Existenz der Religionsgemeinschaft im Status einer Bekenntnisgemeinschaft für die Dauer von mindestens zehn Jahren sowie eine Mitgliederzahl in der Höhe von zwei Promille der österreichischen Bevölkerung, d.h. derzeit in absoluten Zahlen etwas mehr als 16.000 Mitglieder. Letzteres ist eine erschwerende Hürde, die der Gesetzgeber „kleinen" Religionsgemeinschaften auferlegt hat und die für die Bahā'ī in Österreich in naher Zukunft schwer zu überwinden sein dürfte.

2.8.3 Schweiz und Liechtenstein

Die Geschichte der Bahā'ī in der Schweiz beginnt im Jahr 1902, als Edith MacKay (1879–1959), die sich zwei Jahre zuvor in Paris der Religion angeschlossen hatte, nach Sitten übersiedelte. Nach ihrer Eheschließung mit dem Zahnarzt Dr. Josef de Bons ließ sie sich in Sion nieder, von wo aus Impulse für die weitere Verbreitung der Religion ausgingen. Allerdings blieben die Schweizer Aktivitäten in den ersten Jahrzehnten des 20. Jahrhunderts auf wenige Personen beschränkt, ohne dass diese Basis für die weitere Entwicklung gering geschätzt werden dürfte. Im Jahr 1911 entstand ein Zentrum in Locarno im Tessin durch Maria Forni. Der Europaaufenthalt von ʿAbdu'l-Bahā ist auch für die frühe Schweizer Geschichte ein wichtiges Ereignis, da ʿAbdu'l-Bahā am 2. und 3. September 1911 Genf besuchte. Hierüber existieren zwar zwei kurze Zeitungsberichte in „Tribune de Genève" und in „La Suisse" vom 4. September, im Unterschied zur guten Dokumentation von ʿAbdu'l-Bahās Aufenthalten in Deutschland und Österreich ist jedoch darüberhinaus wenig erhalten. Die Zeitungen erwähnen kaum mehr als die „große persische Persönlichkeit" als Haupt der Bahā'ī-Religion, mit dem allgemeinen Hinweis, dass er an den beiden Tagen eine große Zahl von Besuchern empfangen hat (vgl. Fazel / Hassall 1998: 36). Allerdings blieb ʿAbdu'l-Bahā in den folgenden zehn Jahren seines Lebens mit der Schweiz verbunden, wie rund 50 Briefe von ihm an Schweizer Bahā'ī zeigen. Der berühmteste Brief stammt aus dem Jahr 1921 und ist als „Brief an Forel" (ʿAbdu'l-Bahā, BFor / 1975) bekannt. Darin legt ʿAbdu'l-Bahā in systematischer Form einige Grundaussagen der Bahā'ī-Religion in Bezug auf das Wesen des Menschen, das Wesen Gottes und über die Schöpfung dar; angeregt wurde dieser Brief durch einige philosophische und theologische Anfragen des Psychiaters und Sozialreformers Prof. August Forel (1848–1931), der sich 1921 in Yvorne der Religion angeschlossen hatte, nachdem er ein Jahr zuvor in Karlsruhe und Umgebung Kontakte zu deutschen Bahā'ī gefunden hatte (Vader 1984: 13–18). Eine weitere – zumindest indirekte – Folge des Besuchs von ʿAbdu'l-Bahā in Genf ist die Errichtung eines internationalen Büros im Jahr 1925 durch Shoghi Effendi (Warburg 2006: 500f.). Dieses Zentrum unter der Leitung von Jean Stannard wurde zu einer ersten Vermittlerstelle zwischen dem unter Shoghi Effendi entstehenden Verwaltungszentrum in Haifa und den europäischen Bahā'ī, um Bahā'ī-Literatur leichter den europäischen Bahā'ī zugänglich zu machen und Kontakte zwischen den wenigen Gläubigen zu erleichtern. Gleichzeitig wurde das Zentrum schon in den Gründungsjahren ein „öffentliches Sprachrohr" gegen die damalige Verfolgung von Bahā'ī im Iran. Die Öffentlichkeitsarbeit zur Information über die Unterdrückung der Bahā'ī zwischen 1925 und 1927 wurde auch intensiv durch August Forel unterstützt (Vader 1984: 50–60). Trotz dieser frühen „internationalen" Bedeutung von Genf für die Bahā'ī entstand eine eigene Genfer Gemeinde erst im Jahr 1948.

Während der 1920er Jahre entfaltete sich das Gemeindeleben in einem Zentrum in Lausanne, wo ein iranischer Student die Initiative für die Etablierung einer Gemeinde im Jahr 1926 gab, ferner in Zürich und in Amriswil. Fritz Semle (1896–1996) gründete das Kinderheim „Morgensonne" in Wolfhalden; in diesem Kinderheim kann man die erste Bahā'ī-Einrichtung der Schweiz sehen, die den Gedanken der sozialen Entwicklung und Erziehung nach Bahā'ī-Prinzipien konkret umsetzte. Obwohl die Zahl der Bahā'ī während der folgenden Jahrzehnte bis zum Ende des Zweiten Weltkriegs weiterhin sehr gering war, ist die Bedeutung der Schweiz für die deutschsprachigen Bahā'ī seit den späten 1930er Jahren nicht zu unterschätzen. Die politischen Verhältnisse führten in Deutschland und Österreich zu einer empfindlichen Einschränkung von Aktivitäten, so dass die wenigen Schweizer Bahā'ī in jenen Jahren die einzigen waren, die weiterhin Bahā'ī-Literatur in deutscher Sprache drucken konnten. Ferner ermöglichten unbehinderte Zusammenkünfte der Mitglieder nicht nur eine Stärkung im Glauben, sondern eine Vertiefung der Kenntnisse über den Glauben. Einzelne Bahā'ī konnten verfolgten und geflohenen Gläubigen aus den beiden Nachbarländern zeitweilig Unterstützung gewähren. Aufgrund dieser Faktoren boten nach dem Ende des Zweiten Weltkriegs die Schweizer Bahā'ī eine wichtige Hilfe für das Wiedererstarken der Religion in den beiden Nachbarländern. Im Jahr 1946 hat Shoghi Effendi das Bahā'ī-Büro in Genf mit der Koordination solcher Hilfen zur Wiedererrichtung der Bahā'ī-Gemeinden in Deutschland und Österreich betraut; damals leitete Anna Lynch das Genfer Büro (vgl. Käfer 1988: 47).

Aber auch in der Schweiz begann in der zweiten Hälfte der 1940er Jahre eine weitere Entwicklung der Religion durch die Etablierung zusätzlicher Gemeinden, teilweise unterstützt von ausländischen Pionieren wie beispielsweise Fritzi Shaver und Elsa Steinmetz. Dadurch konnten 1948 dauerhafte Gemeinden und Geistige Räte in Genf und Bern gegründet werden, zwei Jahre später auch in Zürich und Wolfhalden. Anfang der 1950er Jahre sind die ersten Bahā'ī in Basel fassbar und 1953 entstand die erste Gemeinde im Fürstentum Liechtenstein. Diese sich entfaltende Verbreitung der Religion an mehreren Orten des Landes erlaubte zum Ridvān-Fest des Jahres 1953 die Schaffung eines gemeinsamen Nationalen Geistigen Rates für Italien und die Schweiz (Fazel / Hassall 1998: 36). Neun Jahre später fand in beiden Ländern die Wahl je eines eigenen Nationalen Geistigen Rates statt, als Ausdruck der weiteren Festigung und Etablierung der Religion in beiden Ländern. Trotz dieser organisatorischen Verselbstständigung beider Länder werden Kontakte zwischen Schweizer und italienischen Bahā'ī bis in die Gegenwart intensiv gepflegt, wobei – aufgrund der sprachlichen Gegebenheiten – v.a. die Bahā'ī-Gemeinden im Tessin in diesem Austausch über die Landesgrenzen hinweg eine führende Rolle spielen. Mittelpunkt für die administrative Organisation in der Schweiz ist Bern, wo 1955 ein Haus als nationales Verwaltungszentrum entstand. Die Zusammensetzung der Schweizer Gemeinde war bis in die 1960er Jahre durch einen mehrheitlichen Anteil an Ausländern geprägt, danach verschob sich die demographische Zusammensetzung. Gegenwärtig sind rund 80 Prozent der Schweizer Bahā'ī auch Schweizer Staatsbürger, so dass dieser völlige Wandel der Zusammensetzung der Gemeinde Ergebnis der erfolgreichen Vermittlung von Bahā'ī-Werten an Mitbürger ist, die sich in den letzten vier Jahrzehnten neu der Religion angeschlossen haben.

Das Jahr 1967 – in Erinnerung an die 100 Jahre zuvor geschehene öffentliche Bekanntmachung Bahā'u'llāhs als neuer Offenbarungsbringer – war für Schweizer Bahā'ī Anlass vermehrter Öffentlichkeitsarbeit für die eigene Überzeugung. Zu diesem Zweck überreichten Bahā'ī-Delegationen zahlreichen Mitgliedern der Schweizer Regierung sowie wichtigen Personen des öffentlichen Lebens Informationsmaterial über die Religion, verbunden mit öffentlichen Vorträgen und Ausstellungen. Damit war ein größerer Schritt in die Öffentlichkeit gemacht, in dessen Folge die Zahl der Bahā'ī stetig anstieg und Bahā'ī an weiteren Orten im Land Fuß fassen konnten. Diese Entwicklung ermöglichte in den 1980er Jahren die Gründung eines Seminar- und Tagungszentrums, das 1983 in Landegg südlich des Bodensees errichtet wurde; im Jahr 1988 kam es zur Erweiterung und Umbenennung der Einrichtung in Landegg Academy, die für viele Bahā'ī ein wichtiges Zentrum für Kongresse, Tagungen und Schulungen zur Vertiefung in die Religion wurde. Die Finanzierung der Landegg Academy geschah durch die Internationale Bahā'ī-Stiftung. Als Zentrum war es dabei nicht nur ein Mittelpunkt für die Erforschung der Religion für Schweizer Bahā'ī, sondern es wurden dort auch regelmäßig Bahā'ī-Treffen und Studientage für persischsprachige Angehörige der Religion veranstaltet, genauso nutzen Bahā'ī aus Deutschland häufig das Kurs- und Studienangebot der Landegg Academy. Im Rahmen von Umstrukturierungen und der grenzübergreifenden „Internationalisierung" von Kurs- und Studienprogrammen wurde die Academy jedoch im Herbst 2004 geschlossen. – Die Entwicklung der Gemeinde seit den 1980er Jahren führte u.a. im Jahr 1984 zur Gründung des ersten Lokalen Geistigen Rates in Liechtenstein; im Fürstentum leben rund 30 Angehörige der Religionsgemeinschaft. Im Jahr 1986 – kurz nach dem Höhepunkt der Verfolgungen von Bahā'ī im Iran – nahmen die Schweizer Gemeinden 51 Bahā'ī-Flüchtlinge auf und konnten sie an verschiedenen Orten in die lokalen Gemeinden integrieren. Den Flüchtlingen wurde dabei nicht nur ein soziales Netz, sondern auch Arbeitsmöglichkeiten und Sprachqualifikationen angeboten; dadurch leistete die Gemeinde einen zahlenmäßig kleinen, aber nichtsdestotrotz von der Gesellschaft hoch geschätzten Beitrag zur sozialen Integration von Flüchtlingen, was der Gemeinde neuerliches Ansehen in der Schweizer Öffentlichkeit brachte.

Derzeit leben in der Schweiz einschließlich Liechtensteins etwas mehr als 1.000 Bahā'ī. Die Gemeinden im Fürstentum Liechtenstein gehören seit mehr als fünf Jahrzehnten administrativ zu den Schweizer

Bahā'ī, da die Größe des Fürstentums es bislang noch nicht ermöglicht hat, einen eigenständigen Nationalen Geistigen Rat für Liechtenstein zu schaffen; die Verwirklichung eines solchen Rates ist ein Ziel für die Zukunft. Entsprechend der globalen Ausrichtung der Bahā'ī-Religion umfasst die Schweizer Gemeinde Personen aus etwa 60 verschiedenen Ländern, die jedoch insgesamt nur rund 20 Prozent aller Bahā'ī im Land ausmachen. Bahā'ī leben derzeit in rund 220 Orten in der Schweiz und sind in 18 Lokalen Geistigen Räten organisiert.

In der Schweiz besitzen nur die Protestantischen Kirchen, die Römisch-Katholische Kirche und die Christkatholische (Altkatholische) Kirche als Religionsgemeinschaft einen öffentlich-rechtlichen Status, wobei diese Rechtsfragen jeweils auf der Kantonsebene verhandelt werden. Seit kurzem gibt es eine Diskussion, ob auch weitere Religionsgemeinschaften einen öffentlich-rechtlichen Status erlangen könnten, so dass sich in Zukunft eine Veränderung im Rechtsstatus der Bahā'ī als Religionsgemeinde vollziehen kann. Nach aktueller Rechtslage gibt es jedoch nur die Möglichkeit, im Rahmen des Zivilgesetzbuches (Artikel 60) als Verein eingetragen zu werden. Diesen Vereinsstatus besitzen sowohl der Nationale Geistige Rat als auch die Lokalen Geistigen Räte. Allerdings haben die Bahā'ī-Einrichtungen in steuerlicher Hinsicht den Status von Kultusorganisationen, was ihnen – wie anderen Religionsgemeinschaften – steuerliche Vorteile bringt. Manche der Geistigen Räte sind auch in das Schweizer Handelsregister eingetragen (www.zefix.ch unter dem Stichwort „Baha'i"). Diese Eintragung hat zwar keine Konsequenz für den Rechtsstatus als Verein oder Religionsgemeinde, allerdings den praktischen Nutzen, dass dadurch die Namen der gewählten Mitglieder und die Statuten des jeweiligen Geistigen Rates leicht zugänglich werden. Im August 2008 waren auf diese Weise die Lokalen Geistigen Räte von Basel, Bern, Locarno, Lugano, Luzern, Sankt Gallen, Thun und Zürich erfasst.

3. Religion und Theologie

3.1 Das religiöse Schrifttum

3.1.1 Die „Heiligen Schriften" des Bāb

Trotz seiner relativ kurzen Wirkungszeit hat der Bāb ein umfangreiches Schrifttum verfasst, das bislang nur wenig erforscht worden ist und innerhalb der Bahā'ī-Gemeinde eine eher untergeordnete Rolle spielt. So liegt bislang kein Text des Bāb in einer vollständigen englischen oder deutschen offiziellen Übersetzung vor, sondern lediglich ein Sammelband macht Abschnitte einzelner Texte weiten Bahā'ī-Kreisen zugänglich (Bāb, AS / 1991). In Andachten der Bahā'ī spielen diese Texte ebenfalls nur eine untergeordnete Rolle, indem lediglich einzelne Gebete des Bāb rezitiert werden, jedoch in viel geringerem Umfang, als dies bei Gebeten Bahā'u'llāhs der Fall ist. In religionsgeschichtlicher Hinsicht ist dieses Schrifttum wichtig, weil es Einblick in die Entwicklung des theologischen Denkens des Bāb gibt, sowohl im Rahmen des Sheikhī-Denkens als auch hinsichtlich seiner eigenen Lehren, die ihrerseits wichtige Impulse für die Offenbarung Bahā'u'llāhs gegeben haben. Insgesamt dürften vom Bāb rund 20 größere Schriften bekannt sein, wobei zwischen seinem Tod und dem Beginn des Jahres 1853 eine erste Sammlung dieser Schriften vorgenommen wurde (vgl. MacEoin 1992: 25–28). Der Großteil der Schriften stammt aus den Jahren seiner Gefangenschaft. Die Handschrift des Bāb ist elegant, aber auch schwierig zu interpretieren, weil die Manuskripte häufig auf die Verwendung von diakritischen Punkten, die eine eindeutige Lesung der arabisch-persischen Schrift ermöglichen, verzichten. Stilistisch variieren die Schriften des Bāb relativ stark, wobei man etwa fünf Kategorien benennen kann (vgl. Eschraghi 2004a: 114–118):

(a) Verse (*āyāt*), in denen sich Gott direkt äußert, stehen stilistisch Ausdrucksweisen des Korans nahe;

(b) Gebete (*munāğāt*) formulieren die Hinwendung des Menschen zu Gott. Man könnte Texte, die diesem Stil entsprechen, als Meditationen charakterisieren;

(c) Auslegungen (*tafāsīr*, Sing. *tafsīr*), die sich v.a. auf Suren des Korans beziehen, manchmal aber auch auf dem Propheten Muhammad zugeschriebene Hadīthe;

(d) Predigten (*hutab*, Sing. *hutba*) sind meist kurze Texte, die häufig nicht als öffentliche Reden vorgetragen, sondern lediglich formal als Predigt gestaltet sind;

(e) Abhandlungen zu Wissensfragen (*šuʾūn ᶜilmīya*) sind systematische Darstellungen, häufig in Briefform, in denen der Bāb konkrete Anfragen bezüglich seiner Lehre beantwortet.

Die einzelnen Werke lassen sich – aufgrund ihrer internen Vielfalt – in den meisten Fällen nicht einer einzigen stilistischen Kategorie zuweisen. Auch ist keine chronologische Entwicklung dieser Stilarten zu beobachten, da das ganze literarische Wirken des Bāb maximal neun Jahre gedauert hat, der Großteil seiner Veröffentlichungen aber erst in der zweiten Hälfte dieses Zeitraums entstanden ist.

Einige wichtige Werke sind im Folgenden in chronologischer Reihenfolge zu nennen (vgl. dazu insgesamt MacEoin 1992; Eschraghi 2004a: 118–134; Ders. 2005a). Noch vor seinem öffentlichen Auftreten hat der Bāb einige Schriften verfasst, die eng mit dem Sheikhī-Denken verbunden sind. Dazu gehört eine Koran-Auslegung, meist als *Tafsīr Sūrat al-Baqara* bezeichnet, was unzutreffend ist, weil der Text sich nicht nur auf die zweite Sure des Koran (*Sūrat al-Baqara*), sondern auch auf die erste Sure bezieht. Thematisch kreist der Text um die Rolle der Vierzehn Sündenlosen des Islam, wobei ein besonderer Schwerpunkt auf ᶜAlī gelegt wird. Genauso betont der Bāb in dieser Schrift bereits seine Vorstellung von der Einheit allen Seins. Im unmittelbaren Zusammenhang mit seinem ersten öffentlichen Auftreten am 22. Mai 1844 steht eine „Auslegung" der Yūsuf-Sure, der 12. Sure des Korans, die arabisch geschriebene Abhandlung *Qayyūm al-Asmāʾ*. In diesem Text lehnt sich der Bāb sprachlich eng an den Koran an und gliedert seinen Text in 111 Abschnitte entsprechend den 111 Versen der Yūsuf-Sure. *Qayyūm al-Asmāʾ* gilt für die Frühgeschichte des Bābismus als zentraler Text, weil er die Erwartungen des Bāb über die Wiederkehr des verborgenen Imām klar formuliert. Bereits die ersten Anhänger des Bāb haben wesentlich zur Verbreitung dieses frühen Werkes beigetragen, wobei der Bāb im *Bayān-i Fārsī* selbst schreibt, dass schon im ersten Jahr seines Wirkens dieser Text „alle Menschen" erreicht hätte. Die inhaltliche Bedeutung dieser Abhandlung liegt in erster Linie darin, dass von Beginn an der – zunächst noch verborgene – Anspruch des Bāb zumindest angedeutet wird, auch wenn vordergründig die Nähe zum Koran und zu zeitgenössischer Koranauslegung diesen Anspruch etwas verdeckt. Auch im *Kitāb ar-Rūh*, der stilistisch und inhaltlich dem *Qayyūm al-Asmāʾ* ähnlich ist und den der Bāb während seiner Rückkehr von der Pilgerfahrt nach Mekka im Jahr 1845 verfasst hat, klingt an, dass der Bāb ein neuer Offenbarungsbringer ist. Dadurch wird dieser Text zu einer Herausforderung für die islamische Geistlichkeit im Iran und v.a. in Shīrāz: Daraus resultierende Spannungen zwischen dem Anspruch des Bāb und den islamischen Traditionsträgern sollten in der Folge zur Verhaftung des Bāb führen. Eine weitere wichtige Koranerklärung, die der Bāb in Shīrāz in dieser Frühzeit verfasst hat, ist der *Tafsīr al-Kautar*, eine Auslegung zur Sure 108 des Korans. Das zentrale Thema dieser Schrift ist die Frage der Wiederkunft des Qā'im, u.a. unter welchen Bedingungen der Qā'im wiederkehren wird, wobei der Text implizit immer wieder anklingen lässt, dass der Bāb selbst diese Heilsgestalt ist. Der erste umfangreichere Text des Bāb in persischer Sprache ist die Schrift *Sahīfīh-yi ᶜAdlīyih*, in der er zentrale theologische Themen behandelt: die Frage der Möglichkeit, Gott zu erkennen; die Stellung der Imāme; die Bedeutung des Gesetzes, das Muhammad gebracht hat; die Bedeutung der Hierarchie der schiitischen Heiligen. Dieser persische Text kann als letztes wichtiges Werk des Bāb gelten, das noch während seines Wirkens in Shīrāz entstanden ist.

Während des Aufenthalts in Isfahān zwischen September 1846 und März 1847 entstanden einige kleinere Schriften sowie zwei größere Werke. Der *Tafsīr wa'l-ᶜAsr*, der von Sure 103 des Korans seinen Ausgang nimmt, ist eine – dem *Tafsīr al-Kautar* vergleichbare – Auslegung einer Koransure, die erneut unter Verwendung von symbolhaltiger Sprache die theologischen Gedanken des Bāb einer mit dem Koran vertrauten Zuhörerschaft vermittelt und die Vorstellung vom so genannten „vierten Pfeiler" (*ar-rukn ar-rābiᶜ*) aufgreift. Dieses schiitisch-theologische Konzept bezeichnet die Lehre vom vollkommenen Schiiten (bzw. vollkommenen Menschen), die neben der Lehre der Einheit Gottes, des Prophetentums und der Imāme zu den Grundthemen der Sheikhī-Theologie gehört (vgl. dazu Eschraghi 2004a: 87–89). Implizit bringt diese Auslegung der koranischen Sure mit der Betonung des „vierten Pfeilers" den Anspruch des Bāb ins Spiel, selbst dieser „vollkommene Schiite" zu sein. Das zweite große Werk aus Isfahān ist *ar-Risāla fī Itbāt an-Nubūwa al-Hāssa*, eine Apologie des Prophetentums Muhammads. Die Schrift wurde auf Bitten von Manūchihr Khān Muᶜtamid ad-Dawla verfasst, der sich vom georgischen Christentum zum Islam bekehrt hatte, wobei er als Konvertit lange Zeit Zweifel hegte, ob Muhammad ein „wahrer Prophet" sei; die Schrift des Bāb sollte diese Zweifel beseitigen. Historisch lässt sich nicht gesichert feststellen, ob wirklich eine konkrete Frage Manūchihrs der Anlass für die Abfassung dieser Schrift war, da das Thema zugleich ausgezeichnet geeignet ist, die Vorstellung des Bāb über Prophetie (*nubūwa*) einem größeren Publikum zu präsentieren. Ungeachtet dieser historischen Hintergründe kann dieses Schreiben als ein zentraler theologischer Text des Bābismus gelten. Zugleich handelt es sich dabei um einen der wenigen Texte des Bāb, der in einer modernen wissenschaftlichen Studie detailliert untersucht und herausgegeben wurde (Eschraghi 2004a: 250–384).

Die Hauptwerke des Bāb stammen aus der Zeit seiner Verbannung und Gefangenschaft in Mākū bzw. Chihrīq. Charakteristisch für diese Periode ist die zunehmende Verwendung des Persischen für solche Schriften gegenüber der vorhergehenden Epoche. Aber auch inhaltlich markieren die Texte während der Gefangenschaft einen neuen Ansatz, indem sich der Bāb nunmehr ausdrücklich als neuer Offenbarungsbringer präsentiert und den Anspruch auf Verbindlichkeit seiner Texte deutlich ausspricht. Dazu gehört, dass dieses Schrifttum als neues Religionsgesetz präsentiert wurde, wodurch die Gültigkeit der rechtlichen Ordnungen des Islam (*sharīʿa*) aufgehoben wurde. Da der Bāb als Bringer einer neuen Offenbarung nun im Mittelpunkt der Schriften steht, treten Bezugnahmen auf Muhammad und die Vierzehn Sündenlosen der Schia deutlich in den Hintergrund. In dieser Zeit entstand auch das wichtigste Werk des Bābī-Kanons, der *Bayān-i Fārsī*, der „persische *Bayān*". Der ganze Text ist in neun Einheiten (*wāhid*) zu je 19 Kapiteln (*bāb*) gegliedert, wobei diese Textgliederung bewusst die beiden bei den Bābīs und später bei den Bahāʾī geschätzten Symbolzahlen verwendet (vgl. Hornby 1983, # 1372, # 1375). Dieser umfangreiche, zentrale Text der Bābīs ist in keiner wissenschaftlichen Bearbeitung zugänglich, allerdings existiert vom Beginn des 20. Jahrhunderts eine vollständige französische Übersetzung in vier Bänden durch A. Nicolas (1911–1914). Man kann im *Bayān-i Fārsī* ein Kompendium der Lehren und der Rechtsordnung des Bābismus sehen, d.h. das Buch enthält theologische Aussagen (einschließlich der Ankündigung des *man yuzhiruhu-ʾllāh*), rituelle Anweisungen sowie religions- und zivilgesetzliche Regelungen. Diese inhaltliche Gewichtung macht den *Bayān* zu jenem Text, der den Prozess der schrittweisen Loslösung der Bābī-Religion vom Islam und die Schaffung eines eigenen religiösen Profils in Abgrenzung zur islamischen Umgebung literarisch zum Abschluss brachte. Aus diesem Grund kann die Bedeutung des *Bayān* nicht hoch genug eingeschätzt werden, wobei der Bāb selbst dieses Werk wie folgt als göttliches Wort charakterisiert (Bāb, AS / 1991, # 6:9,8):

> Der *Bayān* ist fürwahr Unser schlüssiger Beweis für alles Erschaffene, und alle Völker der Welt sind machtlos vor der Offenbarung dieser Verse. Er verwahrt die Summe aller früheren und künftigen Schriften, so wie Du an diesem Tage der Verwahrungsort all Unserer Beweise bist. Wir gewähren, wem wir wollen, Eintritt in die Gärten Unseres heiligsten, erhabensten Paradieses. So wird die göttliche Offenbarung auf Unser Geheiß in jeder Sendung eröffnet. Wir sind fürwahr der höchste Herrscher.

Die Wertschätzung und Verbreitung des Buches zeigt sich daran, dass mehr als 50 Manuskripte des Textes bekannt sind, aber auch die Verwendung der Bezeichnung *Bayān* für die Gesamtheit der Schriften des Bāb drückt die Wichtigkeit dieses Textes deutlich aus. Dementsprechend werden die Anhänger des Bāb häufig als *Ahl-i Bayān* („Leute des *Bayān*") oder als Bayānī („zum *Bayān* Gehörige") bezeichnet. Der Arabische *Bayān* (*al-Bayān al-ʿArabī*) ist eine Art Zusammenfassung der im *Bayān-i Fārsī* enthaltenen Gesetze; auch diesen Text hat A. Nicolas

(1905) ins Französische übersetzt. Beide *Bayān*-Texte können den Eindruck erwecken, dass sie unvollständig sind, was in der späteren Frage der „Nachfolge" des Bāb eine nicht unwesentliche Rolle gespielt hat. Denn sowohl Bahā'u'llāhs *Kitāb-i Īqān* als auch Subh-i Azals *Mutammim-i Bayān* gelten in den Augen ihrer jeweiligen Anhänger und Unterstützer als eine Vollendung des Persischen *Bayān*, wodurch sich Bahā'u'llāh bzw. Subh-i Azal für ihre jeweiligen Anhänger als der vom Bāb verkündete Nachfolger legitimieren. Damit scheiden sich am Verständnis dieses Textes die Bahā'ī und die Azalī („Bayānīs") in zwei religionshistorisch zu differenzierende Richtungen. Ähnlich wie der *Bayān* liegt auch eine weitere Schrift des Bāb in zwei verschiedensprachigen Versionen vor, wobei der persische Text wiederum umfangreicher ist als der arabische: *Dalā'il-i Sab^{c}ih*, die „Sieben Beweise". Dies ist eine apologetische Schrift, die sich an einen Nicht-Bābī wendet, um die Überlegenheit der Bābī-Religion gegenüber den älteren Religionen aufzuzeigen. Auffallend an diesem Text ist, dass die früheren Religionen deutlicher negativ gezeichnet werden, als dies in anderen Texten der Bābī- und Bahā'ī-Tradition der Fall ist. Da die früheren Religionen die nachfolgenden göttlichen Gesandten nicht anerkannt haben, laufen sie in ihr eigenes Verderben. Schließlich sei noch als letzter wichtiger Text hier der arabische *Kitāb al-Asmā^c* genannt, wahrscheinlich die umfangreichste Schrift des Bāb. Der Text erinnert mit der endlosen Aufzählung von Gottesnamen – manche davon reine grammatikalische Wortneubildungen, die im religiösen Vokabular sonst keine Rolle spielen – an das ununterbrochene Rezitieren oder Gedenken des Gottesnamens, das manche Sufis praktizieren. Die Verbindung dieser Gottesnamen mit den 361 (+ 4) Tagen des Badī^c-Kalenders dient dazu, Tag für Tag an Gott zu denken und dies unaufhörlich einzuüben. In dieser Hinsicht ist diese Spätschrift des Bāb weniger wegen der theologischen Inhalte wichtig, sondern sie gibt eher Einblick in die religiöse Praxis, wie man sich alltäglich an das Göttliche erinnern soll. Dieser Text lässt sich mit einer Gruppe von kurzen Texten vergleichen, die als Talismane oder Amulette dazu dienen, den Gläubigen in die Nähe Gottes zu bringen (vgl. auch Warburg 2006: 143f.).

Die Rezeption der Schriften des Bāb ist zweifach geschehen – sowohl durch die Bahā'ī als auch durch die Minderheit der Azalīs (Bayānīs). Letztere bewahren einen „konservativen Bābismus" (MacEoin 1992: 131), erstere lesen die Schriften des Bāb im Lichte ihres Glaubens, dass Bahā'u'llāh nicht nur der legitime Nachfolger des Bāb, sondern ein göttlicher Gesandter ist. Diese Lektüre hat insofern eine Konsequenz für die Rezeption der Schriften des Bāb, dass sie nicht (mehr) als Zeugnisse einer eigenständigen religionsgeschichtlichen Entwicklung, sondern als Teil der Bahā'ī-Theologie wahrgenommen werden. Dadurch sind etwa jene religionsrechtlichen Passagen des *Bayān-i Fārsī*, die durch

Bahā'u'llāhs *Kitāb-i Aqdas* außer Kraft gesetzt sind, für Bahā'ī nicht mehr relevant. Genauso spielen Frühschriften des Bāb, die als Koranauslegungen noch dem Schia- und Sheikhī-Denken nahe stehen, in der alltäglichen religiösen Praxis für Bahā'ī eine untergeordnete Rolle. Aufgrund dieser theologischen Bedingungen bewahrt die Bahā'ī-Religion zwar die Bāb-Schriften in ihrem kulturellen Gedächtnis und verwahrt sie als Zeugnisse der eigenen Religionsgeschichte archivarisch, die theologische Durchdringung und Fruchtbarmachung einschließlich der Übersetzung hat jedoch gegenüber den Schriften Bahā'u'llāhs bisher geringere Priorität.

3.1.2 Die „Heiligen Schriften" Bahā'u'llāhs

Bahā'u'llāh hat während der vier Jahrzehnte seines öffentlichen Wirkens eine Fülle von Texten hinterlassen, wobei das Internationale Bahā'ī Archiv in Haifa von rund 15.000 Texten spricht, die allerdings von sehr unterschiedlicher Länge sind – umfangreiche „Bücher" finden sich darunter genauso wie ganz kurze Schriftstücke. Schätzungen sprechen davon, dass rund 60% dieser Texte in arabischer und 40% in persischer Sprache geschrieben sind (vgl. Hutter 2005a: 61). Die Veröffentlichung dieser Texte ist bei Weitem noch nicht abgeschlossen, und nur ein kleiner Teil liegt in offiziellen Übersetzungen vor. Offizielle Übersetzungen gehen entweder auf Shoghi Effendi selbst zurück oder werden seither von Übersetzergruppen gemeinsam im Auftrag des Universalen Hauses der Gerechtigkeit erstellt. Daneben steht es jedem Bahā'ī frei, eigene Übersetzungen von Texten anzufertigen und diese zu veröffentlichen, allerdings handelt es sich dabei um „unautorisierte" Übertragungen des Textes in eine andere Sprache. Solche Übersetzungen dienen der wissenschaftlichen und persönlichen Erforschung der Religion, in gemeinsamen religiösen Feiern werden jedoch nur offizielle Übersetzungen verwendet. Dies hängt mit der Bewertung der Texte als „Heilige Schriften" zusammen, deren Verwendung im religiösen Kontext gewährleisten soll, dass die Texte in ihrer übersetzten Form die Einheit der Religion bezeugen, indem nur eine für alle Gläubigen offiziell gültige Übersetzung verwendet wird. Auch wenn dadurch noch viele Texte Bahā'u'llāhs nicht voll erschlossen sind, liegen zweifellos die für die Theologie und Organisation der Religion zentralen Texte vor. Da alle Schriften Bahā'u'llāhs als offenbart gelten, ist dadurch für den Gläubigen nur ein Teil der „Heiligen Schriften" unmittelbar zugänglich. Aufgrund des Umfangs der Texte des Religionsstifters insgesamt wird aber auch in Zukunft der einzelne Gläubige kaum in der Lage sein, immer die Gesamtheit der Heiligen Texte seiner Religion zu lesen, sondern er wird immer eine Auswahl aus diesen Heiligen Schriften treffen, d.h. er wird sie für sein eigenes Leben unterschiedlich gewichten müssen. Dass innerhalb eines größeren Textbestandes einer Religion manche Texte einen höheren Status haben, ist aber keine Besonderheit der Bahā'ī-Religion.

Aus der Fülle der Schriften Bahā'u'llāhs, die die Bahā'ī-Religion als „Buchreligion" (Hutter 2005a: 74–76) charakterisieren, können hier – in chronologischer Reihenfolge – nur die wichtigsten genannt werden. Vorangestellt sei eine von Shoghi Effendi zusammengestellte Sammlung von Schriften Bahā'u'llāhs, die so genannte „Ährenlese" (Bahā'u'llāh, ÄL / 1980). In 165 Abschnitten sind hier Auszüge aus unterschiedlichen Schriften des Religionsstifters zusammengestellt, wobei hauptsächlich folgende Themen behandelt werden: der Tag Gottes, Offenbarung und das Wesen der Manifestationen, die menschliche Seele, die neue Weltordnung sowie Pflichten des Menschen. Diese Textzusammenstellung vermittelt einen ersten Einblick in wichtige Lehren der Religion, allerdings fehlt bei den einzelnen Abschnitten der Hinweis darauf, aus welcher konkreten Schrift Bahā'u'llāhs oder aus welcher Periode seines Wirkens der jeweilige Text stammt. Für das Verständnis der Entwicklung religiöser Gedanken ist die zeitliche Einordnung religiöser Texte wichtig; für eine solche Ordnung der Schriften kann man sich am besten an den vier großen Epochen des Lebens Bahā'u'llāhs orientieren. Die Einordnung der einzelnen Schriften in eine dieser Epochen ist dabei fast immer möglich, auch wenn manchmal das genaue Entstehungsdatum nicht mehr festgestellt werden kann.

Die erste Epoche reicht vom Beginn im Iran bis zum Ende des Aufenthalts Bahā'u'llāhs in Bagdad im Jahr 1863. Die frühesten Schriften, zu denen etwa ein Briefwechsel mit dem Bāb oder Briefe an die 18 Buchstaben des Lebendigen gehören, sind nicht mehr erhalten; einen Überblick zum Forschungsstand über das gesamte Schrifttum dieser Epoche hat jüngst Armin Eschraghi (2004c) vorgelegt. Ein früher wichtiger Text ist das während der Gefangenschaft in Teheran im Sommer 1852 abgefasste persische Gedicht *Rashh-i ᶜAmā*; dieser Text kann als eine „Berufungsurkunde" Bahā'u'llāhs gelten, da ihm eine „Himmelsjungfrau" in einer Vision erschienen ist, die eine Verkörperung der Offenbarung ist; Kamran Ekbal hat diese „Himmelsjungfrau" überzeugend mit der aus dem Zoroastrismus bekannten göttlichen Daēna, der Verkörperung der Religion, verglichen (Ekbal 1997: 129f.; siehe auch Taherzadeh 1981: 68f.). Die Begegnung mit dieser göttlichen Gestalt, die im Gedicht literarisch verarbeitet ist, gibt diesem frühen Text trotz seiner Kürze eine nicht zu übersehende theologische Bedeutung. Verschiedene Briefe aus dieser ersten Periode seien hier nur pauschal genannt. Weitere Texte, die während der beiden Jahre Bahā'u'llāhs im kurdischen Bergland und nach seiner Rückkehr nach Bagdad entstanden sind, lassen bereits wichtige Themen der Bahā'ī-Theologie anklingen, wobei sich Bahā'u'llāh häufig einer mystisch geprägten Sprache bedient. Die

Qasīdih-yi ᶜIzz-i Warqā'īyih, die „Ode über die Taube", ist ein arabischer Text, der ursprünglich 2000 Verse umfasst hat, von denen 127 für die Verbreitung ausgewählt wurden (vgl. Cole 1984: 14f.; Taherzadeh 1981: 87–89; Maani 2005: 84f.). Thematisch spricht Bahā'u'llāh darin theologische und eschatologische Lehren an, wobei dieser Text in Anklang an die Mystik Ibn al-Farīds (1181–1235) formuliert ist. Zwei andere erwähnenswerte Werke sind *Chahār Vādī*, die „Vier Täler", und *Haft Vādī*, die „Sieben Täler" (Bahā'u'llāh, HV / 1988; vgl. Saiedi 2001: 79–110). Beide beschreiben den Aufstieg des Mystikers über einzelne Stufen, bis er die Gemeinschaft und Erkenntnis Gottes erlangt. Die sieben Täler, die der Gottsucher durchschreiten muss, sind folgende: das Tal des Suchens, das Tal der Liebe, das Tal der Erkenntnis, das Tal der Einheit, das Tal des Genügens, das Tal des Staunens und das Tal der wahren Armut und des völligen Vergehens. Auch bei der Beschreibung dieses mystischen Pfades schöpft Bahā'u'llāh aus der iranischen Geistesgeschichte (Cole 1984: 21f.; Saiedi 2001: 88–90). Die Sammlung von kurzen Aussprüchen in arabischer bzw. persischer Sprache, die in *Kalimāt-i Maknūnih* (Bahā'u'llāh, VW / 1982; vgl. Taherzadeh 1981: 97–111), den „Verborgenen Worten", enthalten sind, sei noch genannt. Die Kürze der Aussprüche macht diesen Text zu einem der am häufigsten – in Ausschnitten – zitierten Texte Bahā'u'llāhs; die Beliebtheit des Textes hängt u.a. damit zusammen, dass manche der Aussprüche kurze (und allgemein gültige) ethische Anweisungen sind. Die wichtigste theologische Schrift Bahā'u'llāhs aus dieser Periode ist der *Kitāb-i Īqān*, das „Buch der Gewissheit" (Bahā'u'llāh, KI / 2000; vgl. Buck 1995; Saiedi 2001: 113–135; Farrokhzad 2004). Das Buch aus dem Jahr 1862 wurde angeblich in zwei Tagen und drei Nächten als Antwort auf Fragen des Hājī Mīrzā Sayyid Muhammad, eines Onkels mütterlicherseits des Bāb, offenbart. Der Anlass waren einige Fragen, auf die Hājī Mīrzā keine Antwort bekommen hatte, weshalb er sich der Religion des Bāb nicht angeschlossen hatte. Diese Fragen betreffen folgende Themenkreise: der Tag der Auferstehung, der zwölfte Imām, die Auslegung älterer heiliger Texte, das Kommen des Qā'im. Als Antwort auf diese Fragen legt Bahā'u'llāh dieses Buch in persischer Prosa vor, wobei entsprechend der muslimischen Herkunft des Fragestellers eine Reihe von (arabischen) Koran-Zitaten eingeflossen sind. Der *Kitāb-i Īqān* ist in zwei große Teile gegliedert und gehört zu den umfangreichsten Werken Bahā'u'llāhs, lediglich der *Kitāb-i Badīᶜ* ist fast doppelt so lang. In seiner Bedeutung wird das Buch der Gewissheit innerhalb der Religionsgemeinde lediglich vom *Kitāb-i Aqdas* übertroffen. In andauernder Bezugnahme auf die Fragen von Hājī Mīrzā betont Bahā'u'llāh, dass nun die Geheimnisse Gottes enthüllt sind. Diese waren zwar in den heiligen Schriften der älteren Religionen niedergelegt, aber lange Zeit verschlossen, so dass erst Bahā'u'llāh einen Zugang zum vollen Verständnis dieser Geheimnisse schafft. Das Buch beschreibt die Leiden und das Wirken früherer Manifestationen Gottes, wobei eine umfangreiche Auslegung eines Abschnittes aus dem Matthäus-Evangelium des Neuen Testaments (Mt. 24,29–31) erläutert, weshalb die Zeichen der Wiederkunft Christi in der Gestalt eines neuen Propheten nicht erkannt werden. Damit verbunden sind die Erläuterungen über den „Tag der Auferstehung" in symbolischer Hinsicht: Der Auferstehungstag wird jeweils durch die Ankunft eines neuen göttlichen Gesandten eingeleitet, damit die Menschen aus ihren „Gräbern des Unglaubens" zu (neuem) geistigem Leben erstehen, wenn sie den neuen Propheten Gottes anerkennen. Mit dieser Interpretation der Auferstehung kann Bahā'u'llāh das Wesen Gottes und seiner Gesandten im Kontext einer fortschreitenden Offenbarung beschreiben. Die einzelnen Propheten, die von Gott jeweils in die Welt gesandt werden, bilden letztlich eine substanzielle Einheit (vgl. Bahā'u'llāh, KI / 2000, # 161f.). Dadurch zeichnet Bahā'u'llāh im *Kitāb-i Īqān* nicht nur einen theologischen Grundriss seiner Verkündigung, sondern das Buch bietet als Beweisführung für die Wahrheit der Verkündigung des Bāb auch die Grundlage dafür, dass sich Bahā'u'llāh im folgenden Jahr unmittelbar vor dem Ende seines Aufenthaltes in Bagdad als der vom Bāb angekündigte neue Gesandte Gottes offenbaren kann.

Die nächste Epoche des literarischen Schaffens ist die Zeit der Verbannung nach Edirne (1863–1868). Die Schriften aus diesen Jahren sind inhaltlich v.a. von der Auseinandersetzung mit Subh-i Azal um die legitime Nachfolge des Bāb geprägt; damit verbunden ist die Frage der Anerkennung des göttlichen Gesandten sowie die Treue zum göttlichen Bund. Allerdings sind diese Schriften für die (Zeit-)Geschichte der Religion aufschlussreicher als für theologische Entwicklungen; denn in dieser Hinsicht wiederholen sie im Wesentlichen nur Inhalte, die bereits seit der ersten Wirkungsperiode bekannt sind. Zu den Texten, die Bahā'u'llāhs Sendungsanspruch deutlich formulieren, gehört aus dieser Periode u.a. *Sūrat al-Amr*, die „Sure des Befehls", jener Text aus dem Jahr 1866, in dem Bahā'u'llāh seinen Halbbruder darüber informiert, dass er der vom Bāb verheißene neue Offenbarungsbringer ist. Die *Sūrat al-Damm*, die „Sure des Blutes", ist hier ebenfalls zu nennen als jener Text, in dem Bahā'u'llāh sein Leiden und seine Verfolgung mit den Leiden früherer Religionsstifter oder göttlicher Gesandter parallelisiert. Auch einige Sendschreiben, die sich an weltliche Machthaber richten und die den universalen Anspruch von Bahā'u'llāhs neuer Religion formulieren, sind in dieser Periode entstanden. Der wichtigste Text aus Edirne ist der *Kitāb-i Badīʿ*, das „wunderbare Buch" (vgl. Saiedi 2001: 175–210). Dieses Buch ist als Reaktion Bahā'u'llāhs auf die Infragestellung seines Anspruchs entstanden, um die Zweifel des Fragestellers bezüglich Bahā'u'llāhs als Nachfolger des Bāb zu zerstreuen. Das Buch wurde innerhalb von drei Tagen verfasst (vgl. Bushru'i 1995: 56). Der persische Text, der viele arabische Sätze enthält, gibt dabei jeweils einige Zeilen aus dem Brief mit den Zweifeln des Fragestellers wieder, um dadurch die Skepsis gegenüber Bahā'u'llāh zu überwinden. Ausführlich erörtert Bahā'u'llāh dabei die Rolle dessen, „den Gott offenbaren wird", indem er diese Vorhersage des Bāb auf sich selbst bezieht. Somit liefert das Buch eine Erfüllung der Verheißungen des Bāb. Gleichzeitig wird in diesem Buch erstmals auch deutlich davon gesprochen, dass die Offenbarung Bahā'u'llāhs nicht vor Ablauf von tausend Jahren durch einen neuen Offenbarer abgelöst werden wird. Obwohl diese Themen bereits im *Kitāb-i Īqān* angeklungen sind, kann der *Kitāb-i Badīᶜ* insofern als Weiterentwicklung gelten, als in der Konfliktsituation, die die Offenbarung des Buches bewirkt hat, manches als Beweisführung für die Wahrheit der Verkündigung Bahā'u'llāhs präziser formuliert wurde.

Eine dritte Schaffensperiode sind die ersten Jahre der Verbannung in ᶜAkkā (1868–1877). Manche Schriften dieser Jahre setzen die Themen aus Edirne fort bzw. wenden sich an verschiedene Staatsmänner. In die Zeit in ᶜAkkā fallen auch jene ersten Schriften, die ausdrücklich den Blick über den islamischen Raum hinaus werfen. Im *Lawh-i Haft Pursish* (Bahā'u'llāh, TU / 2006: 57–65), dem „Tablet der sieben Fragen", beantwortet Bahā'u'llāh einige Anfragen eines Zoroastriers, der sich als einer der Ersten der Bahā'ī-Religion angeschlossen hat. Thematisch vergleichbar ist der *Lawh-i Mānikchī-Sāhib* (Bahā'u'llāh, TU / 2006: 3–13), das „Tablet für Mānikchī Sāhib", den von Bombay in den Iran geschickten Zoroastrier, der die zoroastrische Gemeinde seit der Mitte der 1850er Jahre theologisch und finanziell nachhaltig unterstützt hat. Diese Texte sind in persischer Sprache geschrieben, wobei arabische bzw. islamisch gefärbte Fremdwörter vollkommen vermieden werden, da die Zoroastrier in Abgrenzung gegenüber dem Islam versuchten, ihre persische Sprache von arabischen Einflüssen frei zu halten. Die zentralen Themen dieser Schriften kreisen um das Verhältnis zwischen Zoroastrismus und Bahā'ī-Religion, v.a. hinsichtlich der Frage, wie durch Bahā'u'llāh die eschatologischen Erwartungen des Zoroastrismus erfüllt sind. Die *Sūrat al-Haykal*, die „Sure über den Tempel / Sure über das Heiligtum", greift die Symbolik des biblischen Tempels als Haus Gottes auf und überträgt diese Symbolik auf Bahā'u'llāh, der als der biblisch verheißene zukünftige Tempel gedeutet wird, d.h. dieser Text greift ebenfalls in seiner Argumentation weit über die religiöse Symbolik des Islam hinaus. Insofern zeigen die Schriften dieser Periode bereits ganz deutlich den universellen Anspruch der Verkündigung Bahā'u'llāhs. Den Höhepunkt dieser Schaffensperiode bildet jedoch der *Kitāb-i Aqdas*, das „heiligste Buch" (Bahā'u'llāh, KA / 2000), das im Jahr 1873 vollendet wurde. Einige Indizien weisen darauf hin, dass Teile davon bereits rund fünf Jahre früher offenbart, allerdings praktisch nicht bekannt gemacht worden sind (vgl. Ekbal 1998a: 63–68; Saiedi 2001: 224–235). Das Buch ist in arabischer Sprache verfasst und sekundär seit der im Jahr 1992 veröffentlichten englischen Übersetzung durch das Universale Haus der Gerechtigkeit in 190 Abschnitte gegliedert. Die Hochschätzung des Buches kommt terminologisch dadurch zum Ausdruck, dass der *Kitāb-i Aqdas* als „Mutterbuch" (*umm al-kitāb*) der Religion bezeichnet wird (# 103; vgl. Hutter 1995: 175f.; Bushru'i 1995: 53–58). Obwohl sich das Buch zum größten Teil mit Gesetzen befasst, handelt es sich stilistisch nicht um ein systematisch nach Sachgebieten oder inhaltlichen Schwerpunkten gegliedertes Werk, sondern zeigt manchmal abrupte Themenwechsel; insofern liegt eine gewisse Analogie zu gesetzlichen Partien des Koran vor. Auch ist unübersehbar, dass sich in diesem Buch eine Vielzahl von Rechtsbegriffen findet, die mit koranischen Vorlagen übereinstimmen (Ekbal 1998a, 84–88; vgl. Bushru'i 1995: 47–53). Die im Buch vorliegenden Gesetze bilden das Kernstück der religiösen Vorschriften und Pflichten, aber auch der Weltordnung der Bahā'ī. Die einzelnen Gesetze kann man in drei große Kategorien zusammenfassen (vgl. Shoghi Effendi, GGV / 1954, # 24:8, 17, 21f.; ferner Saiedi 2001: 216–224): Eine erste Gruppe sind Gesetze, die Regelungen hinsichtlich der Gebete und der Andacht, der Fastenzeiten oder der Reinheitsvorschriften betreffen. Als weitere Gruppe kann man Gesetze zusammenstellen, die eher auf den Einzelnen ausgerichtet sind, dazu gehören etwa Regelungen des Eherechts oder des Erbrechts. Die dritte und größte Gruppe beinhaltet Gesetze, die sich auf religiöse und gesellschaftliche Aspekte der Religion beziehen, wobei manches davon erst in Zukunft in Kraft treten sollte. Die im Jahr 1992 veröffentlichte Übersetzung hat der Beschäftigung mit der Bahā'ī-Religion zahlreiche Impulse gegeben, ohne dass die Fülle der Informationen, die der *Kitāb-i Aqdas* enthält, bereits vollständig ausgewertet wäre. Der Kommentar, den Kai Borrmann (2005) zu diesem Text publiziert hat, wird jedenfalls den Inhalten und Themen des Buches nur in unzulänglicher Weise gerecht.

Die letzte Wirkungsperiode erstreckt sich über die Jahre 1877 bis 1892 und fällt mit der Erleichterung der Gefangenschaft Bahā'u'llāhs zusammen. Aus dieser Zeit stammen einige Werke, die unter dem Titel „Botschaften aus ᶜAkkā" in einer offiziellen Übersetzung als Sammelband leicht zugänglich sind (Bahā'u'llāh, BA / 1982). Man kann diese sehr unterschiedlichen Texte als einen ersten „Kommentar" im weitesten Sinn zum *Kitāb-i Aqdas* verstehen. Das letzte Werk Bahā'u'llāhs, das er rund drei Monate vor seinem Tod verfasste, ist der *Lawh-i Ibn-i Dhi'b*, der umfangreiche so genannte „Brief an den Sohn des Wolfes" (Bahā'u'llāh, BSW / 1988). Darin liefert Bahā'u'llāh nicht nur einen Rückblick auf sein Leben und Wirken, sondern zitiert auch häufig aus früheren Schriften, wobei die Zusammenstellung der Zitate indirekt eine

Kommentierung früherer Aussagen ergibt. Dadurch ist dieser umfangreiche Text in gewissem Sinne eine abschließende „Summe" der Lehren Bahā'u'llāhs. Im historischen Abschnitt wurde bereits ein weiteres Spätwerk Bahā'u'llāhs genannt, der *Kitāb-i ᶜAhd* (Bahā'u'llāh, BA / 1982, # 15), das „Buch des Bundes". Dieses Testament des Religionsstifters in persischer Sprache stammt aus dem Jahr 1890. Vom literarischen Standpunkt her bleibt der Text hinter anderen Schriften zurück, ist aber wegen seiner inhaltlichen Bedeutung für die Formung der Religionsgemeinde zu den wichtigsten Schriften zu zählen. Bahā'u'llāh hat hier eine klare Nachfolgeregelung zum Schutz seines Glaubens vorgelegt, indem er ᶜAbdu'l-Bahā zum Nachfolger und „Mittelpunkt des Bundes" ernannt hat, um die Einheit der Gläubigen zu bewahren. Dadurch ist der *Kitāb-i ᶜAhd* – gemeinsam mit dem *Kitāb-i Aqdas* – die Verfassungsurkunde der Bahā'ī-Gemeinde (vgl. U. Gollmer 1995b: 548), die indirekt die weitere Ausgestaltung der Gemeinde festgeschrieben hat.

Die große Zahl der Schriften Bahā'u'llāhs bringt mit sich, dass sie nicht nur inhaltlich, sondern auch stilistisch z.T. recht unterschiedlich sind. In der *Sūrat al-Haykal* heißt es, dass die Schriften in neun unterschiedlichen Stilarten offenbart sind, wobei jeder Stil eine Seite der Souveränität Gottes charakterisiert. Fādil-i-Māzindarānī erklärt diese Stilarten wie folgt (vgl. Bushru'i 1995: 41):

(1) Tablets im Ton des Befehls, der Autorität;
(2) Tablets im Ton der Dienstbarkeit, Demut, Bitte;
(3) Schriften mit der Auslegung älterer Heiliger Schriften;
(4) Schriften mit Gesetzen für dieses Zeitalter, Aufhebung veralteter Gesetze;
(5) Mystische Schriften;
(6) Sendschreiben bezüglich Regierung, Weltordnung, an Könige;
(7) Tablets mit Themen der Gelehrsamkeit, göttlicher Philosophie, Schöpfung;
(8) Tablets, die zu Bildung, Charakter, Tugend ermahnen;
(9) Tablets mit Gesellschaftslehren.

Die hier vorgenommene Bestimmung der unterschiedlichen „Stilarten" ist eher inhaltlich bestimmt, während die deutschen Bezeichnungen für einzelne Bahā'ī-Schriften ansatzhaft der unterschiedlichen stilistischen Form der Schriften Rechnung tragen. Man spricht von „Buch", „Tablet", „Tafel", „Brief", „Sendschreiben" oder „Sendbrief", um nur die wichtigsten zu erwähnen. Diese verschiedenen Bezeichnungen geben jedoch nur zwei persisch-arabische Termini wieder, wobei die sorgsame Beachtung dieser Terminologie zugleich einen Einblick in das „Schriftverständnis" der Bahā'ī-Religion ermöglicht.

Der meist verwendete Begriff ist *lawh* („Tafel"), was ein allgemeiner *terminus technicus* der Bahā'ī für jede Heilige Schrift ist, d.h. in diesem

Sinn können von Bahā'ī auch Heilige Schriften anderer Religionen als *lawh* bezeichnet werden. Der Begriff ist dabei aus dem Koran entlehnt, wo das Wort für die durch Mose offenbarten Gesetzestafeln (vgl. z.B. Sure 7:145, 150, 154) verwendet wird. Das Wort selbst ist schon vor dem Koran in verschiedenen semitischen Sprachen belegt und dürfte hinsichtlich seiner Bedeutung „(Gesetzes-)Tafel" aus dem jüdisch-christlichen Kontext in das Koran-Arabische entlehnt sein. In arabischen Hadīthen wird mit der Bezeichnung *mā bayna'l-lawhayn* „was zwischen den beiden Tafeln ist" auf den Koran als Ganzes Bezug genommen. Genauso heißt es vom Koran, dass er sich auf einer „wohlverwahrten Tafel" im Himmel befindet (Sure 85:21f.: *fī lawhin mahfūzin*). Die islamisch-sufistische Tradition kennt diese Bezeichnung ebenfalls, um dadurch die Lehren zu umschreiben, die von Gott stammen. In diesem Kontext steht auch Bahā'u'llāhs Verwendung des Begriffs. Er greift diesen offenbarungstheologisch hoch geladenen Begriff auf, um damit seine Offenbarung zu umschreiben. Dadurch kann man in dieser Terminologie einen Hinweis auf Bahā'u'llāhs Selbstverständnis sehen, dass er als Offenbarungsbringer auf einer Ebene mit Mose oder Muhammad steht (vgl. Hutter 2005a: 73). – Die gängigste deutsche Übersetzung für *lawh* ist „Tablet" oder „Tafel", andere Übersetzungen sind inhaltlich oder formal bestimmt: Hat ein *lawh* literarische Briefform, so wird als Übersetzung „Brief" verwendet, von einem „Sendschreiben" spricht man meist dann, wenn als Empfänger eine konkrete Person oder eine Personengruppe fungiert. Obwohl die verschiedenen deutschen Übersetzungen die „Form" der Texte deutlich machen, muss einem dabei immer bewusst bleiben, dass hinter all diesen Übersetzungsbegriffen nur ein einziger arabischer Ausdruck mit einer kompakten „Theologie" steht.

Der andere zentrale Begriff ist *kitāb* („Buch"); damit werden vier Werke Bahā'u'llāhs bezeichnet, nämlich der *Kitāb-i Īqān*, der *Kitāb-i Badīʿ*, der *Kitāb-i Aqdas* und der *Kitāb-i ʿAhd*, die vom Umfang her recht unterschiedlich sind. Da die Bezeichnung *kitāb* – wenn man vom äußeren Umfang ausgeht – auch für andere Bahā'ī-Schriften angemessen wäre, ist zu fragen, ob sie zufällig gewählt ist oder eine tiefere Aussage hinter dieser Wortwahl steckt: Auch *kitāb* ist in den semitischen Sprachen weit verbreitet. So kennt der Koran die Bezeichnung *ahl al-kitāb*, das „Volk des Buches", um damit Juden und Christen wegen ihrer Wertschätzung der Bibel zu bezeichnen. Das „Buch" ist etwas Besonderes, nicht nur der Koran, sondern auch die anderen Bücher der Religionen. Deutlich wird die Verwendung von *kitāb* im *Kitāb-i Aqdas*: Dieses Werk wird als „Buch Gottes" (z.B. # 99) und als „Mutterbuch" (# 103) bezeichnet. Mit dem Ausdruck „Mutterbuch" (*umm al-kitāb*) ist wiederum ein Terminus aus dem Koran aufgenommen (Sure 3:7; 13:39; 43:4), mit dem der zentrale Text einer Offenbarungsreligion bezeichnet wird. Entsprechend dieser Verwendung gilt für Bahā'ī daher der *Bayān* als

„Mutterbuch" der Religion des Bāb. Auch andere Stellen im *Kitāb-i Aqdas* machen deutlich, dass in der Bahā'ī-Religion das Konzept des heiligen „Buches" eine zentrale Rolle spielt, wobei die Wertschätzung (und der Symbolgehalt) von *kitāb* so weit geht, dass – im Gegensatz zum „lautlosen Buch" der Offenbarung – der Religionsstifter selbst als „Lebendes Buch" charakterisiert werden kann (Bahā'u'llāh, KA / 2000, # 134, # 168).

Ohne die Begriffe *lawh* bzw. *kitāb* gegeneinander ausspielen zu dürfen, – beide zeigen, dass die Bahā'ī-Religion unbestreitbar eine Buchreligion ist – möchte ich den Schluss ziehen, dass in den beiden Begriffen nicht nur eine terminologische Unterscheidung, sondern auch eine Bewertung vorliegt. Dabei wird mit dem Begriff *kitāb* ausgedrückt, dass die vier so bezeichneten Bücher eine theologisch höhere Stellung haben als die anderen Schriften (Hutter 2005a: 75f.). Dadurch entsteht innerhalb der Texte Bahā'u'llāhs ein Bewertungsschema, wobei zu beobachten ist, dass in den vier Wirkungsperioden jeweils ein Buch (*kitāb*) offenbart wurde, das auch die charakteristische Entwicklung der Bahā'ī in der jeweiligen Epoche zeigt.

3.1.3 Zur Auslegung und zum Verstehen der Schriften des Bāb und Bahā'u'llāhs

Damit ein Text der Heiligen Schriften für die Religionsgemeinde relevant bleibt, bedarf er der Auslegung, der Hermeneutik: Kriterien hinsichtlich der Gewichtung der Auslegung variieren in den verschiedenen Religionen, sind aber jeder Religion vertraut. Einige Prinzipien von Hermeneutik in Bezug auf die Schriften des Bāb und Bahā'u'llāhs sind hier zu nennen, wobei verschiedene Möglichkeiten der Auslegung bereits in den Schriften des Religionsstifters selbst anklingen.

Zunächst ist der Glaubensüberzeugung, der „Innensicht" der Religionsgemeinschaft, Rechnung zu tragen, dass Heilige Schriften als Offenbarung göttlichen Ursprung haben. Dadurch ist bei einer individuellen Interpretation nie mit absoluter Sicherheit die Richtigkeit der Auslegung zu beanspruchen, sondern jede Auslegung kann nur ein mehr oder weniger gut abgesicherter Versuch sein, einen Text zu erschließen. Man muss in der Interpretation berücksichtigen, dass – aus der Perspektive der Religionsgemeinde – eine Heilige Schrift als Offenbarung mit anderen Maßstäben gemessen wird als ein weltlich-wissenschaftlicher Text. Dementsprechend formuliert Bahā'u'llāh (KA / 2000, # 99) folgende Richtlinie:

> Wäget das Buch Gottes nicht mit solchen Gewichten und Wissenschaften, wie sie bei euch im Schwange sind, denn das Buch selbst ist die untrügliche Waage, die unter den Menschen aufgestellt ist. Auf dieser vollkommensten Waage muss alles gewogen werden.

Dennoch stehen Offenbarungsbringer und deren Heilige Schriften immer in einem Zeitrahmen, so dass die Zeitgeschichte und der aktuelle Kenntnisstand zur Zeit der Entstehung berücksichtigt werden müssen. Wie notwendig es ist, dies zu beachten, lässt sich gut an zwei Stellen aufzeigen. Im *Kitāb-i Īqān* wird wie folgt auf Noah Bezug genommen (Bahā'u'llāh, KI / 2000, # 7):

> Deshalb wurden einige Seiner [Noahs] wenigen Jünger abtrünnig, wie es die Berichte wohlbekannter Bücher bezeugen, die ihr sicherlich gelesen habt und noch lesen werdet. Schließlich, so berichten uns die Bücher und Überlieferungen, blieben nur noch vierzig oder zweiundsiebzig Jünger bei ihm.

Historisch ist dabei kaum relevant, ob Noah vierzig oder zweiundsiebzig Jünger hatte. Für das hermeneutische Herangehen an den Text ist vielmehr zu beachten, dass die Zahl der Jünger Noahs im 19. Jahrhundert (genauso wenig wie heute) gewusst werden konnte. Daher darf man diese beiden Zahlen nicht als reelle Werte, sondern als biblisch und koranisch gut bezeugte Symbolzahlen interpretieren. Hinsichtlich der hermeneutischen Vorgehensweise ist eine Textstelle aus dem „Tablet der Weisheit" hiermit zu vergleichen (Bahā'u'llāh, BA / 1982, # 9:25):

> Empedokles, der sich in der Philosophie hervortat, war ein Zeitgenosse Davids, während Pythagoras in den Tagen Salomons, des Sohnes Davids, lebte und Weisheit aus dem Schatz des Prophetentums erwarb. ... In Wahrheit wird dein Herr alles klar darlegen, wenn es Ihm gefällt. Wahrlich, Er ist der Weise, der Alldurchdringende.

Diese bekannte Stelle bietet dem Profanhistoriker klare Schwierigkeiten wegen der hebräisch-griechischen Chronologie. Hermeneutisches Prinzip sollte hier wiederum sein, dass man nicht alles immer nur im literarisch-historischen („wortwörtlichen") Sinn interpretieren darf, da das unreflektierte Festhalten am „äußerlichen" Wortlaut eines Textes zu Ungereimtheiten führen kann, die widersinnig sein mögen (vgl. G. Tober 2003: 98–100). Daher können sich immer mehrere Möglichkeiten für die Interpretation anbieten. Der *Kitāb-i Īqān* verweist u.a. als treffendes (wenngleich wiederum nicht „wörtliches") hermeneutisches Prinzip darauf, dass „alles Wissen siebzig Bedeutungen hat, von denen nur eine den Menschen bekannt ist" (Bahā'u'llāh, KI / 2000, # 283). Solche hermeneutischen Aussagen mahnen zugleich zur schon genannten „Selbstbeschränkung" des Auslegers.

Als weiteres Prinzip, das für die Auslegung zu beachten ist, kann man die interskripturale Interpretation nennen (vgl. Farrokhzad 2004: 382f.; G. Tober 2003: 119). Damit ist gemeint, dass man zum Verständnis einer Stelle nicht nur den unmittelbaren Kontext beachten sollte, sondern immer auch innerhalb der gesamten Heiligen Schrift nach einer Erklärung zu suchen hat. Ein entsprechendes Beispiel finden wir im

Kitāb-i ᶜAhd, wo Abschnitt 139 des *Kitāb-i Aqdas* zitiert wird; dabei heißt es (Bahā'u'llāh, BA / 1982, # 15:9):

> Dies ist der Letzte Wille des göttlichen Erblassers. ... Beachtet, was Wir in Unserem Heiligsten Buch offenbart haben: „Wenn das Meer Meiner Gegenwart verebbt und das Buch Meiner Offenbarung abgeschlossen ist, so wendet euer Angesicht Ihm zu, den Gott bestimmt hat, der aus dieser urewigen Wurzel entspross." Mit diesem heiligen Vers ist kein anderer gemeint als der Mächtigste Zweig.

Zugleich erlaubt die interskripturale Auslegungsmethode einem Bahā'ī in Verbindung mit der Lehre der fortschreitenden Offenbarung, die Heiligen Schriften früherer Religionen im Lichte der Texte Bahā'u'llāhs neu zu deuten.

Die hier genannten Aspekte sind gemeinsam zu berücksichtigen, wobei die Subjektivität des Forschers oder die Besonderheit einer Textstelle den Schwerpunkt auf das eine oder andere zu legen vermag. Jedoch ist – um ein einigermaßen sachlich gerechtfertigtes Herangehen an den Text zu gewährleisten – immer das Ideal anzustreben, alle Punkte zu berücksichtigen. Wichtig für die hermeneutische Annäherung und Kommentierung der Heiligen Schriften des Bahā'ītums ist somit, dass letztlich *alle* Schriften Bahā'u'llāhs und des Bāb Offenbarung sind, so dass immer das gesamte Korpus für die Interpretation einzelner Stellen befragt werden müsste. Ferner ist zu beachten, dass die Auslegung der Texte bereits durch Bahā'u'llāh selbst begonnen hat, wie das eben zitierte Beispiel der Wiederverwendung eines Abschnittes aus dem *Kitāb-i Aqdas* im *Kitāb-i ᶜAhd* gezeigt hat. Hinsichtlich dieser Art der Kommentierung sind zwei Schriften Bahā'u'llāhs ausdrücklich zu erwähnen, die „Fragen und Antworten" sowie der „Brief an den Sohn des Wolfes". Zu den im *Kitāb-i Aqdas* offenbarten arabischen Gesetzen liegt mit den persischen „Fragen und Antworten" (Bahā'u'llāh, FA / 2000) ein unsystematischer Kommentar vor, der Antworten auf jene 107 Fragen gibt, die Mullā Zayn'ul Muqarrabīn vor allem hinsichtlich der Anwendung der Gesetze gestellt hat. Die Antworten Bahā'u'llāhs sind dabei ein autoritativer Kommentar zu Einzelheiten des *Kitāb-i Aqdas*. Auch der „Brief an den Sohn des Wolfes" kann als eine Art (apologetischer) Kommentar zu den Lehren Bahā'u'llāhs gelten, da in dieser Schrift (Bahā'u'llāh, BSW / 1988) nochmals v.a. jene Punkte der Bahā'ī-Lehren angesprochen werden, gegen die Sheikh Muhammad Taqī Isfāhānī als Widersacher der Bahā'ī-Religion seinen massiven Einwand formuliert hat. Indem Bahā'u'llāh seine Lehre in dieser Schrift besonders durch Zitate aus früheren Texten darlegt, liefert der neue Kontext der Textzitate nicht nur eine Kommentierung, sondern gelegentlich auch eine Verdeutlichung der ursprünglichen Aussagen.

Hinsichtlich der Auslegung der Heiligen Schriften der Bahā'ī ist zwischen der autoritativen Auslegung und der persönlich-individuellen

Kommentierung zu unterscheiden. Erstere ist dabei auf Bahā'u'llāh, ᶜAbdu'l-Bahā und Shoghi Effendi beschränkt (U. Gollmer 1995b: 564f.; E. Towfigh 2006: 60–63). ᶜAbdu'l-Bahās Autorität als offizieller Ausleger der Heiligen Schriften ist im *Kitāb-i Aqdas* (# 174) festgelegt, demzufolge sich Gläubige nach dem Tod Bahā'u'llāhs mit Fragen über den *Kitāb-i Aqdas* an ᶜAbdu'l-Bahā wenden sollten. Daraus leiten Bahā'ī ab, dass ᶜAbdu'l-Bahā als Nachfolger des Religionsstifters auch für alle anderen Texte die verbindliche Auslegungskompetenz besitzt. In diesem Sinn kann das umfangreiche literarische Werk ᶜAbdu'l-Bahās, das er in den drei Sprachen Arabisch, Persisch und Türkisch hinterlassen hat, als Ganzes als Auslegung der Heiligen Schriften der Bahā'ī verstanden werden. Sein gesamtes Werk umfasst etwa 30.000 Schriftstücke; dazu gehören einerseits eine umfangreiche Korrespondenz, andererseits die zahlreichen Ansprachen sowie Antworten auf konkrete Fragen, die von Gläubigen an ihn herangetragen wurden (vgl. z.B. ᶜAbdu'l-Bahā, AP / 1995; Ders., BB / 1992; Ders. BF / 1977). Darüber hinaus stammen Korankommentare bzw. Gebete aus der Feder ᶜAbdu'l-Bahās. – Als Nachfolger ᶜAbdu'l-Bahās besitzt Shoghi Effendi die Lehrkompetenz, die ihn zur autoritativen Auslegung der Heiligen Schriften berechtigt. Auch sein literarisches Werk, das man wiederum als Auslegung von Aspekten der Lehre sowie administrativer Fragen, die bei Bahā'u'llāh nicht im Detail ausgeführt wurden, verstehen muss, ist sehr umfangreich. Sprachlich ist hier gegenüber seinen beiden Vorgängern eine Veränderung zu beobachten, da Shoghi Effendi v.a. die englische und persische Sprache verwendet hat, kaum jedoch Arabisch. An der Spitze stehen zahlreiche Briefe, in denen Shoghi Effendi entweder persönlich auf konkrete Anfragen geantwortet hat, oder die in seinem Auftrag und mit seiner Autorisierung geschrieben wurden. Dabei ist zu beobachten, dass anhand der Empfänger solcher Briefe eine Hierarchie der Aussagen zu erkennen ist: Themen, die Shoghi Effendi in Briefen an die gesamte Gemeinde oder an einen Nationalen Geistigen Rat behandelt hat, haben allgemeine Verbindlichkeit, während Themen, die in Briefen an Einzelpersonen angesprochen wurden, als „Einzelfallentscheidungen" hinsichtlich ihrer Verbindlichkeit zu bewerten sind. Für Shoghi Effendis Rolle als Ausleger der Schriften und der Geschichte der Bahā'ī sind einige seiner Werke besonders hervorzuheben. Zunächst ist seine erstmals im Jahr 1944 vorgelegte Deutung der ersten einhundert Jahre der Bahā'ī-Geschichte als Heilsgeschichte zu nennen (Shoghi Effendi, GGV / 1954). Genauso ist eine Zusammenstellung von Briefen aus den Jahren 1929 bis 1936, die sich auf die Etablierung einer Weltordnung im Sinne der Bahā'ī-Lehren beziehen, wichtig (Shoghi Effendi, WOB / 1977). Ferner legt Shoghi Effendi in einem Text aus dem Jahr 1941, der sich immer wieder auf die Sendschreiben Bahā'u'llāhs an die Herrscher der Welt bezieht, die Bedeutung der neuen Religion für die Gestaltung der

Welt dar (Shoghi Effendi, VTG / 1967). Für die Auslegung der Schriften Bahā'u'llāhs ist ferner die Tatsache wichtig, dass Shoghi Effendi zahlreiche Schriften teilweise ins Englische übertragen hat; an textlich oder inhaltlich problematischen Stellen bietet seine Übersetzung zugleich die autoritative Interpretation. Die Übersetzungen, bei denen sich Shoghi Effendi an den Stil der King James Bible aus dem 17. Jahrhundert anlehnt, schaffen für die „Auslegung" der Texte in Form von Übersetzungen das Flair einer besonderen religiösen Sprache, die zwar allgemein verständlich ist, zugleich jedoch deutlich macht, dass „heilige Schriften" nicht in der Alltagssprache formuliert sind (vgl. auch Warburg 2006: 199–201). Die autoritative Auslegung der Schriften des Religionsstifters ist durch den Tod Shoghi Effendis abgeschlossen. Bahā'ī können zwar durch ihre eigene Auslegung und durch ihr Studium die Kenntnis und das Verständnis der Heiligen Schriften fördern, allerdings haben solche Interpretationen keine Verbindlichkeit für andere Gläubige, wie dies bei den Kommentierungen durch ʿAbdu'l-Bahā bzw. Shoghi Effendi der Fall war.

3.1.4 Die Bedeutung der Schriften in der Überlieferung und Kalligraphie

Der Umfang des Schrifttums Bahā'u'llāhs wirft die Frage auf, in welcher Weise die Gläubigen diese Texte in ihrer religiösen Praxis verwenden und welche Wertschätzung die einzelnen Schriften erfahren sollen. Obwohl alle Texte als Heilige Schrift gleichwertig sind, da sie als Wort Gottes gelten, werden innerhalb der Überlieferung der Bahā'ī manchmal durchaus unterschiedliche Texte ausdrücklich hervorgehoben. Häufig wird auf eine Aussage von Shoghi Effendi verwiesen, dass unter den „unermesslichen Schätzen aus dem wogenden Ozean von Bahā'u'llāhs Offenbarung" der *Kitāb-i Īqān* an erster Stelle steht, der mit Ausnahme des *Kitāb-i Aqdas* eine unerreichte Stellung in der Bahā'ī-Literatur hat. Gemeinsam mit diesen beiden Büchern nennt er aber auch die „Verborgenen Worte" und „Sieben Täler" als größte mystische Dichtung (vgl. Shoghi Effendi, GGV / 1954, # 7:36, # 8:28f.). Im *Kitāb-i Īqān* heißt es, dass darin alle Schriften mit ihren Geheimnissen in komprimierter Form vorliegen, so dass Mīrzā Abu'l-Fadl Gulpāygānī das Buch sogar als *sayyid-i kutub*, als „Herr aller Bücher", bezeichnet (vgl. Bahā'u'llāh, KI / 2000, # 266; ferner Fananapazir / Fazel 1993). Dass der *Kitāb-i Īqān* und der *Kitāb-i Aqdas* religionsintern sehr früh bereits eine Vorrangstellung erlangt haben, mag auch die Bezeichnung *kitāb-i mustatāb*, das „Hochgeachtete Buch", verdeutlichen; diese Bezeichnung wird in den Bahā'ī-Schriften nur für die beiden genannten Bücher verwendet. – Neben solchen Überlegungen kann man hinsichtlich der Wertschätzung der Bücher auch von der Fragestellung ausgehen, ob sie mehr einer „spirituellen" oder „intellektuellen" Vertiefung in den Glauben dienen sollen. Eine vollkommen scharfe Trennung beider Bereiche ist dabei nicht sinnvoll, allerdings ist eine tendenzielle Bevorzugung einzelner Texte zu beobachten, wobei man die Texte in zwei Gruppen einordnen kann. So gibt es die *āyāt-i ilāhī*, die „Verse Gottes". Damit bezeichnet man Texte, die täglich gelesen werden sollen und der Zwiesprache mit Gott dienen. Zu dieser Gruppe gehören etwa das tägliche Pflichtgebet, aber auch andere Meditations- und Gebetstexte Bahā'u'llāhs, die häufig individuell zur geistigen Vertiefung in das Wort Gottes gelesen werden oder die im Andachtsteil religiöser Feiern vorgetragen werden. Wegen ihrer poetischen Form und Bildersprache, die die Liebe Gottes und die Suche des Menschen nach Gott ausdrücken, zählen viele Bahā'ī auch bekannte mystische Schriften Bahā'u'llāhs wie die „Verborgenen Worte", die „Sieben Täler" und die „Vier Täler" zu dieser Gruppe von „Versen Gottes"; denn solche Texte sprechen besonders intensiv die individuelle Frömmigkeit an. Als zweite Gruppe kann man die *āthār-i mubārak*, die „Gesegneten Werke", bzw. die *āthār-i qalam-i aᶜlā*, die „Werke der Erhabensten Feder", nennen. Schriften aus dieser Gruppe dienen primär dem Studium der systematischen Lehrinhalte der Religion. Jene vier Texte Bahā'u'llāhs, die aufgrund ihrer Bezeichnung als *kitāb* von der Fülle der anderen Schriften unterschieden werden, sind dieser Gruppe zuzuweisen, ohne dass dies ausschließlich geschehen dürfte. Trotz dieser Wertschätzung des göttlichen Wortes und der Aufforderung, immer wieder davon zu lesen, mahnt Bahā'u'llāh vor dem Missbrauch dieser Wertschätzung im *Kitāb-i Aqdas* (Bahā'u'llāh, KA / 2000, # 149f.):

> Fürchtet Gott, o Meine Diener! Rühmt euch nicht der langen Schriftlektüre und vieler frommer Handlungen bei Tag und Nacht. So jemand einen einzigen Vers in Freude und Heiterkeit liest, ist es besser für ihn, als wenn er ermüdet alle Bücher Gottes liest, des Helfers in Gefahr, des Selbstbestehenden. Lest Gottes Verse in solchem Maße, dass nicht Schwäche und Verzagtheit euch überkommen. Bürdet euren Seelen nicht auf, was sie ermattet und niederdrückt, sondern gebt ihnen, was sie erleichtert und emporhebt, so dass sie sich auf den Flügeln der Verse Gottes aufschwingen zum Dämmerlicht Seiner offenbaren Zeichen. Dies wird euch Gott näher bringen, wenn ihr es nur begriffet. Lehret eure Kinder die Verse, die vom Himmel der Majestät und Macht offenbart wurden, auf dass sie in den melodischsten Tönen die Tafeln des Allbarmherzigen in den Hallen des Mashriqu'l-Adhkār vortragen.

Die angesprochene Wertschätzung und Warnung im Umgang mit den Heiligen Schriften ist aufgrund der Charakterisierung der Bahā'ī-Religion als Buchreligion gut verständlich (vgl. Hutter 2005a: 66f.). Eine solche Wertschätzung führt zu einer „Intellektualisierung" des Kultes, so dass in den religiösen Feiern der Bahā'ī das gelesene „Wort Gottes" einen zentralen Platz einnimmt, aber genauso zum Bemühen, die eigenen religiösen Schriften in Übersetzung weltweit zur Verfügung zu stellen. Man geht davon aus, dass derzeit Teile von Bahā'ī-Schriften in mehr als 800 Sprachen der Welt übersetzt sind. Da das Wort Gottes zentral für Bahā'ī ist, führt dies zum ästhetischen Umgang mit ihren Heiligen Schriften. Die Frage der Ästhetik lässt sich mit dem „Offenbarungsverlauf" in Beziehung setzen. Es gibt nämlich eine Reihe von Manuskripten, die unmittelbar auf die Offenbarung des jeweiligen Textes durch Bahā'u'llāh zurückgehen und in der Form der „Erstschrift" vorliegen (vgl. Taherzadeh 1981: 44–56). Eine Besonderheit sind jene äußerst geschätzten Manuskripte, die in der Handschrift Bahā'u'llāhs selbst vorliegen. Der Großteil der Texte wurde jedoch von Bahā'u'llāhs Sekretär Mīrzā Āqā Jān (ca. 1837–1901) nach dem Diktat des Religionsstifters geschrieben. Für die Schriftform solcher unmittelbar auf das Diktat zurückgehenden Niederschriften, die aufgrund der hohen Schreibgeschwindigkeit manchmal schwer lesbar sind, verwendet die religionsinterne Tradition die Bezeichnung „Offenbarungsschrift"; solchen Manuskripten bringt man hohe Wertschätzung entgegen, da man in ihnen das „Originalwort" Bahā'u'llāhs sieht. Mīrzā Āqā Jān hat von den Texten auch Abschriften in „Reinschrift" angefertigt, die teilweise zur Bestätigung der Richtigkeit das Siegel Bahā'u'llāhs tragen; neben der praktischen Seite der besseren Lesbarkeit verdeutlichen solche „Reinschriften" zugleich die Wertschätzung der Offenbarung: Die Worte Gottes sind es wert, auch schriftlich in einer „besonderen" Form festgehalten zu werden, d.h. in einer kalligraphischen Weise, weil die Ästhetik eine zusätzliche „Informationsquelle" ist, das Göttlich-Unerfassbare „menschlich" zum Ausdruck zu bringen.

Der berühmteste Kalligraph der Bahā'ī jener Zeit war Āqā Husain-i Isfahānī (1812–1912), der wegen seiner kalligraphischen Fähigkeiten vom Shāh den Ehrentitel Mishkīn-Qalam, die „moschus-duftende Feder", erhalten hatte. Als Bahā'ī hat er seine kalligraphische Tätigkeit fortgesetzt, die ihn zu einem „Vorbild" für Bahā'ī-Kalligraphie werden ließ. Auf ihn geht die gebräuchlichste Kalligraphie des so genannten „Größten Namens" zurück, der eine Variation von *Bahā* „Herrlichkeit" wiedergibt (Faizi 1971: 1308f.). Die von Mishkīn-Qalam kalligraphisch umgesetzte Namensform ist das Gotteslob *Ya Bahā'u'l-Abhā*, „O Herrlichkeit der Herrlichkeiten". Die kalligraphische Darstellung ordnet die arabischen Buchstaben in ästhetischer Weise dergestalt an, dass das „Kernwort" *bahā* bzw. die sprachliche Ableitung *abhā* sich in der oberen bzw. unteren Hälfte des Symbols diametral gegenüberstehen (vgl. z.B. die Abbildung bei Warburg 2006: 356). Diese Darstellung des Größten Namens ist dabei in Bahā'ī-Zentren oder in Wohnungen von Bahā'ī häufig zu sehen, wodurch die Zugehörigkeit zur Religionsgemeinschaft in gut erkennbarer Weise dokumentiert ist.

Ein zweites kalligraphisches Symbol ist das so genannte Ringsymbol, das auf ᶜAbdu'l-Bahā zurückgeht. Es besteht aus drei Ebenen, die die Welt Gottes, der Manifestation und der Menschen darstellen; die oberste und die unterste Ebene werden durch zwei sich spiegelnde Abbildungen des arabisch-persischen Buchstabens H gebildet, die mittlere Welt durch den gespiegelten Buchstaben B. Diese drei Ebenen werden vertikal ebenfalls durch die kalligraphische Gestaltung des B und seines Spiegelbildes verbunden. Die beiden Buchstaben B und H sowie die vertikale Verbindung der drei Ebenen, die als kalligraphisch gestalteter Buchstabe Alif interpretierbar ist, machen das Ringsymbol im direkten „Wortsinn" als *bahā* lesbar. Die Symbolwirkung liegt jedoch noch tiefer, wenn man die beiden „Grundbuchstaben" näher einbezieht: B steht als Abkürzung für Bahā('u'llāh), d.h. dadurch wird in einem kalligraphischen Element des Symbols sowohl auf den Gottesnamen als auch auf den Namen des Religionsstifters verwiesen; der Buchstabe H steht für den Namen des Bāb, da die drei Buchstaben (B + Alif + B), aus denen dieser Name gebildet ist, gemeinsam den Zahlenwert fünf ergeben; fünf ist aber auch der Zahlenwert des Buchstabens H. Der Hinweis auf die beiden „Zwillingsoffenbarer" wird im Ringsymbol nochmals verstärkt, indem rechts und links jeweils ein fünfzackiger Stern die beiden Manifestationen repräsentiert. Somit unterscheidet sich das Ringsymbol vom Symbol des Größten Namens, weil dieses Symbol nicht nur den Gottesnamen, sondern auch die beiden Religionsstifter, die diesen Gottesnamen erneut offenbart haben, in ästhetischer Form darstellt.

Solche Formen der Kalligraphie und der Symbolik bringen in kürzester Form zentrale Inhalte der Bahā'ī-Religion mit Hilfe der Ästhetik zum Ausdruck. Die ästhetische Gestaltung des Wortes – sei es das Wort des Gottesnamens, des Namens des Religionsstifters oder die Worte eines Verses – ist dabei ein Medium, dessen sich die Buchreligion bedient, um den besonderen Wert der Offenbarung auch visuell erfassbar zu machen. Daher gibt es bibliophil oder kalligraphisch besonders gestaltete Ausgaben von Bahā'ī-Schriften, die durch die künstlerische Qualität die Wertschätzung der Heiligen Schrift und des offenbarten Wortes zeigen.

3.2 Lehrinhalte und theologische Symbolik

3.2.1 *Gottesbild und Offenbarer*

Eingangs kann man die kürzeste Glaubensformel nennen, die täglich 95–mal rezitiert werden soll: *allāhu abhā*, „Gott ist der Herrlichste". Genauso wie die Formel „O Herrlichkeit der Herrlichkeiten" (*Yā Bahā'u'l-Abhā*) bringt sie das Lob Gottes zum Ausdruck. Bahā'u'llāhs

Gottesauffassung ist dabei streng monotheistisch (Bahā'u'llāh, ÄL / 1980, # 78):

> Die Stätte, wo das Wesen Gottes wohnt, ist hoch über Reichweite und Fassungskraft eines jeden außer Ihm erhaben. Was immer in der bedingten Welt aussagbar oder begreiflich ist, kann niemals die ihm durch seine Natur gegebenen Grenzen überschreiten. Gott allein übersteigt derartige Grenzen. Er, wahrlich, ist von Ewigkeit her. Keiner Seinesgleichen, kein Gefährte war Ihm je zugesellt. Kein Name ist mit Seinem Namen vergleichbar. Keine Feder kann Sein Wesen beschreiben, keine Zunge seine Herrlichkeit schildern. Er bleibt immer über alle außer Ihm selbst unermesslich erhaben.

Diesen strikten Monotheismus teilt Bahā'u'llāh mit dem Bāb und mit dem Islam, d.h. wesenhaft für Gott sind seine Einheit (*tawhīd*) und Einzigkeit (*tafrīd*). Allerdings deutet Bahā'u'llāh die Einheit – im Unterschied zur islamischen Haupttradition – neu (vgl. N. Towfigh 1989: 169f.; Schaefer 1995: 118–120), da er betont, dass von der Perspektive der Menschen her Gott und seine Manifestationen bzw. Offenbarer eine Einheit (*tawhīd*) darstellen (Bahā'u'llāh, ÄL / 1980, # 84:4). Wegen der Einheit ist Gott der erste Urgrund und der einzig Existierende, so dass andere Dinge im Vergleich mit Gott letztlich kein Sein haben, das neben dem göttlichen Sein als solches bezeichnet werden könnte. Dass der Mensch diesen einen Gott in seiner Transzendenz überhaupt erkennen kann, ist nur dadurch möglich, dass ein Zeichen Gottes in den Dingen und in der Welt offenbar wird. Die Schöpfung trägt zur Erkennbarkeit Gottes bei, in der er sich trotz seiner Verborgenheit in unterschiedlicher Form offenbart, ohne seine Einheit und Einzigkeit zu beeinträchtigen. Vor allem die göttlichen Eigenschaften – etwa seine Allmacht, sein Wissen oder sein Wille –, die sich in der Schöpfung widerspiegeln, können von den Menschen erkannt werden, wobei die Attribute Gottes für Bahā'u'llāh mit dem Wesen Gottes identisch sind. Eine besondere Rolle kommt den Offenbarern zu, durch die sich der absolute und transzendente Gott den Menschen in besonderer Weise erschließt. Menschliches Erkennen Gottes bleibt aber dennoch immer nur partiell, so dass das eigentliche Wesen Gottes verborgen ist. Jedoch ist der Mensch verpflichtet, aufgrund seines Erkenntnisstandes Gott zu loben und anzuerkennen; einen solchen Lobpreis auf das Wesen Gottes formuliert Bahā'u'llāh (ÄL / 1980, # 84:1) folgendermaßen:

> Betrachte den einen, wahren Gott als Einen, der anders als alles Erschaffene und unermesslich darüber erhaben ist. Das ganze Weltall strahlt seine Herrlichkeit wider, während Er selbst von Seinen Geschöpfen unabhängig ist und sie weit überragt. Dies ist die wahre Bedeutung göttlicher Einheit. Er, die ewige Wahrheit, ist die eine Macht, welche unbestrittene Herrschaft über die Welt des Seins ausübt, eine Macht, deren Bild im Spiegel der ganzen Schöpfung zurückgeworfen wird. Alles Da-

sein hängt von Ihm ab, und aus Ihm strömt der Lebensquell aller Dinge. Dies ist die Bedeutung göttlicher Einheit, dies ist ihr Grundgedanke.

Mit dem Gedanken des sich in seinen Gesandten offenbarenden Gottes greift die Bahā'ī-Religion phänomenologisch eine Vorstellung auf, die Judentum, Christentum und Islam nicht unbekannt ist (Schaefer 1995: 121–126; vgl. Scharbrodt 2005b: 42–44). Bahā'u'llāh macht noch keinen Unterschied in der Wertung dieser göttlichen Gesandten oder Propheten, sondern zählt u.a. auch Johannes den Täufer oder den Imām Husain dazu. Eine Systematisierung in „unabhängige" und „abhängige Propheten" ist erst durch ʿAbdu'l-Bahā (BF / 1977, # 43; vgl. Schaefer 1995: 129) geschehen. Die ersten gelten als Manifestation Gottes (al-mazharu'l-ilāhī), wobei insgesamt folgende neun genannt werden: Abraham, Mose, Buddha, Zarathustra, Krishna, Jesus, Muhammad, Bāb und Bahā'u'llāh. Sie sind charakterisiert durch die Beständigkeit ihrer Botschaft und haben ein heiliges Buch (d.h. im weitesten Sinn ein „Religionsgesetz") gebracht. Sie gelten somit als Stifter einer jeweils eigenen Religion, die einen neuen Zyklus der Menschheit bedeutet. Ihnen stehen nach ʿAbdu'l-Bahā die „abhängigen" Propheten gegenüber, die im Schatten der großen Religionsstifter deren Werk fördern, wobei im Idealfall auch ein Gläubiger die Stufe eines solchen „kleinen" Propheten erreichen sollte.

Ein islamisches Erbe in der Prophetologie Bahā'u'llāhs zeigt die Betonung, dass die Manifestationen Gottes zwar über den anderen Menschen stehen, aber eindeutig von Gott getrennt sind. Da die Einheit und Einzigkeit Gottes unteilbar ist, können ihm keine wesensgleichen Gestalten beigesellt werden. Die einzelnen Manifestationen bilden nach der Lehre der Bahā'ī jedoch eine Einheit, da sie alle dieselbe Lehre von dem einzigen Gott verkünden (Schaefer 1995: 130; Scharbrodt 2005b: 45–47). In einem auch der islamischen Theologie nicht fremden Bild von den Strahlen der Sonne machen die Manifestationen selbst Gott und die göttliche Welt offenbar, ohne dass davon Gott berührt würde. Durch die Manifestationen strahlt Gott in die Welt. Ein anderes ebenfalls gern verwendetes Bild für das Verhältnis zwischen Gott und den Manifestationen ist dasjenige eines Spiegels: Wer eine Manifestation Gottes sieht, kann Gott selbst erkennen. Dadurch vermitteln die Manifestationen zwischen Gott und den Menschen, indem die Menschen durch die Manifestationen nicht nur Gott erkennen können, sondern auch den Bund, den Gott ihnen anbietet, annehmen müssen. In der Bundestheologie der Bahā'ī sind mehrere Formen zu unterscheiden (vgl. N. Towfigh 1989: 36–43; Missaghian-Moghaddam 2000: 134–147): Der „Ewige Bund" (bzw. der „Bund Gottes") besteht seit Ewigkeit und Gott schließt ihn immer wieder durch seine Propheten mit der Menschheit. Daraus resultiert für die Menschen die Verpflichtung, Gott und seine Propheten anzuerkennen. Dieser Ewige Bund ist letztlich unveränderlich, da im Kern alle Religionen eins sind, so dass nur ein einziger Ewiger Bund besteht, auch wenn dieser dynamisch bleibt, d.h. durch neue Offenbarer immer wieder den Menschen angeboten wird. Thematisch mit diesem Ewigen Bund eng verknüpft ist die inhaltliche Seite, dass die Manifestationen den Menschen das Kommen des Jüngsten Tages verkünden. – Neben dem Ewigen Bund gibt es den „Größeren Bund", den jeder Prophet als Vermittler zwischen Gott und den Menschen mit seinen Anhängern schließt: Der Kerninhalt des Größeren Bundes besteht darin, dass der Prophet von seinen Anhängern (d.h. den Praktizierenden der konkret fassbaren jeweiligen Religion) verlangt, dass sie eine zukünftige Manifestation Gottes als neuen Bringer der Offenbarung anerkennen und sich dann der neuen Religion anschließen, die – entsprechend der Entwicklungs- und Aufnahmefähigkeit der Menschen – von Gott offenbart wird. – Schließlich ist als letzte Form der Bundestheologie der Bahā'ī der „Kleinere Bund" zu nennen, den ein Prophet oder Offenbarungsbringer mit seinen Anhängern schließt. Dieser „Kleinere" Bund bezieht sich auf „religionsinterne" Fragen der Nachfolge des Propheten sowie der religionsspezifischen Gesetzgebung.

Im Gesamtkontext fasst diese abgestufte Bundestheologie das Gottesverständnis und das Verhältnis von Gott zu den Offenbarern und zur Offenbarung zusammen, wobei der Größere Bund das historische Auftreten der einzelnen Manifestationen Gottes in der Geschichte regelt, was die Bahā'ī-Theologie als fortschreitende Offenbarung systematisiert. Dabei bildet der Ewige Bund einen ewigen oder universalen Zyklus der Offenbarung Gottes, während durch die Abfolge der Propheten mit ihrem jeweils „Größeren Bund" die Geschichte in einen „adamitischen bzw. prophetischen Zyklus" und einen „Bahā'ī-Zyklus" bzw. „Zyklus der Erfüllung" gegliedert wird (vgl. die Abbildung bei N. Towfigh 1989: 45). Ersterer dauerte von Adam bis Muhammad (und dem Islam als weltgeschichtlicher Größe), letzterer begann mit dem Bāb, wobei die derzeitige Bahā'ī-Religion in weiteren Religionen und Offenbarern einmal eine Ablöse finden wird. Diese Abfolge von Religionen zeigt nochmals die Dynamik, die Gottes Ewiger Bund besitzt, ohne dass sich Gott als der Eine und Einzige sowie die Manifestationen Gottes in ihrer substanziellen Einheit dadurch verändern würden.

3.2.2 Kosmologische Vorstellungen

Obwohl Gott absolut transzendent ist, kann man ihn in der Schöpfung erkennen und einen Rückschluss auf ihn ziehen. Allerdings sind systematische Darstellungen der Schöpfungsvorstellungen in den Schriften Bahā'u'llāhs und ᶜAbdu'l-Bahās nicht besonders häufig, da sich die Bahā'ī-Theologie zentraler um das Thema „Offenbarung" und weniger um Kosmologie dreht. Ein Text Bahā'u'llāhs ist jedoch besonders aussagekräftig, das so genannte „Tablet der Weisheit" (*Lawh-i Hikmat*) aus dem Jahr 1873/74. Der Anlass für dieses Tablet war ein Besuch von Āqā Muhammad aus der persischen Stadt Qā'in bei Bahā'u'llāh während dessen Gefangenschaft in ʿAkkā. Der Text ist in Arabisch verfasst und zeigt eine Bezugnahme auf (islamisch-)philosophische Terminologie sowie auf griechische Philosophen. In diesem Zusammenhang finden sich gehäuft Aussagen über die Schöpfung, wobei folgendes deutlich wird (Bahā'u'llāh, BA / 1982, # 9:8–12; vgl. Taherzadeh 1981: 51ff.):

(a) Bahā'u'llāh akzeptiert die Vorstellung, „die Schöpfung habe immer bestanden und werde allzeit weiterbestehen." (# 9:8)

(b) Die Schöpfung stand unter dem Schutz Gottes, und zwar „vom Anfang an, der keinen Anfang hat, abgesehen davon, dass ihr ein Vorsein voranging, das nicht als Vorsein betrachtet werden kann." (# 9:8)

(c) Die Erscheinungsform der Schöpfung hat sich allerdings im Laufe der Zeit geändert. „Was besteht, bestand zuvor, aber nicht in der Gestalt, in der du es heute wahrnimmst." (# 9:9)

(d) Daneben steht aber die Aussage, dass das göttliche Wort „die Ursache der ganzen Schöpfung ist, während alles außer Seinem Wort erschaffen und bedingt ist" (# 9:9). Dieses göttliche Wort steht über allem anderen, denn „niemals war es der Welt des Seins vorenthalten." (# 9:10)

(e) So wie jedes Ding einen Ursprung und jedes Bauwerk einen Baumeister haben muss, so ist das Wort Gottes „die Ursache, die der Welt des Seins vorangeht", einer Welt, die „zu allen Zeiten erneuert wird und neu entsteht". (# 9:12)

Das Nebeneinander der Schöpfung durch das Wort und der Ewigkeit der Schöpfung, die das „Tablet der Weisheit" zeigt, wird durch andere Aussagen Bahā'u'llāhs bestätigt. Die Verbindung beider Aussagen beinhaltet, dass für die Ewigkeit der Schöpfung das Wort Gottes als Ursache vorausgesetzt wird, so dass diese Schöpfung erst aktiviert wird bzw. in jener Form ins Dasein tritt, in der wir die Schöpfung heute kennen. Dadurch wird die Ewigkeit der Schöpfung von der Ewigkeit Gottes unterschieden, so dass Gott zugleich zu Recht den Titel „Schöpfer" tragen kann: Denn die Ewigkeit Gottes besteht ohne Ursache, die Ewigkeit der Schöpfung ist jedoch durch das Wort Gottes verursacht (vgl. Taherzadeh 1995: 55f.; N. Towfigh 1989: 71f.).

Gott als Urheber der Schöpfung klingt auch in der Emanationslehre der Bahā'ī an. In den Schriften Bahā'u'llāhs selbst spielen Emanationen eine eher untergeordnete Rolle. Dagegen entfaltet ʿAbdu'l-Bahā die Vorstellung der Emanation, um die Einheit Gottes – trotz seiner Schöpfungstätigkeit – zu bewahren, so dass die Schöpfung nicht als Teil Gottes gilt. Im Unterschied zu arabischen Neuplatonikern (N. Towfigh 1989: 74–79) betont ʿAbdu'l-Bahā allerdings, dass Emanation nicht zwangsweise, sondern aus Gottes freiem Willen geschehen ist. Trotz der Emanation sind in der Welt der Schöpfung keine göttlichen Elemente eingeschlossen, wie ᶜAbdu'l-Bahā durch einen Vergleich der Emanation mit den Strahlen der Sonne, die auf die Erde fallen, ohne dass davon die Sonne beeinträchtigt würde, erläutert. Auf die Frage nach der Beziehung Gottes zur Schöpfung geht ᶜAbdu'l-Bahā ausführlich auf die Emanation ein; dabei heißt es (ᶜAbdu'l-Bahā, BF / 1977, # 53; vgl. auch N. Towfigh 1989: 150f.):

> Die Abhängigkeit der Geschöpfe von Gott ist eine Abhängigkeit der Emanation, das heißt, die Geschöpfe emanieren aus Gott, aber treten nicht aus Ihm heraus. Die Verbindung ist die der Emanation und nicht die der Manifestation. Das Licht der Sonne emaniert aus ihr, aber es tritt nicht aus ihr heraus. Das Ins-Dasein-Treten durch Emanation gleicht dem Erscheinen der Strahlen des Lichtes der Horizonte der Welt, das heißt, das heilige innerste Wesen der Sonne der Wahrheit erfährt keine Teilung und steigt nicht zur Stufe der Geschöpfe herab. In gleicher Weise wird auch der Sonnenball nicht geteilt und steigt nicht zur Erde nieder, sondern die Strahlen der Sonne, die ihr Segen sind, emanieren aus ihr und erhellen die dunklen Körper.

Am Ende des Textzitates klingt indirekt an, dass die Schöpfung den Menschen dienen soll. Auch macht der Text deutlich, dass die Emanationsvorstellungen in der Bahā'ī-Theologie die Einheit Gottes als Schöpfer bewahren und die wesensmäßige Differenz zwischen Schöpfer und Geschöpf ausdrücken.

Eine gewisse Sonderstellung haben Aussagen bezüglich der „Schöpfung aus dem Nichts", da sie sich nicht vollkommen problemlos mit den bisher genannten Vorstellungen in Übereinstimmung bringen lassen. Bahā'u'llāh verwirft dabei die zu seiner Zeit vertretene Auffassung einer Schöpfung aus dem Nichts nicht vollkommen, wie das „Tablet der Weisheit" zeigt (Bahā'u'llāh, BA / 1982, # 9:8):

> Würdest du hingegen diejenige Vorstellung vertreten, die in den heiligen Schriften erwähnt ist, so gäbe es daran keinen Zweifel, denn sie ist von Gott, dem Herrn der Welten, offenbart.

Sehr wahrscheinlich spielt Bahā'u'llāh hier auf die Lehre der Schöpfung aus dem Nichts an, für die sich seine Zeitgenossen auf die Bibel bzw. den Koran berufen haben. An manchen Stellen spricht Bahā'u'llāh durchaus deutlicher von einer Schöpfung aus dem Nichts, wie etwa in folgender Verherrlichung Gottes (Bahā'u'llāh, ÄL / 1980, # 27:1; vgl. # 34:1, # 148):

> Aller Preis sei der Einheit Gottes, und alle Ehre sei ihm, dem höchsten Herrn, dem unvergleichlichen, allherrlichen Herrscher des Weltalls, der aus völligem Nichtsein die Wirklichkeit aller Dinge erschuf, der aus dem Nichts die lautersten, feinsten Elemente Seiner Schöpfung ins Dasein rief.

Das Festhalten an der Einheit Gottes, neben der es kein Zweites geben kann, unterstützt die Vorstellung einer Schöpfung aus dem Nichts, zumal die „Gleich-Ewigkeit" der Schöpfung mit Gott Anlass geben könnte, Gottes Einheit zu relativieren. Allerdings lassen sich „Nichts" und „Ewigkeit der Schöpfung" nicht völlig problemlos in Übereinstimmung bringen. Eine Vermittlung stellt die Erklärung ᶜAbdu'l-Bahās dar, indem er Dasein und Nichtsein relativiert (N. Towfigh 1989: 16, 73; Momen 1988: 206f.): Dinge entwickeln sich lediglich, so dass eine frühere Erscheinung im Vergleich zur jetzigen Form als „Nichts" zu erscheinen vermag. Eine Schöpfung aus einem absoluten Nichts wird durch diese Aussage ᶜAbdu'l-Bahās vermieden, da er die Rede von einer Schöpfung aus dem Nichts symbolisch-vergleichend sieht. Dadurch wird die Spannung zwischen der Vorstellung der Ewigkeit der Schöpfung und der Schöpfung aus dem Nichts ausgeglichen.

Hinsichtlich des kosmologischen Aufbaus der zahllosen Welten Gottes gibt es wenig Hinweise. Am aufschlussreichsten ist eine Stelle aus einem Frühwerk Bahā'u'llāhs, dem „Tablet aller Speisen" aus dem Jahr 1853. Im Zusammenhang mit islamischen Speisevorschriften (vgl. Sure 3:93) kommt Bahā'u'llāh auf die grenzenlosen geistigen Welten Gottes zu sprechen, woraus sich folgender „Bahā'ī-Kosmos" teilweise rekonstruieren lässt (vgl. Momen 1988: 190–194; Maani 2005: 97f.; Scharbrodt 2005b: 37–39): Die oberste Position in dieser Kosmologie nimmt *Hāhūt* ein, das Reich Gottes selbst, in dem er in seinem unvergänglichen Sein existiert. Darunter liegt *Lahūt*, jene göttliche Ebene, auf der sich die göttliche Natur offenbart und auf der Gott eventuell zu seinen Manifestationen in Beziehung tritt. Die nächste darunter liegende Ebene ist *Jabarūt*, wo ebenfalls noch eine Existenz jenseits irdischer Formen vorkommt, während erst die vierte dieser Ebenen, *Malakūt*, als Engel- oder Himmelswelt jener Bereich ist, der der Welt der irdischen Schöpfung und der Menschen, nämlich *Nāsūt* oder *Mulk*, am nächsten steht. Deswegen wird *Malakūt* manchmal auch als Bezeichnung für die Himmelswelt allgemein der irdischen Welt gegenübergestellt. Dieses mehrteilige Schichtenmodell teilt Bahā'u'llāh mit jenen Traditionen islamischer Mystik (vgl. Arnaldez 1986: 613f.), wie wir sie z.B. bei Ibn ᶜArabī finden, aber auch im Sheikhismus, während andere islamische Traditionen lediglich ein dreistufiges Modell – *Nāsūt, Malakūt, Jabarūt* – verwenden.

Neben diesem Modell, das in systematischer Form lediglich im „Tablet aller Speisen" vorkommt, obwohl v.a. die Termini *Nāsūt/Mulk, Malakūt* bzw. *Jabarūt* auch in anderen Texten Bahā'u'llāhs verwendet werden (Momen 1988: 190–195), findet sich im Bahā'ī-Schrifttum noch ein anderes kosmologisches Schichtenmodell: Dieses stammt von ᶜAbdu'l-Bahā. Er beschreibt die Reiche der Schöpfung oder „Stufen des Geistes" mehrfach, wobei ein fünf- bzw. sechsstufiges Modell sichtbar wird. Im „Brief an Forel" aus dem Jahr 1921 werden von ᶜAbdu'l-Bahā die vier niedrigen Stufen hinsichtlich ihrer Geistbegabung genannt (ᶜAbdu'l-Bahā, BFor / 1975: 17; vgl. Vader 1984: 71f.; N. Towfigh 1989: 138):

> Der Geist hat jedoch verschiedene Grade und Stufen. Was das Vorhandensein des Geistes im Mineral anbelangt, so ist es sicher, dass das Mineral, den Erfordernissen seiner Stufe entsprechend, mit Geist und Leben ausgestattet ist. ... Im Pflanzenreich kommt die Kraft des Wachstums hinzu, und diese Kraft ist der Geist. In der Tierwelt gibt es die Fähigkeit der Empfindung; im Reiche des Menschen ist jedoch eine allumfassende Macht vorhanden. Auf allen vorangehenden Stufen fehlt die Macht des Verstandes, aber die Seele ist da und offenbart sich. Die Fähigkeit der Empfindung begreift die Seele nicht, aber die Macht des Verstandes beweist ihr Vorhandensein.

ᶜAbdu'l-Bahā fügt diesem Schema noch zwei Stufen aus der metaphysischen Welt hinzu, nämlich die Stufe des „Himmlischen Geistes" (bzw. „Geist des Glaubens") sowie darüber liegend die Stufe des „Heiligen Geistes", der wie ein Spiegel das göttliche Licht widerstrahlt und ein Mittler zwischen Gott und seinen Geschöpfen ist. Daraus ergibt sich, dass für ᶜAbdu'l-Bahā über der Stufe des Heiligen Geistes noch eine weitere göttliche Stufe als Teil des unsichtbaren Kosmos existiert, allerdings benennt er diese Stufe nicht ausdrücklich.

In ᶜAbdu'l-Bahās Schema sind verschiedene Traditionen aufgegriffen worden: Die Gliederung des Kosmos in Pflanzen-, Tier- und Menschenwelt geht letztlich auf Aristoteles zurück, die Stufe des „Geistes des Glaubens" bzw. des „Heiligen Geistes" findet sich beispielsweise bei Ibn Bābūya (918–991) oder in philosophischen Texten Ibn Sīnās (Avicenna, 980–1037). Erwähnenswert ist, dass das von ᶜAbdu'l-Bahā vorgelegte Schema der Reiche der Schöpfung als sichtbarer und unsichtbarer Kosmos bei Bahā'u'llāh in dieser Form nicht vorkommt. ᶜAbdu'l-Bahā führt mit seinem Entwicklungsmodell eine deutliche dynamische Komponente in die Diskussion über die Schöpfung ein, wodurch die Welt einem beständigen evolutiven Wandel unterworfen wird (vgl. auch von Kitzing 2004: 184–188; T. Tober 2005: 103f.).

Es ist nach dem Zusammenhang dieser beiden Schemata zu fragen. Beginnt man mit dem Aufbau des Kosmos von unten, so sind die drei unteren Stufen ᶜAbdu'l-Bahās der Natur und den Naturgesetzen unterworfen (vgl. ᶜAbdu'l-Bahā, BFor / 1975: 17). Sie sind deutlich unter der Stufe des Menschen, aber sie gehören wie diese dem Bereich der irdischen Schöpfung an, so dass sie sachlich Bahā'u'llāhs *Nāsūt* bzw. *Mulk* entsprechen. Obwohl terminologisch völlig anders, lassen sich die Stufen des „Himmlischen Geistes" bzw. des „Heiligen Geistes" mit *Malakūt* bzw. *Jabarūt* vergleichen. Für die Gewichtung der beiden Stufenreihen und eine religionsgeschichtliche Einordnung ergibt sich daraus folgender Schluss: Bahā'u'llāhs umfangreicheres Schema, das aus einem Text seiner frühen „mystischen" Phase stammt, zeigt noch eine Orientierung der Kosmologie an Strömungen islamischer Mystik sowie am Sheikhismus. Durch die zunehmende Distanz zum Sufitum und infolge der Auseinandersetzung mit führenden Anhängern des Sheikhismus tritt dieses kosmologische Modell – zumindest terminologisch – bei Bahā'u'llāh zusehends in den Hintergrund, um eine äußere Abgrenzung zu schaffen. Dementsprechend greift ᶜAbdu'l-Bahā nicht darauf zurück, sondern formuliert ein Modell, das zwar ebenfalls Anleihen aus verschiedenen Strömungen islamischer Philosophie hat, aber weiter – und im Sinn einer Zuordnung zu spezifischen Richtungen islamischen Denkens unpräziser – gehalten ist. Dadurch ist es der Universalisierung der kosmologischen Vorstellungen besser dienlich.

Somit sind die Schöpfungsvorstellungen der Bahā'ī durchaus in die Schöpfungsvorstellungen der islamischen Theologie und Philosophie einzuordnen. Als neue Offenbarung, die den Menschen entsprechend ihrer fortschreitenden Erkenntnisfähigkeit ein immer größeres Maß an Offenbarung und Wissen von Gott anvertrauen kann, gewinnt die Schöpfungslehre zwei neue Aspekte für die Gläubigen: die Betonung, dass Wissenschaft und Religion eine Einheit bilden, und die Betonung, dass die unaufhörliche Schöpfungstätigkeit auch eine neue Weltordnung bedingt.

In der sichtbaren Welt hat – unter den bei ᶜAbdu'l-Bahā ausführlich genannten Stufen der Seinsebenen – die Stufe des Menschen eine Vorrangstellung. Dies hängt damit zusammen, dass die Grenzen von einer Stufe zu einer anderen nicht überschreitbar sind, d.h. die einzelnen Arten von Leben unveränderlich sind (vgl. von Kitzing 2004: 196–198). Von der höheren Stufe können jedoch die niedrigeren Existenzstufen erkannt werden; ausdrücklich betont ᶜAbdu'l-Bahā dies im „Brief an Forel" hinsichtlich des Menschen (ᶜAbdu'l-Bahā, BFor / 1975: 21; Vader 1984: 74; vgl. ferner ᶜAbdu'l-Bahā, BF / 1977, # 51:6):

> Mineralien, Pflanzen und Tiere entbehren der Verstandeskräfte, mit denen der Mensch die Wirklichkeiten aller Dinge entdeckt; nur der Mensch begreift die Stufen unter ihm. Jede höhere Stufe begreift die niedrigere und entdeckt deren Wirklichkeit, aber die niedrigere weiß nichts von der höheren und kann sie nicht begreifen, doch durch die Macht seiner Vernunft, durch Beobachtung, durch Einfühlungsgabe und durch die offenbarende Macht seines Glaubens kann er Gott anerkennen und Gottes Gnadengaben entdecken.

Obwohl der Mensch über den anderen Schöpfungswerken steht, bedarf er – wie auch Erde, Pflanzen und Tiere – der Erziehung, welche Wissenschaft und Kunst fördert und Zivilisation und Fortschritt bringt (vgl. ᶜAbdu'l-Bahā, BF / 1977, # 3). Über solche „menschliche" Erziehung hinausgehend vermittelt die „geistige" oder „himmlische" Erziehung den Menschen die Möglichkeit, mit Verstand und Bewusstsein in die metaphysische Welt vorzudringen. Die in den Stufen der Schöpfung begründeten Formen der Erziehung machen den Menschen zur Erkenntnis der Wissenschaft fähig, die aber nicht von der Religion getrennt werden darf. Denn sonst würde er einem weltlichen Materialismus verfallen. Die Einordnung des Menschen in ein kosmologisches Stufenmodell verlangt ferner, dass das Metaphysische oder die Religion nicht von der Wissenschaft – als ein Ausdruck der irdischen Stufe – abgekoppelt werden darf; sonst würde Religion zu Aberglauben degradiert. Dieses aufeinander bezogene Verhältnis von Religion und Wissenschaft beschreibt ʿAbdu'l-Bahā mit dem Bild von einem Vogel (ʿAbdu'l-Bahā, AP / 1995, # 44): Dieser kann nur dann fliegen, wenn beide Flügel in gleicher Weise intakt sind. Verlässt der Mensch sich nur auf einen „Flügel" – entweder Wissenschaft oder Religion –, so stürzt er entweder in den Materialismus oder in den Aberglauben. Innerhalb der Reiche der Schöpfung ist nämlich der Mensch jenes Geschöpf, das beide Flügel gemeinsam gebrauchen kann, um die Einheit von Religion und Wissenschaft zu realisieren. Für die globale (Neu-)Gestaltung der sichtbaren Welt heißt dies zugleich, dass das Miteinander der beiden Flügel sich auch im wirtschaftlichen und politischen Umgang mit der Welt auswirken muss, so dass Bahā'ī ihr gesellschaftspolitisches und ethisches Engagement aus der Schöpfungstheologie ableiten.

Schöpfung ohne Anfang und Ende ist ein fortschreitender Gnadenakt Gottes, wobei die Kontinuität der Schöpfertätigkeit Gottes eine gewisse Parallele zur Bahā'ī-Vorstellung von der fortschreitenden Gottesoffenbarung darstellt. So wie die einzelnen Offenbarungen im Kern miteinander identisch sind und nur durch neue Propheten weiter entfaltet und verdeutlicht werden, so haben sich alle Schöpfungswerke bis zu der Form weiter entfaltet, in der sie heute wahrnehmbar sind. Da für den Glauben der Bahā'ī durch Bahā'u'llāh die jetzt gültige Form der Offenbarung gebracht wurde, hat dies für die älteren kosmologischen Weltbilder Konsequenzen: So wie die älteren Offenbarungen im neuen Licht Bahā'u'llāhs gesehen werden, haben auch ältere kosmologische Vorstellungen auf sich allein gestellt ihre Leistungsfähigkeit als religiöse und gesellschaftliche Bezugssysteme verloren und werden dementsprechend von vielen Menschen nicht mehr beachtet, was sich nachteilig auf die Gesellschaft auswirkt. Anders formuliert heißt dies für die Bahā'ī-Theologie, dass die Gesellschaft aus dem bisherigen kosmologischen Modell „herausgewachsen" ist, so dass ein neues kosmologisches Modell mit neuen Organisationsformen nötig wird, weil die Offenbarung Bahā'u'llāhs eine neue Weltsicht für alle Völker einleiten will (vgl. Bahā'u'llāh, ÄL / 1980, # 96:2) und alles bisherige Wissen einem Alterungsprozess unterwirft. Deswegen versuchen Bahā'ī globale Konzepte aus der religionsspezifischen Schöpfungslehre zu entwickeln, die eine

Neugestaltung der Welt in einer neuen Weltordnung anstreben, wobei diese Schöpfungslehre zugleich Ausdruck der Lehre von Gott ist.

3.2.3 Das Menschenbild der Bahā'ī

Aus dem bisher Gesagten kann man implizit ein dreistufiges Weltbild erkennen, das bildlich in der Symbolik des Größten Namens dargestellt ist (vgl. Faizi 1971: 1310). An höchster Stelle steht die Welt Gottes, danach die Welt der Manifestationen und darunter die Welt der Menschen. Die Manifestationen nehmen eine Zwischenposition ein, da sie – als Spiegel der Offenbarung – enge Berührungen zur göttlichen Welt aufweisen, in ihrer menschlichen Gestalt aber zur Welt der Menschen und der Schöpfung gehören. Lässt man diese besondere Stufe der Manifestationen außer Acht, so steht der Mensch unter allen Schöpfungswerken Gott am nächsten, denn er hat eine höhere Natur, als dies bei Pflanzen und Tieren der Fall ist. Der physische Leib, den er mit jenen teilt und der dem Werden und Vergehen unterliegt, löst sich im Tod auf, so dass keine Wiedererweckung auf Erden zu erwarten ist. Was den Menschen von den anderen Schöpfungswerken hervorhebt, ist die Tatsache, dass er allein unter allen Geschöpfen eine unsterbliche und vernünftige Seele besitzt, durch die er Gott erkennen kann, um ihn zu preisen und ihm zu dienen.

Ferner ist der Mensch dazu befähigt, die Verborgenheit Gottes zu „durchdringen", da er durch die verschiedenen Gaben, die Gott ihm verliehen hat, ihn in seiner Schöpfung erkennen kann. Bahā'u'llāh formuliert dies wie folgt (Bahā'u'llāh, ÄL / 1980, # 95):

> Die erste und vornehmste unter den Gaben, die der Allmächtige den Menschen verliehen hat, ist die des Verstandes. Seine Absicht bei der Verleihung einer solchen Gabe ist allein die, Sein Geschöpf zu befähigen, den einen, wahren Gott zu erkennen und anzuerkennen – gepriesen sei Seine Herrlichkeit. Diese Gabe gibt dem Menschen die Kraft, in allen Dingen die Wahrheit herauszufinden; sie führt ihn zu dem, was recht ist, und hilft ihm, die Geheimnisse der Schöpfung zu erkennen.

Gottes Eigenschaften, aber auch die Schöpfung, bieten somit eine Möglichkeit, dass der Mensch Wissen erlangt von der letzten Wahrheit in Gott, um so einen Abglanz von Gott zu erhalten, der letztlich nie gänzlich erkannt werden kann, sondern im Transzendenten bleibt. Darin liegt das Ziel jedes Menschenlebens. Man kann durchaus sagen, dass das menschliche Heil davon abhängt, inwieweit jemand die göttlichen Gebote hält und die Offenbarungen der Manifestationen annimmt. Denn nur ein Mensch, der Gott anerkennt und ihn liebt, kann seinerseits von Gottes Liebe erreicht werden.

Der sich offenbarende Gott bietet dabei dem Menschen seinen Bund an, wobei für das Menschenbild der Ewige Bund (Bund Gottes) der entscheidende theologische Bundesschluss Gottes mit den Menschen ist (vgl. N. Towfigh 1989: 36f.; Missaghian-Moghaddam 2000, 142–144; Schaefer 2007: 59–65): Dieser Bund bietet dem Menschen die Chance, das Heil zu erlangen, wenn er seinerseits die Verpflichtung des Bundes befolgt, indem er die Gesandten Gottes anerkennt und die Gebote Gottes befolgt, wie das „Heiligste Buch" der Bahā'ī formuliert (Bahā'u'llāh, KA / 2000, # 1):

> Die erste Pflicht, die Gott Seinen Dienern auferlegt, ist die Anerkennung dessen, der der Tagesanbruch Seiner Offenbarung ist, der Urquell Seiner Gesetze ist. ... Wer diese Pflicht erfüllt, hat alles Gute erreicht, und wer dessen beraubt ist, geht in die Irre, hätte er auch alle gerechten Werke vollbracht. Wer diese höchst erhabene Stufe, diesen Gipfel überragender Herrlichkeit erreicht, muss jedem Gebot dessen folgen, der der Ersehnte der Welt ist. Beide Pflichten sind untrennbar, und nur die Erfüllung beider wird angenommen.

Wer in dieser Weise dem Gottesbund entspricht, hat Aussicht auf „ewiges" Leben nach dem Tod und auf ein „ruhiges", weil von Gott geleitetes Leben in dieser Welt. Insofern ist für das Bahā'ī-Menschenbild das Miteinander von Glaube und Werk charakteristisch. Eine Konsequenz aus diesem Bundesgedanken ist, dass er zur Einheit (aller Gesandten und aller Menschen) zurückführt. Obwohl die Menschen individuell verschieden sind, sind sie auf einer höheren Stufe eins durch ihr Menschsein, so dass es letztlich nur eine Spezies Mensch gibt. Aus dem Gott-Mensch-Verhältnis resultiert, dass die Menschen aufgefordert sind, ihre Einheit so zu verwirklichen, dass es keine trennenden Grenzen mehr gibt. Wenn die Bahā'ī-Religion die Einheit der Menschen schon im Diesseits propagiert und dementsprechende Bemühungen unternimmt, so hat dies darin seine theologische Begründung.

Von dieser Bundestheologie aus kann man nach weiteren Aspekten des Menschenbildes fragen. Innerhalb der Schöpfung und der einzelnen „Seinsstufen" ist der Mensch die „Krone der Schöpfung" (ᶜAbdu'l-Bahā, AP / 1995, # 15; vgl. Missaghian-Moghaddam 2000: 147; Schaefer 2007: 40f.), der über Tieren, Pflanzen und Mineralien steht und durch seine Fähigkeit, Gott zu erkennen, diesen überlegen ist. Konstitutiv für den Menschen (gegenüber anderen Wesen) ist seine Dreiteilung in Körper, Seele und Geist, wobei er durch seinen Körper mit der Tierwelt verbunden ist. Der Besitz einer Seele trennt den Menschen jedoch von der Tierwelt, da er das einzige mit einer Seele ausgestattete Lebewesen in der Schöpfung ist. Die Besonderheit der Seele besteht ferner darin, dass durch sie der Mensch unsterblich ist, da sie nach dem körperlichen Tod in das so genannte Abhā-Königreich aufsteigt; allerdings kann der Zustand der Seele nach dem Tod nicht exakt beschrieben werden (Bahā'u'llāh, ÄL / 1980, # 81:2):

Das Wesen der Seele nach dem Tode lässt sich niemals beschreiben, noch ist es angemessen und erlaubt, ihre ganze Beschaffenheit den Augen der Menschen zu enthüllen. Die Propheten und Boten Gottes wurden zu dem einzigen Zweck herab gesandt, die Menschheit auf den geraden Pfad der Wahrheit zu führen. Ihre Offenbarung hat den Zweck, alle Menschen zu erziehen, damit sie zur Todesstunde in größter Reinheit und Heiligkeit, in völliger Loslösung zum Throne des Höchsten aufsteigen. Das Licht, das diese Seelen ausstrahlen, bewirkt den Fortschritt der Welt und den Aufstieg ihrer Völker. Sie sind wie Sauerteig, der die Welt des Seins durchdringt, und bilden die Lebenskraft, welche die Künste und Wunder der Welt zustande bringt. Durch sie regnen die Wolken ihre Segensgaben auf die Menschen nieder, bringt die Erde ihre Früchte hervor. Alle Dinge haben zwangsläufig eine Ursache, eine treibende Kraft, einen belebenden Grund. Diese Seelen, Sinnbilder der Loslösung, haben der Welt des Daseins den höchsten belebenden Antrieb gegeben und werden ihn auch weiterhin geben. Das Jenseits ist so verschieden vom Diesseits wie diese Welt von der des Kindes, das noch im Mutterleib ist.

Letzteres Bild des Vergleichs der Seele mit dem Fötus kommt auch an anderen Stellen vor (z.B. ᶜAbdu'l-Bahá, BB / 1992, # 156:10), wo zugleich die Entwicklung(smöglichkeit) des Menschen angesprochen wird; die Seele macht ihn zwar fähig, Gott anzuerkennen und anzubeten, allerdings ist damit keine „Garantie" verbunden. Der Geist vermag (als dritte Komponente des Menschen neben Körper und Seele) dazu beitragen, stärker jedoch kommt die Doppelnatur des Menschen – mit seinen Chancen und seinen Grenzen – in der Notwendigkeit der Erziehung zum Ausdruck.

Das Vorhandensein des Körpers gibt dem Menschen eine physische bzw. „tierische" Existenz, die sich u.a. in der Triebhaftigkeit äußert (vgl. Missaghian-Moghaddam 2000: 151–154; T. Tober 2005: 92–95; Ders. 2008: 76–81). Verharrt der Mensch nur in dieser Existenz, ist er nicht nur des Heils verlustig, sondern steht sogar tiefer als das Tier. Der Mensch muss sein Potenzial nutzen, da darin sein wahres Wesen und seine Bestimmung liegen. Diese Nutzung setzt jedoch Erziehung voraus, wobei auch alle Gesetze, die Gott durch seine Gesandten den Menschen offenbart hat, im Lichte dieser Erziehung zu sehen sind. Aufgrund der Erziehungsmöglichkeit und -notwendigkeit ist die Menschheit in immer größerem Ausmaße befähigt, sich zu entwickeln, um Gottes Offenbarung besser zu erkennen. Genauso muss sich die Seele des Einzelnen immer mehr entwickeln, weil diese „Seelenerziehung" den Menschen befähigt, seinen Anteil an der Verbesserung der Schöpfung zu leisten. Insofern zeigt sich an diesem Aspekt des Menschenbildes die Dynamik des Schöpfungsgeschehens. Neben dem theologischen Kontext der Erziehung des Menschen zur Vervollkommnung darf die praktische Konsequenz nicht übersehen werden: Da „Glaube" und „Werke" in der Bahá'í-Religion zusammengehören, erfordert dieses theologische

Menschenbild eine „innerweltliche" Umsetzung im Engagement für die Weiterentwicklung der Menschheit als Ganzes im weitesten Sinn (vgl. Missaghian-Moghaddam 2000: 167f.). Sozialprojekte der Bahā'ī-Religion scheinen vordergründig betrachtet „nur" einen Humanismus widerzuspiegeln, doch sind sie letztlich immer religiös begründbare Handlungen, auch wenn dies vielleicht nicht in jedem Einzelfall dem in einem solchen Projekt Engagierten bewusst ist. Denn solche Handlungen können langfristig nur bei entsprechender „Seelenerziehung" durchgeführt werden, die sich auch auf körperliche Erscheinungen positiv auswirkt, da die Seele den Körper als Träger benötigt.

Der Aspekt der „Erziehung" bzw. das Potenzial jedes Einzelnen setzt voraus, dass das Bahā'ī-Menschenbild keineswegs deterministisch ist, sondern der Mensch frei ist, sich dem Bund Gottes anzuschließen oder auch zu verschließen. Der Mensch ist letztlich für seinen Glauben selbst verantwortlich, eine Freiheit, die Gott den Menschen belässt (Bahā'u'llāh, ÄL / 1980, # 29:2):

> Er, der Morgen der Wahrheit, ist ohne Zweifel durchaus imstande, eigensinnige Seelen aus dem Fernsein zu erretten und sie dahin zu bringen, sich Seinem Hofe zu nähern und in Seine Gegenwart zu gelangen. „Hätte es Gott gefallen, Er hätte sicherlich alle Menschen zu einem Volk gemacht." (Sure 11:119). Seine Absicht ist jedoch, die im Geiste Reinen und im Herzen Losgelösten zu befähigen, vermöge ihrer eigenen, angeborenen Kräfte zu den Küsten des Größten Meeres aufzusteigen, damit dadurch jene, die die Schönheit des Allherrlichen suchen, von den Eigensinnigen und Verderbten unterschieden und getrennt werden. So ist es von der allherrlichen, strahlenden Feder verordnet worden.

Die Freiheit des Menschen ist zugleich Zeichen der Souveränität Gottes, dennoch ist in den Schriften Bahā'u'llāhs unüberhörbar die Sorge formuliert, dass der Mensch in dieser Freiheit sich in die Gottferne begeben kann, wenn er seine Freiheit missbraucht (Missaghian-Moghaddam 2000: 162f.; Schaefer 2007: 56f.). Wer diese Freiheit jedoch richtig zu nutzen weiß, wird am Jüngsten Tag zur Herrlichkeit Gottes gelangen.

Zum Menschenbild gehört ebenso die Vorstellung der individuellen Eschatologie, wobei diese in der Bundestheologie impliziert ist, denn der Bund, den die Manifestationen zwischen Gott und den Menschen vermitteln, soll den Menschen auf den Jüngsten Tag vorbereiten. Ein besonderes Charakteristikum des Jüngsten Tages besteht nach der Bahā'ī-Theologie darin, dass mit dem Kommen der Bahā'ī-Offenbarung der von den früheren Religionen für die Zukunft erwartete Jüngste Tag bereits eingetreten ist. Dadurch werden die Jenseitsvorstellungen und eschatologischen Erwartungen (einschließlich der leiblichen Auferstehung der Toten) des Judentums, Christentums und des Islam neu gedeutet, sowohl kollektiv als auch individuell. Die individuelle Eschatologie ist, ähnlich wie schon beim Bāb, von dem Gedanken der Einheit geprägt: Auferstehung ist nicht mehr eine Rückkehr in die Leiblichkeit, die ja erneut zur Individualität führen würde, sondern Auferstehung führt zu einem Leben im Paradies (vgl. T. Tober 2005: 100–102; Schaefer 2007: 75–77). Bahā'u'llāh und ᶜAbdu'l-Bahā sehen das Paradies durchaus als Realität an, allerdings nicht mehr als realer Ort verstanden, sondern als Realisierung der Liebe zu Gott, der Harmonie und des Friedens. Dies bringen in zutreffender Weise symbolische Umschreibungen gut zum Ausdruck; beispielhaft kann man folgende nennen (vgl. T. Tober 2005: 104): Königreich Gottes, Mittelpunkt Seiner Herrschaft, Welt strahlender Herrlichkeit, Welt des Lichts, Welt der Glückseligkeit oder Welt der Vollkommenheit. Dieses Jenseits ist ferner durch die Nähe zu Gott gekennzeichnet und bedeutet das Erlangen der Einheit mit Gott, als kompakteste Form des Bundes Gottes mit den Menschen. Allerdings wird – trotz dieser *unio mystica* – der Mensch niemals Gott wesenhaft gleich, da eine solche Vorstellung mit der Einzigkeit Gottes (*tafrīd*) unvereinbar ist. Stellt man die Merkmale der stofflichen Welt und die Eigenschaften des Königreiches Gottes einander gegenüber (T. Tober 2005: 106), so ist erstere durch Verfall und Vergänglichkeit gekennzeichnet, letztere jedoch durch göttliche Vollkommenheit, immerwährende Gnade, geistige Tugenden sowie unvergängliche Glückseligkeit.

Im Augenblick des individuellen Todes erfährt die Seele des Menschen eine Verwandlung, indem sie – während der tote Körper zurückbleibt – ihren Aufstieg zu Gott ins Paradies beginnt, wodurch zugleich eine höhere Entwicklungsstufe und eine neue geistige Existenz erlangt wird (T. Tober 2005: 108f.). In dieser jenseitigen Reise und Entwicklung wird sie durch die Gnade Gottes, aber auch durch die Gebete anderer Menschen gefördert, bis sie endgültig bei Gott angelangt ist. Dieses Jenseitsschicksal des Menschen ist also „doppelt" bestimmt, einerseits hat die Einheit mit Gott – durch die unterschiedlichen Bundesschlüsse – theologisch bereits begonnen, andererseits findet sie erst nach dem individuellen Tod im Aufstieg ins Abhā-Königreich ihren Abschluss; Bahā'u'llāh schreibt dazu (Bahā'u'llāh, ÄL / 1980, # 81:1):

> Nun zu deiner Frage über die Seele des Menschen und ihr Fortleben nach dem Tode. Wisse wahrlich, dass die Seele nach ihrer Trennung vom Leibe weiter fortschreitet, bis sie die Gegenwart Gottes erreicht, in einem Zustand und einer Beschaffenheit, die weder der Lauf der Zeiten und Jahrhunderte noch der Wechsel und Wandel dieser Welt ändern können. Sie wird so lange bestehen, wie das Reich Gottes, Seine Allgewalt, Seine Herrschaft und Macht bestehen werden. Sie wird die Zeichen Gottes und Seine Eigenschaften offenbaren, Seine Gnade und Huld enthüllen. Meine Feder stockt, wenn sie die Höhe und Herrlichkeit einer so erhabenen Stufe gebührend zu beschreiben sucht. ... Die Himmelsdienerinnen, Bewohnerinnen der erhabensten Stätten, werden sie umschreiten, und die Propheten Gottes und Seine Auserwählten werden ih-

re Gesellschaft suchen. Mit ihnen wird die Seele frei verkehren und ihnen berichten, was sie auf ihrem Wege zu Gott, dem Herrn aller Welten, erdulden musste. Erführe ein Mensch, was einer solchen Seele in den Welten Gottes, des Herrn des Thrones in der Höhe und auf Erden hienieden, verordnet ist, er entflammte sogleich mit seinem ganzen Wesen im überwältigenden Verlangen, diese erhabenste, diese geheiligte, strahlende Stufe zu erreichen.

Zusammenfassend ist festzuhalten, dass das Menschenbild zweistufig angelegt ist: Auf der irdischen Stufe gibt es – analog zu den Manifestationen und deren Religionen – Unterschiede zwischen den einzelnen Menschen; auf der Stufe des Geistes sind diese Differenzierungen aufgehoben, wobei die religiöse Praxis der Bahā'ī darauf ausgerichtet ist, diese Einheit immer weiter auch auf der irdischen Stufe zum Tragen zu bringen. Aus diesem Gott-Mensch-Verhältnis und dem Menschenbild resultiert, dass die Menschen aufgefordert sind, ihre Einheit so zu verwirklichen, dass es keine trennenden Grenzen mehr gibt. Auf der geistigen Stufe zielt das Menschenbild auf die „Verwirklichung" der Eschatologie, die in der Verkündigung Bahā'u'llāhs bereits erreicht ist, um zur Herrlichkeit Gottes zu gelangen.

3.2.4 *Das Konzept der fortschreitenden Offenbarung*

Als Offenbarungsmittler erhebt Bahā'u'llāh den Anspruch, dass durch ihn die früheren Prophezeiungen erfüllt worden sind und dass alle Religionen substanziell eine Einheit bilden. Dadurch finden sich in den Schriften des Bāb, Bahā'u'llāhs, ᶜAbdu'l-Bahās und Shoghi Effendis immer wieder Bezugnahmen auf die früheren Religionen. Ausgehend von diesem Faktum kann der Religionswissenschaftler fragen, wie solche Offenbarungen inhaltlich zueinander stehen. Offenbarung verstehe ich dabei im Anschluss an Gernot Wießner (1992: 471f.) wie folgt: Alle Religionen kennen (a) eine Ur- oder Anfangsoffenbarung und (b) eine sukzessiv-dynamische Offenbarung; diese ergänzt oder rekonstruiert bzw. bestätigt in der Geschichte der jeweiligen konkreten Religion den Inhalt der Ur-Offenbarung. Das Bahā'ī-Konzept der fortschreitenden Offenbarung ist mit dieser Definition gut vereinbar: Die einzelnen (historischen) Offenbarungsmittler bilden insofern eine Einheit, als sie jeweils die Ur-Offenbarung wieder in Erinnerung rufen, zugleich aber mit ihrer Sendung die dynamische Seite der Offenbarung in der konkreten weltgeschichtlichen Umgebung zeigen. Diese „aktualisierende" Form der Ur-Offenbarung ist zeit- und ortsbedingt, wie ausführlich im *Kitāb-i Īqān* (Bahā'u'llāh, KI / 2000, # 161f.; vgl. Ders., ÄL / 1980, # 22:1–3) beschrieben wird. Insgesamt zählt die Bahā'ī-Theologie in einer Systematisierung durch Shoghi Effendi neun unabhängige Religionsstifter mit ihren dazugehörigen Religionen (vgl. Hornby 1983, # 1373).

Die Vorstellung, dass es eine Abfolge von Propheten und göttlichen Offenbarungen gibt, ist als religionsgeschichtliches Phänomen nicht auf die Bahā'ī-Religion beschränkt (vgl. Hutter 1998: 73f.; Ders. 2005b: 5661; ferner Zölzer 2005: 24–26). In der Religionsgeschichte Irans wurde es durch den Religionsstifter Mani (216–277) formuliert. Bahā'u'llāh selbst hatte von Mani – als Vertreter einer untergegangenen Religion – kaum Kenntnis. Manis Lehre der sukzessiven Offenbarung ist daher nur indirekt über die Vermittlung des Islam auf Bahā'u'llāh gekommen. Auch Muhammad verkündet, dass Gott sich von Zeit zu Zeit den Menschen durch seine Gesandten offenbart (z.B. Sure 10:47; 35:25), und er selbst bringt seinen arabischen Landsleuten den „klaren arabischen Koran" (vgl. Sure 19:97; 26:195; 41:44); durch diesen wird ihnen nicht nur die Offenbarung in lokaler Form zugänglich, sondern der arabische Koran entspricht zugleich ihrer geistigen Aufnahmefähigkeit, da er allen verständlich ist. Was Muhammad in seinem Sendungsbewusstsein ebenfalls mit Mani teilt, ist sein Selbstverständnis, dass er der letzte Offenbarer ist. In diesem Punkt setzt das Neue der Bahā'ī-Theologie ein. Für die Bahā'ī-Theologie ist mit Muhammads Sendung nur insofern ein Abschluss – bzw. präziser gesagt: ein Einschnitt – im Offenbarungsgeschehen erreicht worden, als mit ihm der adamitische bzw. prophetische Zyklus zu Ende gegangen ist und mit dem Auftreten des Bāb der Bahā'ī-Zyklus bzw. der Zyklus der Erfüllung begonnen hat. Letzterer soll nach ᶜAbdu'l-Bahā mindestens 500.000 Jahre andauern, wobei nach dem Bāb und Bahā'u'llāh noch weitere Offenbarer als Religionsstifter auftreten werden (N. Towfigh 1989: 44–47; Schaefer 1995: 129f.). Durch die Theologie des „Größeren Bundes" gibt Bahā'u'llāh der fortschreitenden Offenbarung nicht nur eine Begründung, sondern vermag die einzelnen Religionen auch miteinander zu verknüpfen. Die Systematisierung der Religionsgeschichte in die beiden großen Zyklen ist der Versuch, die aus dem manichäisch-iranischen und islamischen Kontext übernommene Lehre der sukzessiven Offenbarung, die allerdings im jeweils letzten Religionsstifter ihren endgültigen Abschluss findet, mit dem neuen Aspekt der dynamischen Offenheit zu verbinden. Dieser neue Aspekt verdient hinsichtlich des Wahrheits- und Absolutheitsanspruchs der Bahā'ī-Religion Aufmerksamkeit.

Mit ihrem Verständnis von Offenbarung verbindet die Bahā'ī-Religion – mit gleichem Recht wie andere Religionen – einen Wahrheitsanspruch, was im Bahā'ī-Schrifttum mehrfach formuliert wird; dies zeigen einige Aussagen Bahā'u'llāhs (ÄL / 1980, # 66:13, # 76:4, # 81, # 116:1): Das Wissen über Gott, das Bahā'u'llāh verkündet, wird u.a. als „Pfad der Wahrheit" bezeichnet, und seine Offenbarung dient dazu, dass „die untrügliche Wahrheit ... unbezweifelbar offenkundig werde". Genauso betont Bahā'u'llāh, dass er gekommen sei, um die Menschen „in alle Wahrheit zu leiten", damit sie die „Wahrheit Meiner Worte" anerkennen. Diese Wahrheit, die in allen Religionen anzutreffen ist, wird durch Bahā'u'llāh neu und entsprechend der fortschreitenden Aufnahmefähigkeit und des erweiterten Verständnisses der Menschen vollständiger als von den früheren Religionsstiftern verkündet (vgl. Zölzer 2005: 23; Scharbrodt 2005b: 51). Da diese Wahrheit aber nicht Bahā'u'llāhs eigenes Werk ist, sondern von Gott stammt, ist sie verbindlich, so dass sich daraus für die Bahā'ī-Religion ein Absolutheitsanspruch ergibt.

Die Gewichtung dieses Absolutheitsanspruches innerhalb der Bahā'ī-Theologie ist im Vergleich zu den früheren Religionen neu, da es eine gewisse Relativierung dieses Anspruches gibt (vgl. auch Scharbrodt 2005b: 56). Ohne dass der absolute Wahrheitsanspruch aufgegeben würde, zeigt sich in zweierlei Hinsicht eine differenzierte Betrachtungsweise: Die fortschreitende Offenbarung setzt voraus, dass schon in früheren Religionen Offenbarung vorhanden ist. Die – in die Vergangenheit blickende – Vorstellung teilt die Bahā'ī-Religion mit vielen anderen Religionen; neu ist jedoch, dass auch ein Blick in die Zukunft hinsichtlich der fortschreitenden Offenbarung geworfen wird. Es wird in ferner Zukunft ein neuer Religionsstifter (oder in der Bahā'ī-Terminologie eine neue Manifestation Gottes) auf Erden erscheinen (vgl. Shoghi Effendi, GGV / 1954: # 12:43). Dies bedeutet jedoch eine systematische Relativierung der eigenen Verkündigung, indem sich Bahā'u'llāh – wie schon zuvor der Bāb (AS / 1991, # 3:37; # 6:11) – selbst in den Rahmen der fortschreitenden Gottesoffenbarung einordnet und die eigene Sendung ebenfalls nur als zeitbedingt hinstellt, die einstmals ein neuer Offenbarer ablösen wird, wie im *Kitāb-i Aqdas* formuliert ist (Bahā'u'llāh, KA / 2000, # 37):

> Wer vor Ablauf eines vollen Jahrtausends den Anspruch auf eine unmittelbare Offenbarung von Gott erhebt, ist gewiss ein Lügner und Betrüger. ... Wer immer diesen Vers anders als nach seiner klaren Bedeutung auslegt, ist des Geistes Gottes und Seiner Barmherzigkeit, die alles Erschaffene umfasst, beraubt.

Diese Mindestdauer von tausend Jahren ist für die Sendung Bahā'u'llāhs wörtlich und nicht symbolisch zu verstehen, was möglichen chronologischen Spekulationen vorerst einen Riegel vorschiebt. Da Religionen auch als soziologische Phänomene betrachtet werden müssen, liegt in dieser Relativierung der Offenbarung mögliches Konfliktmaterial, das nach Ablauf der genannten tausend Jahre virulent werden wird: Ansprüche, der von Bahā'u'llāh angekündigte Offenbarer zu sein, werden in diesen Jahren zweifellos gestellt werden, zumal der neue göttliche Gesandte eine innerweltliche und nicht eschatologische Gestalt sein wird. Für den Religionswissenschaftler ist die Vermutung nicht ganz von der Hand zu weisen, dass das Konzept der fortschreitenden Gottesoffenbarung soziologisch durchaus zu einer Spaltung der „Religion der Einheit" führen könnte (vgl. Hutter 1998: 76f.). Dass sich der Religionsstifter einer solchen denkbaren Möglichkeit durchaus bewusst war, zeigt sich in der Theologie des „Größeren Bundes", der die Gläubigen zur Anerkennung des jeweils nächsten Gottesoffenbarers verpflichtet. Der Gedanke, dass die zukünftige Offenbarung anerkannt werden soll, klingt im *Kitāb-i Aqdas* (# 80) an, wenn der Sinai, der Karmel und der Zion – als Symbole für Judentum und Christentum – aufgefordert werden, die neue Offenbarung durch Bahā'u'llāh anzuerkennen. Explizit verbindet ᶜAbdu'l-Bahā die Lehre der fortschreitenden Offenbarung mit der Theologie des Größeren Bundes (zit. nach UHG 1996: 6; vgl. auch N. Towfigh 1989: 39f.):

> Abraham, Friede sei mit Ihm, errichtete einen Bund hinsichtlich Mose und gab die frohen Botschaften Seines Kommens. Moses errichtete einen Bund hinsichtlich des Verheißenen und verkündete der Welt die gute Kunde der Offenbarung Christi. Christus errichtete einen Bund hinsichtlich des Trösters und gab die Botschaft Seines Kommens. Der Prophet Muhammad errichtete einen Bund hinsichtlich des Bāb, und der Bāb war der von Muhammad Verheißene, denn Muhammad gab die Botschaft Seines Kommens. Der Bāb errichtete einen Bund hinsichtlich der Gesegneten Schönheit Bahā'u'llāh und verkündete die frohen Botschaften Seines Kommens, denn die Gesegnete Schönheit war Der, den der Bāb verheißen hatte. Bahā'u'llāh errichtete einen Bund hinsichtlich eines Verheißenen, der in tausend oder Tausenden von Jahren offenbar werden wird. Jener Offenbarer ist der von Bahā'u'llāh Verheißene, der in tausend oder Tausenden von Jahren erscheinen wird. Und ebenso schloss Er durch Seine höchste Feder einen großen Bund mit allen Bahā'ī und gebot ihnen, nach Seinem Hinscheiden dem Mittelpunkt des Bundes zu folgen und nicht um Haaresbreite vom Gehorsam, den sie Ihm leisten sollen, abzuweichen.

Der Wahrheits- und Absolutheitsanspruch liegt in dieser Theologie des Bundes. Durch die äußere weltliche Wandelbarkeit der Religionsstifter und ihrer gestifteten Religionen entsteht eine Relativität jeder Religion. Für die Bewertung der Religionen bedeutet dies unterschiedliche Dimensionen bei jeder Religion, so dass man zwischen der „horizontalen" und der „vertikalen" Dimension unterscheiden muss (Schaefer 1995: 137–140). Zu ersterer gehören die wandelbaren Seiten einzelner Religionen, die das weltlich unterschiedliche Erscheinungsbild derselben bestimmen, z.B. kulturspezifische Seiten einer Religion, wovon Kult- und Organisationsformen oder Ausdrucksweisen des alltäglichen Lebens (z.B. Speisevorschriften, unterschiedliche Fastenzeiten, Fastenvorschriften), aber auch rechtliche Vorschriften abhängen. Genauso sind die Ausdrucksformen der horizontalen Dimension der Religionen von der jeweiligen Auffassungskraft der sich entwickelnden Menschen abhängig. Hinsichtlich der horizontalen Dimension sind Religionen immer wieder veränderbar und reformierbar, so dass sich die einzelnen Religionen in dieser Dimension klar voneinander unterscheiden (vgl. Zölzer 2005: 23). Die vertikale Dimension der Religionen hingegen „unterliegt weder Wechsel noch Wandel" (ʿAbduʾl-Bahā, BF / 1977, # 11:9) und ist in allen Religionen in gleicher Weise anzutreffen; dazu gehören Glaube und Liebe zu Gott, Nächstenliebe, innerer Friede oder Ehrfurcht gegenüber den Eltern.

Aufgrund dieser Differenzierung zwischen vertikaler und horizontaler Dimension gelingt es der Bahāʾī-Religion, den eigenen Absolutheitsanspruch, der für den Bestand jeder Religion unabdingbar ist, zu bewahren. Zugleich können sie den Umgang mit anderen Religionen offen gestalten, da die vertikale Dimension der Religionen kein exklusives Selbstverständnis für die eigene Religion erlaubt. Die in den einzelnen Religionen vorhandene Wahrheit der Offenbarung kann nicht „unwahr" werden. Allerdings sollte man einen Aspekt in der Einschätzung der vertikalen und horizontalen Dimension von Religionen nicht übersehen. Beide sind in einer umfassenden Beschreibung von Religionen in gleicher Weise zu berücksichtigen, während in der Bahāʾī-Theologie eine Präferenz für die vertikale Dimension mit einer mystischen Einheit aller Religionen vorliegt. Daraus ist die Schlussfolgerung zu ziehen: Trotz der Offenheit im Umgang mit anderen Religionen, die durch die Relativierung des Absolutheitsanspruches möglich ist, sind die früheren Religionen, soweit sie neben der Bahāʾī-Religion in ihrer gesellschaftlichen und gegenwärtigen Ausformung existieren, durch die Theologie des „Größeren Bundes" überholt (vgl. Hutter 1998: 78f.). Insofern enthält die Theologie des „Größeren Bundes" implizit eine negative Bewertung der realen religiösen Vielfalt: Zwar akzeptiert man in inklusivistischer Weise alle Religionen in ihrer „reinen" Form vollständig, während die konkreten religiösen und religionsgeschichtlichen Ausformungen nur noch im Lichte der eigenen Lehre gesehen werden. Letztlich ist für das Heil die Annahme der neuen Offenbarung, die Bahāʾuʾllāh gebracht hat, notwendig, d.h. es liegt ein theologischer Ausschließlichkeitsanspruch vor. Dieser wird durch die Lehre von der fortschreitenden Offenbarung gemildert, da auch die Bahāʾī-Religion ihrerseits dereinst vom Absolutheitsanspruch und theologischen Ausschließlichkeitsanspruch einer zukünftigen Offenbarung abgelöst werden wird.

3.2.5 *Fortschreitende Offenbarung und der Eigenwert der „anderen" Religionen im interreligiösen Dialog*

Die Konzepte der fortschreitenden Offenbarung und des „Größeren Bundes" führen – trotz der theologischen Implikation, dass hinsichtlich der horizontalen Dimension die Bahāʾī-Religion für die Gegenwart die „ideale" Religion ist – im Zusammentreffen mit anderen Religionen

Bahā'ī zu einem großen Bemühen um interreligiöse Begegnungen. Begründet wird dieser Kontakt zu anderen Religionen durch den Hinweis im *Kitāb-i Aqdas* (Bahā'u'llāh, KA / 2000, # 144):

> Verkehrt mit allen Religionen in Herzlichkeit und Eintracht, auf dass sie Gottes süße Düfte von euch einatmen. Hütet euch, dass euch im Umgang mit den Menschen nicht die Hitze törichter Unwissenheit übermannt. Alles hat seinen Anfang in Gott und alles kehrt zu Ihm zurück. Er ist aller Dinge Ursprung und in Ihm haben alle Dinge ihr Ende.

Diese Stelle lässt erneut den Einheitsgedanken, der die ganze Bahā'ī-Theologie durchzieht, erkennen, aber sie macht auch nochmals das Modell des Umgangs mit anderen Religionen deutlich: Der interreligiöse Kontakt dient dazu, dass die andersreligiösen Gesprächspartner durch die Bahā'ī Gott kennen lernen, indem sich Bahā'ī aktiv in „interreligiöse" Veranstaltungen einbringen und an deren Beratungen mitwirken. Daher nahmen beispielsweise rund 100 Bahā'ī im Dezember 1999 am so genannten „Parlament der Weltreligionen" in Kapstadt (Südafrika) teil und unterstützten – wie die rund 7.000 Teilnehmer verschiedenster Religionen insgesamt – den „Aufruf an unsere führenden Institutionen" (vgl. One Country 2/2000, 18–21). Dieses Schlussdokument der Veranstaltung fordert aufgrund religiöser Werthaltungen die Überwindung von wirtschaftlicher Ausbeutung, sozialer Ungerechtigkeit, Armut und Menschenrechtsverletzungen. Auch an dem im Dezember 1999 formulierten Abschlussbericht über „Armut und Entwicklung. Ein interreligiöser Ausblick" auf dem Treffen des „World Faiths Development Dialogue" in Washington (USA) waren Bahā'ī beteiligt. Gemeinsam ist solchen Aktivitäten und Dokumenten aus der Perspektive der Bahā'ī-Theologie, dass die Einigung auf fundamentale Werte für die Erreichung solcher Ziele voraussetzt, dass es nur einen Gott gibt. Dadurch spiegeln sie einerseits das Bemühen von Vertretern der Religionen wider, vermehrt über die Einheit Gottes nachzudenken. Andererseits beinhalten solche Dokumente theologische Kompromisse, da die verschiedenen Religionen ihr jeweils eigenständiges Verständnis über „Gott" oder das „Absolute" in die Diskussionen einbringen, das theologisch nicht mit dem Gottesverständnis der Bahā'ī deckungsgleich ist. Trotz solcher notwendigen Kompromisse im konkreten Umgang von Religionen miteinander, bei dem die verschiedenen Religionen ihren Eigenwert verständlicherweise bewahren möchten (vgl. Zölzer 2005: 30; ferner Schaefer 2007: 112–117), sind solche Aktivitäten und Dokumente wichtige Zeugnisse für die Entwicklung einer „interreligiösen Ethik" oder einer ethischen Kooperation der Religionen miteinander.

Ein wichtiges Dokument zum Umgang mit anderen Religionen (vgl. Zölzer 2005: 32f.; Clauß 2008: 220f.) ist die im April 2002 vom Universalen Haus der Gerechtigkeit veröffentlichte Botschaft „An die religiösen Führer der Welt", die an viele Religionsvertreter sowie an hochrangige Personen im öffentlichen Dienst oder an Akteure im interreligiösen Dialog verteilt wurde. Diese Botschaft möchte die verschiedenen Religionsführer auffordern, ihre Aufmerksamkeit auf den Abbau religiöser Vorurteile zu richten. Dabei wird betont, dass die institutionalisierte Religion „schon lange ... ihre Glaubwürdigkeit dem Fanatismus hergegeben" hat (UHG 2002: 4). Dem soll dadurch entgegengewirkt werden, dass durch eine positive Vision der Dialog der Religionen oder die „Parlamente der Religionen" gefördert werden. Interreligiöse Begegnungen und Andachten sollen dabei ein besseres gegenseitiges Verständnis ermöglichen. Denn obgleich konkrete Religionen und ihre Führer nicht immer der Verlockung der Machtkorruption widerstehen konnten (vgl. UHG 2002: 7), steht der positive Einfluss der Religionen in der Gestaltung der Welt im Mittelpunkt, da sie die unterschiedlichen Völker in komplexen Gesellschaften verbinden können. Daher heißt es schließlich in diesem Dokument (UHG 2002: 7):

> Der große Vorteil des gegenwärtigen Zeitalters ist der Blickwinkel, der es der gesamten Menschheit ermöglicht, diesen Zivilisationsprozess als ein einziges Phänomen zu sehen: die immer wiederkehrende Begegnung unserer Welt mit der Welt Gottes. Von dieser Sichtweise inspiriert hat die Bahā'ī-Gemeinde sich von Anfang an entschieden für interreligiöse Aktivitäten eingesetzt. Neben der wertvollen Zusammenarbeit, die solche Aktivitäten entstehen lassen, sehen die Bahā'ī im Bemühen verschiedener Religionen, einander näher zu kommen, eine Antwort auf den göttlichen Willen für eine Menschheit, die in ihr kollektives Reifealter eintritt. Die Mitglieder unserer Gemeinde werden weiterhin in jeder uns möglichen Weise helfen. Unseren Partnern bei diesen gemeinsamen Bemühungen sind wir es jedoch schuldig, klar unsere Überzeugungen darzulegen, dass der interreligiöse Dialog ... sich nun ehrlich und ohne weiter auszuweichen der praktischen Bedeutung jener umfassenden Wahrheit zuwenden muss, die diese Bewegung erst entstehen ließ: dass es nur einen Gott gibt, und dass, jenseits aller Unterschiede in kultureller Ausprägung und menschlicher Interpretation, auch die Religion nur eine ist.

Dieses Dokument des Universalen Hauses der Gerechtigkeit ist ein klares theologisches Zeugnis dafür, dass das interreligiöse Bemühen der Bahā'ī den innerweltlichen Frieden und die fortschreitende Höherentwicklung der Menschen fördern soll, um das „Feuer religiöser Vorurteile" (UHG 2002: 7) abzubauen. Um dies zu verwirklichen, werden auch die Führer der Religionen zu einen Bruch mit der Vergangenheit aufgefordert, da die eingangs genannte institutionalisierte Religion schnell an Grenzen eines solchen interreligiösen Dialogs stoßen kann. In dieser Hinsicht werden die Grenzen des bahā'ī-theologischen Dokuments sowie des Engagements der Bahā'ī im Dialog mit anderen Religionen aus der Perspektive von Nicht-Bahā'ī deutlich: Religionsangehörige, die sich durch ihr eigenes religionsspezifisches Welt-, Menschen- und Gottesbild von den Bahā'ī unterscheiden, stehen vor der Herausforderung, entweder der Einheit aller Religionen zuzustimmen und damit den Eigenwert der eigenen Religion der Theologie der fortschreitenden Offenbarung unterzuordnen, oder den Bruch mit der Vergangenheit abzulehnen. Ersteres kann von Nicht-Bahā'ī in diesem Dialog als Vereinnahmung interpretiert werden, die man nicht akzeptieren möchte. Aufgrund dieser Spannung blieb eine positive theologische Reaktion von Nicht-Bahā'ī auf dieses Dokument weitgehend aus (vgl. Clauß 2008: 221). Denn die Lehre der fortschreitenden Offenbarung ist ein theologisches Konzept, das „sowohl Elemente enthält, die die Teilnahme der Bahā'ī am interreligiösen Dialog erleichtern, aber auch Elemente, die von Vertretern anderer Religionen als vereinnahmend empfunden werden können" (Scharbrodt 2005b: 55).

3.2.6 Das religiöse Recht und die Gemeindeordnung

Die klare hierarchische Struktur, die es auf den unterschiedlichen Ebenen der Religionsgemeinde gibt, wird im Kern in verschiedenen Schriften Bahā'u'llāhs festgelegt und durch ᶜAbdu'l-Bahā und Shoghi Effendi im Detail interpretiert und entfaltet. Dadurch ist die Gemeindeordnung nicht nur eine Angelegenheit der Verwaltung, sondern zugleich ein theologisches Thema. Die Schriften Bahā'u'llāhs als Offenbarungsschriften sind dabei nicht nur primäre Rechtsquelle, sondern wegen des Offenbarungsverständnisses ist das Bahā'ī-Recht für den Gläubigen zugleich göttliches Recht (*ius divinum*), wodurch die Bahā'ī-Religion eine Religion des Rechts wird. Zentrales „Rechtsbuch" ist in dieser Hinsicht der *Kitāb-i Aqdas*, der aber keineswegs das einzige „Rechtsbuch" ist (vgl. Schaefer 2000: 12; Schaefer 2001: 202–204; E. Towfigh 2006: 58–60; T. Tober 2008: 44–46).

Die Berechtigung zur autoritativen Auslegung dieser Rechtsquellen ist nach dem Tod des Religionsstifters zunächst ᶜAbdu'l-Bahā testamentarisch anvertraut und schließlich von diesem als Aufgabe des Hütertums festgelegt worden (vgl. T. Tober 2008: 47–52). Formal kann man dabei von einem graduellen Inkrafttreten der religiösen Gesetze sprechen, die das Bahā'ītum charakterisieren. Da das Bahā'ī-Recht – vergleichbar den Rechtsvorstellungen des Islam, die aus dem Koran abgeleitet werden – als göttliches Recht aus Offenbarungsquellen stammt, ist eine Außerkraftsetzung oder Aufhebung dieser Gebote durch juristische Auslegung nicht möglich. Gesetze hingegen, die das Universale Haus der Gerechtigkeit erlässt, sind rechtstheologisch als Rechtsweiterbildung zu sehen, d.h. es handelt sich um eine supplementäre Rechtssetzung, die grundsätzlich wieder vom Universalen Haus der Gerechtigkeit aufgehoben werden kann (E. Towfigh 2006: 62; T. Tober 2008: 53–56). Insofern kann man von einer „doppelten", aber klar hierarchischen Rechtsstruktur im Bahā'ītum sprechen, indem aufgrund des Erlöschens des Hüteramts durch den Tod Shoghi Effendis die autoritative Auslegung des göttlichen Rechts im Kenntnisstand der 1950er Jahre konserviert wurde. Da die Bahā'ī-Gemeinde damals insgesamt nur 213.000 Mitglieder hatte, von denen 94 Prozent im Iran (und im Vorderen Orient) lebten (Smith / Momen 1989: 72), muss mitbedacht werden, dass diese autoritative Auslegung in einem zeitlichen und kulturellen Kontext geschehen ist, der seither manche Veränderungen erfahren hat. Damit die Bahā'ī-Gemeinde auf geänderte gesellschaftliche Herausforderungen angemessen reagieren kann, kommt der sekundären Rechtssetzung des Universalen Hauses der Gerechtigkeit eine wichtige Rolle zu. Aber auch die Veröffentlichung der vollständigen Übersetzung des *Kitāb-i Aqdas* im Jahr 1992 ist in diesem Licht zu sehen: Durch die Entwicklung des Bahā'ītums ist die Bekanntmachung und schrittweise (zukünftige) Umsetzung der im *Kitāb-i Aqdas* von Bahā'u'llāh geoffenbarten Gesetze einerseits notwendig, andererseits konkreter durchführbar. Somit kann sowohl durch die Bekanntmachung des Textes als auch durch die Erläuterungen des Universalen Hauses der Gerechtigkeit hinsichtlich der konkreten Anwendbarkeit der Rechtsanweisungen des Textes die – nur teilweise vorliegende – autoritative Auslegung durch ᶜAbdu'l-Bahā und Shoghi Effendi dahingehend erweitert werden, dass das „göttliche Recht" des *Kitāb-i Aqdas* (wie auch anderer Schriften Bahā'u'llāhs) selbstverständlich uneingeschränkt gültig bleibt, aber zugleich dem Gläubigen eine verbindliche Hilfestellung dazu gegeben wird, wie dieses göttliche Recht in einer – gegenüber der Entstehungszeit – veränderten Welt befolgt werden muss.

Das eben angedeutete Problem, dass nicht alle Fragestellungen, die eine rechtliche Klärung erfordern, in den Schriften Bahā'u'llāhs und seiner beiden Ausleger behandelt worden sind, erlaubt (und erfordert) eine weitere Rechtskompetenz, die das Universale Haus der Gerechtigkeit in zweierlei Hinsicht besitzt. Für manche Bereiche des göttlichen Gesetzes ist in den Bahā'ī-Quellen bereits ausdrücklich festgehalten, dass die weitere verbindliche Gesetzgebung durch das Universale Haus der Gerechtigkeit festzulegen ist; für andere wichtige Rechtsthematiken finden sich in den Heiligen Schriften der Bahā'ī überhaupt keine Regelungen. Hierzu ist das Universale Haus der Gerechtigkeit befugt, supplementäre Rechtsprechung über die in den Heiligen Schriften geregelte Rechtsmaterie hinausgehend zu formulieren. Als rechtstheologische Besonderheit ist dabei festzustellen, dass hier ein Gesetzgebungsorgan einer Religionsgemeinschaft den Anspruch erhebt, dass seine Rechtssetzung den göttlichen Willen manifestiere, so wie dies in den Rechtssetzungen der Heiligen Schriften geschieht (Schaefer 2001: 222f.; E. Towfigh 2006: 64; T. Tober 2008: 99–104). Damit ist aber auch gesagt, dass außerhalb des Universalen Hauses der Gerechtigkeit keine Instanz zusätzliches religiöses Recht für das Bahā'ītum erstellen kann, d.h. eine „Übereinstimmung der Gelehrten" oder die Rechtskompetenz eines einzelnen Bahā'ī kann keinen verbindlichen Anspruch erheben. Damit ergibt sich eine klare Rechtshierarchie für das Bahā'ītum hinsichtlich der absoluten Verbindlichkeit der Satzungen, was Emanuel Towfigh (2006: 71) folgendermaßen zusammenfasst. „Das primäre *ius divinum* kann weder durch sekundäres *ius divinum* und erst recht nicht durch *ius humanum* adaptiert oder abrogiert werden (sondern eben nur durch neu offenbartes *ius divinum*). Sekundäres *ius divinum* kann sich selbst und *ius humanum* verändern und aufheben, und die Veränderung oder Aufhebung des *ius humanum* schließlich unterliegt keinen Beschränkungen."

Die inhaltliche Strukturierung des Bahā'ī-Rechts ist auf das Individuum, auf die Gesellschaft oder auf die Gemeinschaft ausgerichtet, wobei letzteres die Organisation der Gemeinde bzw. die Gemeindeordnung betrifft. Die Gemeindeordnung ist zweiteilig, indem man zwischen der Jurisdiktionsgewalt und der Lehrgewalt unterscheidet. Erstere liegt – jeweils abgestuft – in den Händen der Leitungsorgane, beginnend mit dem Universalen Haus der Gerechtigkeit absteigend über die Nationalen zu den Lokalen Geistigen Räten, wobei deren Entscheidungen für den einzelnen Bahā'ī bindend sind. Zur Jurisdiktionsgewalt gehören ferner Entscheidungen, die auf die Förderung der Gesellschaft abzielen. Das Lehramt war bis zum Erlöschen des Hüteramts verbindlich und autoritativ festgelegt, nunmehr liegt es in der Hand von „Bahā'ī-Gelehrten", die mit dem Schutz der Lehre betraut sind, um die Einheit der Lehre – und daraus folgend auch der Gemeinde – zu bewahren. Wichtig für die Funktion des Lehramtes ist, dass aufgrund der Verpflichtung jedes Einzelnen, selbstständig nach der Wahrheit zu forschen, die „institutionalisierte Aufgabe der Verkündigung im Sinne einer organisatorischen Unterstützung, Koordinierung und Ermutigung der Gläubigen zu verstehen ist" (E. Towfigh 2006: 77; vgl. Schaefer 2001: 218). Insofern ist die Lehrgewalt in geringerem Ausmaße autoritativ als die Jurisdiktionsgewalt.

Aus dem Bahā'ī-Recht ergibt sich eine klar hierarchische Struktur der Gemeinde. Diese Rechtstheologie ist aus dem „kleineren" („speziellen") Bund abzuleiten, der besagt, dass innerhalb der Religion die Gläubigen an die Aussagen der Institutionen gebunden sind. Denn die Institutionen der Religionsgemeinschaft sind repräsentativer Ausdruck des Bundes, den der Religionsstifter mit seinen Anhängern geschlossen hat. Damit sind Entscheidungen der jeweiligen Leitungsinstitution innerhalb der Religion für den Gläubigen rechtlich verbindlich. Die einzelnen Gläubigen sind die Grundlage der Gemeindestruktur, wobei die Rechte und Pflichten des Einzelnen unterschiedlich zu bewerten sind. Aus der Bundestheologie erwachsen Pflichten für den Gläubigen, die er Gott (und indirekt auch der Gemeinde) gegenüber hat, die jedoch von der Gemeinde weder eingefordert noch – bei Unterlassung der Pflichten – sanktioniert werden können. Anders die Rechte, die der Gläubige beanspruchen kann, die ihm aber in manchen Fällen auch entzogen werden können. Zu den Rechten des Gläubigen gehört u.a. eine große Handlungsfreiheit, das Recht, an Wahlen zu Bahā'ī-Institutionen aktiv und passiv teilzunehmen, sowie die Freiheit, die Religionsgemeinschaft jederzeit verlassen zu dürfen. Administrative Rechte im Zusammenhang mit aktivem und passivem Wahlrecht, aber auch das Recht zur Teilnahme am gemeindeinternen Beratungsteil des Neuzehntage-Festes können einem Gläubigen in schwerwiegenden Fällen eines Verstoßes gegen Bahā'ī-Recht (vorübergehend) entzogen werden. Der Entzug der administrativen Rechte ist jedoch vom Ausschluss aus der Gemeinde zu unterscheiden. Dieser kommt in jenen Fällen zum Tragen, wenn ein Mitglied nachhaltig gegen den „kleineren Bund" verstößt, d.h. die Leitungsinstitutionen der Bahā'ī-Gemeinschaft nicht anerkennt und somit eine strukturelle Spaltung der Einheit der Gemeinde anstrebt. Das bloße „Infragestellen" der Lehrinhalte oder eine „häretische" Auslegung der Lehren sind – aufgrund des Grundsatzes des selbstständigen Forschens nach der Wahrheit – kein Grund für den Ausschluss eines „Bundesbrechers". Letzterer Begriff macht dabei auch sprachlich deutlich, dass ein Ausschluss nur stattfinden kann, wenn eine ausdrückliche Verweigerung vorliegt, die Gemeindeordnung aufgrund des „kleineren Bundes" anzuerkennen. Die Instanz, die den Bundesbruch und somit den Ausschluss aus der Gemeinde ausspricht, ist das Universale Haus der Gerechtigkeit (E. Towfigh 2006: 115f.; Schaefer 2001: 221). Ein weiterer Kontakt zu einem Bundesbrecher soll von den Gemeindemitgliedern nach Möglichkeit vermieden werden. Dadurch unterscheidet sich die Einschätzung eines Bundesbrechers aus der Perspektive der Gemeinde von einem Gläubigen, der seinen Austritt aus der Gemeinde erklärt. Der Austritt wird vom zuständigen Nationalen Geistigen Rat bestätigt, ohne dass weitere Konsequenzen für den ehemaligen Gläubigen entstehen, der gegebenenfalls auch erneut der Gemeinde beitreten kann. Der Eintritt in die Bahā'ī-Religion ist ebenfalls ein Rechtsakt, durch den man – frühestens im Alter von fünfzehn Jahren – seine Bereitschaft bekundet, das göttliche Recht zu befolgen. In dieser Hinsicht führt das *ius divinum* – wie die Bahā'ī-Theologie als Ganze – direkt zur Lebensführung in individueller, aber auch in gesellschaftlicher Hinsicht. Denn dieses theologische Recht soll zugleich die neue Ordnung, die Bahā'u'llāh für seine Anhänger bringt, in den staatlich-gesellschaftlichen Kontext integrieren (vgl. T. Tober 2008: 149–153).

3.3 Die religiöse Praxis

Die selbstständige Suche nach Wahrheit, zu der jeder Mensch von Bahā'u'llāh aufgefordert wird, meint, dass man sich immer von Neuem um ein besseres Verständnis der Religion bemühen muss und man sich nicht einfach auf Aussagen religiöser Autoritäten verlassen sollte. Zwar hat Bahā'u'llāh Geistliche, deren Lebenswandel und Lehren übereinstimmen, geschätzt, weil sie eine Lampe der Führung sind (vgl. Bahā'u'llāh, ÄL / 1980, # 66:9), allerdings äußert er sich an vielen anderen Stellen skeptisch bis ablehnend gegenüber religiösen Spezialisten, die nur die Zügel der Macht festhalten wollen und die Menschen von Gott fernhalten. Solchen Geistlichen stellt Bahā'u'llāh (KI / 2000, # 233) daher die Bedeutung der einzelnen Gläubigen gegenüber:

> Doch in den Augen Gottes ist das einfache Volk unendlich höher und erhabener als seine Geistlichen, die von dem einen wahren Gott abgeirrt sind. Um sein Wort zu verstehen, um die Verse der Himmelstauben zu begreifen, bedarf es keiner Gelehrsamkeit, sondern nur der Reinheit des Herzens, der Keuschheit der Seele und der Freiheit des Geistes.

Man darf daraus selbstverständlich nicht ableiten, dass für Bahā'ī eine intensive, auch intellektuelle Beschäftigung mit den Inhalten der Religion unnötig oder unerwünscht sei (vgl. Schaefer 2007: 341f.), sondern solche Aussagen kritisieren vor allem die institutionalisierte Macht einzelner religiöser Spezialisten oder deren Deutungen der Religionen im Lichte von Aberglauben oder verfestigten Dogmen. Daher betonen v.a. ᶜAbdu'l-Bahā und Shoghi Effendi mehrfach, dass jeder Einzelne immer im Lichte der Wissenschaft über seine Religion forschen soll, um sich dadurch geistig zu entwickeln. Charakteristisch dafür ist eine bildliche Aussage, die ᶜAbdu'l-Bahā im Jahr 1911 in Paris gemacht hat (ᶜAbdu'l-Bahā, AP / 1995, # 44:112–115):

> Religion und Wissenschaft sind die beiden Flügel, auf denen sich die menschliche Geisteskraft zur Höhe erheben und mit denen die menschliche Seele Fortschritte machen kann. Mit einem Flügel allein kann man unmöglich fliegen: Wenn jemand versuchen wollte, nur mit dem Flügel der Religion zu fliegen, so würde er rasch in den Sumpf des Aberglaubens stürzen, während er andererseits nur mit dem Flügel der Wissenschaft auch keinen Fortschritt machen, sondern in den hoffnungslosen Morast des Materialismus fallen würde. ... Wenn die Religion, befreit von Aberglauben, Überlieferungen und unverständigen Dogmen, ihre Übereinstimmung mit der Wissenschaft dartut, so wird eine große einigende, reinigende Kraft in der Welt sein, die alle Kriege, Uneinigkeiten, Missklänge und Streitigkeiten vor sich herkehrt.

Aus dieser Forderung nach Übereinstimmung von Glauben und Wissenschaft und der Fähigkeit des Menschen, die Offenbarung Gottes zu verstehen, lässt sich für die religiöse Praxis ableiten, dass jeder aufgrund seiner Kenntnis der Religion verpflichtet und befähigt ist, aktiv an der Umsetzung der Religion in das praktische Leben als Einzelner und als Mitglied der Gemeinde zu arbeiten. Da aber jeder an der Gestaltung der praktischen Seiten der Religion mitwirken soll, sind ein professionelles Priestertum oder ein spezifischer Stand von Religionsgelehrten für die Bahā'ī-Religion überflüssig. Dadurch wird die ganze religiöse Praxis der Bahā'ī etwas, dessen Ausformung weitgehend individuell gestaltet werden kann. Daraus folgt zugleich, dass die Bahā'ī-Religion eher wenig fest etablierte und umfangreiche Rituale besitzt, jedoch gibt es schon in den Schriften Bahā'u'llāhs einige verbindliche Ritualanweisungen – v.a. für Gebete, aber auch einzelne Anweisungen für Feste haben rituellen Charakter (vgl. Schaefer 1993: 58f.). Aufgrund der Auslegungskompetenz ᶜAbdu'l-Bahās und Shoghi Effendis sind noch ein paar weitere rituelle Normen hinzugekommen, die bei der Durchführung religiöser Veranstaltungen verbindlich sind. Damit sind nur sehr allgemeine Grundschemata vorgegeben, so dass sich über diese Grundlagen hinaus sehr verschiedene Formen religiöser Praxis ergeben können.

Der Einzelne ist ab jenem Zeitpunkt verantwortlich in die religiöse Praxis eingebunden, ab dem er ein Bahā'ī ist. Die Annahme der Religion ist ein bewusster Akt, so dass Kinder von Bahā'ī-Eltern zwar im Rahmen der Erziehungsverantwortung ihrer Eltern mit religiösen Werten und Vorstellungen vertraut gemacht werden, allerdings sind sie formal keine „Voll-Bahā'ī". Die Aufnahme in die Religionsgemeinschaft geschieht erst, wenn sich jemand „als Bahā'ī erklärt"; das Mindestalter für diese Erklärung ist die Vollendung des 15. Lebensjahres, das als Alter der „Religionsreife" gilt. Ab diesem Zeitpunkt ist man auch berechtigt, an den Neunzehntage-Festen teilzunehmen; die Berechtigung, an Wahlen für die verschiedenen Bahā'ī-Institutionen teilzunehmen, erhält man jedoch erst mit vollendetem 21. Lebensjahr. So lange man dabei nicht explizit seinen Austritt aus der Religionsgemeinschaft erklärt oder – in Ausnahmefällen – aus der Religionsgemeinschaft ausgeschlossen wird, gilt man als Bahā'ī. Hinsichtlich der religiösen Praxis ist zu betonen, dass diese Erklärung als Bahā'ī kein „Aufnahme-" oder Initiationsritus in die Religion ist, sondern eher ein administrativer Akt. Daher wird in den meisten westlichen Ländern als Zeichen dieser Erklärung vom Nationalen Geistigen Rat ein Ausweis ausgestellt. Dieser Ausweis, der den Status als Bahā'ī gemeindeintern nachweist, ist neben der statistischen Seite auch deswegen nützlich, da viele Bahā'ī sehr mobil sind und sich aufgrund dieses Ausweises bei einer neuen Bahā'ī-Gemeinde als Mitglied der Religionsgemeinschaft legitimieren können, so dass sie in einer solchen neuen Gemeinde von Beginn an alle Rechte als Mitglieder genießen können (vgl. Warburg 2006: 306f.; E. Towfigh 2006: 113f.). Hinsichtlich der Form der Erklärung gibt es keine genormten Regelungen, so dass man das Erklärungsformular einfach an den

Nationalen Geistigen Rat schicken kann; häufig geschieht die Erklärung als Bahā'ī jedoch vor der lokalen Gemeinde im Rahmen einer religiösen Andacht. Da jeder selbst entscheiden kann, ob und wann er Bahā'ī wird, ist kein „Glaubensbekenntnis" vorgeschrieben, das mit der Erklärung ausgesprochen werden müsste. Vier inhaltliche Punkte, derer man sich jedoch vor der Erklärung als Bahā'ī bewusst sein sollte, hat Shoghi Effendi in einem Schreiben vom 24. Oktober 1925 an den Nationalen Geistigen Rat der Vereinigten Staaten von Amerika und Kanadas genannt (Shoghi Effendi, BA / 1974: 90): Man muss die Stellung des Bāb, Bahā'u'llāhs und ᶜAbdu'l-Bahās anerkennen, man muss an die Offenbarung Bahā'u'llāhs glauben, man muss das Testament ᶜAbdu'l-Bahās uneingeschränkt akzeptieren und man muss die Bahā'ī-Administration anerkennen. Da diese vier Punkte in allgemeiner Form sowohl alle Lehrinhalte als auch die Organisationsformen der Bahā'ī-Verwaltung implizit beinhalten, akzeptiert man somit bei der Erklärung als Bahā'ī die Religion vollständig.

3.3.1 Feste und kultischer Kalender

Der Bahā'ī-Kalender ist ein Sonnenkalender, der jeweils am 21. März beginnt. Dieser Kalender wurde bereits vom Bāb eingeführt, indem er den iranisch-zoroastrischen Sonnenkalender mit dem Jahresbeginn im Frühjahr (Naw-Rūz) übernahm. Allerdings gliederte er ihn neu. Denn das Jahr umfasst in diesem Kalender 19 Monate zu je 19 Tagen. Die Tageszählung geht jeweils von Abend bis Abend und vier (bzw. in Schaltjahren fünf) Zusatztage vor dem 19. Monat gewährleisten den regelmäßigen Ausgleich mit dem Sonnenjahr. Die 19 Monatsnamen benennen Attribute Gottes, wobei der Bāb diese Benennungen aus der schiitischen Gebetssprache für das Morgengebet im Fastenmonat Ramadan übernommen hat (Mihrshahi 2004: 21f.). Für die 19 Monate sowie die 19 Tage jedes einzelnen Monats werden dabei dieselben Namen verwendet, so dass sich folgender Monatsablauf im Jahreskreis ergibt:

Bahā	Glanz	21. März bis 8. April
Jalāl	Ruhm	9. bis 27. April
Jamāl	Schönheit	28. April bis 16. Mai
ᶜAzamat	Größe	17. Mai bis 4. Juni
Nūr	Licht	5. bis 23. Juni
Rahmat	Erbarmen	24. Juni bis 12. Juli
Kalimāt	Worte	13. bis 31. Juli
Kamāl	Vollkommenheit	1. bis 19. August
Asmā'	Namen	20. August bis 7. September
ᶜIzzat	Würde	8. bis 26. September
Mashīyyat	Wille	27. September bis 15. Oktober
ᶜIlm	Wissen	16. Oktober bis 3. November
Qudrat	Macht	4. bis 22. November

Qawī	Sprache	23. November bis 11. Dezember
Masā'il	Fragen	12. bis 30. Dezember
Sharaf	Ehre	31. Dezember bis 18. Januar
Sultān	Herrschaft	19. Januar bis 6. Februar
Mulk	Hoheit	7. bis 25. Februar
ᶜAlā'	Erhabenheit	2. bis 20. März

Die vier bzw. fünf Zusatztage (*ayyām-i hā*) fallen jährlich auf den 26. Februar bis 1. März, wobei diese Tage geselligen Charakter haben, so dass sich Bahā'ī an diesen Tagen gegenseitig besuchen und mit kleinen Aufmerksamkeiten erfreuen (Bahā'u'llāh, KA / 2000, # 16; vgl. Warburg 2006: 359). Eine vergleichbare Tradition kennen auch die Zoroastrier im Iran, die ihren Sonnenkalender, der in 12 Monate zu je dreißig Tagen gegliedert ist, ebenfalls durch fünf Zusatztage regelmäßig mit dem Sonnenjahr ausgleichen; allerdings werden im zoroastrischen Kalender die fünf Zusatztage unmittelbar vor Naw-Rūz, dem Neujahrsbeginn am 21. März, eingeschoben. Insofern kann in der Verlagerung der Zusatztage im Bahā'ī-Kalender eine Veränderung der zoroastrischen Tradition gesehen werden, die erst unter Bahā'u'llāh festgelegt wurde. Der Bāb hatte den genauen Zeitpunkt für diese eingeschobenen Tage unbestimmt gelassen, so dass die Azalīs – um sich von den Bahā'ī zu unterscheiden – diese Tage unmittelbar vor dem Neujahrstag einfügten. Neben dem solaren Aspekt, den der Kalender seiner iranischen Umwelt verdankt, hat der Bāb auch den lunaren Aspekt der siebentägigen Wocheneinteilung der semitisch-islamischen Welt aufgegriffen, da parallel zu den 19-tägigen „Monaten" auch die siebentägige Woche ein Kalenderelement für die Bahā'ī bleibt, obwohl die Sieben-Tage-Woche mit dem 19-Tage-„Monat" keine natürliche Kombination ermöglicht. Diese Woche beginnt – der islamischen Tradition folgend – am Samstag. Die ersten drei Namen der Wochentage – Jalāl (Samstag), Jamāl (Sonntag) und Kamāl (Montag) – lauten gleich wie drei „Monatsnamen"; die weiteren Tage haben andere Namen: Fiḍāl („Gnade"; Dienstag), ᶜIdāl („Gerechtigkeit"; Mittwoch), Istijlāl („Majestät"; Donnerstag) und Istiqlāl („Unabhängigkeit"; Freitag). – Aufgrund der solaren und lunaren Elemente in der Gliederung des Jahres wird deutlich, dass der Badīᶜ-Kalender eine Neuschöpfung ist, die bewusst auf Elemente sowohl des Zoroastrismus als auch des Islam zurückgreift, um anhand des Kalenders deutlich zu machen, dass in der Bābī- und Bahā'ī-Religion einerseits Traditionen der früheren Religionen integriert sind, andererseits diese Religion gegenüber den früheren Religionen eine Neuschöpfung ist.

Den Beginn eines jeden Monats markiert ein so genanntes Neunzehntage-Fest. Der Ort, an dem das Fest gefeiert wird, ist nicht festgelegt (vgl. auch N. Towfigh 2007: 69). Denn es gibt keine expliziten Kultbauten, in denen die Bahā'ī-Feste als religiöse Feiern durchgeführt werden müssten. Wenn es die Größe einer lokalen Gemeinde erlaubt, bemüht man sich, ein eigenes lokales Bahā'ī-Zentrum einzurichten, in dem ein Raum für Andachten (sowie andere Gemeindeaktivitäten) vorgesehen ist. In kleinen Bahā'ī-Gemeinden kommt es auch vor, dass sich die lokalen Bahā'ī im Haus oder in der Wohnung einer Familie zum Neunzehntage-Fest treffen. Der „Bahā'ī-Bezug" eines solchen Raumes, der für die Durchführung des Festes bereitsteht, kann sich dabei auf einige Bilder aus Haifa oder ᶜAkkā, ein Porträt ᶜAbdu'l-Bahās oder eine Abbildung der Kalligraphie des Größten Namens beschränken. Es gibt dabei weder Kultbilder noch Kultgegenstände, genauso ist die Sitzordnung bei Bahā'ī-Festen nicht festgelegt. Anhand des Neunzehntage-Festes lässt sich gut die Grundstruktur der Feste mit einem geistigen und einem geselligen Teil aufzeigen. In den Grundzügen geht das Neunzehntage-Fest auf den Bāb zurück, wobei Bahā'u'llāh dieses Fest bestätigt hat (Bahā'u'llāh, KA / 2000, # 57). An der Entwicklung des Festes kann man gut die schrittweise Institutionalisierung der religiösen Praxis erkennen: Für Bahā'u'llāh wie für den Bāb stand der gemeinschaftsfördernde und identitätsstiftende Aspekt des Festes durch die regelmäßige Zusammenkunft der Gläubigen im Mittelpunkt. Die religiöse Seite wurde dabei zwar nicht geleugnet, allerdings hat erst ᶜAbdu'l-Bahā betont, dass die geistigen Inhalte des Festes nicht nur die Gemeinde soziologisch stärken sollen, sondern dass das Fest eine Vertiefung im Glauben hervorrufen soll. Dadurch wurde während des Wirkens ᶜAbdu'l-Bahās der Andachtsteil gegenüber den Anfängen des Festes deutlich aufgewertet. Eine dritte Stufe der Entwicklung, die zugleich zu der endgültigen Dreiteilung des Festes führte, geschah unter Shoghi Effendi. Entsprechend der zunehmenden Bedeutung auch administrativer Komponenten innerhalb der Religionsgemeinde während des „gestaltenden Zeitalters" fügte Shoghi Effendi die so genannte Bahā'ī-Beratung als Mittelteil in das Fest ein. Diese Beratung dient in Form einer „Basisdemokratie" dazu, gemeindeinterne Angelegenheiten aller Art zu besprechen und ist ein wesentlicher Teil des Bahā'ī-Gemeindelebens (vgl. E. Towfigh 2006: 92–96). Inhaltlich kommen bei der Beratung in der Regel verschiedene Angelegenheiten der Gemeinde (z.B. Gestaltung von Festen, finanzielle Aspekte der Gemeinde, Ziele und Aufgaben in der Lehrarbeit) zur Sprache. Aufgrund solcher Interna ist für Nicht-Bahā'ī eine Teilnahmemöglichkeit an Neunzehntage-Festen (im Unterschied zu anderen Bahā'ī-Festen und -Feiern) nicht vorgesehen, wie Shoghi Effendi in einem 1954 an den Nationalen Geistigen Rat von Deutschland und Österreich gerichteten Brief sagt (UHG 1975: 45):

> Diese Neunzehntage-Feste sind für Bahā'ī und ausschließlich für Bahā'ī. ... Deshalb meint der Hüter, Sie sollten die Maßnahme Ihres Rates, Neunzehntage-Feste für ‚Fast-Bahā'ī' zu öffnen, zurücknehmen; es entspricht nicht dem Geist der administrativen Ordnung, Nicht-Bahā'ī

oder Fast-Bahā'ī zu den Neunzehntage-Festen, besonders zum administrativen Teil, zuzulassen.

Letzterer Satz ermöglicht jedoch den praktischen Kompromiss, bei der Anwesenheit eines Nicht-Bahā'ī entweder den Gast zu bitten, dass er für die Dauer der Beratung das Fest verlässt, oder die spezielle Beratung auszulassen. Dieser Kompromiss dient dazu, dass man einen Nicht-Bahā'ī nicht durch einen zu schroffen Ausschluss von der Feier gegebenenfalls verletzen möchte, wie Shoghi Effendi auf eine entsprechende Anfrage im Jahr 1946 geschrieben hat (vgl. UHG 1975: 40). Als zentrale und regelmäßig wiederkehrende religiöse Versammlung wird der Besuch des Neunzehntage-Festes den Bahā'ī ausdrücklich nahegelegt, allerdings besteht keine ausdrückliche Pflicht zur Teilnahme an diesem Fest. Jedoch hat Shoghi Effendi in vielen Briefen das Thema angesprochen, indem er den Nutzen der Teilnahme sowohl für die eigene geistige Vertiefung als auch für die Förderung des Kontaktes der Gläubigen untereinander betont hat (z.B. UHG 1975: 34, 37, 41; vgl. E. Towfigh 2006: 109). Mit dieser Bedeutung des Festes korreliert eine hohe Teilnahme, so dass Margit Warburg in ihrer soziologisch ausgerichteten Forschung etwa feststellen konnte, dass von ihr befragte Bahā'ī durchschnittlich 11 von 19 Neunzehntage-Festen im Jahreslauf besucht haben, allerdings haben auch 16 Prozent der befragten Bahā'ī an keinem einzigen Neunzehntage-Fest während eines Jahres teilgenommen (Warburg 2006: 366f.).

Der Ablauf eines Neunzehntage-Festes ist abgesehen von der dreiteiligen Struktur nicht streng geregelt. Im Andachtsteil kann Musik zur geistigen Vertiefung verwendet werden, wobei die Liedtexte sich auf Stellen aus dem Bahā'ī-Schrifttum beziehen bzw. von Bahā'ī komponierte Musikstücke vorgetragen werden sollen (vgl. UHG 1975: 35). Neben Gebeten soll auch aus Heiligen Schriften vorgelesen werden, wobei es keine Festlegung der Reihenfolge gibt, wie ein im Auftrag Shoghi Effendis geschriebener Brief aus dem Jahr 1948 deutlich sagt (UHG 1975: 41):

> Während des Andachtsteils können beim Neunzehntage-Fest beliebige Ausschnitte aus den Schriften des Bāb, Bahā'u'llāhs und des Meisters gelesen werden, ebenso aus der Bibel und dem Koran, weil dies heilige Schriften sind. Dieser Teil des Festes muss nicht auf Gebete beschränkt sein, obgleich während dieses Teils Gebete gelesen werden können und sollen.

Somit kann der Andachtsteil – wie das ganze Fest – in unterschiedlichen Gemeinden recht verschieden gestaltet werden, da die rituellen Anweisungen dafür nur minimal sind. Da jedes Gemeindemitglied aufgefordert ist, sich aktiv an der Gestaltung des Festes zu beteiligen, führt auch dies zu einer großen Varianzbreite bezüglich der inhaltlich für den Andachtsteil ausgewählten Texte und Lieder. Der Andachtsteil ist ein „Wortgottesdienst", allerdings beschränkt auf den Vortrag religiöser Texte. Ansprachen oder Predigten finden im Neunzehntage-Fest nicht statt, denn auch der Beratungsteil ist kein „Predigtgottesdienst", sondern ein gemeinsamer Austausch über Themen, die für die gesamte bzw. lokale Bahā'ī-Gemeinde wichtig sind. Nach dieser Beratung, die immer in Harmonie enden muss, um die Gemeinde zu stärken, findet das Neunzehntage-Fest im geselligen Teil seinen Abschluss; dieser Teil mit Bewirtung fördert ebenfalls den Zusammenhalt zwischen den Gemeindemitgliedern.

Diese Grundstruktur soll durch die Beschreibung eines Festes, an dem ich teilgenommen habe, noch weiter illustriert werden. Zum Beginn des Neunzehntage-Festes im Monat Masā'il (12. Dezember) versammelten sich um 19 Uhr im lokalen Zentrum rund 35 Personen; darunter befanden sich einige Bahā'ī aus umliegenden Orten, in denen es keine organisierte Gemeinde und daher kein eigenes Neunzehntage-Fest gibt, sowie einige zufällig anwesende Gläubige, die anderen Ortsgemeinden angehörten. Von der lokalen Gemeinde, deren Neunzehntage-Fest gefeiert wurde, nahmen somit etwa drei Viertel aller erwachsenen Bahā'ī teil. Die Vorsitzende des Lokalen Geistigen Rates eröffnete das Fest und begrüßte die Teilnehmer, um gleich zum Andachtsteil überzuleiten. Zunächst wurden fünf Gebete gesprochen, zwei in Deutsch, je eines in Persisch, Arabisch und Spanisch. Die im Anschluss daran gelesenen Texte aus den Schriften trugen dem neu beginnenden Monat „Fragen" (Masā'il) insofern Rechnung, als v.a. solche Textabschnitte vorgetragen wurden, die als Antwort auf konkrete Fragen von einzelnen Gläubigen entstanden waren. Die Texte von Bahā'u'llāh (ÄL / 1980, # 78f.) und ᶜAbdu'l-Bahā (BF / 1977, # 55) bezogen sich auf den Ursprung der Schöpfung, die Welten Gottes sowie auf Seele, Geist und Verstand. Insgesamt dauerte der geistliche Teil ungefähr 40 Minuten. Der administrative Teil begann mit der Mitteilung von offiziellen Informationen durch den Sekretär des Lokalen Geistigen Rates, anschließend berichteten Gemeindemitglieder über diverse Veranstaltungen, Vorträge bzw. Sozialprojekte. Die spezielle Bahā'ī-Beratung als Proprium eines Neunzehntage-Festes musste aufgrund meiner Teilnahme als Nicht-Bahā'ī entfallen. Nach etwa 35 Minuten war dieser Informationsteil zu Ende und ein Gebet markierte den Übergang zum letzten Teil des Festes, der Bewirtung mit Tee, Kuchen und Gebäck; dieser gesellige Teil erlaubte Gespräche zwischen den Anwesenden, wobei die Mehrheit der Gäste um 21 Uhr 30 das lokale Bahā'ī-Zentrum verlassen hatte. Ein formeller gemeinsamer Abschluss des letzten Teils des Neunzehntage-Festes findet nicht statt.

Das Neunzehntage-Fest strukturiert aufgrund der Regelmäßigkeit den religiösen Jahresablauf phänomenologisch in vergleichbarer Weise, wie dies durch den Sabbat im Judentum, den Sonntag im Christentum und den Freitag im Islam als kalendarischer religiöser Feiertag geschieht. Darüber hinaus wird der Festkalender durch Feste markiert, die entweder noch die Verbindung zu Festen der Religionswelt Irans zeigen oder die sich auf Ereignisse der Bahā'ī-Geschichte beziehen.

Zwei Feste stehen dabei im größeren Kontext der iranischen Religionsgeschichte, werden aber inhaltlich verändert. Bahā'u'llāh hat den letzten Monat als Fastenmonat festgelegt, wobei das verpflichtende Fasten religionsgeschichtlich nicht von den islamischen Fastenvorschriften und vom Ramadan getrennt werden kann. Fasten bedeutet dabei den Verzicht auf Speisen, Getränke und Rauchen zwischen Sonnenaufgang und Sonnenuntergang, wobei dieses Verständnis des Fastens keinen Unterschied zwischen Bahā'ī und Muslimen zeigt; das Bahā'ī-Proprium des Fastens liegt darin, dass die spirituelle Haltung des Fastens stärker betont wird als die eigentliche Enthaltung. Ferner gibt es Dispens für das Fasten, da Reisende, Kranke, schwangere oder stillende Frauen, aber auch Personen, die körperlich anstrengende Arbeiten verrichten müssen, von der Pflicht des Fastens ausgenommen sind (Bahā'u'llāh, KA / 2000, # 10, 13, 16). Allerdings sollen sie während der Fastenzeit nicht in der Öffentlichkeit essen. Die Möglichkeit, vom Fasten unter bestimmten Bedingungen befreit zu sein, ermöglicht dabei einzelnen Bahā'ī, diese religiöse Pflicht individuell zu interpretieren und dadurch auf Fasten zu verzichten, obwohl andere Bahā'ī in derselben Situation das Fasten nicht unterlassen würden. In dieser möglichen persönlichen Interpretation des religiösen Gebots kann man eine Eigenständigkeit des Fastens der Bahā'ī gegenüber den Muslimen sehen (vgl. Warburg 2006: 339–345). – Das andere religionsgeschichtlich mit dem Iran zu verbindende Bahā'ī-Fest ist Naw-Rūz, das Neujahrsfest am 21. März. Der altiranische Charakter als Fest der Fröhlichkeit ist ursprünglich in der positiven Einstellung des Zoroastrismus gegenüber der guten Schöpfung begründet, wobei diese Komponente der Freude auch im schiitischen Iran nicht verdrängt werden konnte. Dementsprechend ist Naw-Rūz auch für Bahā'ī ein Fest, das von Geselligkeit, Gastfreundschaft und Freude dominiert wird; man kann sogar sagen, dass Naw-Rūz jenes Fest im Bahā'ī-Kalender ist, in dem typische Elemente der Theologie der Bahā'ī am wenigsten vorhanden sind. Als Neujahrsfest eröffnet es den Festzyklus, der tabellarisch folgendermaßen zu beschreiben ist:

Naw-Rūz	21. März
Ridvān	21. April bis 2. Mai
Erklärung des Bāb	23. Mai
Todestag Bahā'u'llāhs	29. Mai
Todestag des Bāb	9. Juli
Geburtstag des Bāb	20. Oktober
Geburtstag Bahā'u'llāhs	12. November

Da vom Ridvān-Fest der erste, neunte und zwölfte Tag besonders gezählt werden, ergeben sich aus diesem Festkalender die so genannten „neun heiligen Tage". Der Hochachtung dieser Tage entspricht, dass an ihnen die Arbeit ruht, so dass selbstständige Bahā'ī ihren Betrieb geschlossen halten oder Bahā'ī-Kinder vom Schulbesuch befreit werden können, soweit die zuständige Schulbehörde zustimmt. Bereits im *Kitāb-i Aqdas* werden einige dieser Tage besonders hervorgehoben (Bahā'u'llāh, KA / 2000, # 110):

> Aller Feste Krönung sind die beiden Größten Feste und die beiden anderen Feste, die auf die Zwillingstage fallen. Das erste der beiden Größten Feste umfasst die Tage, da der Allbarmherzige die strahlende Herrlichkeit Seiner erhabensten Namen und Seiner hehrsten Attribute über die ganze Schöpfung ergoss. Das zweite ist der Tag, da Wir den erhoben, welcher der Menschheit die frohe Botschaft dieses Namens ankündete, durch den die Toten auferweckt und alle im Himmel und auf Erden versammelt wurden. So ward es verordnet von Ihm, dem Gesetzgeber, dem Allwissenden.

Mit den Zwillingstagen sind der Geburtstag des Bāb und der Geburtstag Bahā'u'llāhs gemeint. Nach dem islamischen Mondkalender fällt der Geburtstag des Bāb auf den 1. Muharram des Jahres 1235 nach der Hidshra, der Geburtstag Bahā'u'llāhs auf den 2. Muharram 1233 nach der Hidshra, so dass die beiden Geburtstage nach dieser Monatszählung unmittelbar aufeinanderfolgen, im Unterschied zum westlichen Kalender, durch den sie drei Wochen voneinander getrennt sind. Um diese Zwillingstage und die damit verbundene „Zwillingsoffenbarung" durch den Bāb und Bahā'u'llāh entsprechend hervorzuheben, werden diese beiden Geburtstage im Weltzentrum der Bahā'ī in Haifa, aber auch von manchen Bahā'ī-Gemeinden im islamischen Kulturraum bis zur Gegenwart gemeinsam gefeiert. Die beiden größten Feste sind Ridvān und der Tag der Erklärung des Bāb, ersteres wird in Abschnitt 112 des *Kitāb-i Aqdas* auch als „König aller Feste" bezeichnet. Wegen der besonderen Bedeutung des Ridvān-Festes für die Religion ist dieses Fest der Zeitpunkt, an dem jeweils die Mitglieder des Universalen Hauses der Gerechtigkeit für ihre fünfjährige Funktionsperiode gewählt werden. Die im *Kitāb-i Aqdas* vorliegende Reihe von Festtagen, die mit der eigenen Heilsgeschichte verbunden sind, wurde durch Bahā'u'llāh um den Gedenktag aus Anlass des Todes des Bāb erweitert. ᶜAbdu'l-Bahā hat den Festkalender der „neun heiligen Tage" durch die Hinzufügung des Gedenkens an den Todestag Bahā'u'llāhs in die endgültige Form gebracht. Für die Feier der einzelnen Feste gibt es wiederum wenig rituelle Vorgaben, im Unterschied zum Neunzehntage-Fest sind sie allerdings zweiteilig, da die Feier der „neun heiligen Tage" nur einen Andachtsteil und einen Bewirtungsteil kennt. Die für den ersten Teil ausgewählten Texte aus den Heiligen Schriften nehmen in der Regel besonders auf

Ereignisse der Bābī- und Bahā'ī-Geschichte Bezug, wobei auch Ansprachen und kurze szenische Aufführungen den Anlass des Festes thematisieren können (vgl. Warburg 2006: 361). Dadurch weist der „Andachtsteil" dieser Feste inhaltlich und formal eine größere Gestaltungsbreite auf, als dies im Neunzehntage-Fest der Fall ist. Obwohl die neun heiligen Tage besondere Feiertage sind, ist die Teilnahme an den Festen nicht verpflichtend, da man den „heiligen Tag" auch allein begehen kann. Dennoch konnte Margit Warburg aufgrund von Interviews statistisch erheben, dass von ihrer Untersuchungsgruppe aus Dänemark 50 Prozent der Befragten an diesen Festen teilgenommen haben; hervorzuheben ist, dass iranisch-stämmige Bahā'ī sogar eine deutlich höhere Teilnahmerate an den Festen aufwiesen. Ferner geht aus diesen Daten hervor, dass die aktivste Teilnahme an den Feiern des Ridvān-Festes geschah – 61 Prozent der Befragten nahmen daran teil –, gefolgt von Naw-Rūz mit 56 Prozent. Allerdings dürfen diese Durchschnittswerte nicht darüber hinwegtäuschen, dass rund ein Viertel der Befragten an keinem einzigen Fest teilgenommen hat (Warburg 2006: 363f.).

Neben den neun heiligen Tagen gibt es noch weitere Feste, deren Status jedoch geringer ist. Dazu gehören die beiden mit ᶜAbdu'l-Bahā verbundenen Tage, der 26. November als „Tag des Bundes", der ᶜAbdu'l-Bahā als „Mittelpunkt des Bundes" und Nachfolger seines Vaters würdigt, sowie der 28. November als Gedenktag seines Todes. Eine Erweiterung im Festkalender hat Ende 1949 der Nationale Geistige Rat der Vereinigten Staaten von Amerika eingeführt, indem man den dritten Sonntag im Januar zum „Weltreligionstag" erklärte, um an diesem Tag in einer religiösen Feier den Gedanken der Einheit der Religionen öffentlich vor Bahā'ī und Nicht-Bahā'ī zu propagieren. Die Bahā'ī-Gemeinde in Stuttgart, die innerhalb der amerikanischen Besatzungszone in Deutschland lag, hat als erste Gemeinde in Deutschland diesen Vorschlag aufgegriffen und im Januar 1950 den ersten Weltreligionstag gefeiert. In den folgenden Jahren stand der Weltreligionstag in Stuttgart jeweils unter einem spezifischen Motto, wobei er sich zu einem Forum für interreligiöse Gespräche entwickelte, an denen bis zum Beginn der 1970er Jahren immer wieder auch angesehene Vertreter unterschiedlicher Religionen teilgenommen haben. Danach unterblieb für beinahe drei Jahrzehnte die Feier dieses Tages, doch konnte die Stuttgarter Gemeinde diesen Feiertag der interreligiösen Kommunikation im Jahr 2000 wieder neu beleben. Während andere Bahā'ī-Gemeinden den Weltreligionstag eher auf der lokalen Ebene begehen, hat sich die Feier in Stuttgart in den letzten Jahren zu einer überregionalen öffentlichen Veranstaltung entwickelt, um die Einheit der Religionen zu fördern.

Zusammenfassend zeigt sich, dass die Bahā'ī-Feste nur einem sehr allgemeinen rituellen Grundraster unterliegen. Die Verwendung der jeweiligen Muttersprache ist selbstverständlich. Der Entstehung der

Religion im iranisch-islamischen Kulturraum wird insofern Rechnung getragen, als die Rezitation eines persischen (oder arabischen) Textes die Stimmung der Feier zu erhöhen vermag. Die Gestaltung der Feste obliegt einzelnen Gemeindemitgliedern, da es keine professionellen Kultspezialisten gibt, sondern jeder Bahā'ī befähigt sein soll, die Leitung einer solchen Feier als Dienst für Gott und die Gemeinde zu übernehmen.

3.3.2 Gebete und Gotteslob in den „Häusern der Andacht"

Es gehört zu den Pflichten jedes Gläubigen, sich an Gott zu wenden und den Bund Gottes mit den Menschen in seinem Leben zu verwirklichen. Eine Form der Hinwendung an Gott ist das individuelle Gebet, das entweder allein gesprochen wird oder – bei Festen und religiösen Andachten – von einem Gläubigen vor der Gemeinde vorgetragen wird. Die religionsrechtlichen Aspekte des Gebets regelt der *Kitāb-i Aqdas*, wobei man zwischen dem Pflichtgebet und dem privaten Gebet sowie Gebeten in der Gemeinschaft bei religiösen Andachten unterscheiden kann (vgl. N. Towfigh 2007: 64–69). Für das Pflichtgebet gibt es einige Ritualanweisungen im *Kitāb-i Aqdas* (Bahā'u'llāh, KA / 2000, # 6):

> Wir verordneten euch ein Pflichtgebet mit neun Rakᶜah, das Gott, dem Offenbarer der Verse, am Mittag, am Morgen und am Abend darzubringen ist. Von einer größeren Zahl haben wir euch befreit, wie im Buche Gottes befohlen. ... Wollt ihr dieses Gebet verrichten, so wendet euch dem Hof Meiner hochheiligen Gegenwart zu, diesem geweihten Ort, von Gott zur Mitte gemacht.

Die Dreizahl der Gebetszeiten stimmt mit den ursprünglich ebenfalls nur dreimaligen islamischen Gebetszeiten überein, die im Koran (Sure 11:114; 17:78f.) genannt sind. Anders als im Islam ist jedoch die exakte Gebetszeit nicht astronomisch festgelegt, sondern es gibt einen wesentlich größeren Spielraum. So trägt der *Kitāb-i Aqdas* (# 10) der teilweise großen Differenz zwischen Tag und Nacht Rechnung, indem die Gebetszeiten in geographisch weit nördlich bzw. südlich liegenden Ländern mit kurzen Tagen oder Nächten durch Uhren bestimmt werden sollen; dabei orientieren sich manche Geistigen Räte bzw. Bahā'ī an den Gebetszeiten im Bahā'ī-Weltzentrum. Ferner hat Bahā'u'llāh auf die konkrete Anfrage, wie „Mittag", „Morgen" und „Abend" als Gebetszeiten zu verstehen seien, in seinem Werk „Fragen und Antworten" erklärt, dass die drei Gebetszeiten die Stunden zwischen Morgen und Mittag, Mittag und Sonnenuntergang sowie von Sonnenuntergang bis zwei Stunden danach umfassen. Innerhalb dieser drei Zeiträume sind die Gebete zu sprechen (Bahā'u'llāh, FA / 2000, # 83). Der Durchführung des Gebets geht eine Waschung voraus, die jedoch unterbleiben kann, wenn kein Wasser vorhanden ist; dann reicht es, fünfmal die Worte „Im Namen Gottes, des Reinsten, des Reinsten" zu sprechen (Bahā'u'llāh, KA / 2000, # 10, # 18).

Dem Gläubigen stehen heute drei Gebetstexte für das Pflichtgebet zur Auswahl, ein langes, ein mittleres und ein kurzes. Während des langen und mittleren Pflichtgebets vollzieht der Gläubige auch die so genannten *rak^{c}ah*, d.h. er führt unterschiedliche Körperhaltungen aus, indem er sich verneigt oder die Hände zu Gott erhebt, wobei diese Körperhaltungen das Gebet begleiten und die innere Haltung der Hinwendung zu Gott symbolisch verdeutlichen. Eine weitere rituelle Bestimmung für den Gebetsakt betrifft die Gebetsrichtung beim Pflichtgebet, bei der man sich zum Religionsstifter wendet. Zu Lebzeiten Bahā'u'llāhs war dies sein jeweiliger Aufenthaltsort, seit seinem Tod hat sein Grabmal in Bahjī die Funktion der Gebetsrichtung (*qibla*) inne. Die Orientierung beim Pflichtgebet nach dem Grabmal Bahā'u'llāhs ist nicht Ausdruck einer Anbetung des Religionsstifters, sondern sie drückt symbolisch den Gedanken aus, dass der Religionsstifter als Manifestation Gottes zur Erkenntnis Gottes führt. Das Pflichtgebet ist allen Gläubigen zwischen dem 15. und dem 70. Lebensjahr vorgeschrieben, doch sind kranke und gebrechliche Personen, Frauen während der Menstruation sowie Personen, die eine schwere Reise unternehmen, von diesem Gebet befreit (Bahā'u'llāh, KA / 2000, # 10, # 13f.; vgl. Westerhoff 1998: 110).

Welches der drei Gebete der Gläubige auswählt, ist ihm überlassen, aber die drei Gebete unterliegen unterschiedlichen Vorschriften. Das lange Pflichtgebet (Bahā'u'llāh, GM / 1992, # 183) ist nur einmal innerhalb eines Tages zu sprechen, wobei es dem Gläubigen frei steht, zu welcher der drei Gebetszeiten er es spricht. Dabei wendet er sich zur *qibla* und während des Gebets führt er die unterschiedlichen *rak^{c}ah* durch. Ähnlich mit rituellen Handlungen verbunden ist das mittlere Gebet (Bahā'u'llāh, GM / 1992, # 182), das nur etwa ein Drittel des Umfangs des langen Gebets hat; wer dieses Gebet auswählt, muss es jedoch zu jeder der drei Gebetszeiten des Tages beten. Die dritte Option ist das kurze Gebet, dessen Kürze eine Verbindung mit körperlichen oder rituellen Handlungen unmöglich macht; rituell vorgeschrieben ist in diesem Fall jedoch, dass der Text bei der Gebetszeit zu Mittag gesprochen wird; das kurze Gebet lautet folgendermaßen (Bahā'u'llāh, GM / 1992, # 181):

> Ich bezeuge, o mein Gott, dass Du mich erschaffen hast, Dich zu erkennen und anzubeten. Ich bezeuge in diesem Augenblick meine Ohnmacht und Deine Macht, meine Armut und Deinen Reichtum. Es ist kein Gott außer Dir, dem Helfer in Gefahr, dem Selbstbestehenden.

Ein großer Vorteil für die Wahl des kurzen Textes liegt darin, dass er auch von Personen gebetet werden kann, für die die Durchführung der *rak^{c}ah* beim langen und mittleren Gebet körperlich zu beschwerlich sind (vgl. N. Towfigh 2007: 64). Die Verpflichtung zum Gebet ist somit aufgrund der möglichen Gebetsformen relativ leicht zu erfüllen, so dass soziologische Untersuchungen sowohl für Dänemark als auch für die Vereinigten Staaten von Amerika ergeben haben, dass rund 80 Prozent der Bahāʾī täglich beten (vgl. Warburg 2006: 338), wobei dieser Prozentsatz deutlich höher ist als derjenige hinsichtlich der Teilnahme an den Neunzehntage-Festen oder an den neun heiligen Tagen.

Neben dem Pflichtgebet soll der Einzelne auch andere Gebete sprechen, die vom Bāb, von Bahāʾuʾllāh oder von ʿAbduʾl-Bahā stammen. Der Themenkreis dieser Gebete ist umfangreich: Er reicht vom Lob Gottes über Dank- und Bittgebete, genauso gibt es Morgen- und Abendgebete sowie Gebete für spezielle Anlässe, etwa für ein Brautpaar, für Kinder, für Kranke oder für Verstorbene. Solche Gebete werden vom Einzelnen gebetet, da sie ihn zur Verbindung mit Gott führen sollen, aber auch eine innere Zwiesprache mit der eigenen Seele sein können. Freie Gebete, die sich nicht auf einen festen Wortlaut beziehen und die nicht vom Bāb, von Bahāʾuʾllāh oder ʿAbduʾl-Bahā stammen, kann der Einzelne für sich verwenden; in gemeinsamen religiösen Andachten gelten „spontane" oder „freie" Gebete jedoch als nicht angemessen. Bei solchen Andachten werden lediglich Texte aus dem umfangreichen Gebetsschatz der Religion vorgetragen. Dabei ist zu betonen, dass es sich immer um den individuellen Vortrag eines Gebets handelt, so dass die Teilnehmer durch das Hören auf das Gebetswort die Verbindung mit Gott suchen, allerdings nicht als Gruppe gemeinsam den Gebetstext sprechen. Wer jedoch in solchen Andachten Gebete vorträgt, ist nicht durch irgendwelche Einschränkungen geregelt. In den meisten Fällen ersucht derjenige, der als Dienst für die Gemeinde die religiöse Andacht gestaltet, vor Beginn der Feier einige Teilnehmer darum, dass sie einen zuvor ausgewählten Gebetstext vortragen. Das kann ein Text in arabischer oder persischer Sprache sein, die meisten Gebetstexte werden jedoch in der Sprache rezitiert, die die Mehrheit der Teilnehmer spricht. Gerne bittet man aber auch gerade anwesende Bahāʾī, deren Muttersprache sich von jener der Mehrheit der Teilnehmer unterscheidet, ein Gebet in ihrer eigenen Muttersprache vorzutragen. Dabei symbolisieren religiöse Andachten und Feiern immer wieder die religiöse Einheit trotz der kulturellen und sprachlichen Vielfalt.

Bahāʾī-Gebete werden somit stets von Einzelnen gesprochen, jedoch gibt es eine einzige Ausnahme: beim Begräbnis von erwachsenen Bahāʾī, bei dem das Totengebet (Bahāʾuʾllāh, GM / 1992, # 167) von allen Anwesenden gemeinsam gesprochen wird. Das gemeinsame Totengebet ist ein Teil des Bestattungsrituals, für das Bahāʾuʾllāh im *Kitāb-i Aqdas* (# 128–130) auch relativ detaillierte Beschreibungen bezüglich der Durchführung der Bestattung gegeben hat: Dazu gehören die Verwendung eines Sarges aus beständigem Material, die rituelle Praxis, dass man dem Toten einen Ring mit einem fest formulierten Lobpreis Gottes an den Finger steckt und den Toten nicht weiter als eine Wegstunde von seinem Sterbeort entfernt beerdigt.

Eine weitere Komponente des Gebetes ist eng mit dem Mashriqu'l-Adhkār, dem „Aufgangsort der Anbetung Gottes", verbunden; diese Gotteshäuser heißen neben dieser offiziellen Bezeichnung auch „Haus der Andacht". Eine grundlegende Beschreibung des Hauses und Grundlage zur Errichtung der Häuser finden wir wiederum im *Kitāb-i Aqdas* (Bahā'u'llāh, KA / 2000, # 31):

> O Volk der Welt! Bauet Andachtshäuser in allen Landen im Namen dessen, der der Herr aller Religionen ist. Macht sie so vollkommen, wie es in der Welt des Seins möglich ist, und schmückt sie mit dem, was ihnen gebührt, nicht aber mit Bildern und Skulpturen. Sodann feiert darin in Freude und Heiterkeit den Lobpreis eures Herrn, des Allbarmherzigen. Wahrlich, Sein Gedenken erheitert das Auge und füllt das Herz mit Licht.

Das theologische Konzept und die Symbolik der Häuser der Andacht hat ᶜAbdu'l-Bahā im Wesentlichen festgelegt; ferner hat Shoghi Effendi in einem Brief aus dem Jahr 1929 den Zweck solcher Häuser angesprochen (Shoghi Effendi, BA / 1974, 184–187). Das Haus hat neun Seiten, die sich zu einer runden Form entwickeln, die durch eine Kuppel überdacht ist. Allerdings ist der Abschluss des Hauses durch eine Kuppel nicht grundsätzlich vorgeschrieben, obwohl alle bisher bestehenden Häuser eine solche besitzen. Dies kann noch als Erbe eines aus der islamischen Welt inspirierten Baustils gelten, der die ersten Häuser der Andacht geprägt hat (vgl. Warburg 2006: 489f.). Die seit den 1960er Jahren konzipierten Häuser (Panama City, Apia, New Delhi, Santiago de Chile) lassen zwar ebenfalls noch eine Kuppelstruktur erkennen, haben sich jedoch von islamischen Stilformen völlig entfernt. Entscheidender als der Kuppelbau ist hinsichtlich der Architektur, dass der ganze Gebetsraum von Licht durchflutet wird. Die Symbolik der Zahl Neun (vgl. Hornby 1983, # 1375) ist auch hier wieder eingesetzt, weil der Zahlenwert der einzelnen Buchstaben des Wortes *bahā* neun als Summe ergibt, so dass die Verwendung dieser Zahl in der Gestaltung des Hauses die „Herrlichkeit Gottes" ausdrückt. Die neun Türen sollen für alle Menschen offen stehen, unabhängig von Rasse, Nation oder Geschlecht, so dass das Haus die Idee der Einheit der Menschheit zum Ausdruck bringt. Der Raum selbst ist mit Sitzplätzen ausgestattet, die nach der *qibla*, dem Grabmahl Bahā'u'llāhs, ausgerichtet sind, jedoch gibt es in diesen Häusern keinen Altar oder einen anderen kultischen Mittelpunkt. Der Raum ist ohne Bilder oder Statuen gestaltet, lediglich in der Kuppel ist eine kalligraphische Gestaltung des Größten Namens angebracht, auch an den Wänden befinden sich einige Kalligraphien von „Versen

Gottes". Dadurch ist ein Haus der Andacht ein einfacher, lichtdurchfluteter Gebetsraum.

Theologisch hat ein Haus der Andacht im Unterschied zu den anderen heiligen Stätten der Bahā'ī insofern eine Sonderstellung, als es ausschließlich ein Gebets- und Meditationsraum ist. Daher werden bei Andachten in einem Haus der Andacht nur Texte aus den Heiligen Schriften vorgelesen oder Gebete vorgetragen bzw. von Einzelnen oder einem Chor gesungen. Im Unterschied zu religiösen Festen oder Andachten, bei denen auch Musikinstrumente zur Gestaltung des Gotteslobes verwendet werden dürfen, dient im Haus der Andacht nur die menschliche Stimme dem Gebet und der Verherrlichung Gottes. Daher finden im Haus der Andacht keine Predigten, Ansprachen, Feste oder Bahā'ī-Beratungen statt. Neben den gemeinsamen Andachten zum Gotteslob, zu denen Menschen aller Religionen eingeladen werden, ist jedes Haus der Andacht ein Ort, an dem man die individuelle Begegnung mit Gott durch eigenes Gebet und Meditation suchen soll.

Bisher gibt es acht Häuser der Andacht, allerdings ist es ein Fernziel, dass an jedem Ort, an dem Bahā'ī leben, ein solches Gotteshaus errichtet werden soll. Dieses Fernziel entspricht dabei dem grundlegenden Konzept des Bahā'ītums, Religion bzw. Glaube mit dem Leben in der Welt zu verbinden. Deshalb sollen in Zukunft Häuser der Andacht nicht nur als Gotteshäuser allein existieren, sondern immer mit anderen Bauten und Einrichtungen für pädagogische und soziale Zwecke verbunden sein. Bislang sind solche Pläne jedoch lediglich durch ein Altenheim in Verbindung mit dem Haus der Andacht in Wilmette (USA) verwirklicht worden; konkrete Planungen für die Errichtung eines Altenheims in unmittelbarer Nachbarschaft des deutschen Hauses der Andacht in Langenhain sind ebenfalls vorhanden (Westerhoff 1998: 117–119; vgl. auch Warburg 2006: 486). Etwas weiter fortgeschritten ist in den meisten Fällen die bauliche Verwirklichung der Vorstellung, dass das jeweilige Haus der Andacht in der Nähe des jeweiligen nationalen Bahā'ī-Verwaltungszentrums (*Hazīratu'l-Quds*) liegen soll; dementsprechend befinden sich das Verwaltungszentrum der Bahā'ī in Deutschland und der Sitz des Nationalen Geistigen Rates ebenfalls in Langenhain. Der jeweilige Nationale Geistige Rat verwaltet das Haus der Andacht, die Finanzierung der Häuser der Andacht geschieht durch Geldmittel aus den Bahā'ī-Fonds. Für die Finanzierung der Häuser der Andacht sowie anderer religiöser Aktivitäten wird nur Geld verwendet, das von Bahā'ī freiwillig gespendet oder im Rahmen der Huqūqu'llāh, d.h. der Verpflichtung des Gläubigen, von seinem materiellen Gewinn einen geringen Teil an die Religionsgemeinschaft abzugeben, bezahlt wird (E. Towfigh 2006: 116–118). Dass für religiöse Angelegenheiten nur Geldmittel, die von Bahā'ī stammen, verwendet werden dürfen, kann man so verstehen, dass man auf „horizontaler" Seite der Religion in manchen Fällen eine Grenzziehung zu anderen Religionen bewahren möchte, auch wenn hinsichtlich der „vertikalen" Seite der Religion die Einheit der Religionen betont wird. Dies wird bezüglich der religiösen Praxis gerade bei den Häusern der Andacht besonders deutlich, da diese Häuser als Orte des Gebetes für Angehörige aller Religionen offen sind.

3.3.3 Besuche an heiligen Orten

Heilige Orte der Bahā'ī-Religion sind in unterschiedlicher Weise mit der Geschichte der Religion verbunden und haben daher einen unterschiedlichen Stellenwert. Entsprechend der historischen Gegebenheiten können der Iran und Israel in gewissem Sinn als „Heilige Länder" betrachtet werden. Besonders der Karmel und seine Umgebung werden in Laufe der Bahā'ī-Geschichte zum Fokussierungspunkt für zentrale Einrichtungen, wobei bereits das „Tablet vom Karmel" (Maani 1998; Åkerdahl 2002: 204f.) die Stellung dieses Ortes hervorgehoben hat, weil dort der Religionsstifter verweilte. Die geographische Verdichtung des Raumes als Mittelpunkt der Bahā'ī-Welt begann unter ᶜAbdu'l-Bahā und fand durch die Bautätigkeit Shoghi Effendis und des Universalen Hauses der Gerechtigkeit eine bis zur Gegenwart nicht abgeschlossene Fortsetzung. Daher soll auf dem Karmel in Zukunft ein „Haus der Andacht" errichtet werden. Trotz dieser symbolischen Wertschätzung des Berges ist er aber nicht der zentrale „heilige" Ort der Bahā'ī, sondern nur der Fokussierungspunkt der Bahā'ī-Administration.

Zu den wichtigsten heiligen Orten gehört das Grabmal Bahā'u'llāhs, das eines der „heiligen Häuser" ist (vgl. *Kitāb-i Aqdas*, # 32). Von den anderen wichtigen Schreinen bzw. Orten (vgl. Walbridge 1989) ist der Schrein des Bāb hervorzuheben. In ihm wurden dessen sterbliche Überreste im Jahr 1909 endgültig beigesetzt; auch ᶜAbdu'l-Bahā ist seit 1921 in diesem Schrein begraben. Neben diesem Grabmal sind auch die Grabanlagen von Angehörigen der Familie ᶜAbdu'l-Bahās zu nennen, die in den Gartenanlagen und an den Abhängen des Karmel liegen, nämlich die Gräber von Bahīyya Khānum, ᶜAbdu'l-Bahās Bruder Mīrzā Mahdī, seiner Mutter Nawwāb und seiner Gattin Munīra Nahrī. Genauso dürfen das Landgut in Mazraᶜih, das Bahā'u'llāh zwischen 1877 und 1879 bewohnt hat, sowie sein Wohn- und Sterbehaus in Bahjī nicht vergessen werden. Außerhalb Israels befinden sich noch einige weitere Plätze, die wegen ihrer engen Verbindung mit der Bahā'ī-Geschichte erinnerungswürdig sind, so das Haus des Bāb in Shīrāz und das Haus Bahā'u'llāhs in Bagdad, ferner seine Wohnstätten in Istanbul und Edirne und das Grab Shoghi Effendis in London. Genauso gehören die Gräber früher Bābī- und Bahā'ī-Märtyrer zu solchen Orten. Alle diese Orte werden von Bahā'ī gerne besucht, allerdings sind solche Besuche keine vorgeschriebenen religiösen Handlungen, sondern Ausdruck persönlicher Frömmigkeit, um das Andenken an die zentralen Personen und Ereignisse der Entstehungs- und Formungsperiode der Religion zu bewahren. Wenn Bahā'ī solche Orte besuchen, geschieht dies nicht primär aus Interesse an der weltlichen Geschichte der Religion, sondern man will im Gebet an diesen Orten die Glaubensgeschichte nachvollziehen.

Trotz ihrer jungen Geschichte hat somit die Bahā'ī-Religion eine stattliche Anzahl von Orten, die von den Gläubigen aufgesucht werden; auch die Häuser der Andacht haben sich in den letzten Jahrzehnten zu Stätten entwickelt, die alljährlich Tausende Bahā'ī als Besucher anziehen. Für alle diese Fahrten eines religiös motivierten Tourismus verwendet man das arabisch-persische Wort *ziyārat,* die „Besuch(sfahrt)" oder „Begegnung" mit einem heiligen Ort oder einer heiligen Person, im Unterschied zu *hajj,* womit die „Pilgerfahrt" bezeichnet wird. Beide Formen des religiösen „Unterwegs-Seins" kennt auch der (schiitische) Islam, so dass in dieser Vorstellung die religiöse Praxis der Bahā'ī ein religionsgeschichtliches Erbe aus der islamischen Umgebung bewahrt hat (vgl. Åkerdahl 2002: 174f.). Eine *ziyārat* liegt als Ausdruck der persönlichen Frömmigkeit im Ermessen des Einzelnen; er entscheidet, wann und auf welche Weise er eine solche unternimmt. Besuche der Häuser der Andacht unterliegen dabei überhaupt keiner Regelung, da ein Haus der Andacht als Haus des Gotteslobes jederzeit offen ist und dem Einzelnen auch Raum bietet, in Gebet und Meditation mit Gott zu kommunizieren. Für den Besuch der heiligen Stätten in Israel ist jedoch eine Erlaubnis notwendig, wobei ein Besuch an den heiligen Stätten im Großraum von ᶜAkkā auf drei Tage beschränkt ist und der Gläubige nur gewisse Orte besuchen kann. Diese Einschränkung auf einzelne Orte hat primär organisatorische Gründe. Besuche am Grabmal des Bāb und Bahā'u'llāhs sind möglich. Beim Besuch dieser Gräber soll das „Besuchstablet" (Bahā'u'llāh, GM / 1992, # 180) gelesen werden. Die Beschränkung der Zeitdauer auf drei Tage für diesen Besuch hängt mit dem besonderen Verhältnis zwischen den Bahā'ī und dem Staat Israel zusammen, das nicht nur die Ansiedlung von Bahā'ī in Israel unterbindet, sondern das auch von Seiten der Bahā'ī-Administration zu Vorsichtsmaßnahmen führt. Denn es soll gegenüber den israelischen politischen und religiösen Autoritäten nicht der Eindruck entstehen, dass Bahā'ī ihren Besuch im Lande dazu benutzen könnten, die eigene Religion aktiv unter der israelischen Bevölkerung zu propagieren. Daher müssen Bahā'ī, wenn sie die heiligen Stätten besuchen wollen, diesen Besuch rechtzeitig beim Universalen Haus der Gerechtigkeit anmelden.

Neben der *ziyārat,* die eine nicht verpflichtende kultische Handlung ist, um an den heiligen Stätten Gott zu begegnen, kennt die Bahā'ī-Religion auch eine verpflichtende Pilgerfahrt (*hajj*) zum „heiligen Haus". Die Pilgerfahrt ist nur für Männer verpflichtend, jedoch dürfen auch Frauen an der vollständigen Pilgerfahrt ohne Einschränkung teilnehmen, wobei die grundlegende Regelung der Pilgerfahrt im *Kitāb-i Aqdas* formuliert wird (Bahā'u'llāh, KA / 2000, # 32):

> Der Herr hat geboten, dass wer dazu fähig ist, die Pilgerfahrt zum heiligen Hause unternimmt. Davon hat er, als Ausdruck seiner Barmherzigkeit, die Frau befreit. Er ist in Wahrheit der Gabenreichste, der Allgroßmütige.

In „Fragen und Antworten" (Bahā'u'llāh, FA / 2000, # 29, # 32) und in der *Sūrat al-Hajj*, dem „Tablet der Pilgerfahrt", wird das „Heilige Haus" näher gedeutet, indem zwei Häuser als gleichwertige Ziele der Pilgerfahrt genannt werden: das Haus des Bāb in Shīrāz und das Haus Bahā'u'llāhs im Karkh-Bezirk in Bagdad, in dem er die meiste Zeit während seines Aufenthalts in Bagdad wohnte. Dabei stand es im Prinzip dem Pilger frei, zu welchem Haus er ging, wobei die Entscheidung in der frühen Bahā'ī-Zeit auch ganz pragmatisch entsprechend der geographischen Nähe zum Wohnort gefällt werden konnte. Heute sind beide Häuser für Bahā'ī nicht mehr zugänglich, denn ersteres wurde im September 1979 von den iranischen Revolutionsgarden zerstört, letzteres ist seit 1922 unter schiitischer Kontrolle (vgl. Warburg 2006: 449f.). Trotz dieses Verlustes beider Häuser bleiben sie im Gedächtnis der Bahā'ī idealtypische heilige Orte und Ziele der Pilgerfahrt. Nach dem Tod Bahā'u'llāhs hat ᶜAbdu'l-Bahā in seiner Funktion als autoritativer Ausleger der Schriften verfügt, dass die Satzung im *Kitāb-i Aqdas* bezüglich der Pilgerfahrt zum „heiligen Haus" auch das Grabmal Bahā'u'llāhs in Bahjī einschließt. Zugleich hat ᶜAbdu'l-Bahā den verpflichtenden Charakter der Pilgerfahrt zu den heiligen Häusern erneut bestätigt, obwohl als reales Pilgerziel nur noch das dritte heilige Haus, das er in diesen Status erhoben hat, in Frage kommt.

Dadurch hat sich ein Pilgerritual entwickelt, das sich „nur" auf den Karmel-Bereich bezieht, wobei dieses Pilgerritual neun Tage dauert und an jedem zweiten Montag während der Pilgersaison zwischen Ende Oktober und Ende Juli beginnt (Warburg 2006: 450f.). Mittelpunkt und Höhepunkt des Besuchs (*ziyārat*) ist das Grabmal Bahā'u'llāhs. Um die neuntägige Pilgerfahrt (*hajj*) in rituell zutreffender Form durchzuführen, ist eine Anmeldung der Pilgerfahrt notwendig, da aufgrund der beschränkten Kapazitäten nur maximal 150 Pilger gleichzeitig daran teilnehmen können. Dadurch entstehen lange Wartezeiten von bis zu fünf Jahren; solche Wartezeiten sind jedoch variabel, indem Pilger aus Ländern mit Reisebeschränkungen genauso bevorzugt behandelt werden wie ältere Personen, um allen die Pilgerfahrt zu ermöglichen. Jedem Pilger werden einige Termine für die Durchführung der Pilgerfahrt vorgeschlagen, aus denen dann der gewünschte Termin ausgewählt werden kann, indem z.B. Eltern mit schulpflichtigen Kindern eine gemeinsame Pilgerfahrt während der Schulferien unternehmen können oder befreundete Bahā'ī-Familien einen gemeinsamen Termin finden. Ehepartner, die keine Bahā'ī sind, dürfen an der Pilgerfahrt ebenfalls teilnehmen. Während der Pilgerfahrt wohnen die Pilger in der Regel in einem Hotel oder Gästehaus in Haifa. Erreicht man schließlich zum gewünschten Termin Haifa, so wird man vor Ort einer Pilgergruppe zugeordnet, wobei diese Gruppen nach sprachlichen Kriterien zusammengestellt werden, um die Kommunikation der Pilger untereinander zu erleichtern und Kontakte zwischen einzelnen Pilgern zu ermöglichen, die auch häufig nach dem Ende der Pilgerfahrt bestehen bleiben. Dadurch trägt die Pilgerfahrt zur Schaffung eines weit gespannten internationalen Netzes zwischen Bahā'ī untereinander bei. Die so zusammengestellte Pilgergruppe unternimmt während der neuntägigen Pilgerfahrt ein gemeinsames Programm, bei dem alle wichtigen Stätten der Religion im Gebiet zwischen Haifa und ᶜAkkā besucht werden können und bei dem nach Möglichkeit Begegnungen mit einem Mitglied des Universalen Hauses der Gerechtigkeit oder anderen Vertretern von diversen administrativen Einrichtungen, die in Haifa ihren Sitz haben, stattfinden.

Per-Olof Åkerdahl (2002: 187f.; vgl. auch Warburg 2006: 451f.) hat folgende detaillierte Beschreibung seiner Pilgerfahrt aus dem Jahr 1982 gegeben: Am ersten Tag besuchten die Pilger den Schrein des Bāb und das Grab ᶜAbdu'l-Bahās zu Gebet und Meditation, am nächsten Tag den Schrein Bahā'u'llāhs in Bahjī. Am Nachmittag des zweiten Tages fand eine Begegnung mit Mitgliedern des Universalen Hauses der Gerechtigkeit statt. Am dritten Tag trafen die Pilger Mitglieder des Internationalen Lehrzentrums, und der vierte Tag diente dem Besuch des Internationalen Bahā'ī-Archivs. Dieser Besuch war für die Pilger deswegen wichtig, weil ihnen dabei in den Archivräumen Bilder des Bāb und Bahā'u'llāhs gezeigt werden, ein Gemälde des Ersteren sowie zwei Gemälde und ein Foto des Letzteren. Obwohl es inzwischen im Internet ein veröffentlichtes Bild Bahā'u'llāhs gibt, ist ein solcher Besuch im Archiv ein besonderer Teil der Pilgerfahrt. Die offizielle Bahā'ī-Sichtweise schätzt die Veröffentlichung des Fotos Bahā'u'llāhs nicht, weil man betont, dass die Begegnung mit den beiden Religionsstiftern als besonderer Akt nicht alltäglich werden soll, indem man überall und zu jeder Zeit Bilder des Bāb bzw. Bahā'u'llāhs betrachten kann. Da die Pilgerfahrt eine Begegnung mit Bahā'u'llāh (und dem Bāb) in verdichteter Form sein soll, ist der Blick auf die Abbildungen der beiden Religionsstifter ein bewusster Teil dieser Pilgerfahrt; dabei mag dieser Blick auf das Bild Bahā'u'llāhs indirekt jene „Begegnungen" in Erinnerung rufen, die Gläubige zu seiner Zeit machen konnten, die eine *ziyārat* zum Religionsstifter unternommen haben, um ihn zu sehen. Dieses besondere „Sehen" des Religionsstifters soll eben nicht durch die Popularisierung von veröffentlichten Fotos für den Bahā'ī veralltäglicht werden. Am fünften und sechsten Tag wurden geschichtsträchtige Bauten und

Plätze besucht, so das Gefängnis Bahā'u'llāhs und das Haus des ᶜAbbūd in ᶜAkkā sowie die Anlagen in Mazraᶜih. Am siebten Tag stand die Besichtigung der Gartenanlagen und der Stelle auf dem Karmel auf dem Programm, an der in Zukunft ein Haus der Andacht errichtet werden soll. Am achten Tag konnten die Pilger nochmals Bahjī besuchen, während der letzte Tag sie zum Haus ᶜAbdu'l-Bahās in Haifa führte. Da seit 1982 zahlreiche bauliche Veränderungen und Erweiterungen im gesamten Bereich vorgenommen wurden, werden auch diese neuen Stätten besucht, so der erst Ende 1982 vollendete Bau des Universalen Hauses der Gerechtigkeit. An den Abenden während der Pilgerfahrt treffen sich die Pilger im „Pilgerhaus" in der Nähe des Schreins des Bāb zu Vorträgen über zentrale Themen der Religion, wobei der letzte Abend eine Sonderstellung hat. An diesem Abend findet kein Vortrag statt, sondern die Pilger gehen vom Pilgerhaus gemeinsam mit anderen Bahā'ī, die in den verschiedenen Einrichtungen in Haifa tätig sind, zum Schrein des Bāb, um dort zu beten.

Ziel der Pilgerfahrt sind die Möglichkeit, in „unmittelbaren" Kontakt zu den Grabstätten der beiden Stifter und zu den Bildern der Stifter zu gelangen, sowie die Begegnungen mit herausragenden organisatorischen Einheiten. Dadurch ist die Pilgerfahrt nicht nur die Erfüllung einer religiösen Verpflichtung, sondern zugleich ein soziales Ritual, durch das der Einzelne seine intensive Einbettung in die Religion als „vertikale" und „horizontale" Größe erleben kann (vgl. ferner Warburg 2006: 452f.; Viswanathan 1996: 275f.). Aufgrund der Beschränkung des Platzkontingents ist eine Pilgerfahrt mit Wartezeiten verbunden, so dass eine häufigere Teilnahme nur in relativ großen Zeitabständen möglich ist. Allerdings kann man während einer dreitägigen *ziyārat*, die man ohne besondere Wartezeit absolvieren kann, wenigstens einige der heiligen Stätten der Religion besuchen, um dadurch – wenngleich in eingeschränktem Rahmen – ebenfalls dem „irdischen Zentrum" der Religion nahezukommen.

4. Religion und Gesellschaftsbezug

4.1 Demographische Verbreitung und Wachstumsraten

Shoghi Effendi hat in „Gott geht vorüber" die ersten 100 Jahre der Bahā'ī-Geschichte und die Verbreitung der Religion dargestellt, wobei er diese Geschichte in vier Perioden gliedert: das Wirken des Bāb; das Wirken Bahā'u'llāhs; das Wirken ʿAbdu'l-Bahās; der Beginn des gestaltenden Zeitalters des Bahā'ī-Glaubens. Shoghi Effendis Darstellung ist eine theologische Geschichte der Bahā'ī, wie er im Vorwort klar ausspricht (Shoghi Effendi: GGV / 1954, # V:8):

> Die vier Perioden hängen eng miteinander zusammen, sie sind die aufeinander folgenden Akte eines einzigen in sich geschlossenen, wunderbaren, erhabenen Schauspiels, dessen verborgenen Sinn kein Intellekt ergründen, dessen dramatische Steigerung kein Auge auch nur schattenhaft wahrnehmen und dessen Schluss kein Geist angemessen erahnen kann.

Mit dem „gestaltenden Zeitalter" während Shoghi Effendis Wirken setzt die Verbreitung der Bahā'ī weltweit im großen Stil erst ein, was auch mit der systematischen Förderung von Nationalen und Lokalen Geistigen Räten seit dieser Zeit einhergeht. Während des Wirkens Bahā'u'llāhs und ʿAbdu'l-Bahās lebte der überwiegende Teil der Bahā'ī im Iran, auch wenn die Religion beim Tod ʿAbdu'l-Bahās in 37 Ländern der Welt verbreitet war; jedoch waren es lediglich kleine Gruppen von Religionsangehörigen, die in Ländern außerhalb des islamischen Kulturraumes lebten. Zu jenen Bahā'ī, die sich bereits zu Lebzeiten ʿAbdu'l-Bahās um die Verbreitung der Religion verdient gemacht hatten und dies während des Wirkens von Shoghi Effendi weiterführten, gehörten u.a. Lua Getsinger, May Maxwell und Martha Root, ferner Ethel Rosenberg, Alma Knobloch und Königin Marie von Rumänien (vgl. Fazel / Hassall 1998: 35f.). Mit Shoghi Effendis „gestaltendem Zeitalter" eng verbunden ist sein Bemühen, die demographische Verbreitung der Religion systematisch zu fördern; als typisch dafür kann man den Siebenjahresplan zwischen 1937 und 1944 nennen, dessen Ziel es war, in jedem Bundesstaat der Vereinigten Staaten von Amerika sowie in allen Provinzen Kanadas und in den Staaten Südamerikas Bahā'ī-Gemeinden zu gründen, um so die Etablierung der Religion im Westen zu festigen. Ein weiterer Siebenjahresplan von 1946 bis 1953 diente dazu, nach dem Ende des Zweiten Weltkrieges bestehende Gemeinden zu stärken und auszubauen; sowohl Indien, Burma und Pakistan wurden hier erfolgreich einbezogen, wie auch Iran, Sudan und Irak. Genauso lag das Augenmerk bei der Verbreitung und Festigung der Religion weiterhin auf Nordamerika, Großbritannien, Mitteleuropa sowie Australien und Neuseeland. Am Ende dieser Phase war es möglich, ausgehend von Großbritannien Bahā'ī als so genannte Pioniere in verschiedene Länder und Kolonien in West- und Ostafrika zu entsenden (vgl. van den Hoonaara 2003: 15–19). Dem Konzept einer koordinierten weltweiten Verbreitung der Religion trug Rechnung, dass im Jahr 1957 Grundstücke für „Häuser der Andacht" in verschiedenen Ländern erworben wurden; zugleich konnte – nachdem sich Pläne, ein Haus der Andacht im Norden Teherans zu errichten, aus politischen Gründen nicht verwirklichen ließen – in Deutschland, Uganda und Australien mit den Arbeiten zum Bau eines jeweils kontinentalen Hauses der Andacht begonnen werden.

Mit der Leitung der Bahā'ī-Religion durch das Universale Haus der Gerechtigkeit seit 1963 beginnt ein neuer Abschnitt der Verbreitung der Religion. Die Zielsetzung zur äußeren Ausbreitung und inneren Festigung der Religion ist in verschiedenen Mehr-Jahresplänen ausgedrückt und hat mit einem Neunjahresplan im Jahr 1964 begonnen. Innerhalb der beiden ersten Jahrzehnte der Existenz des Universalen Hauses der Gerechtigkeit hat sich die Zahl der Bahā'ī vervielfacht, sowohl was die konkrete Anzahl der einzelnen Gläubigen als auch die Zunahme der Zahl der Geistigen Räte betrifft. Genauso fällt in diese Zeit die endgültige Verlagerung der ethnischen und kulturellen Zusammensetzung der Bahā'ī-Gemeinde, da Bahā'ī mit islamisch-iranisch geprägter Herkunft seit dieser Zeit nur noch in der Minderzahl vorhanden sind. Der Erfolg dieser Bekehrung hängt teilweise damit zusammen, dass in diesen Mehr-Jahresplänen stärker als in früheren Jahren auch darauf Rücksicht genommen wurde, alle Bevölkerungsschichten mit der Botschaft der Bahā'ī-Religion anzusprechen. Die Verbreitung in der ersten Hälfte des 20. Jahrhunderts war hingegen in Europa und Nordamerika eher darauf ausgerichtet, Multiplikatoren aus der Oberschicht zu gewinnen; damit war aber der quantitative Zuwachs der Religion eingeschränkt. Eine Veränderung trat in den Siebziger- und Achtzigerjahren des 20. Jahrhunderts ein, als v.a. in Afrika, Asien und Lateinamerika zehntausende Gläubige die Religion annahmen, teilweise durch „Massenbekehrungen" bzw. „Massenerklärungen" von ganzen Dörfern. Dass dieser Fortschritt aber auch eine Kehrseite hatte, sollte nicht übersehen werden. In vielen Fällen war die Kenntnis über die neue Religion sehr gering, so dass manche Neubekehrte den Bahā'ī wieder den Rücken gekehrt haben. Darüber hinaus waren die etablierten Bahā'ī-Gemeinden mit dem plötzlichen Zuwachs an neuen Gläubigen überfordert, so dass sie diese nicht entsprechend in der Religionsausübung unterstützen konnten.

Besondere Hervorhebung verdient in dieser Expansionsgeschichte sicherlich die Zunahme der Zahl der Bahā'ī in Indien, wobei dieser quantitative Erfolg ebenfalls das Ergebnis der Strategie der Mehr-

Jahrespläne ist. Lag die Zahl der Religionsangehörigen auf dem indischen Subkontinent in den letzten Jahren von Shoghi Effendi gerade einmal bei etwa 1.000 Gläubigen, so kann man Mitte der 1980er Jahre mit mehr als einer Million Gläubigen in Indien rechnen, die auch durch ein weites Netz von Schulen, Sozialeinrichtungen und organisatorischen Strukturen zum zahlenmäßigen Zentrum der Religion aufgestiegen sind. Ein Symbol für diesen Aufschwung ist das Haus der Andacht in der indischen Hauptstadt New Delhi.

Fasst man die demographische Verbreitung zusammen, so hat sich im letzten halben Jahrhundert die Zusammensetzung der Bahā'ī-Population signifikant verändert. Peter Smith und Moojan Momen (1989: 72; vgl. ferner Warburg 2006: 215–220) haben in einer Untersuchung über die Entwicklung der Religion zwischen 1957 und 1988 einige verlässliche Zahlen ermittelt, wobei für 1954 folgende Werte genannt werden können:

Islamischer Kulturraum von Iran bis Nordafrika	200.000
Europa, Nordamerika, Australien	10.000
Südasien	1.000
Afrika, Lateinamerika, Südostasien, Ozeanien	2.000
Summe	213.000

In den 1960er Jahren kam es zu großen Missionserfolgen in Ländern der Dritten Welt, v.a. in Bolivien, Uganda und Indien, ein Trend, der sich prinzipiell bis in die Gegenwart fortsetzt. Dadurch hat sich aber auch die statistische Zusammensetzung vollkommen verändert, so dass die genannte Untersuchung für das Jahr 1968 folgende Verbreitungszahlen nennt:

Islamischer Kulturraum von Iran bis Nordafrika	250.000
Europa, Nordamerika, Australien	30.000
Südasien	300.000
Afrika	200.000
Lateinamerika	100.000
Südostasien	200.000
Ozeanien	5.000
Summe	1.085.000

Zwei Jahrzehnte später haben sich die Proportionen von Wachstum und Verteilung nochmals verändert:

Islamischer Kulturraum von Iran bis Nordafrika	300.000
Europa, Nordamerika, Australien	200.000
Südasien	1.900.000
Afrika	1.000.000
Lateinamerika	700.000
Südostasien	300.000
Ozeanien	70.000
Summe	4.470.000

Diese von P. Smith und M. Momen recherchierten Zahlen sind weitgehend glaubwürdig, wenngleich genaue Statistiken hinsichtlich der Angehörigen der Bahā'ī-Religion teilweise schwierig zu erstellen sind (vgl. ferner Smith 1996: 131f.). Dies hängt mit der Organisationsstruktur der Religion zusammen. Offizielle Bahā'ī-Quellen – einschließlich solcher des Universalen Hauses der Gerechtigkeit – legen mehr Wert auf präzise Daten hinsichtlich der (Lokalen und Nationalen) Geistigen Räte, während exakte Mitgliederzahlen nur selten verfügbar sind. Eine Aufschlüsselung der Mitglieder nach Ländern ist nämlich – aus der Perspektive einer Bahā'ī-Theologie, die als universelle Religion nationale und ethnische Grenzen zu überschreiten versucht – weniger wichtig als eine exakte statistische Buchführung über die Nationalen und Lokalen Geistigen Räte als kleinste strukturelle Einheiten innerhalb der Bahā'ī-Hierarchie. Für das Jahr 2000 nennt die Statistikabteilung des Bahā'ī-Weltzentrums die Existenz von 182 Nationalen Geistigen Räten, die sich so auf die einzelnen Kontinente verteilen (http://bahai-library.com/file.php5?file=bolhuis_bahai_statistics_2001&language=All):

Afrika	46
Nord- und Südamerika	43
Asien	39
Australien und Ozeanien	17
Europa	37

Die Zahl der Lokalen Geistigen Räte betrug damals weltweit 11.740 und insgesamt lebten im Jahr 2000 an 127.381 Orten Bahā'ī, die insgesamt 2.112 unterschiedlichen ethnischen Gruppen zugewiesen werden konnten. Diese Statistik gibt durchaus einen guten Einblick in zwei theologische Aspekte der Verbreitung, nämlich dass die Bahā'ī-Religion aufgrund ihrer Lehre der Einheit der Menschheit für alle ethnischen Gruppen ansprechend ist; genauso untermauert die Statistik das Anliegen der Religion, auf der ganzen Welt Verbreitung zu finden. Die exakte Zahl von einzelnen Angehörigen ist aber bei dieser Fragestellung nicht wichtig, weshalb sie in den Statistiken nicht aufscheint. Sucht man dennoch nach solchen Zahlen, kommt man leider nicht über Schätzungen hinaus. Die Encyclopaedia Britannica (http://www.britannica.com/eb/article-9399686/Worldwide-Adherents-of-All-Religions-Mid-2004) nennt für das Jahr 2004 folgende Daten:

Europa	146.000
Nordamerika	847.000
Südasien / Südostasien und Iran	3.639.000
Afrika	1.929.000
Lateinamerika	813.000
Ozeanien und Australien	122.000
Summe	7.496.000

Die hier genannten Zahlen dürften jedoch zu hoch sein; so hat der Nationale Geistige Rat der Vereinigten Staaten von Amerika im September 2007 die Zahl der Gläubigen in den Vereinigten Staaten mit lediglich 158.502 angegeben (www.bahai.us/system/files/Statistics.pdf). In einem Schreiben des Bahā'ī-Weltzentrums vom 27. Juni 2008 auf meine Anfrage nach aktuellen Verbreitungszahlen ist als vorsichtige konservative Schätzung von mehr als 5 Millionen Gläubigen die Rede, die sich etwa wie folgt auf die einzelnen Kontinente verteilen:

Afrika	1.000.000
Nord- und Südamerika	1.000.000
Asien	3.000.000
Ozeanien und Australien	100.000
Europa	100.000
Summe	5.200.000

Obwohl die einzelnen Zahlenwerte nicht mit wünschenswerter Genauigkeit zu eruieren sind (vgl. auch Warburg 2006: 218f.), lassen sich daraus einige Schlussfolgerungen und Tendenzen für die Verbreitung der Bahā'ī in der Gegenwart ableiten. Man kann ein klares Wachstum der Religion erkennen, sollte aber dennoch nicht übersehen, dass es immer wieder Rückschläge bzw. Stagnation gegeben hat. Dafür spielte nicht selten die Verfolgung der Bahā'ī in einzelnen Staaten eine Rolle und die Ursachen solcher Verfolgungen waren in der Regel in der Politik des Landes zu suchen. Am bekanntesten ist die Marginalisierung von Bahā'ī in der iranischen Gesellschaft seit der islamischen Revolution 1978/79, wobei die Benachteiligung und Verfolgung der Bahā'ī bis heute andauert (vgl. UHG 2003a: 182–187). Andere Staaten haben die Bahā'ī-Religion zumindest zeitweilig verboten, teilweise wurden solche Verbote wieder aufgehoben bzw. sie werden – auch von Seiten der Behörden – nicht weiter umgesetzt. Einige Jahreszahlen, in denen – beispielhaft – Verbote der Religion in einzelnen Ländern ausgesprochen wurden (Smith / Momen 1989: 85): 1960 in Ägypten, 1962 und 1984 in Marokko, 1969 in Algerien, 1970 im Irak, 1972 in Indonesien, 1974 in Burundi, 1976 in Mali, 1977 in Uganda, 1978 im Kongo und in Nigeria. Während die Verbote in diesen Ländern vor dem Hintergrund politischer Interessen der Zusammenarbeit zwischen diesen Ländern und arabischen Staaten stehen, ist das Verbot der Bahā'ī-Gemeinde in Vietnam im Jahr 1978 im Zusammenhang mit dem damals religionsfeindlichen Verhalten der Regierung der Sozialistischen Republik Vietnam zu sehen; daher konnte erst zum Naw-Rūz-Fest 2008 wiederum ein Nationaler Geistiger Rat für die Bahā'ī in der Sozialistischen Republik Vietnam gewählt werden.

Trotz solcher Rückschläge durch Verfolgungen oder Verbote ist aber unübersehbar, dass die Hauptzuwachsgebiete in Indien, in den afrikanischen Ländern südlich der Sahara, im pazifischen Raum und innerhalb der indigenen Bevölkerung Südamerikas liegen. Dadurch kann man – hinsichtlich der Zahl der Gläubigen – die Bahā'ī-Religion als eine „Dritte-Welt-Religion" charakterisieren (vgl. Smith 1996: 133; Warburg 2006: 213). Dies bestätigt auch ein Blick auf den prozentuellen Anteil von Bahā'ī an der Gesamtbevölkerung einzelner Länder. In vielen Ländern machen Bahā'ī weniger als 0,5% der Gesamtbevölkerung aus, in manchen Ländern sogar weniger als 0,1%. Herausstechende Prozentwerte aus solchen Statistiken liefern einige Kleinstaaten aus dem pazifischen Raum (z.B. Nauru, Tonga, Tuvalu, Kiribati oder Vanuatu – zwischen 9 und 3%), einen auffallend hohen Prozentanteil an der Gesamtbevölkerung haben Bahā'ī in Bolivien (3%), aber auch Sambia, Tschad oder Kenia, wo der Bahā'ī-Anteil deutlich über einem Prozent der Gesamtbevölkerung liegt. Blickt man auf großflächigere Räume, so leben mehr als die Hälfte aller Bahā'ī in Indien und Südostasien sowie rund 20% in afrikanischen Ländern südlich der Sahara. Dieser quantitative Zuwachs weist jedoch Schattenseiten auf, indem die Bahā'ī-Religion in diesen Regionen zu einer „Massenreligion" wird, deren einzelne Mitglieder zum Teil eher inaktiv sind, worunter ein lebendiges Gemeindeleben und die spirituelle Entwicklung manchmal leiden. Margit Warburg (2006: 226) rechnet damit, dass nur rund ein Fünftel der Bahā'ī in diesen Regionen tiefer in die Aktivitäten der Religion involviert sind, wodurch ein deutlicher Unterschied zur Situation in Iran, Nordamerika und Europa gegeben ist. In diesen Regionen hat bis vor vier Jahrzehnten noch der überwiegende Teil der Bahā'ī gelebt, heute stellen diese Gebiete weniger als 10% der Bahā'ī-Mitglieder, allerdings liegt der Aktivitätsgrad über 70 Prozent. Insofern macht die Statistik deutlich, dass sich die Bahā'ī-Religion in den letzten Jahrzehnten zu einer globalen Religionsgemeinschaft entwickelt hat. Eine solche weltweite Verbreitung birgt allerdings das Risiko in sich, dass ein Teil der Mitglieder das eigene Engagement verringert. Genauso kann die Verbreitung dazu beitragen, dass Differenzierungen entstehen, die den Anspruch auf die Einheit der Religion in Frage stellen. Dieser Gefahr wirken die Organisationsstrukturen der Gemeinden entgegen, die lokale und internationale Netzwerke bilden, aber auch regionale Konferenzen, die die Zusammenarbeit von Bahā'ī aus verschiedenen Ländern fördern. So organisierte das Universale Haus der Gerechtigkeit zwischen November 2008 und März 2009 in insgesamt 41 Städten weltweit regionale Konferenzen, an denen jeweils bis zu mehreren tausend Gläubigen teilnahmen. Dadurch entstehen Verbindungen innerhalb der Religionsgemeinde, die trotz der geographischen Vielfalt in der demographischen Entwicklung den Zusammenhalt der Gemeinschaft zu sichern vermögen.

4.2 Organisationsstrukturen der Bahā'ī-Religion und Gemeinden

4.2.1 Das Hüteramt und die „Hände der Sache Gottes"

ᶜAbdu'l-Bahā hat in seinem Testament als Oberhaupt der Religionsgemeinde den „Hüter der Sache Gottes" benannt (E. Towfigh 2006: 80–83). Dieses Amt hat ᶜAbdu'l-Bahās Nachfolger Shoghi Effendi erstmals ausgeübt. Die Aufgaben des Hüteramts entsprechen dabei im Wesentlichen jenen Funktionen, die ᶜAbdu'l-Bahā selbst als Oberhaupt der Bahā'ī ausgeübt hat. An der Spitze der Aufgaben steht das Lehramt, das den Hüter – gemeinsam mit ᶜAbdu'l-Bahā – zum verbindlichen Interpreten der Schriften des Religionsstifters gemacht hat, wobei mit dem Amt die Unfehlbarkeit in Glaubensfragen verbunden ist. Laut dem Testament ᶜAbdu'l-Bahās ist der „Hüter der Sache Gottes" auch das Oberhaupt des (zur Zeit ᶜAbdu'l-Bahās noch nicht gewählten) Universalen Hauses der Gerechtigkeit, so dass das Konzept ᶜAbdu'l-Bahās prinzipiell eine „Doppelspitze" der Religion im Hüter und im Universalen Haus der Gerechtigkeit vorgesehen hat. Die beiden Institutionen sind insofern komplementär, als dem Hüter die „Lehrkompetenz" und dem Universalen Haus der Gerechtigkeit die „Amtskompetenz" und Gesetzgebungsgewalt zukommt (vgl. U. Gollmer 1995b: 563–65). Diese Doppelspitze wurde durch den Tod Shoghi Effendis obsolet, so dass die ersten Jahre nach Shoghi Effendis Tod von der Diskussion geprägt waren, ob das Hüteramt neu besetzt werden könne oder ob das Amt mit dem Tod des Amtsträgers erloschen sei. Als Ergebnis dieser Diskussion hat das Universale Haus der Gerechtigkeit wenige Monate nach seiner Wahl im Oktober 1963 festgestellt, dass die Ernennung eines neuen Hüters der Religion nicht möglich sei. Damit ist die autoritative Auslegungskompetenz der Schriften erloschen, andere Funktionen des Hüters wie die Bewahrung der Lehre oder administrative und judikative Aufgaben sind jedoch nicht nur mit seinem Amt, sondern auch mit dem Amt des Universalen Hauses der Gerechtigkeit verbunden, so dass sie weiterhin ausgeführt werden können.

Ebenfalls mit dem Amt des Hüters verbunden war die Ernennung der „Hände der Sache Gottes" (E. Towfigh 2006: 83f.). Sie sind besondere Persönlichkeiten der Religion, die vom Hüter in ihr Amt berufen werden, um bestimmte Aufgaben zu erfüllen, dazu gehören die Verkündigung des Glaubens und ihr Engagement in der Verbreitung des Glaubens. Bereits Bahā'u'llāh hat zwischen 1887 und 1890 vier Personen in dieses Amt berufen, die in der Frage der Nachfolge Bahā'u'llāhs seinen Sohn ᶜAbdu'l-Bahā uneingeschränkt unterstützt haben. Dies zeigt die wichtige Aufgabe der Hände der Sache Gottes, die Leitung der Religionsgemeinde nachhaltig zu unterstützen. ᶜAbdu'l-Bahā hat keine lebenden Bahā'ī in dieses Amt berufen, aber den Titel postum an einige hervorragende Persönlichkeiten der Religion verliehen und in seinem Testament das Hüteramt mit der Kompetenz ausgestattet, weitere Hände der Sache Gottes zu ernennen. Shoghi Effendi hat als Hüter zwischen 1925 und 1952 weitere Hände der Sache Gottes postum ernannt, seit 1951 aber auch intensiv an der Entwicklung dieses Amtes gearbeitet. Zunächst hat er zwölf Gläubige zu Händen der Sache Gottes berufen, insgesamt ist die Zahl bis zu seinem Tod auf 32 Personen angestiegen. Dadurch war eine den Hüter unterstützende, aber dem Hüteramt untergeordnete Organisation entstanden. Analog zum Hüteramt stellte sich auch bei dieser Einrichtung die Frage, ob zukünftig weitere Hände der Sache Gottes ernannt werden könnten; auch in diesem Fall kam das Universale Haus der Gerechtigkeit 1966 zur Auffassung, dass es wegen der engen Verbindung zwischen dem Hüteramt und den Händen unmöglich ist, in Zukunft neue Bahā'ī in dieses Amt zu berufen. Dadurch ist diese Institution – nach dem Hüteramt – jene Einrichtung mit der kürzesten Dauer. Die letzten drei Hände, die am längsten dieses Amt ausgeübt haben, waren Amatu'l-Bahā Rūhiyyih Khānum (1910–2000), ᶜAlī Akbar Furūtan (1905–2003) und Dr. ᶜAlī Muhammad Varqā (1911–2007). Mit dem Tod des Letzteren ist das Amt endgültig erloschen.

4.2.2 Das Universale Haus der Gerechtigkeit und die Geistigen Räte

Das Universale Haus der Gerechtigkeit sowie die Nationalen und Lokalen Häuser der Gerechtigkeit, für die bislang jedoch nur die Namen Nationaler bzw. Lokaler Geistiger Rat verwendet werden (vgl. *Kitāb-i Aqdas*, # 30), sind die Leitungsorgane der Bahā'ī-Gemeindeordnung. Alle diese Organe bestehen aus jeweils neun Personen, die in geheimer Wahl ermittelt werden. Wahlberechtigt und wählbar sind Bahā'ī ab dem 21. Lebensjahr. Die Amtsperiode auf lokaler und nationaler Ebene dauert jeweils ein Jahr. Davon weicht die Wahl der Mitglieder des Universalen Hauses der Gerechtigkeit ab, da diese jeweils für fünf Jahre gewählt werden und einschränkend nur Männer in das Universale Haus der Gerechtigkeit gewählt werden können. Letzteres wird aus # 52 des *Kitāb-i Aqdas* abgeleitet, wo die „Männer der Gerechtigkeit" genannt sind. Diese Formulierung interpretierte ᶜAbdu'l-Bahā dahingehend, dass darin die auf Männer beschränkte Zusammensetzung des Universalen Hauses der Gerechtigkeit ausgedrückt sei.

Für Bahā'ī gilt der Wahlvorgang als religiöse Handlung, so dass Wahlabsprachen, miteinander konkurrierende Parteien oder Kandidaten sowie Wahlwerbung für einen bestimmten Kandidaten untersagt sind. Das Universale Haus der Gerechtigkeit hat diesen Unterschied zwischen Bahā'ī-Wahlen und politischen Wahlen in einem Brief an einen Gläubigen vom 6. Dezember 1971 folgendermaßen ausgedrückt (UHG 1990: 9; vgl. ferner Schaefer 2001: 224).

> Der geliebte Hüter hat uns deutlich erklärt, dass es, wenn wir bei unseren Wahlen die Verfahrensweisen der Politiker nachahmen, zu Missverständnissen und Meinungsverschiedenheiten kommt, daraus Chaos und Verwirrung entstehen, es von Unheil nur so wimmelt und der Strom göttlicher Bestätigung für die betreffende Bahā'ī-Gemeinde abgesperrt wird. Angesichts dieser schwerwiegenden Warnungen muss stets äußerste Achtsamkeit geübt werden, so dass die Reinheit und die geistige Wesensart der Bahā'ī-Wahlen erhalten und bewahrt bleibt.

Dieser Wahlmodus führt einerseits zu einer relativ großen Streuung in den genannten Personen für die Wahl, andererseits ist aber auch ein „Amtsbonus" für bereits amtierende Amtsträger nicht zu übersehen, da die mehrfache Wiederwahl zulässig ist (vgl. E. Towfigh 2006: 87f.). Für die Wahlen zu den Lokalen Geistigen Räten sind alle Mitglieder der lokalen Gemeinde direkt aktiv wahlberechtigt, überregionale Wahlen für die nationalen, regionalen und internationalen Einrichtungen geschehen durch Wahlmänner, die die jeweils niedrigere Einrichtung repräsentativ für die Wahl der hierarchisch höher geordneten Einrichtung vertreten.

Das oberste Leitungsorgan ist das Universale Haus der Gerechtigkeit, wobei bereits in Texten Bahā'u'lläh die Einrichtung dieser Institution genannt ist, so an mehreren Stellen im *Kitāb-i Aqdas* (# 30, # 42, # 52), aber auch im „Sendschreiben über die Welt" (*Lawḥ-i Dunyā*), worin die Aufgaben benannt sind (Bahā'u'lläh 1982 / BA, # 7:19):

> Die Amtsträger des Hauses der Gerechtigkeit haben die Pflicht, den geringeren Frieden zu fördern, damit das Erdenvolk der Bürde maßloser Staatsausgaben ledig werde. Die Aufgabe ist zwingend und absolut wesentlich, zumal Streit und Feindseligkeiten die wahren Ursachen von Leid und Elend sind.

Auch Bahā'u'llāhs Schrift *Ishrāqāt* („Die Pracht") erwähnt diese Institution wie folgt (Bahā'u'llāh 1982 / BA, # 8:78):

> Trotz allem ist die Regelung dieser Angelegenheiten den Mitgliedern des Hauses der Gerechtigkeit anvertraut, damit sie nach den Erfordernissen der Zeit und den Eingebungen der Weisheit verfahren.

Solche Erwähnungen zeigen zugleich, dass zu Lebzeiten Bahā'u'llāhs die Details für die konkrete Einrichtung des Hauses der Gerechtigkeit noch weitgehend gefehlt haben; diese Details haben erst seine Ausleger schrittweise festgelegt. Der Aufgabenbereich des Universalen Hauses der Gerechtigkeit besteht in der Setzung des allgemeinen Rechts für die Bahā'ī-Religion als supplementäres (und mittelbares) göttliches Recht – im Unterschied zum primären (unmittelbaren) göttlichen Recht, das direkt aus den Offenbarungsschriften Bahā'u'llāhs stammt (vgl. auch U.

Gollmer 1995b: 556f.). Damit hat das Universale Haus der Gerechtigkeit zwar die absolute Amtsgewalt, nicht aber die absolute Lehrgewalt. Um dies zu konkretisieren: Aufgrund der Amtsgewalt ist es berechtigt, z.B. die im *Kitāb-i Aqdas* z.T. allgemein formulierten Gesetze zu konkretisieren oder zu entscheiden, in welcher Form sie anzuwenden sind, aber weder abzuschaffen noch theologisch zu verändern. Wenn es in #31 des *Kitāb* von den „Häusern der Andacht" heißt, dass diese möglichst perfekt ausgestattet werden sollen, aber ohne Bilder sein müssen, so obliegt dem Universalen Haus der Gerechtigkeit die Entscheidung darüber, wann und wo solche Häuser errichtet werden können und in welcher architektonischen Gestaltung dies geschehen soll. Wegen der fehlenden absoluten Lehrgewalt ist es aber nicht erlaubt, dass die gesetzgebende und interpretatorische Tätigkeit des Universalen Hauses der Gerechtigkeit weiter gehen dürfte, um beispielsweise als inhaltliche Neuerung in der Gestaltung ein „Kultbild" Bahā'u'llāhs in einem Haus der Andacht aufzustellen. Letzteres würde eine Lehr- und Offenbarungskompetenz erfordern, die nicht vorhanden ist. Die Aufgaben und Kompetenz des Universalen Hauses sind somit zwar klar umrissen, allerdings stellt sich für Bahā'ī die Frage nach der Unfehlbarkeit der Äußerungen des Universalen Hauses der Gerechtigkeit. Dabei ist in der aktuellen Diskussion eine Tendenz zu beobachten, dass die Unfehlbarkeit von Aussagen und Stellungnahmen des Universalen Hauses der Gerechtigkeit auf solche Fälle beschränkt wird, die sich eindeutig auf die gesetzgebende Funktion des Universalen Hauses der Gerechtigkeit im Zusammenhang mit mittelbarem göttlichem Recht beziehen. Aufgrund dieser Einschätzung ist das Universale Haus der Gerechtigkeit nicht als Institution an sich unfehlbar, sondern nur in besonderen Fällen (Schaefer 2002; ferner Ders. 2007: 339 sowie G. Tober 2003: 114–117). In zutreffender und zusammenfassender Form sind die Aufgaben des Universalen Hauses der Gerechtigkeit in der Verfassung dieser Institution formuliert (zitiert nach Schaefer 2000: 21f.):

> Die dem Universalen Haus der Gerechtigkeit verliehenen Gewalten stehen vor allem im Dienst folgender Aufgaben:
> * die heiligen Texte zu konservieren und über ihre Unversehrtheit zu wachen; sie zu analysieren, zu klassifizieren und zu ordnen; die Sache Gottes zu verteidigen und sie aus den Fesseln der Unterdrückung und Verfolgung zu befreien;
> * die Belange des Gottesglaubens zu fördern; seine Botschaft zu verkünden und zu lehren; die Institutionen seiner Gemeinde zu entfalten und zu festigen; der Weltordnung Bahā'u'llāhs den Weg zu bereiten; die Umsetzung jener geistigen Werte zu fördern, die das individuelle wie das gesellschaftliche Leben der Bahā'ī kennzeichnen sollen; Freundschaft und Einvernehmen unter den Völkern und weltweiten Frieden mit aller Kraft zu fördern, sowie alles, was zur Aufklärung und Erleuchtung der Menschenseelen, zu Fortschritt und Besserung der Welt beiträgt;

* Gesetze und Gebote zu erlassen, wo die heiligen Texte schweigen; die eigene Gesetzgebung gemäß dem Wandel und den Bedürfnissen der Zeit anzupassen, über Probleme und Streitfragen zu beraten und zu entscheiden; Fragen zu klären, über die Unklarheit herrscht; die Rechte der Person, ihre Freiheit und geistige Selbstständigkeit zu schützen und die Menschenwürde zu wahren; der Entwicklung der Gemeinwesen und der Stabilität der Staaten besondere Aufmerksamkeit zu schenken;
* die Gesetze und Grundsätze des Glaubens bekannt zu machen und anzuwenden; die Korrektur im Handeln, wie sie vom Gottesgesetz gefordert wird, zu wahren und zur Geltung zu bringen; das in den Zwillingsstätten ᶜAkkā und Haifa gelegene geistige und weltliche Zentrum des Bahā'ī-Glaubens zu bewahren und zu entwickeln; die Weltgemeinde zu verwalten, ihre Aktivitäten zu lenken, zu organisieren, zu koordinieren und zu einen; Institutionen ins Leben zu rufen; die Verantwortung dafür zu tragen, dass in der Sache Gottes keine Körperschaft oder sonstige Institution ihre Rechte missbraucht oder ihre Rechtspflichten vernachlässigt; Vorsorge dafür zu treffen, dass die Fonds, die Stiftungen und andere Vermögenswerte, die ihm anvertraut sind, ordnungsgemäß entgegengenommen, verwendet, verwaltet und gesichert werden;
* Rechtsstreitigkeiten, die in seine Zuständigkeit fallen, zu entscheiden; Urteile zu fällen und Sanktionen zu verhängen, wenn Gesetze des Glaubens verletzt wurden; sicherzustellen, dass seine Entscheidungen vollzogen werden; für eine schiedsgerichtliche Entscheidung und Beilegung völkerrechtlicher Konflikte bereit zu sein; Repräsentant und Hüter jener göttlichen Gerechtigkeit zu sein, die allein Sicherheit in der Welt und die Herrschaft von Recht und Ordnung gewährleisten kann.

Entsprechend der Wahl in einem fünfjährigen Turnus wurden die aktuellen Mitglieder des Universalen Hauses der Gerechtigkeit am 29. April 2008 gewählt; es sind folgende neun Personen: Farzam Arbab, Kiser Barnes, Peter Khan, Hooper Dunbar, Firaydun Javaheri, Paul Lample, Payman Mohajer, Shariar Razavi und Gustavo Correa.

Ein lokales „Haus der Gerechtigkeit" soll an jedem Ort, an dem wenigstens neun Bahā'ī leben, gewählt werden (Bahā'u'llāh, KA / 2000, # 30). Derzeit verwendet man für diese Häuser die Bezeichnung „Lokaler Geistiger Rat". Diese Räte bilden die unterste Leitungsstruktur, deren Aufgaben sich nur auf die örtlichen Angelegenheiten beziehen; ein Lokaler Geistiger Rat vertritt die Gemeinde sowohl gegenüber anderen Gemeinden, aber auch gegenüber dem Nationalen Geistigen Rat sowie gegenüber öffentlichen Einrichtungen. Die alljährliche Wahl findet während der Tage des Ridvān-Festes statt. Zu den zentralen Aufgaben des Rates gehören die Gestaltung des Gemeindelebens mit Festen und Feiertagen sowie die Durchführung von Eheschließungen oder Scheidungen.

Mit der (geographischen) Entwicklung der Religion hängt zusammen, dass dieses zweistufige System durch ᶜAbdu'l-Bahā insofern erweitert wurde, als er eine dritte Ebene, die „Nationalen Geistigen Räte", eingeführt hat. In „Wille und Testament" hat er Zusammensetzung, Wahl und Aufgaben dieser Räte im Wesentlichen den Lokalen Geistigen Räten entsprechend geregelt (E. Towfigh 2006: 98f., U. Gollmer 1995b: 554–559). Der geographische Wirkungsraum dieser Räte entspricht in den meisten Fällen den Grenzen eines unabhängigen Staates, gelegentlich gibt es aber auch eigenständige „Nationale Geistige Räte", die für ein von einem Staat abhängiges (aber in gewisser Weise autonomes) Territorium gewählt werden. Der Zweck, den typischerweise ein Nationaler Geistiger Rat hat, wird in der Satzung des Nationalen Geistigen Rates in Deutschland folgendermaßen beschrieben, wobei die Formulierung sachlich auch für andere Nationale Geistige Räte zutrifft, obwohl die sprachliche Ausformung von der jeweiligen staatlichen Gesetzeslage abhängig ist. In Artikel 2 der Satzung heißt es (zitiert nach Schaefer 2000: 47f.):

> I. Zweck des Nationalen Geistigen Rates der Bahā'ī in Deutschland ist die Verwaltung der deutschen Bahā'ī-Gemeinde nach der Lehre und den Verwaltungsgrundsätzen der Bahā'ī-Religion. ... Der Nationale Geistige Rat ist oberster Spruchkörper der Bahā'ī in der Bundesrepublik Deutschland. Er führt die Aufsicht über die örtlichen Geistigen Räte der Bahā'ī. Durch den Nationalen Geistigen Rat nimmt die deutsche Bahā'ī-Gemeinde an der Wahl des Universalen Hauses der Gerechtigkeit in Haifa / Israel teil.

Die dreistufige Organisationsform – Lokaler Geistiger Rat, Nationaler Geistiger Rat, Universales Haus der Gerechtigkeit – prägt das heutige Bahā'ītum, wobei derzeit weltweit rund 17.400 Lokale Geistige Räte und 183 Nationale Geistige Räte eingerichtet sind. Gelegentlich existieren auch so genannte „Regionale Geistige Räte", v.a. in solchen Fällen, wenn durch instabile politische Verhältnisse die Entstehungsprozesse eines Staates noch nicht abgeschlossen sind oder in einem (jungen) Staat noch zu wenig Bahā'ī leben, so dass ein voll funktionierender Nationaler Geistiger Rat nicht gegründet werden kann. In solchen Fällen ist ein Regionaler Geistiger Rat, der das Gebiet mehrerer Staaten umfasst, eine Zwischenstufe und Ausnahme, die so lange gilt, bis die volle Entwicklung von Nationalen Geistigen Räten in den betreffenden Staaten möglich ist (E. Towfigh 2006: 98).

4.2.3 Weitere organisatorische Einrichtungen

Im Gefolge dieser Einrichtungen ist es zu einer weiteren Entfaltung der Verwaltung gekommen, wobei – nicht zu verwechseln mit den eben genannten Regionalen Geistigen Räten – die so genannten Regionalen Bahā'ī-Räte (englisch: Regional Bahā'ī Councils) zu nennen sind, die ein besseres Gleichgewicht zwischen Lokalen Geistigen Räten und dem

Nationalen Geistigen Rat herstellen können; diese Räte sind dem jeweiligen Nationalen Geistigen Rat untergeordnet, der die spezifischen Aufgaben des Regionalen Bahā'ī-Rates festlegt; diese Institution wurde erst im Jahr 1997 eingerichtet (E. Towfigh 2006: 100; Clauß 2008: 224).

Bereits in den ersten Jahren seiner Existenz hat das Universale Haus der Gerechtigkeit Überlegungen angestellt, durch weitere Ämter den Aufbau der Religion voranzubringen. Die wichtigsten dieser Ämter sind folgende (vgl. UHG 2003b; ferner Warburg 2006: 207–211): Eines der ersten dieser Ämter, die durch das Universale Haus der Gerechtigkeit eingerichtet wurden, ist das „Kontinentale Berateramt", dessen Gründung 1968 erfolgte. Die dahinterliegende Idee ist, dass die Aufgaben der Hände der Sache Gottes weitergeführt werden müssen, allerdings keine neuen Hände mehr ernannt werden können. Daher wurde – zunächst um die Hände der Sache Gottes zu unterstützen, konsequenterweise aber die Aufgaben der Hände der Sache Gottes zukünftig weiterzuführen – dieses Berateramt geschaffen. Die zentralen Aufgaben der „Berater", die vom Universalen Haus der Gerechtigkeit für eine Dauer von jeweils fünf Jahren in dieses Amt berufen werden, liegen in der Information des Universalen Hauses der Gerechtigkeit über den Zustand des Glaubens im Zuständigkeitsbereich des jeweiligen Kontinentalen Berateramtes. Derzeit gibt es fünf solche Beraterämter, nämlich für Afrika, Nord- und Südamerika, Europa, Asien und den australo-pazifischen Raum. – Dem Kontinentalen Berateramt zugeordnet sind die Hilfsämter, deren Mitglieder durch das Kontinentale Berateramt für den jeweiligen Kontinent ernannt werden; die Amtsdauer beträgt wiederum fünf Jahre. Einzelne Hilfsamtsmitglieder sind auch ermächtigt, ihrerseits „Assistenten der Hilfsamtsmitglieder" zu ernennen, die jeweils eng umrissene Arbeitsaufgaben besitzen. Während das Kontinentale Berateramt als Körperschaft agiert, arbeiten die Hilfsamtsmitglieder sowie die Assistenten als Einzelne und nicht als Kollektiv.

Im Jahr 1973 kam es zur Gründung des „Internationalen Lehrzentrums", das die Tätigkeit der Kontinentalen Beraterämter koordiniert und in der Hierarchie zwischen den Beraterämtern und dem Universalen Haus der Gerechtigkeit angesiedelt ist. Die Hände der Sache Gottes waren Mitglieder des Internationalen Lehrzentrums auf Lebenszeit, und insgesamt hat das Lehrzentrum neun Mitglieder, die in diese Funktion berufen werden. In den Jahren seit dem Bestehen des Internationalen Lehrzentrums war zu beobachten, dass meist Mitglieder des Internationalen Lehrzentrums in das Universale Haus der Gerechtigkeit gewählt wurden, d.h. die Funktion im Internationalen Lehrzentrum indirekt eine wesentliche Sprosse auf der „Karriereleiter" für jene Bahā'ī darstellte, die in die höchste Einrichtung der Religion gewählt wurden. Dadurch wurde – zumindest indirekt – die Wahl in das Universale Haus der Gerechtigkeit beeinflusst. Daher gibt es innerhalb der Bahā'ī-Gemeinde

Überlegungen, ob in Zukunft nicht ausschließlich Frauen in das Internationale Lehrzentrum berufen werden sollten (E. Towfigh 2006: 105). Dafür kann man mehrere Gründe geltend machen: Die Tatsache, dass Frauen nicht ins Universale Haus der Gerechtigkeit gewählt werden können und somit dieses Gremium ausschließlich Männern vorbehalten ist, lässt sich schwer mit dem Bahā'ī-Grundsatz der Gleichberechtigung von Männern und Frauen vereinen. Die Option, ausschließlich Frauen in das zweitwichtigste Gremium der Religion zu berufen, würde diese Unausgeglichenheit zwar nicht beheben, aber eine gewisse Komplementarität in der Zusammensetzung der beiden eng miteinander verbundenen Einrichtungen ergeben. Ferner würde die Wahl für das Universale Haus der Gerechtigkeit wiederum offener in Hinblick auf wählbare Kandidaten werden, wenn aufgrund des Geschlechtes Mitglieder der zweitwichtigsten Institution nicht wählbar wären.

Alle diese Institutionen unterstehen dem Universalen Haus der Gerechtigkeit, doch lässt sich in den letzten Jahren die Tendenz sehen, ihnen größere Autonomie zu gewähren. Neben diesen Institutionen gibt es auch innerhalb des Universalen Hauses der Gerechtigkeit weitere Suborgane, so etwa das seit 2005 bestehende „Internationale Treuhänderamt" der Huqūqu'llāh. Huqūqu'llāh bezeichnet die „Rechte Gottes" und meint die Verpflichtung des Gläubigen, ab einer Mindestsumme an Ersparnissen und finanziellen Gewinnen aus dem Lebenserwerb hiervon eine Abgabe von 19 Prozent zu tätigen. Aktuell liegt diese Mindestsumme des Gewinns, die einen Bahā'ī zur Zahlung der Huqūqu'llāh verpflichtet, etwa bei 740 Euro (vgl. E. Towfigh 2006: 117). Diese finanzielle Abgabe ist an das Universale Haus der Gerechtigkeit zu entrichten und wird von den Treuhändern des Huqūqu'llāh bzw. dem nun eingerichteten Treuhänderamt verwaltet. Das Geld wird u.a. dazu verwendet, Kosten für die Verbreitung des Glaubens zu bestreiten, die religiösen Stätten der Religion zu errichten und zu erhalten sowie allgemeine karitative Aktivitäten zu finanzieren. Von den weiteren Suborganisationen innerhalb des Universalen Hauses der Gerechtigkeit seien hier lediglich das Statistikamt, die Abteilung zur Erforschung der Heiligen Schrift sowie das Amt für Öffentlichkeitsarbeit genannt. Innerhalb des letzteren besteht die Bahā'ī International Community („Internationale Bahā'ī-Gemeinde"), die bereits als zunächst eigenständige Organisation im Jahr 1948 bei den Vereinten Nationen als Nichtregierungsorganisation (NGO) akkreditiert worden ist. Hauptaufgabe der Bahā'ī International Community ist die Vertretung der Bahā'ī nach außen, um dadurch auch die Bedeutung der Bahā'ī in globaler Hinsicht deutlich zu machen.

4.3 Bahā'ī-Ethik als Beitrag zur Entwicklung einer globalen Menschheit

Als höchste Normen für eine Bahā'ī-Ethik sind die Liebe zum Nächsten, die Liebe zur Menschheit und das Streben nach Gerechtigkeit und Frieden zu nennen. Solche Werte können weite allgemeine Zustimmung erlangen, wie etwa ein vom Religionsstifter formulierter umfangreicher, aber zugleich weit gefasster Katalog von erstrebenswerten Verhaltensweisen und Eigenschaften zeigt (Bahā'u'llāh, ÄL / 1980, # 130:1):

> Sei freigebig im Glück und dankbar im Unglück. Sei des Vertrauens deines Nächsten wert und schaue hellen und freundlichen Auges auf ihn. Sei ein Schatz dem Armen, ein Mahner dem Reichen, eine Antwort auf den Schrei des Bedürftigen, und halte dein Versprechen heilig. Sei gerecht in deinem Urteil und behutsam in deiner Rede. Sei zu keinem Menschen ungerecht und erweise allen Sanftmut. Sei wie eine Lampe für die, so im Dunkeln gehen, eine Freude den Betrübten, ein Meer für die Dürstenden, ein schützender Port für die Bedrängten, Stütze und Verteidiger für das Opfer der Unterdrückung. Lass Lauterkeit und Redlichkeit all dein Handeln auszeichnen. Sei ein Heim dem Fremdling, ein Balsam dem Leidenden, dem Flüchtling ein starker Turm. Sei dem Blinden Auge und ein Licht der Führung für den Fuß des Irrenden. Sei ein Schmuck für das Antlitz der Wahrheit, eine Krone für die Stirn der Treue, ein Pfeiler im Tempel der Rechtschaffenheit, Lebenshauch dem Körper der Menschheit, ein Banner für die Heerscharen der Gerechtigkeit, ein Himmelslicht am Horizont der Tugend, Tau für den Urgrund des Menschenherzens, eine Arche auf dem Meer der Erkenntnis, eine Sonne am Himmel der Großmut, ein Stein im Diadem der Weisheit, ein strahlendes Licht am Firmament deiner Zeitgenossen, eine Frucht am Baume der Demut.

Will man solche ethischen Werte konkretisieren, so muss man jedoch bedenken, dass jeder einzelne Bahā'ī in einer von vielfältigen und unterschiedlichen Werthaltungen geprägten Gesellschaft lebt. Ein solcher Pluralismus kann es schwierig machen, verbindliche Werte für den Einzelnen sichtbar werden zu lassen. Für eine spezifische Bahā'ī-Ethik ist jedoch nach Udo Schaefer (1993: 21; Ders. 2007: 119–124) immer der direkte Rückbezug auf die Schriften Bahā'u'llāhs zu suchen, d.h. diese Ethik wird nicht primär aus den Humanwissenschaften abgeleitet, sondern sie stammt aus der Offenbarung und erhebt einen verbindlichen Anspruch. Genauso kann man als ein allgemeines Charakteristikum der Bahā'ī-Ethik hervorheben, dass sie tendenziell stärker an der Orthopraxie als an der Orthodoxie orientiert ist, da aufgrund des selbstständigen Strebens nach Wahrheit, um das sich jeder Einzelne bemühen muss, eine autoritative Überprüfung der Orthodoxie schwer möglich ist. Demgegenüber bedeutet Orthopraxie, dass man aus dem Glauben heraus die richtigen Handlungsentscheidungen trifft. In Bezug auf ethisches Handeln steht daher die Bahā'ī-Religion dem Judentum und dem Islam näher als dem Christentum, wo der Orthodoxie ein Vorrang gegenüber der Orthopraxie zukommt.

4.3.1 Grundlagen der Bahā'ī-Ethik

Eine konkret-detaillierte und systematische Bahā'ī-Pflichtenlehre existiert derzeit noch nicht, doch kann man zwischen Pflichten den anderen gegenüber und Pflichten sich selbst gegenüber unterscheiden. Wie man solche Pflichten erfüllt, obliegt jedem Einzelnen selbst, da die individuelle Handlungsfreiheit als Grundlage der Ethik bereits im *Kitāb-i Aqdas* formuliert ist (Bahā'u'llāh, KA / 2000, # 122f.):

> Seht die Kleingeistigen der Menschen. Sie verlangen nach dem, was ihnen schadet, und verwerfen, was ihnen nützt. Sie gehören fürwahr zu denen, die weit abgeirrt sind. Wir sehen Menschen, die Freiheit begehren und stolz darauf sind. Solche Menschen befinden sich in den Tiefen der Unwissenheit. Freiheit muss letzten Endes zu Aufruhr führen, dessen Flammen niemand löschen kann. So warnt euch Er, der Rechnende, der Allwissende: Wisst, dass die Verkörperung der Freiheit und ihr Sinnbild das Tier ist. Dem Menschen ziemt es, dass er sich in Schranken fügt, die ihn vor seiner eigenen Unwissenheit beschützen und vor dem Schaden des Unheilstifters bewahren. Freiheit veranlasst den Menschen, die Grenzen des Schicklichen zu überschreiten und die Würde seiner Stufe zu verletzen. Sie erniedrigt ihn auf die Ebene tiefster Verderbtheit und Schlechtigkeit.

Aufschlussreich am *Kitāb-i Aqdas* und dem darin grundgelegten Verständnis von Freiheit ist, dass ohne diese Freiheit kein eigenverantwortliches Handeln möglich ist, zugleich werden aber die klaren Schranken der Freiheit betont (vgl. Schaefer 1994: 52–57; Ders. 2007: 325–330). Solange die Menschen wie Schafe sind, die eines Hirten bedürfen (*Kitāb-i Aqdas*, # 124), müssen die Grenzen der Freiheit beachtet werden, denn eine grenzenlose Freiheit ist nur eine Pseudo-Freiheit oder führt zur Zügellosigkeit. Dementsprechend kennen die Bahā'ī keine absolute Freiheit, sondern sie ist immer mit einer Selbstbindung gekoppelt, die die Anerkennung der göttlichen Gebote als obersten Wert sieht. Dadurch haben Einschränkungen der Freiheit durch das göttliche Gebot in der Sicht der Bahā'ī eine Schutzfunktion, da diese Beschränkungen den Menschen vor Verderbtheit zu bewahren vermögen. Gottes Gesetz, das der menschlichen Freiheit eine Grenze setzt, hilft mit dieser Grenzziehung dem Menschen, ein ethisches Leben zu führen, damit er dadurch sein Wohlergehen und Heil sowohl in dieser Welt als auch im Jenseits erlangt. Bahā'u'llāhs Vorstellung der Freiheit des Einzelnen ist somit eine theologische Freiheitsvorstellung, die sich von einem säkularen Freiheitsbegriff darin unterscheidet, dass sie ihre Grenzen nicht erst an jenem Punkt hat, an dem die eigene Freiheit die Freiheit eines anderen beschränkt, sondern sie gewinnt durch die Selbstbindung des Menschen an den göttlichen Willen eine Komponente, die die Bahā'ī-Ethik zu einer theologischen Ethik macht.

Neben der Freiheit des Menschen spielt ein theologisch-argumentativer Gesichtspunkt der Schöpfungslehre eine wichtige Rolle für die ethischen Fragen. Die Schöpfung ist kein abgeschlossener, sondern ein kontinuierlicher Vorgang, an dem der Einzelne mitwirken soll. Dazu gehört auch die Gestaltung der Welt in ethischer Hinsicht. In positiver Formulierung zählen dazu allgemeine Werte wie Barmherzigkeit (ÄL, # 14:15), Gerechtigkeit (ÄL, # 100:6) oder Nächstenliebe (ÄL, # 146), welche die Grundlagen für den Umgang jedes Bahā'ī mit den anderen – und letztlich rückwirkend mit sich selbst – darstellen. Das „Mit-Gestalten" der Schöpfung führt zu zentralen Pflichten und Handlungsrichtlinien für den Einzelnen und die Bahā'ī-Gesellschaft als Ganze, um Ethik als „zielorientiertes Konzept zum Erreichen des Guten" (Missaghian-Moghaddam 2000: 165) verständlich zu machen. Dazu ist der Einzelne mit einer Reihe von Tugenden ausgestattet, die Bahā'u'llāh – in bildhafter Sprache – folgendermaßen beschreibt (Bahā'u'llāh, ÄL / 1980, # 134:2):

> Die göttlichen Tugenden und Eigenschaften sind alle klar und offenbar; sie wurden in allen heiligen Büchern erwähnt und beschrieben. Unter ihnen sind Vertrauenswürdigkeit, Wahrhaftigkeit, Reinheit des Herzens in der Zwiesprache mit Gott, Langmut, Ergebenheit in alles, was der Allmächtige verordnet, Zufriedenheit mit allem, was sein Wille bestimmt, Geduld, ja Dankbarkeit inmitten von Leiderfahrungen und vollkommenes Vertrauen auf Ihn in allen Lebenslagen. Nach Gottes Werturteil zählen diese Tugenden zu den höchsten und lobenswertesten aller Taten. Alle anderen Taten sind zweitrangig, diesen nachgeordnet, und werden es immer bleiben.

Versucht man solche allgemeinen Formulierungen etwas konkreter zu fassen, so kann man in Form einer Systematisierung zwischen Handlungsanweisungen und Handlungseigenschaften unterscheiden (Missaghian-Moghaddam 2000: 179f.). Neben konkreten einzelnen Handlungsanweisungen, die im *Kitāb-i Aqdas* etwa im Zusammenhang mit Fasten, Eheschließung, Scheidung oder Erbfolge genannt sind, lassen sich weitere Handlungsanweisungen, die im weiteren Sinn auf ethischer Grundlage interpretierbar sind, unter dem umfangreichen Begriff Reinheit zusammenfassen (Schaefer 1993: 57–63). Reinheit hat dabei eine körperliche und eine geistige Seite, da für Bahā'u'llāh ein gesunder Körper die Grundlage darstellt, auf die eine geistige Entfaltung aufgebaut werden kann. Wer mit schmutzigem Gewand betet, dessen Geist kann nicht zum Höchsten emporsteigen (*Kitāb-i Aqdas*, # 76). Was hier theologisch gilt, trifft auch für den ethischen Bereich zu, so dass sich daraus „weltliche Tugenden" und Verhaltensweisen ergeben; eine ganze Reihe von Geboten des *Kitāb-i Aqdas*, die Reinheitsvorschriften beinhalten, haben aufgrund der Verbindung von „äußerer" und „innerer" Reinheit einen ethischen Aspekt neben der weltlich-äußeren Seite. Im „Tablet der Reinheit" hat ᶜAbdu'l-Bahā die Verbindung zwischen Reinheit und Ethik weiter entfaltet (ᶜAbdu'l-Bahā, BB / 1992, # 129:4f.):

> Damit will ich sagen, dass Reinheit und Heiligkeit, Sauberkeit und feine Sitten in jeder Hinsicht den Zustand des Menschen verbessern und die Entwicklung seiner inneren Wirklichkeit fördern. Selbst im stofflichen Reich führt Reinlichkeit zu Geistigkeit, wie die Heiligen Schriften eindeutig bezeugen. Obwohl körperliche Sauberkeit nur etwas Stoffliches ist, so hat sie großen Einfluss auf das geistige Leben. ... Damit soll gesagt werden, dass auch körperliche Reinheit Einfluss auf die Seele des Menschen hat. Sieh nun, wie willkommen die Reinlichkeit vor Gott ist, wie ausdrücklich sie in den heiligen Büchern der Propheten betont wird; denn die Heiligen Schriften verbieten den Verzehr und den Gebrauch alles Unreinen.

So vollzieht sich in der Bahā'ī-Religion nicht nur eine Vergeistigung der Reinheitsgebote früherer Religionen, sondern zugleich ein Festhalten an solchen Reinheitsvorschriften, weil sie eine sichtbare Richtlinie für Ethik sein können.

Die menschliche Freiheit wirft aber auch die Frage auf, weshalb der Mensch sich an die im Schrifttum Bahā'u'llāhs festgelegte Ethik halten soll. Für Bahā'ī wäre es dabei eine einfache Antwort zu sagen, dass diese Ethik offenbart ist und deshalb – trotz menschlicher Freiheit – verpflichtend ist. Trotz dieser – theologisch prinzipiell zutreffenden – Antwort sind mehrere Gründe für die Befolgung der Ethik vorhanden. Fiona Missaghian-Moghaddam (2000: 191; vgl. ferner Schaefer 2007: 331) nennt folgende vier:
(a) Ethik hat ihren Ursprung bei Gott.
(b) Der Mensch wird nach seinem Tod für sein Handeln zur Rechenschaft gezogen.
(c) Die Befolgung der Ethik hat Nutzen für den Menschen.
(d) Die Befolgung der ethischen Gebote spiegelt die Liebe des Menschen zu Gott wider.
Hinsichtlich der gesellschaftlichen Relevanz und des gesellschaftsprägenden Potenzials der Ethik ist dabei v.a. der dritte genannte Grund hervorzuheben. In den Bahā'ī-Schriften ist mehrmals das Bild Bahā'u'llāhs als „wissender Arzt" verwendet, der den Menschen die „richtige" Medizin von Gott bringt, um Ordnung in der Welt zu erhalten und die Sicherheit der Völker zu bewahren (*Kitāb-i Aqdas*, # 2); dies dient letztlich der Menschheit zu ihrem eigenen Nutzen (*Kitāb-i Aqdas*, # 63). In diesem Zusammenhang stehen auch die Sendschreiben

Bahā'u'llāhs an zeitgenössische politische Führer, an die er sich gewendet hat, damit sie ihr politisches Amt dazu nutzten, zur Förderung von Kultur und Zivilisation beizutragen.

Ein Aspekt, der zur Umsetzung bzw. Verwirklichung solcher ethischen Vorstellungen beiträgt, ist die im Mittelpunkt der Neunzehntage-Feste stehende Bahā'ī-Beratung. Diese ist eine Methode der Entscheidungsfindung, um „in einer geeigneten Atmosphäre Gedanken auszutauschen, um ein definiertes gemeinsames Ziel zu erreichen" (Sabet-Sobhani 2000: 190). Dabei handelt es sich nicht um ein bloßes Addieren von Meinungen, sondern die Beratung wird durch göttliches Wirken mitbestimmt, so dass diese Art von Entscheidungsfindung dem Nutzen der Gesellschaft in der Lösung politischer, wirtschaftlicher, ethischer und persönlicher Fragen dient. D.h. man kann die Beratung als eine Handlungsweise für die institutionalisierte Ethik sehen. Der Einzelne soll durch seinen eigenen Sachverstand dazu beitragen, dass „durch das Aufeinanderprallen verschiedener Meinungen der Funke der Wahrheit zum Vorschein kommen kann" (Sabet-Sobhani 2000: 191). Allerdings muss dieser Sachverstand aus der jeweils personenorientierten Ethik bzw. aus den Handlungseigenschaften hervorgehen. Dazu gehören u.a. Gerechtigkeitssinn, Bescheidenheit, Erfahrung, Aufrichtigkeit, Intelligenz und Interesse am Gemeinwohl, Kriterien, die auch für die Wahlen in Bahā'ī-Gremien, die ebenfalls als eine nonverbale Beratung verstanden werden können, entscheidend sein sollten. Dass die Beratung im Mittelpunkt des monatlichen Neunzehntage-Festes steht, zeigt in institutionalisierter Weise die unmittelbare Verbindung der Ethik mit den theologischen Lehren, wobei die Ethik die konkrete Richtlinie ist, die zur Erlangung der Einheit der Menschheit führt.

4.3.2 Verhalten im Umgang miteinander

Das aus der Schöpfungstheologie der Bahā'ī begründete Menschenbild unterscheidet den Menschen u.a. durch sein Bewusstsein, seine Wahrnehmungsfähigkeit und seinen Verstand von der Tierwelt. Da Mann und Frau nach dem Bild Gottes geschaffen sind, sind ihre Fähigkeiten und Attribute in spiritueller, intellektueller und moralischer Hinsicht gleichwertig, was in den Bahā'ī-Schriften immer wieder betont wird. Mit solchen Aussagen unterscheidet sich die Bahā'ī-Tradition deutlich von der islamischen Weltsicht und Praxis zur Zeit des Wirkens Bahā'u'llāhs und seines Nachfolgers (vgl. Sabet-Sobhani 2000: 214). Die Gleichberechtigung und Gleichheit aller Menschen ist innerhalb der Ethik zugleich ein wichtiges Kriterium für die Verwirklichung von sozialer Gerechtigkeit. Teilweise geben auch die im *Kitāb-i Aqdas* angeführten Gesetze, die einen klaren gesellschaftlichen Bezug zeigen, Einblick in ethische Vorstellungen, die den zwischenmenschlichen Bereich betreffen. Dies sind jene Gebote und Verbote, die sich z.B. auf Diebstahl, Mord, Glückspiel, Brandstiftung, Homosexualität oder Rauschgift beziehen. Sie beziehen sich zunächst auf das Individuum, ihre Wirkungen betreffen aber genauso das Gemeinwohl.

Die Gleichheit aller Menschen – hinsichtlich Herkunft, Rasse oder Geschlecht – prägt auch das Verhältnis zwischen Männern und Frauen. Dies bedeutet für Frauen, dass sie die gleichen Rechte wie männliche Mitbürger besitzen und besonders gefördert werden sollen. Im historischen Kontext betreffen solche Rechte v.a. die Einführung des (aktiven und passiven) Wahlrechts, weil dadurch Frauen am gesellschaftlichen Prozess beteiligt werden können (vgl. BIC 1996b: 25–27). Im Bereich von Erziehung und Bildung sollen daher im Zweifelsfall Mädchen eine bessere Schulausbildung als Jungen erhalten, falls aus finanziellen oder organisatorischen Gründen eine solche Bevorzugung notwendig ist. Diese eventuelle Bevorzugung von Mädchen in der Erziehung wird damit begründet, dass Mädchen als zukünftige Mütter ihrerseits wiederum die ersten Erzieher der Kinder sind, so dass ihre eigene Bildung auch der Bildung der Kinder – und somit der Entwicklung der Gesellschaft insgesamt – vorteilhaft zugute kommt. Bahā'ī berufen sich für solche Anstrengungen zur Gleichberechtigung von Frauen und Männern häufig auf eine Aussage von ᶜAbdu'l-Bahā (BB / 1992, # 227:18):

> Eine Lehre Bahā'u'llāhs ist ferner die Wesensgleichheit von Frauen und Männern. Die Menschenwelt hat zwei Flügel: Den einen bilden die Frauen, den anderen die Männer. Erst wenn beide Flügel gleichmäßig entwickelt sind, kann der Vogel fliegen. Bleibt ein Flügel schwächlich, so ist kein Flug möglich. Erst wenn die Frauenwelt der Männerwelt im Erwerb von Tugenden und Vollkommenheiten gleichkommt, sind Erfolg und Gedeihen so erreichbar, wie es sein soll.

Um eine solche Förderung von Frauen als Ausdruck der praktischen Umsetzung einer Bahā'ī-Ethik zu erreichen, bemüht sich das 1996 gegründete Bahā'ī-Frauen-Forum e.V., Frauenförderung an der Basis zu beginnen, indem Frauen ermutigt werden sollen, aktiv an Gestaltungsprozessen der Gesellschaft mitzuarbeiten. Dabei bleiben solche Bemühungen nicht auf Deutschland beschränkt, sondern das Frauen-Forum konkretisiert sein Anliegen in der Unterstützung des Banani Secondary School-Projektes für Mädchen in Sambia (vgl. Meier-Floeth 2005: 135f.). Um die Gleichheit von Mann und Frau im ethischen Handeln wirksam werden zu lassen, ist aber auch innerhalb der Bahā'ī-Gemeinden noch „Aufklärungsarbeit" notwendig, um Männern den Stellenwert und die gleichwertige Stellung von Frauen innerhalb der Gesellschaft und teilweise den nötigen Respekt ihnen gegenüber zu vermitteln. Während dabei in Westeuropa und Nordamerika solche Fragestellungen zwar weiterhin ihre grundsätzliche Bedeutung behalten, im Konkreten aber die Verwirklichung der Gleichstellung beider Geschlechter schon manche Erfolge aufweisen kann, ist es gerade aufgrund der demographischen Wachstumsraten in Ländern der so genannten Dritten Welt eine alltägliche Herausforderung für Bahā'ī, die Umsetzung dieses Wertes in manchen traditionell patriarchalisch geprägten Gesellschaften zu erreichen. Gerade das Postulat der Gleichberechtigung von Männern und Frauen bringt den Bahā'ī in solchen Ländern öffentliche Aufmerksamkeit und Wohlwollen, weil gesehen wird, dass dieser ethische Grundsatz zur Förderung der Gesellschaft beiträgt.

Mit der Gleichheit der Geschlechter ist das Familien- und Eherecht zu verbinden (Schaefer 2001: 209–213; T. Tober 2008: 63f.). Die Ehe ist eine „göttliche Lebensordnung" für Mann und Frau, wobei der *Kitāb-i Aqdas* in relativ komplexer Form die grundlegenden Aspekte der Ehe benennt (Bahā'u'llāh, KA / 2000, # 63):

> Gott hat euch den Ehestand verordnet. Hütet euch, mehr als zwei Frauen zu nehmen. Wenn sich der Mann mit einer einzigen Gefährtin unter den Dienerinnen Gottes begnügt, so werden beide in Ruhe leben. ... Tretet in den Stand der Ehe, o Menschen, auf dass aus euch ein Nachkomme erstehe, der Meiner unter Meinen Dienern gedenkt. Dies ist Mein Gebot, das Ich euch gebe. Haltet euch daran zu eurem eigenen Nutzen.

Im wörtlichen und zeitgeschichtlichen Kontext dieses Abschnittes des *Kitāb-i Aqdas* ermöglicht die Stelle die gleichzeitige Ehe mit zwei Frauen, was vor dem Hintergrund der islamisch-iranischen Kultur Bahā'u'llāhs eine Einschränkung gegenüber dem islamischen Eherecht darstellt. Allerdings legt die Stelle zugleich die deutliche Präferenz für die monogame Ehe fest, worauf sich die weitere Interpretation ᶜAbdu'l-Bahās stützt, der zur Frage der Bigamie wie folgt Stellung nimmt (zitiert aus den Erläuterungen zum *Kitāb-i Aqdas* in Bahā'u'llāh, KA / 2000, 236):

> Wisse, dass die Polygamie nach dem Gesetz Gottes nicht erlaubt ist, denn es wird klar gefordert, dass man sich mit einer Frau begnügen soll. Die Ehe mit einer zweiten Frau ist von der Gerechtigkeit abhängig gemacht, die unter allen Bedingungen beiden Frauen zuteil werden muss. Doch das Gesetz, zwei Frauen gerecht zu behandeln, ist uneinlösbar. Die Tatsache, dass die Bigamie von der Erfüllung einer uneinlösbaren Bedingung abhängig gemacht ist, ist ein klarer Beweis für ihr absolutes Verbot. Darum ist es nicht erlaubt, dass ein Mann mehr als eine Frau habe.

Ein wichtiger (aber nicht ausschließlicher) Ehezweck ist die Zeugung von Nachkommen, um die Generationenabfolge zu sichern (vgl. auch St. Towfigh 2006: 185); daraus ergibt sich zugleich, dass es in der Bahā'ī-Gesetzlichkeit und Ethik nur heterosexuelle Eheschließungen gibt. Eheschließung ist nicht verpflichtend, allerdings gewinnt in der Bahā'ī-Religion selbst gewählte Ehelosigkeit, Jungfräulichkeit oder monastisches Leben keinen religiösen Status (vgl. *Kitāb-i Aqdas*, # 36).

In seiner Schrift *Bishārāt* erwähnt Bahā'u'llāh (BA / 1982, # 3:13) zwar die frommen Werke von Mönchen und Priestern, allerdings fordert er sie zugleich auf, ihr weltabgeschiedenes Leben aufzugeben und in den Ehestand einzutreten, damit sie Nachkommen zeugen, die Gottes gedenken (vgl. auch Schaefer 2007: 196–201). Askese ist als körperliche Leistung kein Beitrag zu einer zwischenmenschlichen Ethik, da nur aus einer geistigen Askese ein Wachstum des Menschen – und der Menschheit – möglich ist.

Die Eheschließung hat eine rechtliche Komponente, was in der schlichten Trauungszeremonie sichtbar wird, bei der die beiden Brautleute vor zwei von der Gemeinde dafür autorisierten Zeugen nacheinander bekräftigen: „Wahrlich, wir wollen uns alle an Gottes Willen halten." (Bahā'u'llāh, FA / 2000, # 3). Damit ist der Rechtsakt vollzogen, wobei es dem Brautpaar freisteht, die Zeremonie mit einigen Gebeten und Musik einzurahmen und feierlich zu gestalten. Da durch die Ehe das Zusammenleben in der Gemeinschaft gefördert werden soll, tritt jedoch eine weitere rechtliche Voraussetzung für die Eheschließung hinzu (G. Tober 2003: 107–111). Die Eheschließung erfordert die Zustimmung aller Elternteile, unabhängig sowohl vom Ehestand der Eltern selbst als auch von deren Religionszugehörigkeit. Der Sinn dieser Regelung liegt darin, dass eine fehlende Zustimmung der Eltern zur Eheschließung zu einer Entzweiung innerhalb der (Groß-)Familie eines Ehepartners führen könnte, was ein Widerspruch zum Streben nach Einheit der Menschen wäre.

Trotz eines solchen Strebens nach Zusammenhalt und Einheit ist innerhalb der Bahā'ī-Religion eine Ehescheidung möglich, wenngleich unerwünscht. Ehescheidung ist dabei nach einer „Bedenkzeit", einem „Jahr der Geduld" (*Kitāb-i Aqdas*, # 68), möglich; während dieses Jahres leben die Ehepartner getrennt von Tisch und Bett. Nach Ablauf des Jahres ist die Scheidung automatisch vollzogen, sie muss allerdings Bahā'ī-intern dokumentiert werden. Kommt es innerhalb dieses Jahres jedoch zur vorübergehenden Versöhnung sowie erneuten Trennung, beginnt das „Jahr der Geduld" wieder von Neuem.

Mit der Eheethik ist die Sexualethik verbunden. Sowohl außereheliche als auch voreheliche sexuelle Beziehungen sind untersagt (*Kitāb-i Aqdas*, # 19, # 49), innerhalb der Ehe ist jedoch Sexualität ein wichtiger Aspekt, da die Ehe die Partner sowohl körperlich als auch geistig vereinen soll (vgl. St. Towfigh 2006: 184–191). Obwohl die Zeugung nicht der einzige Zweck der Ehe ist, sollte die Zeugung von Kindern nicht grundsätzlich ausgeschlossen werden, woraus sich die Einstellung zur Geburtenkontrolle ergibt. Weder Bahā'u'llāh noch ʿAbdu'l-Bahā haben zu dieser Frage Stellung genommen; einige Briefe von Shoghi Effendi sowie des Universalen Hauses der Gerechtigkeit bringen folgende Position zum Ausdruck: Medizinische Eingriffe bei Männern oder Frauen, die zu einer dauerhaften Sterilisation führen, sind ethisch unzulässig. Ausgehend vom Menschenbild, dass ab dem Zeitpunkt der Zeugung der Mensch ein beseeltes Lebewesen ist, werden ebenso Methoden der Geburtenkontrolle untersagt, durch die eine bereits befruchtete Eizelle abgetrieben würde, d.h. sowohl die Verwendung von Nidationshemmern als auch die Abtreibung sind untersagt. Somit bleiben jene Praktiken der Empfängnisverhütung erlaubt, die nur zeitweilig einsetzbar sind und nicht bereits bestehendes Leben beenden. Mit der Frage der Empfängnisregelung hängt der umgekehrte Wunsch, eigene Kinder zu haben, zusammen. Da die Geburt von Kindern nicht der einzige Zweck einer Ehe ist, betonen einige Briefe des Universalen Hauses der Gerechtigkeit als Antworten auf entsprechende Anfragen von kinderlosen Ehepaaren, dass Methoden der künstlichen Befruchtung zulässig sind, allerdings mit der klaren Einschränkung, dass Eizelle und Samenzellen von den Ehepartnern stammen müssen. Die Implantation von befruchteten Eizellen bei der Ehefrau, weil entweder sie oder ihr Partner unfruchtbar sind, ist aus der Sicht der Bahā'ī genauso verboten wie eine Leihmutterschaft (vgl. Walther 2005: 158; St. Towfigh 2006: 208–211). Zusammenfassend wird deutlich, dass die Bahā'ī-Ethik in Hinblick auf sexuelles Verhalten hohe Ansprüche stellt, die – im Falle eines grundsätzlich fehlerhaften Verhaltens eines Einzelnen (oder eines Paares) – die Gemeinschaft zugleich vor eine weitere ethische Herausforderung stellen. Einerseits sind diese ethischen Standards einzuhalten, andererseits sind aber Bahā'ī, die möglicherweise gegenüber solchen Standards fehlen, im zwischenmenschlichen Kontakt nicht zu diskriminieren oder zu verurteilen, um sie auf diese Weise innerhalb der Bahā'ī-Gesellschaft zu marginalisieren, weil dies dem Prinzip der Einheit der Menschheit zuwiderliefe.

4.3.3 Erziehung und Bildung

Erziehung dient sowohl der Entwicklung des Menschen, um eine höhere spirituelle Stufe zu erlangen, auf der er besser die Bahā'ī-Werte verwirklichen kann, als auch dem Schutz des Einzelnen vor den Gefahren der Welt (vgl. *Kitāb-i Aqdas*, # 45). Aufgrund von # 77 im *Kitāb-i Aqdas* unterscheiden die Bahā'ī zwischen nützlichen Wissenschaften und solchen, die in einem bloßen Streit von Worten enden. Mit letzterem ist eine Distanzierung von – oft ertraglosen –Endlosdiskussionen gemeint, die den Menschen weder zu einer innerweltlichen noch jenseitigen Entwicklung führen. Der Erziehungsauftrag liegt dabei in erster Linie in der Hand der Eltern, wie Bahā'u'llāh im „Heiligsten Buch" formuliert (Bahā'u'llāh, KA / 2000, # 48):

> Die Väter sollen ihre Söhne und Töchter in der Kunst des Lesens und Schreibens unterweisen sowie in allem, was auf der heiligen Tafel nie-

dergelegt ist. Wer unterlässt, was ihm geboten ist, dem müssen die Treuhänder abverlangen, was für die Unterweisung der Kinder erforderlich ist, sofern er Vermögen hat; wo nicht, fällt die Aufgabe dem Haus der Gerechtigkeit zu. ... So jemand seinen Sohn oder den Sohn eines anderen aufzieht, ist es, als erzöge er einen Meiner Söhne.

Während diese Aussage noch eher allgemein bezüglich der Erziehung der Kinder spricht, geht ᶜAbdu'l-Bahā (z.B. BB / 1992, # 94:2, # 95:2, # 103:1) – bei allgemeiner Hervorhebung der Bedeutung der Erziehung – noch einen Schritt weiter, indem er die Ausbildung der Töchter im Zweifelsfall sogar als höherrangig gegenüber der Erziehung der Jungen einstuft. Welche Bedeutung ᶜAbdu'l-Bahā der Erziehung im Allgemeinen beigemessen hat, zeigt sich darin, dass er sich bemüht hat, in jedem Ort, wo genügend Bahā'ī lebten, die Errichtung von Schulen zu erreichen (Momen 2008: 94f.). Durch vermehrte Bildung nimmt die akademische und ethische Entwicklung zu. Die Betonung der eventuell bevorzugten Erziehung von Mädchen hängt mit dem Ehebild der Bahā'ī und der Rolle der Mädchen als zukünftige Mütter und somit erste Erzieherinnen ihrer eigenen Kinder zusammen. Eine ausgezeichnete Erziehung der Mutter ist eine ideale Voraussetzung, das Wissen in weltlicher und religiöser Hinsicht an die nächste Generation weiterzugeben und dadurch auch die Erziehung der Gesellschaft insgesamt zu fördern (vgl. Kingdon 2003: 3f.). Die umfangreichere Erziehung von Mädchen – wenn sie umgesetzt wird – ist nicht nur ein Erziehungsfaktor, sondern auch eine Verwirklichung des Bahā'ī-Anliegens der Gleichheit von Mann und Frau. Gut ausgebildete Frauen haben bessere Chancen, diese Gleichheit in einer – in vielen Bereichen männlich dominierten – Gesellschaft durchzusetzen. Sozialwissenschaftliche Studien zeigen, dass gut ausgebildete Frauen häufiger als erfolgreiche Multiplikatoren in wirtschaftlich geringer entwickelten Gegenden wirken als Männer. Dadurch kann der ethische Impuls, der von der Gleichheit von Mann und Frau ausgeht, zu einer nachhaltigen Überwindung von Armut beitragen.

In der Bahā'ī-Geschichte hat dieses Erziehungsverständnis dazu beigetragen, dass im letzten Jahrzehnt des 19. und im ersten Jahrzehnt des 20. Jahrhunderts die Fortschritte des Erziehungswesens im Iran wesentlich durch Bahā'ī (und ausländische christliche Missionsschulen) bewerkstelligt wurden. Dies geschah dadurch, dass Bahā'ī das traditionell islamisch geprägte Erziehungssystem überwanden und Lehrpläne, die sich an Lehrinhalten europäischer Schulen orientierten, entwarfen, da sowohl Bahā'u'llāh als auch ᶜAbdu'l-Bahā moderne Wissenschaften ausdrücklich begrüßt haben. Die Bahā'ī-Lehrpläne gingen aber über die bloße Wissensvermittlung hinaus, da dieses Wissen zugleich im Lichte der ethischen Werte der eigenen Religion vermittelt wurde. Ein weiterer Neuansatz im Erziehungssystem betraf die Einbeziehung von Mädchen, was am Ende des 19. Jahrhunderts im Iran noch eine Ausnahme war.

Wie umfangreich der Anteil der Bahā'ī-Schulen am Erziehungswesen im Iran jener Zeit war, ist schwer festzustellen. Moojan Momen (2008: 101) schätzt, dass mehr als zehn Prozent der rund 24.000 Kinder im Primarschulbereich und wohl ein ähnlicher Prozentsatz der Schüler im Sekundarschulbereich im Jahr 1918–1919 in Bahā'ī-Schulen unterrichtet wurden. Trotz Opposition von Seiten traditioneller Muslime leisteten diese privaten Bahā'ī-Schulen durch die Erziehung auch von Nicht-Bahā'ī zu Beginn des 20. Jahrhunderts einen nicht unbedeutenden Beitrag zur teilweisen Modernisierung des Iran; in einigen Städten galten die Bahā'ī-Schulen als die besten vor Ort. Das Bahā'ī-Schulwesen im Iran kam jedoch aufgrund des Nationalisierungs- und Iranisierungsprogramms unter Reza Shāh Pahlavi zunehmend unter Druck und die meisten Bahā'ī-Schulen wurden im Jahr 1934 von der iranischen Regierung geschlossen (Momen 2008: 112–115). Damit geschah ein Eingriff von außen, der diesen sozialgeschichtlich und bildungsgeschichtlich wichtigen Beitrag der Bahā'ī zur Entwicklung des Iran gestoppt hat. Sowohl die Errichtung von Schulen in entlegenen Dörfern als auch die Einbeziehung von Mädchen in die schulische Bildung waren Punkte, mit denen die Bahā'ī zur modernen Entwicklung des Iran vom Ende des 19. Jahrhunderts bis in die ersten Jahrzehnte des 20. Jahrhunderts beitrugen, noch bevor am Ende der Qadsharen-Zeit in entlegenen Gebieten Regierungsschulen errichtet und Mädchen in solche Schulen aufgenommen wurden.

Das historische Modell, das Bahā'ī im Iran entwickelt haben, ist das Ergebnis der Umsetzung eigener Werte in die Praxis. Auch wenn die historischen Umstände im Iran diese Bemühungen beendet haben, leben diese Ideen – in weiterentwickelter Form – fort, indem es inzwischen weltweit an vielen Orten Bahā'ī-Schulen auf unterschiedlichen Ebenen gibt. Einige Beispiele solcher Bahā'ī-Schulen, die durch Bildung die Werte der Religion zur Hebung des moralischen und wirtschaftlichen Zustands einsetzen, sind besonders hervorzuheben (von Both 1987: 26–30; vgl. Warburg 2006: 484f.). Im Jahr 1959 gründete ein Inder namens Gandhi, der von seinem berühmten Namensvetter Mahatma Gandhi inspiriert war, in Lucknow in der Gangesebene in Nordindien die City Montessori School, die mit 25.000 Schülern weltweit die größte Privatschule sein dürfte (vgl. One Country 2/2002, 6–9). Als Gandhi im Jahr 1974 Bahā'ī wurde, hat er die bisherigen von Mahatma Gandhi inspirierten Ideale (*svaraj* / Eigenverantwortung, *satyagraha* / Streben nach Wahrheit, *ahimsa* / Gewaltlosigkeit) neu im Lichte der Bahā'ī-Religion interpretiert, so dass diese Werte zur Erziehung der Schüler zu einem Weltbürgerbewusstsein, zur religiösen Toleranz und zum Frieden dienen. Dadurch vermittelt die Schule eine systematische ethische Erziehung, die neben der guten allgemeinen Ausbildung, die die Schüler erhalten, zum guten Ruf der Schule über Lucknow hinaus beitragen. Die

Ausbildung ermöglicht den Absolventen der Schule meist, auf dem Arbeitsmarkt erfolgreich zu bestehen und gesellschaftliche Veränderungen im Sinne von Bahā'ī-Werten in die Wege zu leiten. Die Mehrheit der Absolventen sind Nicht-Bahā'ī, da in Lucknow rund 70% Hindus, 25% Muslime und 5% Christen, Sikhs und Bahā'ī leben. – Ein anderes Beispiel ist die Townshend International School (vgl. One Country 3/1996, 13–15), die seit 1992 in der Kleinstadt Hluboká in der Nähe der Stadt Budweis in der Tschechischen Republik besteht. Das Ziel der Schule besteht darin, eine ethische Umgebung zu schaffen, in der die Schüler Bahā'ī-Prinzipien einüben, wozu auch Kurse wie etwa „Soziales Verhalten", in denen soziale Fragen aus der Perspektive der Bahā'ī-Ethik diskutiert werden, eingerichtet sind. Durch einen solchen Unterricht werden diese Werte internalisiert, so dass die Schüler sie alltäglich anzuwenden beginnen. Unterrichtssprachen sind Deutsch und Englisch. Die Schule ist die erste weiterführende Bahā'ī-Schule in Europa, deren Abschluss zu einem Universitätsstudium berechtigt.

Beide als Beispiel genannten Schulprojekte gehören einer „gehobenen Bildungskategorie" an. Genauso wichtig sind jene Projekte, die durch die Förderung elementarer Schulbildung in ländlichen Bereichen der Dritten Welt die eigenen ethischen Werte in die Praxis umsetzen. Im gering entwickelten Norden Thailands an der Grenze zu Myanmar wurde 1988/89 ein Projekt zur Förderung der ethnischen Minderheit der Karen gestartet, da es in dieser Gegend relativ viele Dörfer ohne Schulen gab (vgl. One Country 4/1997, 5–7). Einige Bahā'ī begannen damals in den Dörfern ihre geistigen Prinzipien v.a. unter dem Aspekt zu verbreiten, wie sich aufgrund dieser Prinzipien die Entwicklung der ländlichen Gegend vorantreiben ließe. In den ersten Jahren wurden dadurch in 26 Dörfern Schul- und Entwicklungsprojekte eingerichtet, wobei seit Mitte der 1990er Jahre diese Pilotprojekte der Bahā'ī wegen ihres Erfolges durch staatlich finanzierte Projekte ergänzt wurden. Aus Bahā'ī-Perspektive ist bei solchen Projekten entscheidend, dass die Betroffenen möglichst rasch lernen, die Sache selbst in die Hand zu nehmen und sich nicht auf Hilfe von außen zu verlassen. Dadurch wachsen Eigenverantwortung, Selbstwertgefühl und Erfolgsgefühl. Ein Schwerpunkt der Erziehungsarbeit unter den Karen liegt darin, dass ihnen ethnische Würde gegeben wird, da Karen sowohl in Thailand als auch in Myanmar eher als Bürger zweiter Klasse behandelt werden. Mit dem erlangten Selbstwertgefühl kann nicht nur diese Benachteiligung überwunden werden, sondern die Bevölkerung soll motiviert werden, sich im Kontakt mit Thai zu behaupten, indem man eine eigenständige wirtschaftliche Lebensgrundlage aufbauen kann. Damit ermöglicht das Erziehungsprojekt, den Kreislauf von Entwürdigung, Unterdrückung und Ausbeutung zu verlangsamen bzw. zu unterbrechen. Andererseits legen die von den Bahā'ī initiierten Elementarschulen die Basis dafür, dass junge Karen Anschluss an das nationale höhere Schulsystem finden können. Ähnliche Erziehungs- und Entwicklungsprogramme gibt es in mehreren Gebieten in Süd- und Südostasien. Sie wenden sich nicht nur an Grundschüler, sondern teilweise bieten solche Programme auch „Post-Alphabetisierungskurse" an. Damit ist gemeint, dass die in der modernen Gesellschaft keineswegs ausreichenden rudimentären Schreib- und Lesekenntnisse der ländlichen Bevölkerung durch Unterricht weiter ausgebaut werden, so dass die Dorfbevölkerung befähigt wird, aufgrund solcher Kenntnisse ihre materiellen Lebensgrundlagen zu verbessern. Erwähnenswert ist in diesem Zusammenhang das so genannte NEDI-Institut in Maharashtra in Indien (vgl. One Country 2–3/1998, 25–35). Dabei handelt es sich um eine Ausbildungsstätte für Männer und Frauen, in der ihnen handwerkliche Fertigkeiten für eine selbstständige Erwerbstätigkeit vermittelt werden. Die Palette der Ausbildung reicht dabei von Textilbearbeitung bis zum Erwerb von Kenntnissen in der Computerbranche, zugleich ist auch die Multiplikatorenwirkung, die von den Absolventen des NEDI-Instituts ausgeht, für die Entwicklung rückständiger Gebiete in Maharashtra nicht zu unterschätzen.

Vergleichbare Entwicklungsprojekte organisieren Bahā'ī auch in ländlichen Gegenden Lateinamerikas, die teilweise einen weiteren Aspekt der Umsetzung von Bahā'ī-Lehren in die Praxis verdeutlichen, indem die Verwirklichung der Einheit der Menschheit angestrebt wird. Ausgangspunkt für solche Bemühungen sind dabei Bahā'ī-Texte, die auf die Stellung der indigenen Bevölkerung Amerikas Bezug nehmen, um diese zu fördern. Dabei geht es nicht nur um die intellektuelle Erleuchtung und Wissensvermittlung zur Verbesserung der materiellen Lebensbedingungen. Vielmehr liegt ein nicht unwichtiger „Bildungsaspekt" darin, aufgrund der Bahā'ī-Lehren mit dem Verbot von Alkoholkonsum (*Kitāb-i Aqdas*, # 119) auch zur Bekämpfung des Alkoholismus-Problems beizutragen. Denn bei vielen traditionellen Festen indigener Völker (besonders im Andenhochland) wird reichlich Alkohol getrunken, was nicht selten zu einer – manchmal sogar langfristigen – Entzweiung der Dorfgemeinschaft geführt hat. Ohne das aus der Religion abgeleitete Verbot des Alkohols den Nicht-Bahā'ī aufzuzwingen, gelingt es durch die Vermittlung dieses Bahā'ī-Wertes, Dorfbewohner zur Aufgabe des Alkoholkonsums zu bewegen, um das so gesparte Geld in Bildung und Entwicklung zu investieren. Solche basisbezogenen Entwicklungsprojekte werden in Lateinamerika durch höhere Lehrinstitutionen unterstützt, beispielsweise in Bolivien durch die so genannte Nūr-Universität, die „Universität des Lichtes" (arabisch *nūr* = „Licht"), die durch ihr Engagement in der Ausbildung von Lehrern wesentlich zur Vermittlung von Bahā'ī-bezogenen Erziehungs- und Entwicklungsprinzipien beiträgt. Eine andere Bildungseinrichtung ist die FUNDAEC-Universität in Kolumbien, deren Schwerpunkt auf Qualifikationen im landwirtschaftlichen Bereich ausgerichtet ist. Dabei geht es nicht nur um die Vermittlung von Bücherwissen über agrarische Entwicklung, sondern zugleich um die konkrete Anwendung dieses Wissens für die Steigerung der Ernteerträge. Dadurch schaffen die Absolventen dieser Bahā'ī-Einrichtung eine Grundlage für eine wirtschaftliche Entwicklung, die vermeidet, dass der Boden ausgelaugt wird oder dass sich der Einzelne oder die gesamte Dorfgemeinschaft durch übermäßigen Ankauf von überteuertem Saatgut oder künstlichen Düngemitteln in einen Schuldenkreislauf bringt (vgl. One Country 1/2003, 16–20).

Solche Beispiele machen deutlich, dass Erziehung nicht nur „Alphabetisierung" bedeutet, sondern dass solche Ausbildungsprojekte zur Stärkung der ethischen Entwicklung beitragen. Die Lehrpläne der Bildungseinrichtungen beinhalten nicht nur das jeweilige konkrete „handwerkliche" Rüstzeug, sondern benennen auch Werte wie Kooperation, Gleichheit der Menschen, Kommunikation und Dienstfähigkeit als vermittlungswürdige Lehrziele. Daher sind solche Sozialprojekte Beispiele angewandter Bahā'ī-Ethik, die dazu dienen, die religiösen Vorstellungen der Offenbarung Bahā'u'llāhs in unterschiedlicher Form in der jeweiligen Lebenswirklichkeit umzusetzen. Aufgrund dieser doppelten Funktion der Bildungseinrichtungen der Bahā'ī sind Versuche, zu verhindern, dass Bahā'ī eine gute schulische Bildung erhalten können, nicht nur ein schwerer Angriff auf die Würde des Einzelnen, sondern wirken sich negativ auf die Gemeinschaft als Ganze aus, die dadurch als soziale Gruppe wegen der fehlenden Bildung an den Rand einer Gesellschaft gedrängt wird. Auf diesen Zusammenhang zielen jene Aktivitäten der Islamischen Republik Iran, die seit einiger Zeit den Bahā'ī im Land den Zugang zu weiterführender schulischer Bildung verwehren. Bald nach der Islamischen Revolution im Jahr 1979 wurden Bahā'ī-Schüler gelegentlich aus Schulen entfernt, so dass im Jahr 1987 Bahā'ī im Iran eine private höhere Bildungseinrichtung schufen, das so genannte Bahā'ī Institut für Höhere Bildung (BIC 2005a: 19–26). Als Lehrer an dieser Einrichtung waren Bahā'ī-Professoren oder Akademiker tätig, die nach der Islamischen Revolution ihren Arbeitsplatz in iranischen Schulen und Universitäten verloren hatten. Der Unterricht lief aber auch durch Fernkurse und schriftliche Studienunterlagen, die international organisiert waren. Rund zehn Jahre lang konnte dieses Institut durch Kurse in Kleingruppen die Ausbildung auf akademischem Niveau durchführen. Im September und Oktober 1998 wurden jedoch bei Razzien der iranischen Regierung mindestens 36 Lehrer des Instituts festgenommen und in rund 500 Wohnungen, in denen in der Regel landesweit der Unterricht stattfand, Lehrmaterialien und Unterrichtsunterlagen beschlagnahmt. Die meisten Festgenommenen wurden nach einiger Zeit zwar wieder freigelassen, aber in den folgenden Jahren nahmen die Restriktionen weiter zu. Am 19. Juli 2002 wurden gleichzeitig die Prüfungen, die an drei Plätzen in Shīrāz und an fünf Plätzen in Mashhad stattfanden, von Angehörigen der Revolutionsgarden unterbrochen. Die Prüfungsunterlagen wurden beschlagnahmt und die Prüfungskandidaten verhört. Eine neue Welle der Unterdrückung des Instituts setzte 2005 nach der Übernahme der Präsidentschaft durch Ahmadīnijād ein, wobei seither die Übergriffe nicht nur verschärft wurden, sondern auch systematischer durchgeführt werden, offensichtlich mit dem Ziel, diese Bahā'ī-Netzwerke, die noch immer eine Ausbildung ermöglichen, vollkommen zu zerschlagen. Seit der Präsidentschaft Ahmadīnijāds werden nämlich Bahā'ī auch wieder systematisch vom Zugang zu Universitäten ausgeschlossen, nachdem sie sich zumindest gelegentlich in den ersten Jahren des 3. Jahrtausends aufgrund der vorsichtigen Liberalisierung des Landes unter Präsident Khātamī als Studierende an den Universitäten des Landes einschreiben konnten. Der neuerliche und konsequente Ausschluss von jungen Bahā'ī aus dem Bildungssystem des Landes raubt dabei nicht nur ihre Zukunftsperspektiven, sondern wird langfristig auch für den Iran zum Nachteil, da Personen, die von Bildung ausgeschlossen werden, einem Land und seiner Entwicklung nicht dienen können.

4.3.4 *Entwicklung und Verbesserung der Lebensbedingungen*

Die in der Erziehung vermittelten Werte betreffen nicht nur Fragen des eigenen Wohlergehens, sondern beziehen sich sowohl auf die lokale als auch auf die globale Gemeinschaft der einen Menschheit. Dadurch beinhaltet ethische Erziehung für Bahā'ī immer auch den Blick auf Fragen allgemeiner Entwicklung. Dazu gehören die medizinische Ethik und das Bemühen um die Verbesserung medizinischer Versorgung, weil Gesundheit und Heilung ein (innerweltliches) Symbol für Heil sind. Denn im Menschenbild der Bahā'ī lässt sich der menschliche irdische Körper nicht von seiner sozialen (und mitmenschlichen) Seite sowie seiner spirituellen Seite bzw. der Seele trennen. Daher wirken sich körperliche Gesundheit sowie Krankheit immer gesellschaftlich und geistig aus, genauso wie gesellschaftliche Missstände die „Körperlichkeit" negativ beeinflussen können. Daraus ergibt sich, dass zu Fragen der gesellschaftlichen Entwicklung oder der Schaffung von verbesserten Lebensbedingungen auch klarerweise medizinische oder gesundheitsbezogene Fragen gehören. Ein für die „soziale" Seite der Krankheit (und Notwendigkeit der Gesundheit) wichtiger Text stammt von Bahā'u'llāh, der zunächst betont, dass die Seele von der Krankheit unberührt bleibt (Bahā'u'llāh, ÄL / 1980, # 80:2):

> Wisse, dass die Seele des Menschen über alle Gebrechlichkeit des Leibes und des Verstandes erhaben und davon unabhängig ist. Dass ein Kranker Zeichen der Schwäche aufweist, ist den Hindernissen zuzu-

schreiben, die sich bei ihm zwischen Seele und Leib legen; denn die Seele selbst bleibt unberührt von jedem körperlichen Leiden.

Die Seele wird daher niemals von der Krankheit beeinträchtigt, und der Körper ist jenes Medium, das die Seele für ihre Entwicklung während des Erdenlebens nutzen muss. Zugleich bedeutet dies innerhalb der Bahā'ī-Theologie und -Ethik, dass Krankheit kein Zeichen göttlicher Strafe oder Gesundheit ein „messbarer" Ausdruck göttlichen Segens wäre oder dass man aus dem Gesundheitszustand eine Schlussfolgerung hinsichtlich des spirituellen Potenzials des Menschen ziehen dürfte (vgl. St. Towfigh 2006: 89f.). Daraus resultiert für die Bahā'ī-Ethik eine Verpflichtung, nicht nur den eigenen Körper zu fördern, sondern auch Bedingungen dafür zu schaffen, dass andere ihre Körperlichkeit und Gesundheit besser entfalten. Die Verwendung von Medizin oder das Aufsuchen der kompetentesten Ärzte wird in frühen Bahā'ī-Schriften mehrfach betont, wobei der älteste diesbezügliche Text Bahā'u'llāhs „Sendbrief an einen Arzt" ist (*Lawh-i Tibb*; übersetzt von St. Towfigh 2006: 149–152), der in die zeitgenössische Medizin des 19. Jahrhunderts des Iran eingeordnet werden kann. Darin gibt Bahā'u'llāh diätetische Anweisungen und erwähnt die wissenschaftliche Stellung der Medizin. Letzteres hat den Zweck, die Gläubigen von der Erwartung von Wunderheilungen abzubringen; zugleich macht der Brief aber auch deutlich, dass die besten Heilerfolge durch die Kombination geistiger und körperlicher Heilmethoden erreicht werden, so dass der Sendbrief mit einem Gebet endet. Aus solchen Einschätzungen der Medizin, die durch ʿAbdu'l-Bahā und Shoghi Effendi weiter entfaltet wurden (vgl. St. Towfigh 2006: 95, 99–101; Fazel / Foadi 2008: 122), folgt für Bahā'ī die ethische Verpflichtung, den eigenen Körper zu achten. Dies bringen ausdrückliche Verbote bezüglich des Genusses von Alkohol (*Kitāb-i Aqdas*, # 119) oder Drogen (ebd., # 155, # 190) zum Ausdruck, aber auch die eigene oder die fremde Gesundheit schädigende Verhaltensweisen wie Rauchen sind unethische Handlungsweisen (vgl. Schaefer 1993: 27–32, 44–49). In positiver Weise entstehen aus dieser Einstellung zur Gesundheit Bemühungen der Bahā'ī, sich um die reale Verbesserung von Lebensbedingungen zu bemühen. In den Jahren 1908 und 1909 haben drei Bahā'ī als Resultat solcher ethischer Überzeugungen das erste Bahā'ī-Krankenhaus in Teheran gegründet (Fazel / Foadi 2008: 128f.), wobei die Behandlung im Krankenhaus unabhängig von der Religionszugehörigkeit und den finanziellen Möglichkeiten des Kranken geschah. Eine Neuerung war auch die Einrichtung einer speziellen Frauenabteilung, in der Ärztinnen sich um das Wohl der Patientinnen bemühten. Auch andere Bahā'ī-Krankenhäuser konnten während des zweiten und dritten Jahrzehnts des vergangenen Jahrhunderts im Iran ihre Tätigkeit ausüben, ehe finanzielle Not ihre Schließung nötig machte. Weitere medizinische Einrichtungen konnten von Bahā'ī im Iran von der Mitte des 20. Jahrhunderts bis zum Beginn der Islamischen Revolution unterhalten werden, darunter ein Altenheim. Solche Fürsorge für alte oder hilfsbedürftige Menschen bleibt aber nicht auf den Iran beschränkt (vgl. Westerhoff 1998: 114f.).

So wie die hier skizzierte Einstellung zur Medizin nicht nur zu ärztlichem Engagement im Iran, sondern in der Bahā'ī-Welt insgesamt führt, weil die Verbesserung der medizinischen Versorgung z.B. in Entwicklungsländern eine Konkretisierung der Ethik hinsichtlich der einen Menschheit ist, so ist auch das Wirtschaftsstreben der Bahā'ī darauf ausgerichtet, mit Hilfe wirtschaftlichen Erfolgs zur Verbesserung der Menschheit insgesamt beizutragen. Daraus ergibt sich die ethische Maxime eines gerechten Wirtschaftens, da Gewinnstreben immer die Rechte Gottes berücksichtigen muss. Unter Huqūqu'llāh, die „Rechte Gottes", sind im *Kibāb-i Aqdas* (# 97) jene Abgaben verstanden, die neunzehn Prozent des Gesamtgewinns umfassen, der nach Abzug aller Kosten für eine gesellschaftlich angemessene Lebensführung übrig bleibt (vgl. Schaefer 2007: 139). Einige Erläuterungen, welche für eine angemessene Lebensführung notwendigen Besitzgüter von der Zahlung der Huqūqu'llāh ausgenommen sind und wie die Höhe der Abgaben zu errechnen ist, hat Bahā'u'llāh bereits in „Fragen und Antworten" (Bahā'u'llāh, FA / 2000, # 8, # 42, # 44f., # 89, # 95) als ersten Kommentar zum *Kitāb-i Aqdas* festgelegt. Diese Abgaben sind an das Universale Haus der Gerechtigkeit zu entrichten, das damit Aktivitäten zur Förderung der Religion, aber auch zur Unterstützung von Entwicklungsprojekten finanziert. Die Abgabe dient der „Reinigung" des Besitzes und der geistigen Höherentwicklung des Einzelnen, so dass man daraus eine Leitlinie für ethisch-wirtschaftliches Verhalten ableiten darf. Besitz und Gewinn aus dem Wirtschaftsleben sind für Bahā'ī unproblematisch, solange man aus dem in *Kitāb-i Aqdas* (# 97) geregelten „Überfluss" die Huqūqu'llāh entrichtet; diese Finanzierung wird dabei nicht formal überprüft, sondern obliegt der „Selbstbesteuerung" des Einzelnen als religiöser Pflicht, deren Erfüllung ein ethisches Verhalten ist. Dass man überhaupt Besitz erwirbt, von dessen Gewinn man die „Rechte Gottes" erfüllen kann, hängt mit der Verpflichtung zusammen, dass Arbeit nicht nur ein ethischer Wert ist, sondern auch eine Pflicht (Bahā'u'llāh, KA / 2000, # 33):

> Es ist jedermanns Pflicht, einer Arbeit nachzugehen – einem Handwerk, dem Handel oder dergleichen. Wir haben solche Arbeit in den Rang der Anbetung des einen wahren Gottes erhoben. ... Vergeudet eure Stunden nicht in Faulheit und Müßiggang, sondern tut, was euch und anderen nützt. So ist es befohlen auf dieser Tafel, von deren Horizont die Sonne der Weisheit und der Rede scheint. Am verächtlichsten in den Augen Gottes ist, wer dasitzt und bettelt.

Dieses Gebot hat eine Reihe von Konsequenzen für die Einstellung zu Besitz und Reichtum. Einerseits trägt es schon seinem Wortlaut entsprechend dazu bei, dass sich Bahā'ī um eine aktive Rolle im Wirtschafts- und Erwerbsleben aufgrund des religiösen Gebotes bemühen müssen, d.h. die Religion keine Weltentsagung oder Askese (vgl. auch *Kitāb-i Aqdas*, # 36) unterstützt. Die Pflicht zur Arbeit enthält indirekt aber auch ein Recht auf Arbeit, so dass daraus abzuleiten ist, dass es zur Bahā'ī-Ethik gehört, an der Entwicklung der Gesellschaft in einer Form mitzuwirken, die es jedem ermöglicht, eine entsprechende Arbeit zu finden. Wird einem Menschen dieses Recht auf Arbeit verwehrt, so ist er zugleich in der Befolgung seiner religiösen Vorschriften behindert. Denn die Arbeitsethik der Bahā'ī versteht Arbeit, die im Geist des Dienstes an den Menschen geleistet wird, als einen Weg der Verehrung Gottes (BIC 1996a: 17). Aus solchen Überlegungen ist es konsequent und richtig, wenn Bettelei untersagt ist; allerdings schließt das Verbot der Bettelei selbstverständlich nicht aus, dass Bahā'ī anderen Menschen, die in Not gekommen sind, den eigenen wirtschaftlichen Fähigkeiten entsprechend helfen sollen. Diese Hilfe soll jedoch nicht im bloßen Weiterreichen von Almosen bestehen, sondern es soll eine Hilfe zur Selbsthilfe sein, die es dem Betroffenen letztlich ermöglicht, selbst eine Arbeit aufzunehmen, von der er seinen Lebensunterhalt bestreiten kann. Dieses Prinzip ist ein unübersehbarer Leitgedanke in Sozialprojekten, die von Bahā'ī initiiert werden, indem das Projekt jeweils derart gestaltet ist, dass es nicht eine Hilfe von oben oder außen ist, sondern diese Hilfe lediglich den Impuls zur eigenständigen Fortsetzung des Projektes durch die engagierte Arbeit der Betroffenen gibt (von Both 1987: 21). Somit ist Besitz nicht ein Wert an sich, den man horten und nur für sich verwenden soll. Reichtum birgt die Gefahr, dass man sich davon verblenden lässt oder zu sehr daran hängt, so dass man in seinem religiösen und ethischen Bemühen behindert wird (vgl. Bahā'u'llāh, VW / 1982, persisch # 55; Ders., KI / 2000, # 162). Vielmehr sollte Reichtum immer ein wirtschaftliches Gut sein, das man für soziale Projekte und zugunsten der Armen einsetzt (vgl. Schaefer 2007: 190–192). Zu große Besitzanhäufung in der Hand Einzelner ist daher für Bahā'ī hinsichtlich des ethischen Wirtschaftens unerwünscht, aber zugleich betont man in einem Wege, der zwischen Ausschweifung und Askese die goldene Mitte sucht, dass ein gewisser Besitzstand notwendig ist, denn ohne eine notwendige materielle und wirtschaftliche Sicherheit ist es kaum möglich, sich um religiöse Weiterentwicklung zu bemühen (BIC 1996b: 20).

Ein solches Wirtschaftsverständnis impliziert, dass Wirtschaften nicht zur Zerstörung der Schöpfung und des Menschen führen darf, so dass sich daraus Fragen nach der Bewertung ökologischer Themen aus der Sicht der Bahā'ī ergeben (vgl. Hofmann 2005: 175–177). Zwar liefert der Bahā'ī-Glaube eine optimistische Grundeinstellung bezüglich des

Fortschrittes, aber dieser muss mit der Natur als Teil der Schöpfung Gottes vereinbar bleiben. Daher orientiert sich der Umgang mit Natur und Umwelt am Wohl des Ganzen, so dass ein ökologisches Gleichgewicht sowie die Sicherung der zukünftigen Verfügbarkeit von Rohstoffen beachtet werden müssen. Für diesen „universal-ökologischen" Ansatz beziehen sich Bahā'ī häufig auf folgenden Ausspruch Bahā'u'llāhs (ÄL / 1980, # 43:6, # 117):

> Es rühme sich nicht, wer sein Vaterland liebt, sondern wer die ganze Welt liebt.

Daraus leitet man ab, dass ethisches Verhalten hinsichtlich des Umgangs mit ökologischen Ressourcen den Blick auf die gesamte Welt richten muss, da Natur und Menschheit als eine organische Einheit verstanden werden, die aus der Schöpfungstheologie abgeleitet wird (vgl. N. Towfigh 1989: 71–84; BIC 1996a: 23). Die Verbindung mit der Schöpfungstheologie bestimmt aber nicht nur ökologische, sondern auch bio-ethische Fragen (Walther 2005: 151–161). In der ethischen Einschätzung solcher Fragen wird davon ausgegangen, dass die Natur und ihre Evolution bis zum Menschen ein Ausdruck perfekter göttlicher Ordnung sind. Da sich der Mensch in Übereinstimmung von Religion und Wissenschaft kontinuierlich weiterentwickeln soll, kann er wissenschaftliche Erkenntnisse und Fortschritte für die Verbesserung des Lebens und der Menschheit einsetzen. Da jedoch der Schöpfungsakt dem Menschen eine Seele verleiht, ist – in Fragen des reproduktiven Klonens – der Bahā'ī-Ethik eine Grenze gesetzt: Neues Leben darf der Mensch nicht erschaffen, wohl aber darf er bestehendes Leben positiv verändern, um dadurch zur Entwicklung beizutragen.

Abschließend kann man feststellen, dass die Entwicklungsbemühungen der Bahā'ī sich auf fünf Projekttypen konzentrieren (von Both 1987: 22; vgl. ferner Warburg 2006: 478–484): Erziehung und allgemeine Bildung; Gemeindeentwicklungsprojekte; Projekte im Bereich des Gesundheitswesens; land- und forstwirtschaftliche Entwicklung; und Radiostationen. Alle diese Projekte werden dabei – trotz ihrer thematischen Unterschiede – von den Initiatoren als ein Beitrag zur Realisierung des Prinzips der Einheit der Menschheit verstanden. Denn die Bahā'ī-Vision einer nächsten Stufe der Entfaltung der Zivilisation kann nicht ohne soziale und wirtschaftliche Entwicklung verwirklicht werden (vgl. BIC 1996a: 3f., BIC 1996b: 20–22).

4.3.5 Politik, Frieden und Globalisierung

Bereits der Bāb hat im ersten Abschnitt des *Qayyūm al-Asmā'* im Jahr 1844 ein „Sendschreiben über die Herrschaft" formuliert, in dem er die Könige auffordert, ihre Herrschaft in die Hände Gottes zu legen, da die

Herrschaft Gottes mit dem Auftreten des Bāb angebrochen sei. Allerdings betont der Bāb, dass eine Herrschaft durch gerechte irdische Machthaber ausgeübt werden soll (Lambden 2006: 23f.). Zugleich legt der Bāb in diesem Text die Grundlagen seines politischen und eschatologischen Herrschaftsverständnisses dar, dass die Herrschaft Gottes auch durch Kampf (Dshihād) herbeigeführt werden könne. Dieser Kampf, um alles unter Gottes Herrschaft zu bringen, impliziert für sein Religionsverständnis einen universalen oder globalen Anspruch, ein Anspruch, den er z.B. auch im *Bayān-i Fārsī* formuliert. Dieser universale Anspruch, dass die Bahā'ī-Werte für alle Menschen gelten, wird im Wirken Bahā'u'llāhs fortgesetzt, allerdings mit dem Unterschied, dass er nach 1863 den Gedanken an eine kämpferische Verbreitung der Religion aufgibt. In einem Brief aus dem Jahr 1876, in dem Bahā'u'llāh auf die Offenbarung im Ridvān-Garten Bezug nimmt, wird als einer der Inhalte die Erkenntnis formuliert, dass die Verwendung des Schwertes zur Verbreitung der neuen Offenbarung unzulässig und daher für den Dshihād kein Platz mehr ist (vgl. Lambden 2006: 29; U. Gollmer 1995a: 322f.; Ders. 2006: 153f.). Dennoch bleibt in der politischen Botschaft Bahā'u'llāhs, die er programmatisch in seinem „Sendschreiben an die Könige" (*Sūrat al-Mulūk*) ausdrückt, der Anspruch sichtbar, dass weltliche Herrscher sich der Herrschaft Gottes, wie sie in der Bahā'ī-Religion verstanden wird, unterordnen sollen.

Das „Sendschreiben an die Könige" (vgl. Cole 1998a: 52–58; Sabet-Sobhani 2000: 60–65; Scharbrodt 2005a: 107–109) wurde während des Aufenthalts Bahā'u'llāhs in Edirne in arabischer Sprache verfasst. Sein universeller politischer Anspruch zeigt sich in der Rolle der Ansprache von Königen und Herrschern; es spricht aber auch konkret den osmanischen Sultan, in dessen Hoheitsgebiet sich Bahā'u'llāh befindet, direkt an. Zu den zentralen Aussagen des Textes gehören einige Ratschläge und Warnungen an die Herrscher, die gleich eingangs aufgefordert werden, sich Gott zuzuwenden, um in ihren Handlungen von Gottvertrauen und Gottesfurcht geleitet zu werden. Daher gehört es zu den wichtigsten Aufgaben eines Herrschers, dass er selbst nach der Wahrheit strebt, damit er aufgrund der Wahrheit seine Herrschaft gerecht und ethischen Werten entsprechend durchführt. Wegen seiner Vorrangstellung innerhalb der Gemeinschaft steht der Herrscher vor einer größeren ethischen Herausforderung und hat eine größere ethische Verantwortung als seine Untertanen. Konkret bedeutet dies, dass der Herrscher für die Schaffung von sozialer Gerechtigkeit in seinem Herrschaftsbereich verantwortlich ist (Bahā'u'llāh, ÄL / 1980, # 118). Neben dem „Sendschreiben an die Könige" geht auch der *Kitāb-i Aqdas* (# 78–88) in ausführlicher Weise auf die Pflichten der Herrscher im Allgemeinen ein, wobei auch einzelne Herrscher explizit angesprochen werden, so z.B. der Kaiser von Österreich und der König von Berlin, d.h. Preußen (Bahā'u'llāh, KA / 2000, # 85f.):

> O Kaiser von Österreich! Er, der Tagesanbruch des Lichtes Gottes, lag im Gefängnis von ᶜAkkā zu der Zeit, da du dich aufmachtest, die Aqṣā-Moschee zu besuchen. Du zogst vorbei an ihm und forschtest nicht nach dem, durch den jedes Haus erhöht und jedes erhabene Tor geöffnet ward. Wir machten es fürwahr zu einem Ort, dahin die Welt sich wenden soll, Meiner zu gedenken. Du aber hast ihn, das Ziel dieses Gedenkens, verschmäht, als Er erschien mit dem Reiche Gottes, deines Herren und des Herrn der Welten. ... Sprich: O König von Berlin! Horch auf die Stimme, die aus diesem offenbaren Tempel ruft: „Wahrlich, es ist kein Gott außer Mir, dem Immerwährenden, dem Unvergleichlichen, dem Altehrwürdigen der Tage." Hab acht, dass Hochmut dich nicht hindere, den Morgen göttlicher Offenbarung zu erkennen, dass irdische Wünsche dich nicht wie ein Schleier abhalten vom Herrn des Thrones in der Höhe und auf der Erde hienieden. Also rät dir die Feder des Höchsten. Er ist wahrlich der Gnädige, der Allgroßmächtige. ... Denke tief über ihn nach, o König, und über solche, die gleich dir Städte eroberten und über Menschen herrschten. Aus ihren Palästen sandte sie der Allerbarmer hinab ins Grab. Sei gewarnt! Gehöre zu denen, die nachdenken.

Die beiden hier angesprochenen Herrscher sind Kaiser Franz Josef von Österreich (1830–1916), der im Jahr 1869 eine Pilgerreise ins Heilige Land unternommen hat, und Kaiser Wilhelm I. (1797–1888), der als König von Preußen im Jahr 1871 als erster Preußisch-Deutscher Kaiser ausgerufen wurde (vgl. Sabet-Sobhani 2000: 58f.; Beveridge 1995: 57–64). Die Mahnung an beide Herrscher steht in Übereinstimmung mit seinen Anspruch, die Offenbarung Gottes in Bahā'u'llāh zu erkennen, um ihre Politik dementsprechend neu zu gestalten. Diesen Gedanken verdeutlichen auch weitere Sendschreiben an einzelne Herrscher, so z.B. an den osmanischen Sultan ᶜAbdu'l-ᶜAzīz (1830–1876), an den iranischen Qadsharen-Herrscher Nāṣiru'd-Dīn Shāh (1831–1896), an Napoleon III. von Frankreich (1808–1873) oder an Papst Pius IX. (1792–1878). Die an diese und andere Politiker gerichteten Sendschreiben (vgl. Sabet-Sobhani 2000: 29–57) blieben zwar durchweg unbeantwortet, illustrieren aber Bahā'u'llāhs Anliegen, dass seine Religion eine weltgestaltende Kraft habe. Anzustreben ist eine gerechte Herrschaft, die in verschiedenen Texten Bahā'u'llāhs an die Herrscher angesprochen wird (vgl. Sabet-Sobhani 2000: 78f., 137–151), wobei bei einer solchen Herrschaft menschliche Würde und Menschenrechte beachtet werden sollen (Bahā'u'llāh, BA / 1982, # 11:6). ᶜAbdu'l-Bahā greift diese Gedanken auf und konkretisiert sie weiter, indem er etwa als ein Prinzip sozialer Gerechtigkeit die Gleichheit der Menschen vor dem Gesetz betont (vgl. ᶜAbdu'l-Bahā, AP / 1995, # 47).

Aus solchen politischen Dokumenten Bahā'u'llāhs geht hervor, dass sein politisches Konzept innerweltlich mit einer demokratischen Regierung bzw. einer konstitutionellen Monarchie sympathisiert, in der die politische Macht des Herrschers nicht absolut ist (Bahā'u'llāh, BA / 1982, # 3:28), sondern in der Verbindung zwischen monarchischer Herrschaft und einer demokratischen Regierung besteht (*Lawh-i Dunyā* in Bahā'u'llāh, BA / 1982, # 7:31; vgl. U. Gollmer 1995a: 346f.). In der praktischen Konsequenz ergibt sich daraus, dass für Bahā'u'llāh dynastische Ansprüche zur Festigung der Herrschaft keinen Platz haben, sondern ein Königtum – zeit- und umweltbedingt ist die Rede von Königen, und nicht allgemein von „Regierenden" – als Wahlkönigtum, das an die Grundlagen einer Verfassung, an Gesetze und an ein Parlament gebunden ist, die anzustrebende Herrschaftsform ist. Aufgrund dieses Politikverständnisses Bahā'u'llāhs ist es nachvollziehbar, dass Bahā'ī zur Entstehung von konstitutionellen und demokratischen Bewegungen im Vorderen Orient im späten 19. und frühen 20. Jahrhundert einen wichtigen Beitrag geliefert haben (Cole 1998a: 79–91; Ders. 1998b; ferner U. Gollmer 1995a: 347). Dieses Politikverständnis impliziert die Legitimität eines säkularen Staates, so dass sich die „Staatslehre" der Bahā'ī grundlegend von der schiitischen Staatsideologie im Iran im 19. Jahrhundert unterschieden hat. Die Abwendung vom bewaffneten Kampf führte auch dazu, dass Bahā'ī ihre politischen Ziele schon im 19. Jahrhundert nur durch gewaltlose Methoden erreichen wollten, obwohl sie in Opposition zur absolutistischen Herrschaft der Qadsharen oder der Osmanen standen. Daher unterstützte ᶜAbdu'l-Bahā zwischen 1905 und 1907 zunächst die konstitutionellen Bemühungen im Iran und in der Türkei, nahm jedoch in den folgenden Jahren eine neutrale Haltung ein, da er die Grenzen der Möglichkeiten von (Partei-)Politik und Diplomatie deutlich erkannte. Aufgrund der Verhaftung an jeweils eigene Interessen konnten sie wenig zu Friedensbemühungen beitragen, solange es ihnen an spiritueller Tiefe und Kraft fehlte (vgl. Cole 2006: 67–71). ᶜAbdu'l-Bahās Politikverständnis strebt nämlich bereits nach einer globalen politischen Orientierung, die individuelle und nationale Interessen in den Hintergrund rückt und von Toleranz geprägt sein muss.

Ein solcher „globaler" Blick bedingt, dass das politische Engagement der Bahā'ī nicht darin liegt, sich in tagespolitische Aktivitäten einzumischen oder „zu Werkzeugen gewissenloser Politiker" (Shoghi Effendi, WOB / 1977: 101) zu werden, indem man sich im Wettbewerb politischer Parteien engagiert. Diesem Politikverständnis entsprach es auch, dass sich die Bahā'ī im Iran im Jahr 1965 weigerten, der Aufforderung von Muhammad Reza Shāh Pahlavi nachzukommen, der iranischen Einheitspartei Rastakhiz beizutreten (U. Gollmer 1995a: 356f.); denn ein Parteibeitritt hätte die politischen Interessen einer Machtgruppe unter Ausschluss anderer demokratischer Interessen unterstützt und den ethischen Bemühungen der Bahā'ī nach Ausgleich unter konkurrierenden Gruppen widersprochen. Bahā'ī-Politik will nach den Worten ᶜAbdu'l-Bahās (BB / 1992, # 227:16, 28) eine „göttliche Politik" sein, die auf Konsens, Integration, Gerechtigkeit und Barmherzigkeit ausgerichtet ist (vgl. U. Gollmer 1995a: 361f.). Auch wenn sich Bahā'ī aus dem Tagesgeschäft der Parteipolitik fernhalten, erfordert dieses Streben nach Konsens die Loyalität gegenüber den (legitim) Herrschenden und beinhaltet das Recht, eine gerechte Herrschaft einzufordern. Diese Forderung kann durch Überzeugungsarbeit und die Suche nach „Bündnispartnern" in der Öffentlichkeit unterstützt werden, um ungerechte Herrscher zum Einlenken zu bringen. Weltweite Appelle der Bahā'ī an Regierungen, hochrangige Einzelpersonen oder an die Vereinten Nationen, damit diese Einfluss etwa auf die Regierung der Islamischen Republik Iran ausüben, um Verfolgung und Diskriminierung der Bahā'ī zu beenden, sind ein Beispiel dafür, dass Bahā'ī ihr Schicksal nicht unpolitisch in einer Martyriumsfrömmigkeit auf sich nehmen, sondern mit politischen, aber gewaltfreien Mitteln eine Veränderung anstreben.

Die Ablehnung parteipolitischer Vereinnahmungen und parteipolitischer Konkurrenz ist auch gemeindeintern bei den Bahā'ī-Wahlen und bei der Bahā'ī-Beratung sichtbar. Die Wahl von Bahā'ī in die Institutionen der Religionsgemeinde läuft ohne Parteibildungen ab, um zu verhindern, dass diese Institutionen zu gemeindeinternen Foren politischer Macht werden, in denen sich eine Gruppe auf Kosten der unterlegenen Gruppe durchsetzt, was die Einheit der Gemeinde gefährden würde. Daher gibt es für Bahā'ī-Wahlen weder Listen noch Nominierungen von Kandidaten, noch Wahlwerbung oder Wahlkampf, sondern jeder Bahā'ī qualifiziert sich idealerweise aufgrund seiner Persönlichkeit oder Kompetenz für die Wahl, ohne das mit der Wahl verbundene Amt bzw. die daraus resultierende Aufgabe in der Gemeinde aktiv anzustreben (vgl. U. Gollmer 1995a: 365).

Neben dem Wahlprozess als politischem Akt ist die Bahā'ī-Beratung als zentraler Ausdruck politischen Handelns der Religionsangehörigen zu verstehen (vgl. Sabet-Sobhani 2000: 189–191; Schaefer 2007: 349–352). Die Beratung ist ein Prozess kommunikativer Entscheidungsfindung, bei der gemeinsame Ziele und Wege zur Erreichung dieser Ziele für die Gemeinschaft rational formuliert und realisiert werden. Dabei sind unterschiedliche Gruppeninteressen, aber auch Interessenkonflikte zwischen dem Einzelnen und der Gemeinschaft als Ganzer in diesem gegenseitigen Prozess der Beratung konfliktfrei miteinander zu versöhnen. Am Ende der Beratung soll ein Ergebnis erreicht sein, das von allen mitgetragen wird, wodurch zugleich die Einheit der Gemeinschaft gestärkt wird. ʿAbdu'l-Bahā formuliert das Anliegen und die Praxis der Beratung an einer Stelle folgendermaßen (BB / 1992, # 44):

> Seine Mitglieder sollen so miteinander beraten, dass sich kein Anlass für Unmut oder Zwietracht ergibt. Dies ist erreichbar, wenn jedes Mitglied in vollkommener Freiheit seine Meinung äußert und seine Argumente

vorbringt. Er darf sich, sollte jemand widersprechen, auf keinen Fall verletzt fühlen; denn erst wenn eine Angelegenheit vollständig erörtert ist, kann sich der richtige Weg zeigen.

Die Beratung als „politische Methode" trägt nicht nur zur Lösung politischer, wirtschaftlicher oder sozialer Probleme bei, sondern ist in allen Bereichen des Zusammenlebens anwendbar, sowohl im öffentlichen als auch im persönlichen Bereich. Für den einzelnen Bahā'ī ist besonders innerhalb des Neunzehntage-Festes die Möglichkeit gegeben, durch das Instrumentarium der Beratung aktiv und basisdemokratisch an der Entscheidungsfindung für alle Angelegenheiten der lokalen Gemeinde, mit der er unmittelbar zu tun hat, teilzuhaben. Im Idealfall soll am Ende der Beratung eine einstimmige Entscheidung erreicht werden. In den Bahā'ī-Gremien ist dies in manchen Fragen nicht immer erreichbar, so dass in solchen Fällen der Mehrheitsbeschluss bindend ist, der dann als Beschluss der gesamten Gemeinschaft gilt; d.h. „Sondervoten" oder „Gegendarstellungen" sind unerwünscht. Damit die Beratung nicht durch zu emotionales Eintreten Einzelner gefährdet ist, kann der Beratungsprozess unterbrochen oder verschoben werden, damit jeder in Ruhe nochmals die Angelegenheit überdenkt, so dass am Ende eine rational begründete Entscheidung gefällt wird (Sabet-Sobhani 2000: 192).

Trotz dieser Zurückhaltung gegenüber parteipolitischer Betätigung bleibt das Verhalten der Bahā'ī im Einzelnen wie im Allgemeinen politisch, denn zum eigenen Politikverständnis gehört der Universalismus, der einem potenziell auch kriegerischen oder für Gewalt offenen Nationalismus gegenübergestellt wird. Universalismus wird deshalb betont, weil Friede und Sicherheit für die Menschen so lange unerreichbar sind, als nationale Interessen die Festigung der Einheit der Menschen verhindern (vgl. Bahā'u'llāh, ÄL / 1980, # 131:2). Daraus ergibt sich die Vision einer Weltordnung (vgl. Schaefer 2007: 94–96), die eine weltweite politische Einheit vorsieht, ohne dass die nationale Autonomie aufgegeben werden soll. Dieses politische Konzept entspricht der Vorstellung einer „Einheit in der Vielfalt", wobei nationale politische Interessen den Zielen einer geeinten Welt untergeordnet werden müssen. Daher ergehen von der Bahā'ī-Gemeinde, v.a. der Bahā'ī International Community als Ansprech- und Koordinationspartner diesbezüglicher Aktivitäten, immer wieder Aufrufe an die politischen Führer der Welt, an dieser Einheit zu arbeiten. Der Geist solcher Aufrufe entspricht sowohl den Sendschreiben Bahā'u'llāhs an die Herrscher oder an Einzelpersonen als auch der Systematisierung solcher Aufforderungen als „Weltordnung Bahā'u'llāhs", wie sie Shoghi Effendi erarbeitet hat (vgl. Shoghi Effendi, WOB / 1977). Vor diesem Hintergrund ist es zu sehen, dass Bahā'ī sich in Nichtregierungsorganisationen an universellen Veranstaltungen wie der Weltkonferenz über Menschenrechte 1994 oder der Weltfrauenkonferenz 1995 aktiv beteiligen (vgl. BIC 1996b: 9, 23). Um den Gedanken der Einheit der Menschen zukünftig konkret in der Weltgemeinschaft sichtbar werden zu lassen, gehört es zu den Zielen ihrer Weltordnung, dass man sich durch eine Welthilfssprache und durch eine gemeinsame Schrift leichter miteinander verständigen kann, aber auch in wirtschaftlicher Hinsicht durch eine einzige Weltwährung (vgl. BIC 1996b: 14f.; vgl. Bahā'u'llāh, KA / 2000, # 189). Solche Ziele sollen nicht von den Bahā'ī als Religionsgemeinschaft, sondern von der Weltgemeinschaft als Ganzer realisiert werden. Daher unterstützen bzw. sympathisieren Bahā'ī beispielsweise mit Bemühungen, Esperanto als universelle Kunstsprache zu fördern (vgl. Käfer 2005: 57f., 107–110) bzw. Bemühungen der Vereinten Nationen zu unterstützen. Aber weder Esperanto noch die Vereinten Nationen haben aus Sicht der Bahā'ī bereits die genannten Ziele erreicht, sondern können nur als Versuche gelten, die tendenziell vergleichbare Ziele verfolgen.

Politisches Engagement und Universalismus der Bahā'ī führen zu Bemühungen um Friedensstiftung, Friedenserziehung und Friedenssicherung. Dabei wird innerhalb der Bahā'ī-Terminologie zwischen dem „Geringeren Frieden" und dem „Größten Frieden" unterschieden (T. Tober 2008: 133–136). Ersterer ist ein politisch-weltlicher Friede, der von den Herrschern der Welt angestrebt werden soll, um ein gedeihliches Zusammenleben der Völker und Nationen zu ermöglichen. Wenn in den Sendschreiben Bahā'u'llāhs oder des Universalen Hauses der Gerechtigkeit an politische Führer davon die Rede ist, dass sie ihr politisches Amt für die Förderung des Friedens nutzen sollen, so ist in erster Linie der Geringere Frieden gemeint, der zunächst anzustreben ist (Bahā'u'llāh, ÄL / 1980, # 119):

> Wir flehen zu Gott, dass Er den Königen der Erde beistehe, den Frieden auf Erden zu errichten. ... Nun, da ihr den Größten Frieden zurückgewiesen habt, haltet euch fest an diesen, den Geringeren Frieden, damit ihr eure eigene Lage und die eurer Untertanen einigermaßen bessert. Ihr Herrscher der Erde! Versöhnt euch miteinander, so dass ihr nicht mehr Kriegsrüstungen benötigt, als dem Schutz eurer Gebiete und Länder angemessen ist. Hütet euch, den Rat des Allwissenden, des Glaubwürdigen, zu missachten.

Im stetigen Bemühen um diesen Geringeren Frieden hat das Universale Haus der Gerechtigkeit aus Anlass des im Jahr 1985 von den Vereinten Nationen propagierten „Internationalen Jahres des Friedens" ein Statement veröffentlicht, das die unmittelbare Verbindung von Frieden mit dem Postulat der Einheit der Menschheit zeigt. Bevor letztere nicht erreicht ist, ist auch ein Geringerer Friede nicht wirklich erreichbar. Mehrere Ursachen behindern die Verwirklichung dieses Friedens (UHG 1985: 27, 33f.; vgl. auch Sabet-Sobhani 2000: 271–277; U. Gollmer 2006: 155f.): ein fanatisch-fundamentalistisches Religionsverständnis genauso wie ein extremer Nationalismus, der übertriebene Loyalität und

Hingabe an die eigene Nation mit der Benachteiligung anderer Nationen verbindet. Paatriotismus kann sowohl integrative als auch desintegrative Funktionen entfalten, so dass Bahā'u'llāh vor einem „ungezügelten Nationalismus" (vgl. UHG 1985: 13) gewarnt hat, der friedenszerstörende Gedanken und Praktiken hervorbringt. Genauso steht rassistisches Denken oder Handeln Friedensbemühungen entgegen bzw. wird Ursache von zwischenstaatlichen Konflikten. Obwohl Bahā'ī an der Erreichung dieses Geringeren Friedens beteiligt sein sollen, ist dies nicht nur eine Bahā'ī-Angelegenheit, sondern eine Aufgabe für alle Menschen und Regierungen, unabhängig von der jeweiligen Religionszugehörigkeit. Denn die Elemente, die den Geringeren Frieden ausmachen – u.a. Versöhnung zwischen den Menschen und den politischen Mächten und Machtblöcken, Verträge und weltweite Sicherheitsabkommen, Entmilitarisierung, Grundlagen sozialer Gerechtigkeit –, betreffen nicht nur Bahā'ī (vgl. Schaefer 2007: 97–99; U. Gollmer 2006: 157). Frieden und gemeinsames solidarisches Handeln kann nur durch die Beteiligung aller erzielt werden, weshalb Bahā'u'llāh seine Friedensaufforderungen an alle Menschen gerichtet hat (Bahā'u'llāh, ÄL / 1980, # 4:1; Ders., BA / 1982, # 8:54).

Der säkulare und politische Geringere Frieden ist eine Vorstufe zum Größten Frieden, der ein Friede ist, „der sich unausweichlich als praktische Folge aus der Vergeistigung der Welt und der Verschmelzung aller ihrer Rassen, Bekenntnisse, Klassen und Nationen ergibt" (Shoghi Effendi, WOB / 1977: 232; vgl. T. Tober 2008: 135). Der Größte Frieden ist daher ein zukünftiges Ziel und eine Hoffnung für die Zukunft, dessen Erreichung vom Reifezustand der Menschheit abhängt und nach Shoghi Effendi die Verwirklichung des von allen Religionen erwarteten eschatologischen Friedensreiches darstellt. In Anlehnung an biblische eschatologische Bilder beschreibt ᶜAbdu'l-Bahā dies auf folgende Weise, wie Shoghi Effendi (VTG / 1967, # 30:2) referiert:

> Alle Nationen und Stämme, *hat ᶜAbdu'l-Bahā gleicherweise geschrieben*, ... werden eine einzige Nation werden. Der Widerstreit zwischen den Religionen und Sekten, die Feindseligkeit zwischen den Rassen und Völkern und die Zwistigkeiten unter den Nationen werden ausgemerzt werden. Alle Menschen werden einer Religion angehören, einen gemeinsamen Glauben haben, sich zu einer Rasse vermischen und ein einziges Volk werden. Alle werden in einem gemeinsamen Vaterland wohnen, welches der Planet selbst ist.

Beide Formen des Friedens können nur schrittweise durch das erzieherische Bemühen der Menschen erreicht werden, so dass man darin einen fortschreitenden Prozess sehen kann, durch den die Bahā'ī zur – im weitesten Sinn – politischen und globalen Entwicklung beitragen, die jedoch mit der spirituellen Weiterentwicklung der Menschheit verbunden ist (vgl. Sabet-Sobhani 2000: 284f.; Schaefer 2007: 99f.). Dadurch beinhaltet die Bahā'ī-Friedenskonzeption eine Hierarchie, in der die Loyalität zur Welt- und Völkergemeinschaft höher gestellt wird als die eigene Nation oder das eigene Volk, um dadurch dem Frieden zu dienen. Dieser weltliche und Geringere Frieden steht aber zugleich deutlich unter dem von den Gläubigen erwarteten zukünftigen Größten Frieden, auf dessen Verwirklichung sie bereits in der Gegenwart durch die Befolgung der Bahā'ī-Ethik sowie der aus der Religion abgeleiteten Vorschriften zur Gestaltung der Welt hinarbeiten können.

4.4 Bahā'ītum und Bahā'ī-Kultur

4.4.1 Kulturelle Widerspiegelungen des Glaubens

Das Bahā'ītum möchte die jeweilige Gesellschaft und Kultur, in der Bahā'ī leben, mitgestalten. Man kann „Religion" als einen Teil von Kultur verstehen, von dem Wechselwirkungen zu anderen Bereichen, die eine Kultur prägen, ausgehen, wie etwa alltägliches Verhalten, ethische Konzepte, Wissenschaft oder Kunstschaffen (vgl. Geertz 1983: 43). Daher finden sich innerhalb des universalen Bahā'ītums vielfältige Ansätze, um die kulturelle Vielfalt aufgrund des Strebens nach einer gemeinsamen Einheit, die auf religiösen Überzeugungen basiert, zu gestalten. Einige vorläufige Entwicklungen, die einmal zu einer „Bahā'ī-Kultur" führen sollen, kann man benennen.

Zunächst sei kurz die Idee einer einheitlichen „Weltsprache" genannt. Dies ist ein Bahā'ī-Anliegen, das die Verwirklichung der Einheit der Menschheit erleichtern soll, da sich durch eine solche Sprache jeder Mensch leicht mit allen anderen verständigen könne (vgl. Bahā'u'llāh, KA / 2000, # 189; Ders., ÄL / 1980, # 117). In einem ersten Schritt kann eine bereits existierende Sprache, die kein direkter Ausdruck einer eigenständigen Bahā'ī-Kultur ist, als Hilfssprache dienen, ehe als langfristiges Ziel eine einzige Weltsprache als Folge der Verwirklichung der Einheit der Menschheit erreicht wird. Aufgrund dieser Zweistufigkeit unterstützten Bahā'ī seit dem Ende des 19. Jahrhunderts die Förderung von Esperanto, weil ᶜAbdu'l-Bahā mehrfach das Erlernen von Esperanto empfohlen hat, da es eine Hilfe auf dem Weg zur Einheit sein könne. Der polnische Arzt Ludwik L. Zamenhof hatte diese Plansprache im Jahr 1887 erfunden, wobei die Esperanto-Bewegung v.a. in der ersten Hälfte des 20. Jahrhunderts im deutschsprachigen Raum verbreitet war und mit einer pazifistischen und kosmopolitischen Grundeinstellung internationale Verständigung sowie die Überwindung von (rassistischen) Vorurteilen vertrat. Solche Ziele und die einheitliche Sprache kamen in idealer Weise auch Bahā'ī-Werten nahe, so dass deutschsprachige Bahā'ī in den ersten Jahrzehnten des 20. Jahrhunderts engagierte

Esperantisten waren und mehrfach an Esperanto-Kongressen teilnahmen. Lidja Zamenhof, die jüngste Tochter von Ludwik Zamenhof, war im Jahr 1926 selbst Bahā'ī geworden und hat in der Folge auch einige Werke Bahā'u'llāhs ins Esperanto übersetzt (vgl. Käfer 2005: 57f., 108f.). Durch den Zweiten Weltkrieg kam die Esperanto-Begeisterung unter Bahā'ī jedoch zum Erliegen. Obwohl im Jahr 1973 eine Bahā'ī Esperanto Liga (in Esperanto: Bahaa Esperanto-Ligo) entstanden ist, ist zu erwähnen, dass sowohl Shoghi Effendi als auch das Universale Haus der Gerechtigkeit mehrfach betont haben, dass Esperanto nicht als zukünftige Bahā'ī-Weltsprache offiziell gefördert wird.

Einen anderen kulturellen Aspekt bietet Musik. Sie ist eine ästhetische Form zur Gestaltung des Gotteslobes, wobei die positive Wertschätzung von Musik innerhalb der Bahā'ī-Tradition ungleich höher steht als im Islam; denn außerhalb von Sufi-Kreisen gilt Musik für Muslime häufig zumindest als religiös fragwürdig, wenn nicht sogar verwerflich. Wenn Bahā'u'llāh der Musik somit einen wichtigen Platz einräumt, so ist dies mit der positiven Bewertung von Musik durch Sufis vergleichbar. Musik kann den Aufstieg der Seele zu Gott erleichtern; Bahā'u'llāh formulierte seine Einschätzung von Musik wie folgt (Bahā'u'llāh, KA / 2000, # 51):

> Wir haben euch Musik und Gesang erlaubt, doch seht euch vor, dass dies euch nicht verleitet, des Anstands und der Würde Grenzen zu überschreiten. … Wir haben wahrlich die Musik zu einer Leiter für eure Seele gemacht, zu einem Mittel für den Aufschwung in das Reich der Höhe. So macht sie nicht zu einem Flügelpaar des Selbstes und der Leidenschaft.

Trotz der Warnung vor der Ambivalenz von Musik überwiegt der positive Wert, so dass viele Bahā'ī-Veranstaltungen auch durch musikalische Beiträge gestaltet werden. Durch Musik soll nicht nur der Einzelne geistig wachsen, sondern Musik gilt zugleich als ein Mittel zur Entwicklung der Zivilisation insgesamt. Entsprechend der schon genannten Ambivalenz von Musik betonen Bahā'ī zugleich, dass Musik jedoch immer nur ein komplementärer oder unterstützender Faktor zur religiösen Entwicklung sein kann, die zur Höherentfaltung der Kultur(en) zu führen vermag (vgl. Hornby 1983: 410, # 1364; ferner Hart 1989). Allerdings hat sich innerhalb des Bahā'ītums (bisher) kein eigenständiger Musikstil entwickelt, sondern die Bahā'ī-Musik greift auf die jeweiligen lokalen kulturellen Traditionen zurück. Mit der großen Ausbreitung des Bahā'ī-Glaubens seit den 1960er Jahren v.a. in Schwarzafrika und Südasien haben sich lokale Bahā'ī-Musikkulturen entwickelt, die etwas später auch afro-amerikanische Bahā'ī und Bahā'ī aus dem Andenhochland inspiriert haben, Bahā'ī-Texte mit ihren autochthonen musikalischen Formen in Gebet und Gotteslob auszudrücken. Dadurch entstanden verschiedene lokale Chöre, die in den letzten beiden Jahrzehnten überregionale und zum Teil internationale Bekanntheit unter Bahā'ī erlangten. Die zunehmende Popularität solcher Chöre und die Bahā'ī-Globalisierung tragen dazu bei, dass die Vielfalt musikalischer Gestaltungen in lokalen Gemeinden Eingang findet. Allerdings ist dies v.a. ein additives Vorgehen, um vielfältige Formen der musikalischen Gestaltung als kulturelles Element und als Ausdruck für die theologische Einheit aufzugreifen. Die spirituelle Einheit hat aber keine „einheitliche" Musikkultur der Bahā'ī geschaffen, sondern Bahā'ī-Kultur besteht in dieser Hinsicht in einer Offenheit gegenüber allen lokalen und traditionellen Formen der Musik, wenn diese „geistige Nahrung" sein kann.

Schließlich ist noch die visuelle Kunst innerhalb des Bahā'ītums anzusprechen. Dabei nimmt Kalligraphie eine hervorragende Stellung ein, weil Kalligraphie in idealer Weise dazu geeignet ist, die Schönheit des Wortes Gottes visuell umzusetzen. Bahā'ī-Kalligraphie ist in dieser Hinsicht niemals bloß ästhetisches, sondern immer auch theologisches Kunstschaffen. Die Zusammenhänge, die zwischen Religion und Kunst bestehen, sollen beispielhaft am Wirken zweier Bahā'ī illustriert werden. Mark Tobey (1890–1976) war ein Wegbereiter des amerikanischen abstrakten Expressionismus, der im Zusammenhang mit Bahā'ī-Kunst nicht unerwähnt bleiben darf. Er erklärte sich im Jahr 1918 als Bahā'ī, nachdem er die Künstlerin Juliet Thompson in New York getroffen und durch sie Kenntnis von den Lehren Bahā'u'llāhs erlangt hatte. In der Folge war er zunächst in der Bahā'ī-Gemeinde in Seattle aktiv und übersiedelte 1960 nach Basel, wo er bis zu seinem Tod blieb. Seine international anerkannten so genannten White Writing Paintings sind sowohl von ostasiatischer Malerei als auch von arabisch-persischer Kalligraphie beeinflusst, da er sich in den 1930er Jahren längere Zeit in China und Japan aufhielt (Wilson 2004: 41–44). Seine City Paintings, die zwischen den 1930er und 1950er Jahren entstanden, können als Interpretationen apokalyptischer Themen, des Tages des Gerichtes und des Neuen Jerusalem verstanden werden (Badiee 1989), die von Tobeys Beschäftigung mit diesen Themen aus der Sicht seines Glaubens beeinflusst sind. Dass er von der Bahā'ī-Religion in seinem Kunstschaffen inspiriert wurde, hat er mehrfach betont, weshalb Lichtthematiken und kalligraphisches Gestalten viele seiner Werke prägen. Allerdings hob er zugleich hervor, dass er kein „Bahā'ī-Künstler" sei, sondern ein Maler, der Bahā'ī ist. Diese Differenzierung setzt sich in seiner Einschätzung fort, dass es keine Bahā'ī-Kunst gibt, sondern eine Kunst, die sich immer weiter zu einer universalen Kunst entwickeln werde (vgl. Wilson 2004: 48f.).

Neben Mark Tobey sei beispielhaft noch eine weitere Person genannt, deren Kunstschaffen ebenfalls internationales Ansehen erlangt hat, auch wenn der Name eher hinter dem Werk verborgen bleibt. Der Architekt Fariborz Sahba (geboren 1948) hat das indische Haus der Andacht in

New Delhi und die architektonische Gestaltung der Terrassen- und Gartenanlagen an den Hängen des Karmel entworfen. Beide Kunstwerke genießen inzwischen – neben ihrer Bedeutung innerhalb des religiösen Kontextes – kunsthistorisches und touristisches Interesse. Fariborz Sahba als Urheber dieser Kunstwerke bleibt dabei im Hintergrund. Die Gestaltung des Hauses der Andacht bzw. der Terrassen ist stilistisch äußerst unterschiedlich, so dass man sie – genauso wie die Werke von Mark Tobey – nicht als Ausdruck einer „typischen" oder einer in sich geschlossenen und von anderen Stilrichtungen abgegrenzten Bahā'ī-Kunst bezeichnen kann.

Vielmehr zeigen beide Beispiele, dass man unter visueller „Bahā'ī-Kunst" das Bemühen verstehen kann, dass Bahā'ī sich in ihrer künstlerischen Tätigkeit von der Religion inspirieren lassen. Visuelle Kunst wie auch Musik wird dadurch ein mögliches Ausdrucksmittel der geistigen Entwicklung des Einzelnen sowie der Menschheit. Um diese Bemühungen zu koordinieren und um Kontakte zwischen einzelnen Kunstschaffenden in einem sehr weiten Sinn – nicht nur darstellende Kunst oder Musik, sondern auch Theater, Literatur oder Tanz – herzustellen, haben sich im Jahr 1986 Bahā'ī zur „Bahā'ī Association for Arts" zusammengeschlossen (vgl. www.bahai-library.com/bafa/adhome.htm). Die Vereinigung, die ihren Sitz derzeit in Amsterdam hat, versteht sich als Plattform für Bahā'ī, die jene geistige Inspiration, die sie aus der Religion erhalten, in verschiedene Formen ästhetischen Gestaltens umsetzen, um so zu einer kulturellen „Neugestaltung" der Welt beizutragen. Aufgrund der kurzen Geschichte hat das Bahā'ītum noch keine eigene „Bahā'ī-Kunst" entwickelt; doch können solche Aktivitäten als Knospen gelten, deren Entfaltung zur vollen Blüte in Zukunft geschehen mag.

4.4.2 Die kontinentalen Häuser der Andacht: Fokussierungspunkte lokaler Bahā'ī-Kultur im globalen Kontext

Der Bau des ersten Hauses der Andacht wurde 1902 in Ašqabad (ᶜIšqābād) in Turkmenistan begonnen und 1907 vollendet, wobei die Fertigstellung der Außenanlagen und Außendekoration bis 1919 andauerte (vgl. Shoghi Effendi, GGV / 1954, # 20:13, # 23:19). Bis heute gilt es als der „kompletteste" Bahā'ī-Tempel, da diese Anlage nicht nur das eigentliche Haus der Andacht umfasste, sondern auch Schulen, ein Hospiz für Reisende, einen Friedhof, einen Kindergarten und eine Bibliothek zu Studienzwecken hatte. Da das Haus nahe an der Grenze zum Iran gelegen war und die Bekehrung von Russen in Turkmenistan zu Beginn des 20. Jahrhunderts gesetzlich untersagt war, blieb dieses Haus ein klares Zeugnis iranischer Kultur und es war noch Ausdruck der Einbettung der Bahā'ī-Religion in die iranische Religionsgeschichte. Daran änderte sich während der Existenz des Hauses wenig, denn nachdem im

Jahr 1917 die Sowjets an die Macht gekommen waren, wurde die Religionsfreiheit schrittweise eingeschränkt, so dass das Haus der Andacht und die lokalen Bahā'ī kaum Möglichkeiten der „globalen" Entfaltung innerhalb der Sowjetunion fanden. Im Jahr 1928 wurde das Haus von der Kommunistischen Partei beschlagnahmt, die Schule als Bildungseinrichtung geschlossen und auch die anderen Einrichtungen im Umfeld des Hauses konnten keine Aktivitäten mehr entfalten. Zwar konnten zwischenzeitlich Bahā'ī das Haus weiter benutzen, im Jahr 1938 kam es jedoch zur De-Sakralisierung und Umwandlung in eine Kunstgalerie, die bis 1948 bestand. In jenem Jahr hat ein Erdbeben das Haus schwer beschädigt, so dass es schließlich 1953 abgerissen werden musste. Dieses erste Haus mit seiner kurzen und wechselvollen Geschichte illustriert einerseits in idealer Weise das Konzept eines Hauses der Andacht als theologisches, kulturelles, soziales und intellektuelles Zentrum der Religionsgemeinde, andererseits bleibt es klar dem Zeitgeist der lokalen Umgebung verbunden.

Eine Veränderung im Konzept der lokalen Ausrichtung der Häuser der Andacht kann man mit der Grundsteinlegung am 1. Mai 1912 für das Haus der Andacht in Wilmette bei Chicago sehen, die ᶜAbdu'l-Bahā vorgenommen hat (vgl. Shoghi Effendi, GGV / 1954, # 16:20, # 19:19; UHG 2003a: 34f.). Damit ist – wenngleich noch nicht in systematischer Weise – der Startschuss dafür gegeben, auf jedem Kontinent ein Haus der Andacht zu errichten. Dass Amerika für dieses erste Haus der Andacht außerhalb der islamischen Welt ausgewählt wurde, geht einerseits auf die Initiative nordamerikanischer Bahā'ī zurück. Seit Beginn des 20. Jahrhunderts bemühte sich Corinne True, Unterstützung anderer amerikanischer Bahā'ī für die Errichtung eines solchen Hauses zu gewinnen. Bei einer Palästinareise im Jahr 1907 hat sie diesen Wunsch – unterstützt von mehr als 1.000 Unterschriften – an ᶜAbdu'l-Bahā herangetragen, der die Zustimmung für die Errichtung des Hauses gegeben hat. Damit waren symbolisch deutliche Weichen für die auch visuelle Universalisierung der Religion gegeben. Dass Nordamerika als erster Kontinent für ein Haus der Andacht in Frage gekommen ist, hängt andererseits mit der bereits im ersten Jahrzehnt des 20. Jahrhunderts relativ großen Zahl von Gläubigen zusammen, die sich in Nordamerika der Religion angeschlossen hatten. Der Bau dauerte von 1919 bis zur Einweihung 1953. Die Kapazität von 1.191 Sitzplätzen macht dieses Haus – gemeinsam mit dem Lotostempel in New Delhi – zum größten Haus der Andacht. Für Bahā'ī ist es der „Muttertempel des Westens".

Die feierliche Eröffnung des Hauses der Andacht in Wilmette in den letzten Jahren des Wirkens von Shoghi Effendi fällt zeitlich in jene Phase, in der Shoghi Effendi sich bemühte, das Konzept zu verwirklichen, dass in jedem Kontinent ein solcher Bahā'ī-Tempel als Fokussierungspunkt der Religion und zur Unterstützung der Verbreitung der Religion errichtet werde. Dabei stützte sich Shoghi Effendi bereits auf Pläne ᶜAbdu'l-Bahās, die er in seiner Darstellung der Bahā'ī-Geschichte zitiert (Shoghi Effendi, GGV / 1954, # 22:45):

> ᶜAbdu'l-Bahā sagte voraus: „Wenn das Fundament zum Mashriqu'l-Adhkār in Amerika gelegt und dieses göttliche Gebäude vollendet ist, wird eine höchst wunderbare, erschütternde Bewegung durch die Welt des Daseins gehen. ... Von diesem Lichtpunkt wird der Geist des Lehrens, der die Sache Gottes verbreitet und die Lehren Gottes verkündet, in alle Länder der Welt strömen." In den Sendschreiben vom göttlichen Plan versichert Er: „Zweifellos werden aus diesem Mashriqu'l-Adhkār Tausende weiterer Mashriqu'l-Adhkārs hervorgehen." Ferner schreibt Er: „Er bezeichnet den Anbruch des Reiches Gottes auf Erden." Und weiter: „Er ist das sichtbare Banner, das im Mittelpunkt jenes großen Kontinentes weht. Tausende von Mashriqu'l-Adhkārs", erklärte Er, als Er den Grundstein zum Tempel legte, „... werden in Ost und West erstehen, aber als erstem Mashriqu'l-Adhkār im Westen kommt diesem hier besondere Bedeutung zu. Die Einrichtung dieses Mashriqu'l-Adhkārs", äußerte Er sich ferner über den Bau, „wird ein Vorbild für die kommenden Jahrhunderte sein und die Stelle einer Mutter einnehmen."

In den 1950er Jahren gab es dementsprechend systematische Bemühungen, nicht nur Grundstücke für zukünftige Häuser der Andacht zu erwerben, sondern auch konkrete Bauprojekte zu starten. Durch die Errichtung von Häusern der Andacht an ausgewählten Orten wurde einzelnen Staaten ein zentraler Platz in der Verbreitung der Religion eingeräumt. Dies ist jedoch lediglich eine „vorläufige" Hervorhebung solcher Staaten, da letztlich überall Häuser der Andacht entstehen sollen. Dennoch ist der Symbolgehalt der Wahl der Orte wichtig; so wurde die Wahl, in Deutschland ein Haus der Andacht zu errichten, einerseits von der geographischen Lage im Zentrum Europas mitbestimmt, andererseits sollte zum Ausdruck kommen, dass das Land nach dem politischen, kulturellen und geistigen Niedergang während der Zeit des Nationalsozialismus durch die Errichtung eines solchen Hauses wiederum ein kulturelles und geistiges Zentrum werden soll, von dem Impulse für Europa ausgehen. Ähnlich wie das Haus der Andacht in Hofheim erfüllen die übrigen „kontinentalen" Häuser die Funktion, Fokussierungspunkte lokaler Bahā'ī in einem globalen Kontext zu werden.

Das erste Haus der Andacht in Afrika ist zwischen 1957 und 1961 in Kampala (Uganda) errichtet worden. Uganda war das erste afrikanische Land, in dem eine größere Zahl von Bahā'ī seit 1951 ansässig waren, wobei die ersten Bahā'ī-Aktivitäten im Land durch Gläubige aus Iran und Großbritannien eingeleitet wurden. Nach etwa zwei Jahren war die Zahl der Bahā'ī in Uganda auf rund 300 Personen gestiegen, so dass Shoghi Effendi den Kauf eines Grundstückes in Kampala initiierte; nach einem Entwurf von Charles Mason Remey wurde am 26. Januar 1958 der Grundstein für den Bau gelegt, der 1967 eröffnet wurde. Enoch Olinga (1926–1979), den Shoghi Effendi im Jahr 1957 zu einer Hand der Sache Gottes ernannte, gehörte bis zu seinem gewaltsamen Tod zu den führenden Bahā'ī in Uganda – und davon ausgehend für die Verbreitung der Religion in Afrika (vgl. auch van den Hoonard 2003: 17f., 21). Der Bau des Hauses der Andacht mit einer Sitzkapazität von 400 Plätzen ist bis zur Gegenwart Mittelpunkt für Bahā'ī-Aktivitäten in Afrika, wobei derzeit mehr als 100.000 Bahā'ī in Uganda leben.

Zeitgleich mit den Bautätigkeiten in Uganda wurde auch nördlich von Sydney nach einem Entwurf von Charles Mason Remey ein Haus der Andacht errichtet, das am 17. September 1961 feierlich eingeweiht wurde. Mit einer Höhe von 38 Metern und einem Durchmesser von rund 30 Metern bietet das Haus 500 Sitzplätze und stellt eine beeindruckende Architektur dar, die vom Meer aus weit sichtbar ist. Umgeben von Gartenanlagen befinden sich im Umfeld des Hauses die zentralen administrativen Einrichtungen der Bahā'ī-Gemeinde Australiens. Die ersten Bahā'ī waren im Jahr 1920 nach Australien gekommen, wobei frühzeitig auch die weitere Verbreitung der Religion nach Neuseeland geschah (Hassall 2004). Aufgrund der Größe des Landes war es in den ersten Jahrzehnten der Existenz des Glaubens auf dem Kontinent schwierig, intensive Kontakte zwischen den einzelnen Gemeinden zu fördern. Dadurch blieb das Wachstum innerhalb der Gemeinde bis zum Beginn der 1950er Jahre langsam und manchmal auch spannungsgeladen. Die in diesem Jahrzehnt begonnene Planung zur Errichtung des Hauses der Andacht trug nicht nur zu einer vermehrten Verbreitung der Religion auf dem Kontinent bei, sondern ab 1953 gingen von australischen Bahā'ī nachhaltige Aktivitäten aus, um die Bahā'ī-Religion in den pazifischen Raum zu verbreiten; frühe Ziele dieser Tätigkeiten waren u.a. der Bismarck-Archipel, die Neuen Hebriden, die Cocos-Inseln, Fiji oder Neu-Kaledonien. Für diese neugewonnenen Gebiete ist das Haus der Andacht von Sydney der nächstgelegene Bahā'ī-Tempel.

Das erste Haus der Andacht, das unter der Leitung des Universalen Hauses der Gerechtigkeit erbaut wurde, steht in Panama City und ist der kontinentale Bezugspunkt für Bahā'ī in Mittelamerika und im karibischen Raum (http://www.panamabahai.net). Nach der Grundsteinlegung im Jahr 1967 erfolgte die Eröffnung des Hauses am 29. April 1972. Die Höhe des Hauses beträgt 28 Meter, der Basisdurchmesser 60 Meter und es bietet Raum für 550 Besucher. Architektonisch wird an diesem Haus erstmals der „Lokalbezug" deutlich, da die Offenheit des Raumes unter einer luftigen Kuppel sich klar von den älteren Häusern der Andacht abhebt. Damit markiert dieses Haus optisch eine Akzentuierung, die die lokalen Stilelemente stärker als bisher als Ausdruck einer eigenständigen Bahā'ī-Kultur aufgreift, um lokale Vielfalt und universale Einheit der Religion zu dokumentieren. Dass dies erstmals in Panama fassbar wird, hängt mit der geographischen und ethnischen Situation zusammen. Die ersten Bahā'ī-Gemeinden entstanden hier im Jahr 1940, und der erste Nationale Geistige Rat wurde 1961 gegründet. Panama ist durch eine Vielfalt von sprachlichen und ethnischen Gruppen geprägt, neben dem dominierenden spanischen Anteil ist v.a. die Guaymí sprechende indigene Volksgruppe zu nennen. Dadurch bietet dieses Land ein ideales Beispiel dafür, indigene Traditionen, Kultur, Kunst, Sprache und Folklore nicht nur zu bewahren, sondern in das Prinzip der Einheit in der Vielfalt zu integrieren. Dies geschieht nicht nur durch Bahā'ī-Aktivitäten im Land, zu denen ein Radio-Sender gehört, der Programme nicht nur in Spanisch, sondern auch in Guaymí ausstrahlt, sondern besonders die Tempelarchitektur spiegelt dieses Prinzip wider. Genauso charakterisiert die kulturelle Vielfalt des Landes die ethnische Zusammensetzung der einzelnen Lokalen Geistigen Räte.

Interessant ist auch das Haus der Andacht in Apia in Westsamoa. In diesem Inselstaat im Pazifik hatte sich die erste Angehörige der Religion im Jahr 1954 niedergelassen, nachdem Shoghi Effendi einen Zehnjahresplan zur Verbreitung der Religion im pazifischen Raum vorgelegt hatte. Im Jahr 1965 wurde in der Hauptstadt Apia ein Grundstück für die Errichtung eines Hauses der Andacht erworben. Im Jahr 1979 legte König Malietoa Tanumafili (gestorben 2007), der sich 1973 als erstes Staatsoberhaupt der Bahā'ī-Religion angeschlossen hatte, den Grundstein für den Kultbau, der 1984 fertiggestellt wurde. Auch hier wird wiederum das Anliegen der Bahā'ī, kulturelle Besonderheiten lokaler Bevölkerungsgruppen zu bewahren, zum Ausdruck gebracht. Das Haus der Andacht lehnt sich in der Architektur eng an die traditionelle Bauweise der südpazifischen Inselwelt an. Das 28 Meter hohe Gebäude ist – dem tropischen Klima angemessen – durch Öffnungen in den Seitenwänden und im kuppelförmigen Dach charakterisiert, um dadurch den ganzen Raum von Licht und Luft durchfluten zu lassen. Die Säulen und Wände sind durch traditionelle Holzschnitzerei und Ornamentik geschmückt. Dadurch bringt das „Maota Tapua'i Bahā'ī Samoa", wie der offizielle Name lautet, das Bahā'ī-Konzept, lokale Traditionen in der Religion zu bewahren, gelungen zum Ausdruck. Gleichzeitig wird Samoa aufgrund des Hauses der Andacht auch zu einem geographischen Fokussierungspunkt für die Bahā'ī-Gemeinden im pazifischen Raum.

Das derzeit berühmteste Haus der Andacht, das im lokalen Sprachgebrauch häufig als „Lotostempel" bezeichnet wird, befindet sich in New Delhi (vgl. Garlington 2006: 254–258). Diese Bezeichnung bezieht sich auf die Tempelarchitektur, die 3 mal 9 aufragende Lotosblätter zu einer neunseitigen Lotosblüte anordnet, entsprechend den neun Toren des Hauses. Auf diese Weise zeigt das Haus der Andacht in Delhi einen unübersehbaren Indienbezug, denn die Symbolik der Lotosblüte ist in der indischen Religionsgeschichte weit verbreitet, da sowohl der Hindu-

Gott Vishnu als auch Buddha häufig auf einer Lotosblüte sitzend dargestellt sind. Wie eine Lotosblume erhebt sich das Haus der Andacht aus einer Reihe von künstlichen „Seen" in Bassinform, und die ganze Anlage ist in eine großzügige Gartenanlage integriert. Diese Anlage bietet ausreichend Raum für zukünftige Bauten neben den schon bestehenden Verwaltungs- und Besuchereinrichtungen. Nach der Grundsteinlegung im Jahr 1977 konnte der Bau mit der feierlichen Eröffnung des Hauses am 24. Dezember 1986 abgeschlossen werden. Der große Bau bietet 1.200 Personen Platz und ist ein beliebter Anziehungspunkt für Bahā'ī aus ganz Südasien, denen der Besuch der heiligen Stätten der Religion in Israel teilweise aus finanziellen Gründen nur schwer möglich ist. Indien hat – zumindest in quantitativer Hinsicht – eine wichtige Rolle innerhalb der Bahā'ī-Welt, da es jener Staat ist, in dem bei Weitem die meisten Bahā'ī leben, nämlich beinahe zwei Millionen. Dieses Wachstum ist einmalig innerhalb der Bahā'ī-Gemeinde, da im Jahr 1954 lediglich 1.000 Personen in Südasien der Religion angehörten. Die Anfänge der Religion in Indien reichen jedoch bis in 70er Jahre des 19. Jahrhunderts zurück (Momen 1999/2000).

Derzeit noch im Bau befindet sich das Haus der Andacht in Chile, das am Fuße der Anden nördlich der Hauptstadt Santiago de Chile errichtet wird. Die Grundsteinlegung für den „Muttertempel für Südamerika" erfolgte im Oktober 2005. Die Konstruktion besteht aus neun ineinander gedrehten Segeln. Symbolisch wird die innige Verflechtung von Kulturen und Sprachen im andinen und südamerikanischen Raum ausgedrückt, so dass auch in dieser Architektur wiederum die Idee der Einheit in der Vielfalt sichtbar ist. Die Höhe und die Breite des Bauwerkes betragen jeweils 30 Meter, so dass der Raum Platz für etwa 600 Personen bieten wird. Die Anfänge der Bahā'ī-Gemeinde in Chile reichen bis in die 1940er Jahren zurück, im Jahr 1964 konnte der erste Nationale Geistige Rat im Andenstaat gegründet werden.

Mit dem Baubeginn in Chile ist das letzte noch von Shoghi Effendi gewünschte kontinentale Haus der Andacht einer Realisierung nahegekommen. Das Konzept, auf jedem Kontinent einen solchen „Muttertempel" zu errichten, zeigt die Internationalisierung der Religion. Architektonisch kann man eine „Ent-Iranisierung" oder „Ent-Islamisierung" beobachten, indem seit dem Bau des Hauses in Panama von der iranisch-islamischen Architektur inspirierte Stilelemente immer stärker in den Hintergrund treten. Die Aufnahme lokaler Stilelemente ist nicht nur gelungener Ausdruck der Globalisierung der Religion, sondern veranschaulicht immer wieder das Anliegen, unterschiedliche kulturelle Elemente in einer Bahā'ī-Kultur zu vereinen (vgl. Warburg 2006: 489f.). Der Bau des Hauses der Andacht in Chile bedeutet zugleich einen Einschnitt, der die „Vorläufigkeit" der „kontinentalen" Häuser der Andacht markiert. Denn Ziel ist es, dass jeder Ort in Zukunft ein Haus der Andacht, als Symbol der Einheit der Religion nach den Bahā'ī-Lehren, besitzt.

4.5 Die Bahā'ī und die Religionen der Welt

Die Bahā'ī-Lehre von einer substanziellen Einheit der Religion übersieht nicht, dass es trotz dieser Einheit verschiedene Religionen in der Welt gibt, mit denen Bahā'ī in unterschiedlicher Weise im Verlaufe der eigenen Geschichte in Berührung gekommen sind. Während sich für Bahā'u'llāh das Spektrum der Religionen auf die im Iran des 19. Jahrhunderts verbreiteten Religionen beschränkt hat, deren Vertreter er angesprochen hat bzw. aus denen Anhänger für die Bahā'ī-Religion gewonnen wurden, hat ᶜAbdu'l-Bahā auf eine Anfrage über Art und Typen der Propheten eine gewisse Systematisierung der einzelnen Religionen vorgenommen (ᶜAbdu'l-Bahā, BF / 1977, # 43):

> Die unabhängigen Propheten sind Gesetzgeber und die Begründer eines neuen Zeitalters. Durch Ihr Erscheinen erhält die Welt ein neues Gewand, die Grundlagen der Religionen werden wiederhergestellt, und ein neues Buch wird geoffenbart. ... Die Manifestationen des allumfassenden Prophetentums, die unabhängig erschienen, sind zum Beispiel Abraham, Mose, Christus, Muhammad, der Bāb und Bahā'u'llāh. ... Sie begründen eine neue Religion und wandeln die Menschen zu neuen Geschöpfen.

Diese Unterscheidung zwischen abhängigen und unabhängigen Propheten ist ein wichtiges Definitionskriterium für die Eigenständigkeit von Religionen. Als weitere „unabhängige Propheten" nennt das Bahā'ī-Schrifttum noch Zarathustra, Buddha und Krishna. Wegen der symbolischen Bedeutung der Neunzahl innerhalb des Bābī- und Bahā'ī-Denkens nennt ein im Jahre 1936 im Auftrag Shoghi Effendis verfasster Brief an einen Gläubigen auch neun große Weltreligionen (Hornby 1983: 414, # 1373), unter denen die Bahā'ī-Religion die neunte (und letzte) ist. Neben dieser und der Religion des Bāb zählt Shoghi Effendi noch den Hinduismus, Buddhismus, Zoroastrismus, das Judentum, das Christentum, den Islam und die Religion der Sabäer zu diesen unabhängigen Religionen. Die Aufzählung in diesem Brief folgt keiner chronologischen Reihenfolge der Religionen, und die Erwähnung der Sabäer ist erklärungsbedürftig. Wahrscheinlich bezieht sich Shoghi Effendi auf die im Koran mehrfach gemeinsam mit Juden und Christen als Gläubige genannten Sabier / Sabäer (Sure 2:62; 5:69; vgl. 22:17). Obwohl diese Bezeichnung religionsgeschichtlich mehrdeutig ist, verwenden die Mandäer (Rudolph 1994), eine religiöse Minderheit im Süden Iraks und Südwesten Irans, diese im Koran genannte Religionsbezeichnung für sich. Dadurch können sich die Mandäer in ihrer islamischen Umwelt als

Angehörige einer Religion legitimieren, die bereits Muhammad akzeptiert hat. Charakteristisch für die Religion der Mandäer sind Reinigungsriten und der Glaube an den Aufstieg der Seele in ein himmlisches Lichtreich nach dem Tod. Als Teil der Religionsgeschichte des Vorderen Orients würden sich die Mandäer in diese Aufzählung von Religionen einfügen, obwohl sie hinsichtlich ihrer quantitativen wie auch geographischen Verbreitung weit hinter allen anderen in der Liste genannten Religionen zurückbleiben. Vorsichtige Schätzungen über ihre Gesamtzahl in der Gegenwart dürften kaum über 25.000 Personen hinausgehen. Daher spielen die Sabäer / Mandäer in anderen Bahā'ī-Texten über das Verhältnis oder die Beziehung von Religionen zueinander auch keine weitere Rolle, so dass sie in den folgenden Ausführungen zu den verschiedenen Religionen nicht mehr berücksichtigt werden.

4.5.1 Das Verhältnis zu den „abrahamitischen" Religionen Judentum, Christentum und Islam

Die Bibel als „Heilige Schrift" sowie biblische Propheten sind das einigende Band, das die Bahā'ī-Religion in Bezug auf Judentum und Christentum aufgreift, wenn es darum geht, die interreligiösen Beziehungen zu bestimmen. Da biblische Gestalten bereits in den Koran Eingang gefunden haben, spielt die biblische Tradition indirekt auch im Verhältnis der Bahā'ī-Religion zum Islam eine Rolle. Trotz solcher gemeinsamer Linien sind jeweils unterschiedliche Aspekte im Verhältnis dieser Religionen zueinander zu beachten.

Als Ausgangspunkt kann man Abraham wählen, der – beginnend mit seiner Funktion als erste Identitätsfigur für die Anfänge des Judentums (Hutter 2008: 36f.) – den drei monotheistischen Religionen jeweils als vorbildlicher Gläubiger gilt; sein in der muslimischen Tradition verwendeter Ehrentitel „Freund Gottes" (Sure 4,125; 11,72f.) ist auch der Bahā'ī-Tradition geläufig (Bahā'u'llāh, KI / 2000, # 11, # 67). Dass Abrahams Verkündigung nicht nur offenes Gehör fand, sondern er Anfeindungen ertragen musste, klingt in der Bahā'ī-Tradition ebenfalls an (Bahā'u'llāh, ÄL / 1980, # 23,2). Daraus ergibt sich die Möglichkeit der Gegenüberstellung von Abraham und Bahā'u'llāh (vgl. ᶜAbdu'l-Bahā, BF / 1977, # 4). Somit ist Abraham nicht nur ein „Vorbild" Bahā'u'llāhs, dem eine erzieherische Funktion zukommt, sondern der parallele Lebens- und Leidensweg der beiden Propheten wird zugleich zu einem theologischen Argument, die Identität der Botschaften beider Propheten hervorzuheben. Daher greift Bahā'u'llāh an mehreren Stellen jene biblischen Traditionen auf, die vom Gott Abrahams, Isaaks und Jakobs sprechen. Damit will er nicht nur den Bund Gottes mit den Menschen zu Abrahams Zeit in Erinnerung rufen, sondern betonen: Dieser Bund setzt sich kontinuierlich über Judentum und Christentum zum

Islam und weiter zur Bābī- und Bahā'ī-Religion fort (vgl. Sours 2000: 66; Schaefer 1995: 46). Für das Verhältnis der Bahā'ī-Religion zum Judentum und zur biblisch-koranischen Tradition hat Abraham noch eine weitere Funktion, da ᶜAbdu'l-Bahā auch heilsgeschichtlich-genealogische Verknüpfungen zwischen den Traditionen zieht. Er skizziert eine Herkunftslinie, in der sowohl der Bāb als auch Muhammad über Ismā'il als Nachkommen Abrahams mit Hagar gelten (ᶜAbdu'l-Bahā, BF / 1977, # 4). Die Verbindung Abrahams als „Symbolfigur" mit der Bahā'ī-Geschichte schließt Bahā'u'llāh mit ein, dessen Wurzeln einerseits zu Abraham, andererseits zu Zarathustra zurückreichen, wie in der Geschichtsdeutung durch Shoghi Effendi (GGV / 1954, # 6:12) formuliert wird:

> Seine Abstammung reicht einerseits auf Abraham, den Stammvater der Gläubigen, und sein Weib Ketura zurück, und andererseits auf Zarathustra, sowie auf Yazdgird, den letzten König der Sasanidendynastie. Überdies war Er ein Nachfahre Jesses und gehörte durch Seinen Vater Mīrzā ᶜAbbās, besser bekannt als Mīrzā Buzurg – ein Edelmann aus den engeren Ministerkreisen am Hofe Fath ᶜAlī Shāhs – zu einer der ältesten und angesehensten Familien von Māzandarān.

Abraham ist somit ein wichtiger Schlüssel für die Bahā'ī-Theologie im Umgang mit dem Judentum sowie dem Christentum und dem Islam. In Hinblick auf den interreligiösen Dialog zwischen Religionen in der Gesellschaft kann man durchaus sagen, dass die Bahā'ī-Religion sich in einem solchen Dialog als vierte „abrahamitische" Religion etablieren kann.

Aber auch die Bibel und der Koran als Heilige Schrift insgesamt bestimmen das Verhältnis der Bahā'ī zu den „abrahamitischen" Religionen, so dass es nicht überrascht, dass sich im Schrifttum Bahā'u'llāhs und ᶜAbdu'l-Bahās, in geringerem Ausmaße auch bei Shoghi Effendi, immer wieder Bezugnahmen auf Stellen der Bibel finden (vgl. Sours 2000: 63–82; Hutter 2005c). In dem im Jahre 1860 entstandenen arabischen Text *Javāhiru'l-Asrār*, das „Wesen der Geheimnisse", hat Bahā'u'llāh erstmals die Bedeutung (bzw. Neudeutung) verschiedener Abschnitte aus den Heiligen Schriften früherer Religionen aufgezeigt (vgl. Taherzadeh 1981: 188–190). Dabei bezieht er Prophezeiungen des Alten und Neuen Testamentes auf seine Zeit und lehnt die islamische Vorstellung und (Ab-)Wertung der Bibel als „Verfälschung" (*tahrīf*) modifizierend ab. Die Bibel ist nicht verfälschtes Wort Gottes bzw. Verfälschung des himmlischen Mutterbuches, sondern eine gültige Offenbarung, auch wenn sie als solche von Juden und Christen nicht vollkommen verstanden oder falsch interpretiert wurde. Dieser hermeneutische Zugang zur Bibel (und analog Bahā'u'llāhs Zugang zum Koran) drückt nicht nur die Wertschätzung Heiliger Schriften älterer Religionen aus, sondern bildet eine Basis für den Dialog mit den „abrahamitischen"

Religionen. Die Wertschätzung der Bibel durch Bahā'u'llāh führt dazu, dass die persischen und arabischen Bibelübersetzungen, die von Missionaren in den Vorderen Orient gebracht wurden (vgl. Hutter 2005c: 205f.), von Bahā'ī ungleich stärker rezipiert wurden als von Muslimen. Diese Übersetzungen sind für die Bahā'ī-Religion relevant, denn dadurch wird die Heilige Schrift der Juden und Christen problemlos für die Anhänger der neuen Bahā'ī-Religion lesbar und ermöglicht den Bahā'ī das Gespräch mit Juden und Christen über deren Religion. Daher bemühten sich Bahā'ī seit den 70er Jahren des 19. Jahrhunderts, von den christlichen Missionaren solche Bibelübersetzungen zu bekommen. Christliche Missionare erhofften sich von diesem Interesse der Bahā'ī an der Bibel – fälschlicherweise – große Missionserfolge, was sich jedoch bald als Fehleinschätzung der Situation erweisen sollte (vgl. Momen 1982b: 59–66). Daher schlägt die Sympathie der christlichen Missionare gegenüber den Bahā'ī im letzten Jahrzehnt des 19. Jahrhunderts in eine ablehnende Haltung um, als sie erkennen, dass das Bahā'ī-Interesse an Jesus diese keineswegs dazu führt, Jesus als einzigen göttlichen Offenbarer anzuerkennen und den Bāb bzw. Bahā'u'llāh abzulehnen. Aus seiner christlich-missionarischen Perspektive zieht Rev. Henry Carless den Schluss, dass er es mit „wesenhaft anti-christlichen Lehren" der Bahā'ī zu tun habe; wer sich dem Christentum anschließen will, muss sich deshalb ausdrücklich von Muhammad, dem Bāb und von Bahā'u'llāh distanzieren (vgl. Momen 1982b: 69; Maneck 1991: 37). Das wesenhaft Anti-Christliche bestand aus der Sicht des Missionars darin, dass Bahā'ī die Heiligen Schriften früherer Religionen im Lichte von Bahā'u'llāhs Offenbarung gelesen und gedeutet haben; diesen Umgang mit dem Wort Gottes und den Heiligen Schriften vergleicht Bahā'u'llāh mit einer Stadt (Bahā'u'llāh, KI / 2000, # 217–219):

> Wie unaussprechlich und herrlich sind die Zeichen, die Beweise, die Offenbarungen und die Pracht, die Er, der König der Namen und Eigenschaften, für diese Stadt bestimmt hat. Der Eintritt in diese Stadt löscht den Durst ohne Wasser und entzündet die Gottesliebe ohne Feuer. ... Etwa alle tausend Jahre einmal wird die Stadt erneuert und aufs Neue geschmückt. ... Diese Stadt ist nichts anderes als das Wort Gottes, das in jedem Zeitalter und in jeder Sendung offenbart wird. In den Tagen Mose war sie der Pentateuch, in den Tagen Jesu das Evangelium, in den Tagen Muhammads, des Gesandten Gottes, der Qur'ān, an diesem Tage ist sie der Bayān, und in der Sendung Dessen, den Gott offenbaren wird, wird sie Sein Buch sein – das Buch, auf das alle Bücher der vorangegangenen Sendungen notwendig bezogen werden müssen, das Buch, das überragend und erhaben in ihrer Mitte steht.

Durch das Bild der Stadt Gottes als Buch (vgl. Sours 2000: 75) werden die Heiligen Schriften der („abrahamitischen") Religionen als solche akzeptiert, ihre Gläubigen – das „Volk solcher Bücher" – werden aber aufgefordert, sich dem „lebendigen" Buch (vgl. Bahā'u'llāh, KA / 2000, # 134, # 168) zuzuwenden. Explizit zeigen dies zwei Texte, die sich auf das Christentum beziehen (vgl. Hutter 2005c: 208–211). Es sind dies v.a. das „Sendschreiben an Papst Pius IX." aus dem Jahr 1869 und der *Lawh-i Aqdas*, der „Sendbrief an die Christen", aus den 70er Jahren des 19. Jahrhunderts. Im arabisch verfassten Sendschreiben an den Papst verweist Bahā'u'llāh auf die Wiederkehr Christi in seiner Gestalt und fordert den Papst auf, seinen Palast und den Kirchenstaat zu verlassen, um die weltliche Herrschaft wieder weltlichen Herrschern zu überlassen, und sich der Verkündigung Bahā'u'llāhs anzuschließen. Der ebenfalls arabisch verfasste *Lawh-i Aqdas* (Bahā'u'llāh, BA / 1982, # 2) ist für einen bekehrten Christen geoffenbart, gelegentlich wird vermutet, dass es sich dabei um den Syrer Fāris Effendi handeln könnte, der 1868 durch Nabīl-i A^{c}zam zur Bahā'ī-Religion bekehrt wurde; Fāris war wahrscheinlich der erste Christ, der Bahā'ī wurde (vgl. Taherzadeh 1995: 254–264). Angesprochen werden in diesem Sendbrief erstmals in größerem Ausmaße christliche Priester und Mönche, Bahā'u'llāh selbst bezeichnet sich darin als der gekommene „Vater", den die Anhänger des „Sohnes" nicht achtlos beiseite werfen sollten. Dieser Anspruch Bahā'u'llāhs, die Erfüllung biblischer Prophezeiungen zu sein, wurde jedoch von den christlichen Lesern dieser beiden Texte nur selten akzeptiert.

Trotz der Bezugnahmen auf die Bibel blieben Bekehrungen von Christen im Iran weitgehend aus, anders als dies bei Juden der Fall war, die sich ab den 1870er Jahren der neuen Religion im Iran angeschlossen haben. Der erste Bahā'ī jüdischer Herkunft war Hakīm Āqā Jān aus Hamadan; obwohl er von einem Zusammentreffen mit Tāhira Qurrat al-^{c}Ayn in Bagdad beeindruckt war, schloss er sich erst rund drei Jahrzehnte später der Bahā'ī-Religion vollständig an (vgl. Maneck 1991: 39–44). Auch in der Bekehrung von Juden zur Bahā'ī-Religion spielten die Bibelübersetzungen eine wichtige Rolle. Diese Übersetzungen erschlossen nunmehr für Juden den Text, den sie bisher nur in Hebräisch gelesen hatten, besser, so dass sie ihre Messiaserwartungen in Bahā'u'llāh erfüllt sehen konnten. Im Unterschied zu den Christen im Iran, die entweder Armenier oder Assyrer, jedoch keine Perser waren, verstanden sich die Juden als Teil der persischen Kultur. Dadurch konnte der Perser Bahā'u'llāh leichter ihre Zustimmung finden, als dies bei Christen im Iran der Fall war, die Vorurteile gegenüber Persern hatten. Neben den frühen Bekehrungen von Juden im Iran zur Bahā'ī-Religion wandten sich seit dem Ende des 19. Jahrhunderts auch außerhalb des Vorderen Orients immer wieder einzelne Personen jüdischer Herkunft dem Bahā'ī-Glauben zu, so z.B. Hippolyte Dreyfus oder Lidja Zamenhof; allerdings blieb die Zahl von Juden, die diese Religion annahmen, bis zur Gegenwart insgesamt gering. In Israel selbst gibt es – aus oben schon genannten Gründen – weder eine Bahā'ī-Gemeinde noch Aktivitäten, um den Glauben in diesem Land unter den Juden aktiv zu propagieren.

Die Beziehungen der Bahā'ī-Religion zur dritten „abrahamitischen" Religion, dem Islam, haben chronologisch und quantitativ den größten Umfang. Ersteres ist selbstverständlich, da die Bābī- und die Bahā'ī-Religion unmittelbar aus dem Islam hervorgegangen sind, so dass naheliegender Weise viele „Konvertiten" seit der Mitte des 19. Jahrhunderts aus dem Islam stammen und die demographische Verbreitung der Bahā'ī-Religion bis in die Mitte des 20. Jahrhunderts ihr Zentrum im islamisch geprägten Kulturraum Irans gehabt hat. Aus diesem Grunde nehmen unter den Schriften des Bāb und Bahā'u'llāhs Bezugnahmen auf den Koran, aber auch Kommentierungen von Teilen des Koran einen wichtigen Raum ein. Gerade wegen dieser engen Verbindungen zwischen Bahā'ī und Islam ist das Verhältnis der beiden Religionen bis zur Gegenwart mit den größten Spannungen beladen, wie anhand der Verfolgung von Bahā'ī im Iran bereits gezeigt worden ist. Der zentrale theologische Konfliktpunkt ist das Offenbarungsverständnis des Bāb und v.a. Bahā'u'llāhs, das konträr zur islamischen Dogmatik einer abgeschlossenen Offenbarung Gottes durch Muhammad als letzten der Propheten steht. Diese beiden – aus der jeweiligen religionsinternen Theologie – gegensätzlichen Standpunkte erschweren bis zur Gegenwart den interreligiösen Kontakt, wobei v.a. Muslime, die bereit sind, durch interreligiöse Kontakte Missverständnisse oder Vorurteile abzubauen, häufig innerislamischer Kritik ausgesetzt sind.

Das Verhältnis der Bahā'ī-Religion zum Islam zeigt im Kontext des Umgangs mit anderen Religionen aber manchmal noch eine weitere Komponente, indem gelegentlich Christen oder Hindus, die sich der Bahā'ī-Religion zuwenden, erst ihre Vorurteile gegenüber dem Islam abbauen müssen, um Muhammad als göttlichen Gesandten entsprechend der Bahā'ī-Theologie zu akzeptieren. Auch in diesen Fällen spiegeln sich Wahrnehmungen der missglückten Begegnung von Religionen innerhalb der Religionsgeschichte wider. So ist innerhalb einer christlichen Tradition nach der Auferstehung Jesu Christi kein neuer Prophet mehr notwendig, um das Erlösungswerk Christi fortzuführen; Muhammad als chronologisch nächstliegender Prophet und Religionsstifter wird dabei kritischer betrachtet als Bahā'u'llāh. Zusätzlich spielt die europäische Mentalitätsgeschichte eine Rolle, in der der Islam in verschiedenen Epochen der Geschichte als Gefahr für das „christliche" Abendland gesehen wurde. Solche Faktoren wirken subtil bei jenen Bahā'ī, die zunächst im Christentum sozialisiert worden sind, hinsichtlich der Einschätzung des Islam nach. Eine gewisse Analogie zeigt sich bei indischen Bahā'ī, die sich vom Hinduismus zur Offenbarung Bahā'u'llāhs hingewandt haben. Der Islam hat seit rund 1.000 Jahren weite Teile des südasiatischen Subkontinents kulturell und politisch beeinflusst, wobei aus hinduistischer Perspektive diese 1.000 Jahre als Verfall und Überfremdung bewertet werden. Auch für Bahā'ī, die aus dem hinduistisch-südasiatischen kulturellen Milieu stammen, kann daher die Akzeptanz Muhammads (und des Islam als Ausdruck der einen Religion) manchmal zu Irritationen führen.

Fasst man das Verhältnis dieser Religionen zueinander zusammen, so ist festzustellen, dass das Konzept der fortschreitenden Offenbarung, durch die Bahā'u'llāh der „aktuellste" Prophet ist, aus der Perspektive muslimischer Theologen am schwierigsten akzeptierbar ist, während andererseits – v.a. iranische – Juden die Messiaserwartungen der eigenen Tradition im „Perser" Bahā'u'llāh leichter erfüllt sehen, als in den Ansprüchen, dass Jesus Christus der verheißene Messias wäre. Dass solche Akzeptanz leichter oder schwieriger möglich ist, hängt offenbar mit dem Abstand, den die einzelnen Religionen zueinander haben, zusammen. Zwei chronologisch unmittelbar aufeinanderfolgende Religionen – eben Judentum und Christentum, Christentum und Islam, Islam und Bābī- / Bahā'ī-Religion – haben jeweils größere Probleme, sich gegenseitig zu akzeptieren, weil zur Bewahrung der je eigenständigen Identität eine deutliche Abgrenzung voneinander hilfreich ist. Gegenüber einer historisch ferner stehenden Religion sind solche Grenzziehungen weniger notwendig, so dass man ihren Ansprüchen in Abstrichen zumindest inklusivistisch zuzustimmen vermag. Dadurch kann man zwar die Bahā'ī-Religion aus religionshistorischer Perspektive zu Recht als gleichwertige vierte „abrahamitische" Religion bezeichnen, allerdings nehmen die drei älteren „abrahamitischen" Religionen die jüngste in ihrem Kreis teilweise nur mit Zurückhaltung zur Kenntnis. Dadurch besteht eine Unausgewogenheit im Umgang dieser Religionen miteinander.

4.5.2 *Zoroastrismus und Bahā'ī-Religion*

In der Mitte des 19. Jahrhunderts gab es etwas mehr als 7.100 Zoroastrier im Iran, von denen mehr als 90 Prozent in Yazd und der Umgebung dieser Stadt lebten. Die Lebensbedingungen dieser Anhänger der altiranischen Religion Zarathustras waren in den vorhergehenden Jahrhunderten schrittweise schlechter geworden, so dass aus Bombay Mānikjī Limjī Hataria (1813–1890) mit Geldmitteln nach Iran entsandt wurde, um die Lebensbedingungen der lokalen zoroastrischen Gemeinden zu verbessern (Boyce 1969; Vahman 2008: 32f.). Dies gelang ihm während seiner dreieinhalb Jahrzehnte andauernden Tätigkeit in kleinen Schritten, wobei er nicht nur eine materielle Stärkung der Gemeinde in die Wege leiten konnte, sondern auch zur „inneren" Neugestaltung beigetragen hat. Dies wurde durch die Einrichtung zoroastrischer Schulen möglich, die auch für Mädchen offen waren. Nachdem Mīrzā Muhammad Abu'l-Fazl Gulpāyganī wegen seiner Bekehrung zur Bahā'ī-Religion von seiner Tätigkeit an der islamischen Madrasa-yi Hākim Hāšim entlassen worden war, stellte Mānikjī ihn – trotz seiner Zugehörigkeit zur Bahā'ī-Religion – an einer dieser Schulen als Lehrer ein und beschäftigte ihn auch als seinen persönlichen Sekretär. Durch die erneute Verhaftung Abu'l-Fazls im Jahr 1882 wegen seiner Glaubensüberzeugung kam diese Zusammenarbeit zwischen dem Bahā'ī und dem Zoroastrier jedoch zum Erliegen (Stiles 1984: 71).

Der Bildungsaufschwung hat Fragen nach dem Sinn der zoroastrischen Religion aufgeworfen, so dass die bisherige Rezeption des Althergebrachten hinterfragt wurde. Dieses neu erwachte Interesse an der eigenen Religion ist für das Verhältnis des Zoroastrismus zur Bahā'ī-Religion wichtig. Gebildete Zoroastrier begannen sich für die Bahā'ī-Lehren zu interessieren und manche haben in der Folge ihrer angestammten Religion den Rücken gekehrt. Die wichtigsten Etappen der Bekehrung von Zoroastriern zur Bahā'ī-Religion haben Susan Stiles (1984: 71–77) und Fereydun Vahman (2008: 40–43) dargestellt: Der erste Zoroastrier, der den Glauben angenommen hat, ist Kay Khusraw-i Khudādād, ein Kaufmann aus Kāshān; ferner seien hier Ustād Javān-Mard, genannt Shīr-Mard, und Mullā Bahrām Akhtar-i Khāvarī genannt. An diese und an andere frühe zoroastrische Gläubige sind einige Briefe Bahā'u'llāhs erhalten, in denen er in unterschiedlicher Weise auf ihre Fragen bezüglich der Religion eingeht (Bahā'u'llāh, TU / 2006). Charakteristisch für diese Texte Bahā'u'llāhs ist ihre sprachliche Nähe zu jener Form des Persischen, die von Zoroastriern gebraucht wird und die sich durch das fast vollkommene Fehlen von arabischen Fremd- und Lehnwörtern auszeichnet. Die Wertschätzung der vorislamischen iranischen Kultur, die Bahā'u'llāh durch den besonderen Sprachgebrauch ausdrückt, wird auch von ʿAbdu'l-Bahā geteilt. Letzterer betont in seiner um 1875 entstandenen Schrift „Das Geheimnis der göttlichen Kultur", dass die Rückbesinnung auf die vorislamische kulturelle Größe Irans, die durch die Bahā'ī wieder zu neuem Leben gebracht wird, einen wichtigen Beitrag zur Erneuerung Irans liefern könne (ʿAbdu'l-Bahā, GGK / 1973; vgl. Cole 1998a: 82).

Ein Brief Bahā'u'llāhs, der das Verhältnis zwischen den beiden Religionen ausführlich behandelt, ist das „Tablet der sieben Fragen" (*Lawh-i Haft Pursish*), dessen Empfänger Ustād Javān-Mard aus Yazd war. Javān-Mard richtete sieben Fragen an Bahā'u'llāh, in denen es darum ging, wie er mit theologischen Themen des Zoroastrismus als seiner ursprünglichen Religion nun als Bahā'ī umzugehen habe. Folgende Themen werden dabei behandelt: (1) die Sprache des Gebets und die Gebetsrichtung; (2) Fragen bezüglich einzelner Lehren (*kish*) und Lehrmeinungen (*ā'ine*); (3) das Verhältnis verschiedener Religionen zueinander und die schlechte Stellung der Zoroastrier im Iran; (4) die zoroastrischen eschatologischen Erwartungen und das zukünftige Erscheinen von Shāh Bahrām; (5) Vorstellungen über Himmel und Hölle und die „Brücke der Entscheidung" (*pul-i sirāt*); (6) die Existenz der Seele in der jenseitigen Welt; (7) die Herkunft und das Wesen Bahā'u'llāhs. – Alle diese Fragen, die das Interesse eines Konvertiten widerspiegeln, werden von Bahā'u'llāh der Reihe nach in dem Brief beantwortet. In den Antworten auf die ersten drei Fragen betont Bahā'u'llāh die Zuversicht, dass das Leid, das eine Religion erfährt, gewendet werden wird und dass die Vielfalt konkurrierender Lehrmeinungen nunmehr durch seine Verkündigung überwunden werden kann. Die folgenden Fragen zur universellen und individuellen Eschatologie ermöglichen Bahā'u'llāh einerseits, die Ankunft Shāh Bahrāms, einer „Messiasgestalt" des Zoroastrismus, als erfüllt darzustellen, da mit der Bahā'ī-Religion die eschatologischen Erwartungen der früheren Religionen eingelöst sind. Ferner bringt die Antwort Bahā'u'llāhs deutlich zum Ausdruck, dass die zoroastrischen Jenseitsbilder der „Brücke der Entscheidung", über die der Tote geleitet wird, sowie die Frage nach der Auferstehung des Körpers und der Seele lediglich „äußerliche" Bilder einer früheren Religion sind, die für den ehemaligen Zoroastrier Javān-Mard nicht mehr wichtig sind. Entscheidend ist vielmehr der Glaube, dass die Seele nach dem Tod im himmlischen Lichtreich weiter existieren wird. In der letzten Frage läuft der Katalog auf das soziologisch Entscheidende hinaus: Wer ist Bahā'u'llāh, dass er die zoroastrischen Traditionen völlig neu deuten kann? Als Antwort verweist Bahā'u'llāh auf die Nachforschungen Abu'l-Fazl Gulpāygānīs, der die Abstammung des Geschlechts der Nūrī über den letzten Sasanidenherrscher Yazdgird III. bis auf den großen Sasanidenherrscher Khosrow I. (531–579) zurückführte. Shoghi Effendi (GGV / 1954, # 6:12) hat diese Genealogie ebenfalls aufgegriffen und den Religionsstifter über die Sasanidendynastie mit Zarathustra verbunden. Auch wenn Bahā'u'llāh in seiner siebten Antwort im *Lawh-i Haft Pursish* die explizite Verknüpfung mit Zarathustra nicht erwähnt, so hat der vormalige Zoroastrier Javān-Mard die zoroastrische Tradition, dass die Sasaniden sich vom Religionsstifter Zarathustra herleiten, sicherlich gekannt. Damit ist jedoch Bahā'u'llāhs Antwort, seine Familie gehe auf die Sasanidenherrscher zurück, ausreichend, um dem „neuen" Religionsstifter und seiner Verkündigung die Legitimität einer „Neuinterpretation" des Zoroastrismus zu geben.

Neben diesen Antworten auf die „Sieben Fragen" werden in verschiedenen Schriften Bahā'u'llāhs noch eine Reihe weiterer zoroastrischer Themen angesprochen, die den Zweck haben, die Bahā'ī-Offenbarung in eine Tradition zur iranisch-nichtislamischen Religionsgeschichte zu stellen, wobei ᶜAbdu'l-Bahā in seinem Schrifttum ebenfalls solche Themen aufgreift (vgl. Martinovitch 1933; Buck 1986:

158f.; Ekbal 1997; Hutter 2005b: 5661; Vahman 2008: 38f.); u.a. kann man folgende Motive, die die Bahā'ī-Tradition mit dem Zoroastrismus – teilweise über Vermittlung manichäischer und islamischer Traditionen – teilt, nennen: Das Bild der Waage, das sich im eschatologischen Kontext des Zoroastrismus und des Islam findet, hat seinen Niederschlag auch im *Kitāb-i Aqdas* (Bahā'u'llāh, KA / 2000, # 148, # 183) gefunden; auch der Lotos-Baum (*sadratu'l-muntahā*) reicht über islamische Symbolik (Sure 53,14) in den Zoroastrismus zurück. Ein anderes motivliches Kontinuum ist die Vorstellung von der zoroastrischen Daēna, die letztlich als Vorbild der himmlischen Jungfrau dient, die mehrfach in Bahā'u'llāhs Schrifttum genannt wird. Solche Motive vermögen – als Pendant zu den biblisch-koranischen Bildern, die die Bahā'ī-Religion mit den „abrahamitischen" Religionen verbindet – die Bahā'ī-Religion als iranische Religion zu legitimieren. Zarathustra als „iranischer" Offenbarer und „Vorläufer" Bahā'u'llāhs gewinnt dadurch in der Bestimmung des Verhältnisses der Bahā'ī-Religion zur iranischen Religionswelt eine parallele Funktion zur Rolle Abrahams in Hinblick auf die semitischen monotheistischen Religionen. Die Einbeziehung Zarathustras ermöglicht eine „theologisch-programmatische" Öffnung der Bahā'ī-Religion im Sinne einer Universalisierung der Religion: Ihre fortschreitende Offenbarung steht nicht nur in der Linie der semitisch-theologischen Religionen, sondern auch in der iranischen Linie, wodurch zugleich der Anschluss an die indische Religionswelt möglich wird. Deshalb hat noch Bahā'u'llāh selbst dafür Sorge getragen, dass die Religion auch in Indien verbreitet wird, indem er Jamāl Effendi in den 1870er Jahren nach Indien sandte (vgl. Momen 1999/2000: 49f.). Die Einbeziehung des Zoroastrismus in die Verkündigung Bahā'u'llāhs hatte noch eine weitere positive Komponente, da es aufgrund der Berücksichtigung der zoroastrischen Tradition für konvertierte Zoroastrier möglich blieb, ihre bisherigen Sozialkontakte und Familienbande aufrechtzuerhalten (Stiles 1984: 77; Maneck 1991: 40). Dieses positive Verhältnis zwischen den beiden Religionen änderte sich jedoch seit den 1890er Jahren, als sich vermehrt die Opposition der zoroastrischen Priesterschaft gegen solche „Zoroastrier-Bahā'ī" zu regen begann, was schließlich – im Todesjahr ᶜAbdu'l-Bahās – zum völligen Erliegen der Bekehrungen von Zoroastriern zur Bahā'ī-Religion geführt hat (Stiles 1984: 90; Vahman 2008: 42f.).

4.5.3 Das Verhältnis zu den Religionen in Südasien und Ostasien

Gegenüber den monotheistischen Religionen Judentum, Christentum und Islam sowie dem Zoroastrismus haben die Religionen in Südasien und Ostasien (v.a. Hinduismus, Buddhismus und chinesische Religionen) hinsichtlich ihres Verhältnisses zum Bahā'ītum eine Sonderstellung, da diese Religionen in der Entstehungszeit der Bahā'ī-Religion aus einer Iran-bezogenen Perspektive nur eine marginale Rolle gespielt haben. Auch die Indien-Aktivitäten von Jamāl Effendi bezogen sich praktisch nur auf iranischstämmige Muslime bzw. iranische Zoroastrier und Parsen in Indien, wobei er sich bei weiteren Reisen, die ihn nach Burma (heute Myanmar) sowie nach Singapur und Indonesien führten, fast ausschließlich an Muslime wandte. Soweit aus den Quellen ersichtlich, legte Jamāl Effendi bei seiner Missions- und Lehrtätigkeit besonderen Wert auf jene Inhalte, die mit mystischen Erwartungen und Vorstellungen der muslimischen Zuhörer gut übereinstimmten (vgl. Momen 1999/2000: 55–63, 72–77). Auch spielen in den Texten Bahā'u'llāhs die indischen Religionen explizit eine völlig marginale Rolle. Zwar ist unter den 18 „Buchstaben des Lebendigen" mit Sheikh Saʿīd-i Hindī ein Vertreter des südasiatischen Subkontinents zu finden, der die Lehren des Bāb bereits in der Mitte des 19. Jahrhunderts in Südasien verkündet, jedoch wendet er sich – vergleichbar mit Jamāl Effendi – an Südasiaten muslimischen Glaubens.

Blickt man auf die Texte Bahā'u'llāhs, so finden sich nur wenige Bezugnahmen auf den Hinduismus. In Verbindung mit der Ablehnung von Askese, die im *Kitāb-i Aqdas* formuliert wird, dürfte auf die Entsagungspraxis, die in hinduistischen Traditionen geübt wird, angespielt sein (Bahā'u'llāh, KA / 2000, # 36):

> Wie viele haben sich in den Landstrichen Indiens abgesondert, allem entsagt, was Gott erlaubt, sich Härten und Kasteiungen auferlegt, und doch hat Gott, der Offenbarer der Verse, ihrer nicht gedacht.

In einigen Fragen, die Manikjī an Bahā'u'llāh richtete und die Bahā'u'llāh in einem an Abu'l-Fazl gerichteten Schreiben beantwortete, werden einige Aspekte des Hinduismus angesprochen. Die Fragen betreffen Unterschiede zwischen Hinduismus und Bahā'ī-Religion, sind also keine systematische Stellungnahme Bahā'u'llāhs zum Hinduismus. So geht es um Speisegesetze und Heiratsregelungen (Bahā'u'llāh, TU / 2006, # 2:14f., # 2:46), die Freundlichkeit der Hindus gegenüber Angehörigen anderer Religionen (ebd. # 2:33f.) und die Ablehnung der Möglichkeit der Konversion zum Hinduismus (ebd. # 2:38–40). Die Antworten Bahā'u'llāhs verdeutlichen jeweils den Bahā'ī-Standpunkt, demzufolge Speisegesetze oder Heiratsvorschriften als Ausdruck der horizontalen Komponente von Religionen von jedem neuen Religionsstifter in ihrer konkreten Ausformung neu festgestellt werden, sowie dass aufgrund der Einheit der Menschheit eine Ablehnung anderer wegen ihrer Religion unzulässig ist, so dass man ihnen nicht den Eintritt in die Religion verwehren dürfe. Auch wenn dieser Text keine grundsätzliche Auseinandersetzung mit dem Hinduismus ist, zeigen diese kargen Bezugnahmen auf den Hinduismus Wege für den späteren Umgang mit dieser Religionswelt. Ihre „innerweltlichen" Formen, soweit sie nicht mit „innerweltlichen" Formen des Bahā'ītums kompatibel sind, werden als Ausdruck der Vorläufigkeit einer früheren Religion gesehen, während das freundliche Verhalten von Hindus gegenüber Angehörigen anderer Religionen als angemessene Form auf dem Weg zur Verwirklichung der Einheit der Religionen gesehen werden kann. Ein Thema, das Bahā'u'llāh noch nicht angesprochen hat, ist die ausdrückliche Einordnung des Hinduismus in die Reihe der Religionen der fortschreitenden Offenbarung. Dies ist erst durch ᶜAbdu'l-Bahā geschehen, der erstmals Krishna als eine göttliche Manifestation erwähnt (vgl. Momen 1990: 7f.; Sours 2000: 123; Garlington 2006: 250). Damit ist für Hindus der Weg geöffnet, die eigenen Avatāra-Vorstellungen, d.h. dass sich der Hindu-Gott Vishnu in tierischer oder menschlicher Gestalt inkarniert (vgl. Hutter 2008: 126f.), als Interpretationsmodell auf Bahā'u'llāh zu übertragen. Obwohl im strikten Sinn die Bahā'ī-Lehre über die göttlichen Manifestationen nicht deckungsgleich ist mit dem Hindu-Konzept, demzufolge eine Gottheit in menschlicher Gestalt geboren wird, wird in Indien Bahā'u'llāh oft als Avatāra bezeichnet (Garlington 2006: 251, 257). Im Kontext der fortschreitenden Offenbarung ermöglicht das hinduistische Konzept, zwischen dem zukünftig erwarteten, zehnten Avatāra Kalki und Bahā'u'llāh insofern eine Brücke zu schlagen, als Bahā'u'llāh als Ankunft dieses Avatāras verstanden wird (vgl. Momen 1990: 33–37; Sours 2000: 124f.). Solche Berührungspunkte zwischen Bahā'ī-Traditionen und hinduistischen Vorstellungen dienen in der Begegnung zwischen Bahā'ītum und Hindutum dazu, den universalen Anspruch der Verkündigung Bahā'u'llāhs auch in Südasien zu verdeutlichen. In historischer Perspektive ist bemerkenswert, dass die Zahl der Bahā'ī in Indien bis in die 1960er Jahre kaum mehr als 1.000 Personen betrug und erst seit diesem Zeitpunkt ein sehr schnelles Wachstum der Religionsgemeinde eingesetzt hat. Durch die Errichtung des Hauses der Andacht in New Delhi, das mit seiner Lotos-Symbolik eine dem Hinduismus vertraute Symbolik aufgreift, hat die Religion zugleich ein sichtbares Zeichen eines Ortes der Begegnung mit Religionen im indischen Subkontinent geschaffen.

Vergleichbar zum Hinduismus spielt auch der Buddhismus in der Frühgeschichte der Bahā'ī-Religion keine Rolle, wobei meines Wissens in den Schriften Bahā'u'llāhs gar keine Andeutungen über den Buddhismus – wie auch über chinesische Religionen – zu finden sind. Eine der frühesten Aussagen über Buddha und Konfuzius finden wir bei ᶜAbdu'l-Bahā, der über diese beiden Gestalten der Religionsgeschichte Folgendes sagt (ᶜAbdu'l-Bahā, BF / 1977, # 43):

> Auch Buddha stiftete eine neue Religion, während Konfuzius die Sitten und alten Tugenden erneuerte; ihre Einrichtungen aber sind völlig zu-

> grunde gegangen. Die Glaubenslehren und Kultvorschriften der Anhänger Buddhas und des Konfuzius wurden nicht entsprechend ihren ursprünglichen Grundsätzen weitergeführt. Der Begründer des Buddhismus war eine wunderbare Seele. Er führte die Lehre von der Einheit Gottes ein, aber später gingen die ursprünglichen Grundsätze Seiner Lehren allmählich verloren, und törichte Gebräuche und Zeremonien entstanden und wuchsen, bis sie schließlich in der Anbetung von Statuen und Bildern endeten. ... Damit soll gesagt sein, dass die buddhistischen und konfuzianischen Völker heute Bilder und Statuen verehren. Sie wissen nichts mehr von der Einheit Gottes, sondern glauben an Götter ihrer Einbildung wie die alten Griechen. Anfangs war es aber nicht so, sondern es herrschten ganz andere Prinzipien und Gebräuche.

Damit unterscheidet ᶜAbdu'l-Bahā zwischen der Rolle von Buddha und Konfuzius, wobei zugleich eine gewisse Skepsis gegenüber dem Buddhismus nicht zu übersehen ist, die möglicherweise zeitbedingt ist. Die Kenntnis über den Buddhismus zu Beginn des 20. Jahrhunderts ging im Westen davon aus, dass der Buddhismus entweder eine „atheistische" Religion sei oder überhaupt „nur" eine Philosophie; genauso stellten damalige Beschreibungen des Buddhismus die Wertschätzung der buddhistischen Philosophie diametral den angeblich abergläubischen und magischen Praktiken der Bewohner buddhistisch geprägter Länder gegenüber. Solche Einschätzungen sind zwar nicht zutreffend, könnten aber ᶜAbdu'l-Bahās eher zurückhaltende Einstellung beeinflusst haben (vgl. Sours 2000: 129f.). Erst Shoghi Effendi (GGV / 1954, # 6:15) hat dadurch, dass er explizit Bahā'u'llāh als den wiedergekommenen Buddha Maitreya interpretierte, auch dem Buddhismus eine gleichwertige Rolle mit anderen Religionen aus dem Blickwinkel der Bahā'ī geschaffen. Der Buddhismus kennt die Erwartung, dass ein zukünftiger Buddha Maitreya in einem kommenden Weltzeitalter (*kalpa*) der buddhistischen kosmologisch-zyklischen Vorstellung auftreten und somit die Reihe der irdischen „Buddhas" fortsetzen wird. Dieser Buddha Maitreya wird die Religion, den buddhistischen Dharma, wiederum in „reiner" Form verkünden. Mit der zunehmenden Verbreitung von Bahā'ī in Südost- und Ostasien wurden die wenigen Aussagen, die ᶜAbdu'l-Bahā bzw. Shoghi Effendi über den Buddha gemacht haben, aufgegriffen, weil sie nicht nur ein Gespräch zwischen Bahā'ī und Buddhisten ermöglichen, sondern weil Bahā'ī trotz ihrer Abwendung vom formalen Buddhismus darin eine Möglichkeit sehen, den Buddha und buddhistisch geprägte kulturelle Praktiken auch in ihrer „neuen" Religion beizubehalten, um so einen Bruch mit der sie umgebenden Gesellschaft zu vermeiden. Dadurch wird die Gestalt des Buddha Maitreya für Bahā'ī in Hinblick auf den Buddhismus ein wichtiges Argument, die „Einheit der Religionen" zu betonen, auch wenn aus inner-buddhistischer Perspektive Buddha Maitreya „nur" den Buddhismus erneuern wird.

ʿAbduʾl-Bahās Wertschätzung des Konfuzius, den er gemeinsam mit Buddha nennt, warf für mehrere Bahāʾī die Frage auf, ob auch Konfuzius oder Laozi, der traditionelle Urheber des Daoismus (Hutter 2008: 72–74), göttliche Offenbarer oder Manifestationen sind. Shoghi Effendi hat die Frage dahingehend entschieden, dass diese beiden hervorragenden Gestalten der chinesischen Religions- und Kulturgeschichte keinen solchen Status besäßen. Über Laozi äußerte er sich in einem Brief an einen individuellen Gläubigen im Jahr 1939, dass Laozi kein Prophet sei (vgl. Hornby 1983: 502, # 1694), der Status von Konfuzius und Buddha wird in einem Brief an den Nationalen Geistigen Rat von Australien und Neuseeland im Jahr 1941 erläutert: Während Buddha ein Religionsstifter ist, wird Konfuzius nur als Begründer eines ethischen Systems und als großer Reformer gesehen (Hornby 1983: 501, # 1685). Somit ist aufgrund der Auslegungskompetenz eine offizielle Liste von neun Religionen durch Shoghi Effendi festgelegt worden, die aus der Perspektive der Bahāʾī als eigenständige Religionen der Welt gelten.

4.5.4 Offenheit und Inklusivismus

Die weltweite Verbreitung des Bahāʾītums hat die Lehren und den Verkündigungsanspruch Bahāʾuʾllāhs schrittweise in Kontakt mit anderen Religionen gebracht und die konkrete Umsetzung der dogmatischen Grundlage der Einheit der Religion im jeweils historischen und gesellschaftlichen Umfeld erfordert. Die skizzierten Positionen der Bahāʾī-Religion zu anderen Religionen können dabei zusammenfassend mit den Stichworten „Offenheit" und „Inklusivismus" charakterisiert werden.

Unter Offenheit verstehe ich das theologische Konzept der fortschreitenden Offenbarung, das es ermöglicht, ältere Religionen als vollgültige Religionen anzusehen, so dass daraus Bahāʾī-Aktivitäten resultieren, die Zusammenarbeit mit anderen Religionen suchen, um sich für die eine Welt zu engagieren und Benachteiligungen jeder Art zu überwinden. Rückwärts gewandt, das heißt im Blick auf „ältere" Religionen, ist dabei eine Liste von Religionen durch Shoghi Effendi benannt worden. Die Entstehung und Entwicklung dieser Liste ist aus religionswissenschaftlicher Perspektive zwar nachvollziehbar, aber sie ist nicht repräsentativ für die Vielfalt von Religionen. Daraus können mögliche Probleme im Kontakt mit Religionen entstehen, die nicht in dieser Liste aufscheinen, bzw. das Verhältnis zu solchen Religionen muss immer von Neuem theologisch durch Bahāʾī überdacht werden. Die rezente Verbreitung der Religion in Lateinamerika, aber auch in Süd- und Südostasien bringt Bahāʾī mit traditionellen Religionen in Berührung. Dabei entstehen neue Fragen, wie weit die Lehren und Zukunftserwartungen solcher Religionen durch die Bahāʾī-Religion erfüllt werden können.

Christopher Buck spricht in diesem Zusammenhang von einem kulturübergreifenden Messianismus („cross-cultural messianism"), der es erlaubt, Bahā'u'llāh mit den zukünftigen Heilsgestalten, die Religionen kennen und deren Kommen erwartet wird, zu vergleichen (Buck 1986: 157f.). Dieses Modell ermöglicht die Offenheit, dass Heilserwartungen solcher Religionen aus Bahā'ī-Perspektive eingelöst erscheinen, obwohl diese Religionen keine „Propheten" bzw. keine göttliche Manifestation im Sinne der Bahā'ī-Lehren aufweisen. Im strikten Sinn dürften solche Religionen nicht als göttliche Religionen gelten, doch sind sie Formen einer *praeparatio messianica*, einer messianischen Vorbereitung, die auf eine besondere Weise die Menschheit zur Annahme der Bahā'ī-Religion hinführt (Buck 1986: 171). Dieser Vorbereitungscharakter hilft den Bahā'ī, auf die religiöse Vielfalt der Welt offen zuzugehen, wobei diese Offenheit theologisch auch jene religiösen Traditionen erfassen kann, die außerhalb der neun Weltreligionen im Katalog Shoghi Effendis stehen.

Die Vorstellung, dass alle Religionen Ausdruck der einen göttlichen Religion sind, so dass die Bahā'ī-Religion Anteil an allen bisherigen Religionen hat und deren Lehren wiederum verkündet, kann man als Inklusivismus bezeichnen. Dieses inklusivistische Denken der Bahā'ī-Theologie ermöglicht einerseits die Rezeption religiöser Vorstellungen anderer Religionen im kultischen Alltag wie im interreligiösen Gespräch, andererseits fordert dieses theologische Denkmodell die Kritik von Nicht-Bahā'ī aus der Perspektive ihrer eigenen Theologie an der Bahā'ī-Religion heraus. In welchem Ausmaße daraus interreligiöse Spannungen oder interreligiöse Konflikte im gesellschaftlichen Kontakt der Religionen miteinander entstehen, hängt von den jeweiligen Theologien ab. Dabei ist festzuhalten, dass die Religionen Südasiens und Ostasiens, die ihrerseits eine größere Nähe zu inklusivistischem Denken aufweisen, als dies bei den monotheistischen Religionen der Fall ist, selbst dazu neigen, Bahā'u'llāh innerhalb des eigenen religiösen Deutungsrahmens zu verstehen. Dadurch kann ein Hindu oder Buddhist Bahā'u'llāh als göttliche Manifestation möglicherweise eher akzeptieren, was eine Erklärung für die größeren Wachstumsraten der Bahā'ī-Religion in Südasien und Südostasien sein könnte, verglichen mit der Zunahme der Bahā'ī in Ländern, die islamisch oder christlich geprägt sind. Denn diese beiden monotheistischen Religionen wie das Judentum weisen einen tendenziell exklusivistischen und „geschlossenen" Zugang zu anderen Religionen auf, da sie zwar eine eschatologische Heilsgestalt erwarten, allerdings eine außerweltliche Heilsgestalt, die nicht mit dem Anspruch Bahā'u'llāhs, dass die von allen Religionen erwartete Endzeit bereits innerweltlich angebrochen ist, in Übereinstimmung gebracht werden kann. Es liegt nahe, dass Anhänger der abrahamitischen Religionen – trotz oder auch wegen der größeren religionshistorischen Nähe zur Bahā'ī-Religion – den Anspruch der Bahā'ī, eine neue Weltreligion zu sein, und die inklusivistische Deutung der Geschichte der Religionen durch die Bahā'ī deutlicher zurückweisen, als dies bei Religionen, die historisch und typologisch der Bahā'ī-Religion ferner stehen, der Fall ist. Diese Spannung zwischen Offenheit und Inklusivismus charakterisiert dabei die Beziehung zwischen der Bahā'ī-Religion und den anderen Religionen und verlangt von Anhängern der Religionen immer erneut ein Überdenken der eigenen Theologie im gesellschaftlichen Kontext.

5. Anhang

5.1 Literaturverzeichnis

5.1.1 Quellen und offizielle Bahā'ī-Schriften

ᶜAbdu'l-Bahā: AP / 1995. Ansprachen in Paris, 8. revidierte Aufl., Hofheim.
—: BB / 1992. Briefe und Botschaften, Hofheim.
—: BF / 1977. Beantwortete Fragen, 3. Aufl., Hofheim.
—: BFor / 1975. Brief an Forel, Hofheim.
—: GGK / 1973. Das Geheimnis göttlicher Kultur, Oberkallbach.
—: WT / 1989. Wille und Testament, in: Bahā'u'llāh / ᶜAbdu'l-Bahā: Dokumente des Bundes, Hofheim, 21–65.
Bāb: AS / 1991. Eine Auswahl aus seinen Schriften, Hofheim.
Bahā'u'llāh: ÄL / 1980. Ährenlese. Eine Auswahl aus den Schriften Bahā'u'llāhs, zusammengestellt und ins Englische übertragen von Shoghi Effendi, Hofheim.
—: BA / 1982. Botschaften aus ᶜAkká. Offenbart nach dem Kitáb-i-Aqdas, Hofheim.
—: BSW / 1988. Brief an den Sohn des Wolfes, Hofheim.
—: FA / 2000. Fragen und Antworten, in: Bahā'u'llāh: Der Kitáb-i-Aqdas. Das heiligste Buch, Hofheim, 119–154.
—: GM / 1992. Gebete und Meditationen, Hofheim.
—: HV / 1988. Haft-vádí = The Seven Valleys = Die sieben Täler. Chihár-vádí = The four valleys = Die vier Täler, Hofheim.
—: KA / 2000. Der Kitáb-i-Aqdas. Das heiligste Buch, Hofheim.
—: KI / 2000. Das Buch der Gewissheit. Kitáb-i-Íqán, 4. völlig überarb. Aufl., Hofheim.
—: TU / 2006. The Tabernacle of Unity. Bahā'u'llāh's Responses to Mānikchī Sāhib and Other Writings, Haifa.
—: VW / 1982. Die Verborgenen Worte, Hofheim.
BIC [Bahā'ī International Community]: 1996a. Entwicklungsperspektiven für die Menschheit. Ein neues Verständnis von globalem Wohlstand, Hofheim [wiederabgedruckt in: NN (Hg.): 1996. Zukunftsfähig. Perspektiven einer Globalverträglichen Entwicklung, Stuttgart, 11–52].
—: 1996b. Wendezeit für die Nationen. Vorschläge zum Thema Global Governance, Hofheim [wiederabgedruckt in: NN (Hg.): 1996. Zukunftsfähig. Perspektiven einer Globalverträglichen Entwicklung, Stuttgart, 53–118].
—: 2005a. Closed Doors. Iran's Campaign to Deny Higher Education to Bahá'ís, New York.
—: 2005b. The Bahá'í Question. Cultural Cleansing in Iran, New York.
Shoghi Effendi: BA / 1974. Bahā'ī Administration, 7. erweiterte Aufl., Wilmette.

—: FB / 1947. The Faith of Bahā'u'llāh. A World Religion [http://www.bic-un.bahai.org/47–0701.htm].
—: GGV / 1954. Gott geht vorüber, 2. Aufl. 1979, Oxford.
—: NB / 1975–1991. Nabīls Bericht aus den frühen Tagen der Bahā'ī-Offenbarung. 3 Bde., Hofheim.
—: VTG / 1967. Der verheißene Tag ist gekommen, Frankfurt.
—: WOB / 1977. Die Weltordung Bahā'u'llāhs. Briefe von Shoghi Effendi, Hofheim.
UHG [Universales Haus der Gerechtigkeit] (Hg.): 1975. Bahá'í-Versammlungen und Neunzehntagefest, Hofheim.
—: 1985. Die Verheißung des Weltfriedens, Hofheim.
— (Hg.): 1990. Bahá'í-Wahlen. Heiligkeit und Wesensart. Eine Textsammlung der Forschungsabteilung, Hofheim.
— (Hg.): 1996. Der Gottesbund, Langenhain.
—: 2002. An die religiösen Führer der Welt, in: Bahá'í-Nachrichten, Juni 2002, 4–7.
—: 2003a. Das Jahrhundert des Lichts, Hofheim.
—: 2003b. Die Institution der Berater, Hofheim.

5.1.2 Sekundärliteratur

Afshari, Reza: 2008. The Discourse and Practice of Human Rights Violations of Iranian Baha'is in the Islamic Republic of Iran, in: Dominic Parviz Brookshaw / Seena B. Fazel (Hg.): The Baha'is of Iran. Socio-historical Studies, London, 232–277.
Åkerdahl, Per-Olof: 2002. Bahā'ī Identity and the concept of Martyrdom, Uppsala.
Amanat, Abbas: 1997. Pivot of the Universe. Nasir al-Din Shah Qajar and the Iranian Monarchy, 1831–1896, Berkeley.
—: 2008. The Historical Roots of the Persecution of Babis and Baha'is in Iran, in: Dominic Parviz Brookshaw / Seena B. Fazel (Hg.): The Baha'is of Iran. Socio-historical Studies, London, 170–183.
Arnaldez, Roger: 1986. Lāhūt and Nāsūt, in: The Encyclopaedia of Islam. Vol. 5: Khe-Mahi, Leiden, 611–614.
Badiee, Julie: 1989. Mark Tobey's City Paintings. Meditations on an Age of Transition, in: Journal of Bahá'í Studies 1, H. 4, 21–39.
Balyuzi, Hasan M.: 1973. The Báb. The Herald of the Day of Days, Oxford.
—: 1983–84. ʿAbdu'l Bahá. Der Mittelpunkt des Bündnisses Bahá'u'lláhs. 2 Bde., Hofheim.
—: 1991. Bahá'u'lláh. Der Herr der Herrlichkeit, Hofheim.
Barrett, Barbara J.: 1986. Die Bahais in Israel, in: Ariel 64, 37–56.
Beveridge, Kent: 1995. Frühe Begegnungen Mitteleuropas mit der Bahá'í-Geschichte, Hofheim (= Schriftenreihe der Gesellschaft für Bahá'í-Studien 1).
Borrmann, Kai: 2005. Das Aqdas, Würzburg.
Boyce, Mary: 1969. Manekji Limji Hataria in Iran, in: K. R. Cama Oriental Institute. Golden Jubilee Volume, Bombay, 19–31.

Brendle, Franz (Hg.): 2007. Gemeinsam beten? Interreligiöse Feiern mit anderen Religionen, Hamburg-Schenefeld.
Browne, Edward G.: 1891. A Traveller's Narrative Written to Illustrate the Episode of the Bāb. 2 Bde., Cambridge.
Buck, Christopher: 1986. A Unique Eschatological Interference. Bahá'u'lláh and Cross-Cultural Messianis, in: Peter Smith (Hg.): In Iran, Los Angeles (= Studies in Bábí and Bahá'í History 3), 157–179.
—: 1995. Symbol and Secret. Qur'an Commentary in Bahá'u'lláh's Kitáb-i Íqán, Los Angeles (= Studies in the Bábí and Bahá'í Religions 7).
Bushru'i, Suheil: 1995. The Style of the Kitáb-i-Aqdas. Aspects of the Sublime, Bethesda.
Chehabi, Houchang E.: 2008. Anatomy of Prejudice. Reflections on Secular Anti-Baha'ism in Iran, in: Dominic Parviz Brookshaw / Seena B. Fazel (Hg.): The Baha'is of Iran. Socio-historical Studies, London, 184–199.
Clauß, Alexander: 2008. Bahá'í in Deutschland. Ein Überblick über ihre gegenwärtigen Aktivitäten, in: Materialdienst der Evangelischen Zentralstelle für Weltanschauungsfragen 71, 220–226.
Cole, Juan R. I.: 1984. Bahá'u'lláh and the Naqshbandí Sufis in Iraq, 1854–1856, in: Juan R. I. Cole / Moojan Momen (Hg.): From Iran East and West, Los Angeles (= Studies in the Bábí and Bahá'í History 2), 1–28.
—: 1998a. Modernity and the Millennium. The Genesis of the Baha'i Faith in the Nineteenth-Century Middle East, Columbia.
—: 1998b. Autobiography and Silence. The Early Career of Shaykh al-Ra'īs Qājār, in: Johann Ch. Bürgel / Isabel Schayani (Hg.): Iran im 19. Jahrhundert und die Entstehung der Bahā'ī-Religion, Hildesheim, 91–126.
—: 2005. The Evolution of Charismatic Authority in the Bahā'ī Faith (1863–1921), in: Robert Gleave (Hg.): Religion and Society in Qajar Iran, London, 311–345.
—: 2006. Globalization and Religion in the Thought of ᶜAbdu'l-Baha, in: Margit Warburg / Annika Hvithamar / Morten Warmind (Hg.): Baha'i and Globalisation, Aarhus, 55–75.
Dustdar, Anja M.: 1999. Die Bahá'í-Religionsgemeinschaft Österreich, in: Österreichisches Archiv für Recht & Religion 46, 501–518.
Ekbal, Kamran: 1997. Daéná-Dén-Dín. The Zoroastrian Heritage of the 'Maid of Heaven' in the Tablets of Bahá'u'lláh, in: Moojan Momen (Hg.): Scripture and Revelation, Oxford, 125–169.
—: 1998a. Islamische Grundlagen des Kitāb-i Aqdas. Mit neuen Erkenntnissen zu seiner Datierung, in: Johann Ch. Bürgel / Isabel Schayani (Hg.): Iran im 19. Jahrhundert und die Entstehung der Bahā'ī-Religion, Hildesheim, 53–89.
—: 1998b. Der Messianismus des frühen 19. Jahrhunderts und die Entstehung der Bahā'ī-Religion, in: Johann Ch. Bürgel / Isabel Schayani (Hg.): Iran im 19. Jahrhundert und die Entstehung der Bahā'ī-Religion, Hildesheim, 159–186.
Eschraghi, Armin: 2004a. Frühe Šaihī- und Bābī-Theologie. Die Darlegung der Beweise für Muhammads besonderes Prophetentum (Ar-Risāla fī Iṯbāt an-Nubūwa al-Hāssa), Leiden.

—: 2004b. Die wichtigsten Ereignisse der Bagdad-Periode. Zum historischen Hintergrund der frühesten Schriften Bahā'u'llāhs, in: Beiträge des ᶜIrfán-Kolloquiums 2003, Hofheim, 19–46.

—: 2004c. Die frühesten Schriften Bahā'u'llāhs – Eine Übersicht (im Iran und Irak entstandene Schriften), in: Beiträge des ᶜIrfán-Kolloquiums 2003, Hofheim, 47–73.

—: 2005a. Studien zum Schrifttum des Bāb – 1. Teil: Die Koran-Auslegungen des Bāb, in: Beiträge des ᶜIrfán-Kolloquiums 2004, Hofheim, 7–46.

—: 2005b. Studien zum Schrifttum des Bāb – 2. Teil: Der Anspruch des Bāb in seinen frühen Schriften, in: Beiträge des ᶜIrfán-Kolloquiums 2004, Hofheim, 47–81.

Faizi, Abdu'l-Qásim: 1971. Das Sinnbild des Größten Namens. Eine Einführung, in: Bahá'í-Briefe 45, 1304–1314.

Fananapazir, Khazeh / Fazel, Seena: 1993. The Station of the Kitáb-i-Íqán, in: Bahá'í Studies Reviews 3/1, 55–63.

Farrokhzad, Babak: 2004. Der Fluss der Wahrheit. Endzeiterwartungen und Wahrheitsbeweise des Christentums und des Islam in Bahá'u'lláhs Kitáb-i-Íqán, Hofheim.

Fazel, Seena / Foadi, Minou: 2008. Baha'i Health Initiatives in Iran. A preliminary survey, in: Dominic Parviz Brookshaw / Seena B. Fazel (Hg.): The Baha'is of Iran. Socio-historical Studies, London, 122–140.

Fazel, Seena / Hassall, Graham: 1998. 100 Years of the Bahá'í Faith in Europe, in: Bahá'í Studies Review 8, 35–44.

Flasche, Rainer: 1977. Die Religion der Einheit und Selbstverwirklichung der Menschheit. Geschichte und Mission der Baha'i in Deutschland, in: Zeitschrift für Missionswissenschaft und Religionswissenschaft 61, 188–213.

Garlington, William: 2006. Indian Bahá'í Tradition, in: Sushil Mittal / Gene Thursby (Hg.): Religions of South Asia. An Introduction, London, 246–259.

Geertz, Clifford. 1983. Dichte Beschreibung. Beiträge zum Verstehen kultureller Systeme, Frankfurt.

Gollmer, Ulrich: 1995a. Zum Politikverständnis der Bahā'ī, in: Udo Schaefer / Nicola Towfigh / Ulrich Gollmer: Desinformation als Methode. Die Bahā'ismus-Monographie des F. Ficicchia, Hildesheim, 319–370.

—: 1995b. Das Testament ᶜAbdu'l-Bahās, in: Udo Schaefer / Nicola Towfigh / Ulrich Gollmer: Desinformation als Methode. Die Bahā'ismus-Monographie des F. Ficicchia, Hildesheim, 541–623.

—: 2006. Friedensbildung aus Sicht der Bahá'í, in: Werner Haußmann u.a. (Hg.): Handbuch Friedenserziehung. Interreligiös – Interkulturell – Interkonfessionell, Gütersloh, 153–158.

Gollmer, Ulrich / Towfigh, Nicola: 1995. Einige Aspekte der Bābī- und Bahā'ī-Geschichte, in: Udo Schaefer / Nicola Towfigh / Ulrich Gollmer: Desinformation als Methode. Die Bahā'ismus-Monographie des F. Ficicchia, Hildesheim, 453–540.

Gollmer, Werner: 1988. Mein Herz ist bei euch. ᶜAbdu'l-Bahá in Deutschland, Hofheim.

Gräb, Wilhelm: 2005. Clifford Geertz: Religion dicht beschreiben, in: Volker Drehsen / Wilhelm Gräb / Birgit Weyel (Hg.): Kompendium Religionstheorie, Göttingen, 204–215.

Gross, Netty C.: 1998. Bahá'í Ambitions, in: The Jerusalem Report, 26. Oktober 1998, 16–18.

Günzel, Angelika: 2006. Religionsgemeinschaften in Israel. Rechtliche Grundstrukturen des Verhältnisses von Staat und Religion, Tübingen.

Hart, Kerry: 1989. The Role of Music in the Advancement of Civilization, in: Journal of Bahá'í Studies 1, H. 1, 1–16.

Hassall, Graham: 2004. Outpost of a World Religion. The Bahá'í Faith in Australia, in: Peter Smith (Hg.): Bahá'ís in the West, Los Angeles (= Studies in the Bábí and Bahá'í Religions 14), 201–226.

Hofmann, Ingo: 2005. Klimawandel und Umwelt – Eine Herausforderung für die Religionen, in: Nationaler Geistiger Rat der Bahá'í in Deutschland (Hg.): 100 Jahre Deutsche Bahá'í-Gemeinde 1905–2005, Hofheim, 171–177.

Hollinger, Richard: 1984. Ibrahim George Kheiralla and the Bahá'í Faith in America, in: Juan R. Cole / Moojan Momen (Hg.): Studies in the Bábí and Bahá'í History. Bd. 2, Los Angeles, 96–108.

Hornby, Helen: 1983. The Lights of Guidance. A Reference File, New Delhi.

Hutter, Manfred: 1995. Der Kitáb-i-Aqdas. Kernstück der Lehren der Bahá'í-Religion, in: Materialdienst der Evangelischen Zentralstelle für Weltanschauungsfragen 58, 172–178.

—: 1998. Fortschreitende Offenbarung und Absolutheitsanspruch in der Bahā'ī-Religion, in: Bärbel Köhler (Hg.): Religion und Wahrheit. Religionsgeschichtliche Studien. Festschrift für Gernot Wießner zum 65. Geburtstag, Wiesbaden, 71–80.

—: 2000. Religionswissenschaft als Annäherung an Fremdes, in: Wolfgang Weirer / Reinhold Esterbauer (Hg.): Theologie im Umbruch. Zwischen Ganzheit und Spezialisierung, Graz, 117–130.

—: 2001. Pluralismus religiöser Minderheiten. Religionswissenschaftliche Grundlagen für einen gesellschaftlichen und katholisch-theologischen Dialog mit religiösen Bekenntnisgemeinschaften, in: Johann Hirnsperger / Christian Wessely / Alexander Bernhard (Hg.): Wege zum Heil? Religiöse Bekenntnisgemeinschaften in Österreich. Selbstdarstellung und theologische Reflexion, Graz, 203–216.

—: 2005a. Vom Offenbarungswort zur Heiligen Schrift. Zugänge zum Schrifttum Bahā'u'llāhs, in: Schriftenreihe der Gesellschaft für Bahá'í-Studien 8, 63–76.

—: 2005b. Manichaeism in Iran, in: Lindsay Jones (Hg.): Encyclopedia of Religion. Second Edition. Vol. 8, New York, 5659–5662.

—: 2005c. Religionsgeschichtliche Beobachtungen zur Verwendung der Bibel durch Bahā'u'llāh, in: Nationaler Geistiger Rat der Bahá'í in Deutschland (Hg.): 100 Jahre Deutsche Bahá'í-Gemeinde 1905–2005, Hofheim, 203–213.

—: 2008. Die Weltreligionen, 3. durchges. Aufl., München.

Iran Human Rights Documentation Center: 2006. A Faith Denied. The Persecution of the Bahá'ís of Iran, New Haven.

Kazemzadeh, Foad: 2005. Die Gemeinde in Deutschland heute, in: Nationaler Geistiger Rat der Bahá'í in Deutschland (Hg.): 100 Jahre Deutsche Bahá'í-Gemeinde 1905–2005, Hofheim, 89–105.

Käfer, Alex A.: 1988. Die Anfänge der Bahá'í-Gemeinde in Wien und anderen Städten Österreichs, in: Geistiger Rat der Bahá'í Wien (Hg.): ᶜAbdu'l-Bahá in Wien (18. bis 25. April 1913). Festschrift des Geistigen Rates der Bahá'í in Wien zum 75–Jahr-Jubiläum des historischen Besuches, Wien, 36–51.

—: 2005. Die Geschichte der österreichischen Bahá'í-Gemeinde, Berlin.

Keddie, Nikki R.: 1999. Qajar Iran and the Rise of Reza Khan 1796–1925, Costa Mesa.

Kingdon, Geeta Gandhi: 2003. Women's education: How does it matter?, in: Bahá'í Studies Review 11, 1–9.

Kondo, Nobuaki: 2005. The *Vaqf* and Religious Patronage of Manūchihr Khān Muᶜtamad al-Dawlah, in: Robert Gleave (Hg.): Religion and Society in Qajar Iran, London, 227–244.

Lambden, Stephen: 2006. The Messianic Roots of Babi-Baha'i Globalism, in: Margit Warburg / Annika Hvithamar / Morten Warmind (Hg.): Baha'i and Globalisation, Aarhus, 17–34.

Lawson, Todd: 1988. Interpretation as Revelation. The Qur'ān Commentary of Sayyid ᶜAlī Muhammad Shirāzī, in: Andrew Rippin (Hg.): Approaches to the History of the Interpretation of the Qur'ān, Oxford, 223–253.

Lundberg, Zaid: 2004. Bahā'ī and the Holy Land. Religiogenesis and Shoghi Effendi's *The Faith of Bahā'u'llāh: A World Religion,* in: Moshe Sharon (Hg.): Studies in Modern Religions, Religious Movements and the Bābī-Bahā'ī Faiths, Leiden, 299–317.

Maani, Dariush: 1998. Berg der Verheißung. Eine Begegnung mit der Tafel vom Karmel, in: Schriftenreihe der Gesellschaft für Bahá'í-Studien 5, 51–76,

—: 2005. Bahá'í-Religion und die islamische Mystik, in: Beiträge des ᶜIrfán-Kolloquiums 2004, Hofheim, 82–105.

MacEoin, Denis M.: 1989a. Azali Babism, in: Encyclopaedia Iranica 3, 179–181.

—: 1989b. Bayān, in: Encyclopaedia Iranica 3, 878–882.

—: 1992. The Sources for Early Bābī Doctrine and History. A Survey, Leiden.

Maneck, Susan Stiles: 1991. The Conversion of Religious Minorities to the Bahá'í Faith in Iran. Some Preliminary Observations, in: Journal of Bahá'í Studies 3, Nr. 3, 35–48.

Martinovitch, N.: 1933. Zoroaster and Abdul Baha, in: Jal Dastur Cursetji Pavry (Hg.): Oriental Studies in Honour of Cursetji Erachji Pavry, London, 293–295.

Mayer-Berdjis, Hermine: 2005. 100 Jahre Bahá'í-Religion in Deutschland, in: Nationaler Geistiger Rat der Bahá'í in Deutschland (Hg.): 100 Jahre Deutsche Bahá'í-Gemeinde 1905–2005, Hofheim, 49–59.

Meier-Floeth, Gisa: 2005. Das Bahá'í-Frauen-Forum, in: Nationaler Geistiger Rat der Bahá'í in Deutschland (Hg.): 100 Jahre Deutsche Bahá'í-Gemeinde 1905–2005, Hofheim, 135–141.

Mihrshahi, Robin: 2004. Symbolism in the Badi^c Calendar, in: Bahá'í Studies Review 12, 15–31.

Missaghian-Moghaddam, Fiona: 2000. Die Verbindlichkeitsbegründung der Bahā'ī-Ethik. Ihr theologischer Hintergrund im Schrifttum Bahā'u'llāhs unter besonderer Berücksichtigung des Kitāb-i-Aqdas, Frankfurt.

Momen, Moojan: 1982a. The Trial of Mullā ^{c}Alī Bastāmī: A Combined Sunnī-Shī'ī Fatwā against the Bāb, in: Iran 20, 113–143.

—: 1982b. Early Relations between Christian Missionaries and the Bábí and Bahá'í Communities, in: Moojan Momen (Hg.): Studies in the Bábí and Bahá'í History, Los Angeles, 49–82.

—: 1988. Relativism. A Basis for Bahá'í Metaphysics, in: Moojan Momen (Hg.): Studies in Honor of the Late Hasan M. Balyuzi, Los Angeles (= Studies in the Bábí and Bahá'í Religions 5), 185–217.

—: 1990. Hinduism and the Bahá'í Faith, Oxford.

—: 1991. The Cyprus Exiles, in: Bahā'ī Studies Bulletin 5–6, 84–113.

—: 1998. A Preliminary Survey of the Bahā'ī-Community of Iran during the Nineteenth Century, in: Johann Ch. Bürgel / Isabel Schayani (Hg.): Iran im 19. Jahrhundert und die Entstehung der Bahā'ī-Religion, Hildesheim, 33–51.

—: 1999/2000. Jamál Effendi and the early spread of the Bahá'í Faith in South Asia, in: Bahá'í Studies Review 9, 47–80.

—: 2003. The family and early life of Tahirih Qurrat al-'Ayn, in: Bahá'í Studies Review 11, 35–52.

—: 2008. Baha'i Schools in Iran, in: Dominic Parviz Brookshaw / Seena B. Fazel (Hg.): The Baha'is of Iran. Socio-historical Studies, London, 94–121.

Mürmel, Heinz: 2006. Einige Bemerkungen zu den Akten des Polizeipräsidiums Leipzig, Abteilung IV zur Überwachung der Bahā'ī-Gemeinde Leipzig in den Jahren 1934 – 1937, in: Schriftenreihe der Gesellschaft für Bahá´í-Studien 10, 51–92.

Nicolas, Alphonse L.M.: 1905. Le Béyan arabe, le livre sacré de Séyyèd Ali Mohammed dit le Bab, Paris.

—: 1911–1914. Le Béyan persan. 4 Bde., Paris.

Poostchi, Kambiz / Käfer, Alex: 2001. Die Bahá'í-Religion, in: Johann Hirnsperger / Christian Wessely / Alexander Bernhard (Hg.): Wege zum Heil? Religiöse Bekenntnisgemeinschaften in Österreich. Selbstdarstellung und theologische Reflexion, Graz, 11–23.

Rabbani, Ahang: 2003. Efforts to preserve the Remains of the Bab: Four Historical Accounts, in: Bahá'í Studies Review 11, 83–95.

—: 2004. The Bab in Shiraz. An Account by Mirza Habibu'llah Afnan, in: Bahá'í Studies Review 12, 91–127.

—: 2005. ^{c}Abdu'l-Baha in Abu-Sinan: September 1914 – May 1915, in: Bahá'í Studies Review 13, 75–103.

Roohizadegan, Olya: 1995. Olya's Geschichte, Bergisch Gladbach.

Rudolph, Kurt: 1994. Die Mandäer heute, in: Zeitschrift für Religionswissenschaft 2, 161–184.

Sabet-Sobhani, Ariane: 2000. Die politischen Botschaften des Religionsgründers Bahá'u'lláh. Ethik und Politik im Weltordnungsmodell der Bahá'í, Bamberg.

Saiedi, Nader: 2001. Logos and Civilization. Spirit, History, and Order in the Writings of Bahá'u'lláh, Bethesda.

Schaal, Stefan: 2005. Herausragende Persönlichkeiten der deutschen Bahá'í-Geschichte, in: Nationaler Geistiger Rat der Bahá'í in Deutschland (Hg.): 100 Jahre Deutsche Bahá'í-Gemeinde 1905–2005, Hofheim, 61–69.

Schaefer, Udo: 1993. Ethische Aspekte des Rauchens. Ein Beitrag zur Bahá'í-Ethik, Hofheim.

—: 1994. Die Freiheit und ihre Schranken. Zum Begriff der Freiheit in Bahá'u'lláhs Kitáb-i-Aqdas, Hofheim.

—: 1995. Beyond the Clash of Religions. The Emergence of a New Paradigm, Praha.

— (Hg.): 2000. Die Verfassung der Bahá'í-Gemeinde. Die Statuten der gewählten Institutionen, Hofheim.

—: 2001. Das Recht der Religionsgemeinschaft der Bahā'ī: Grundlagen, Prinzipien und Strukturen, in: Kirche und Recht 7, 197–226 (Nr. 220, 19–48).

—: 2002. Infallible Institutions?, in: Seena Fazel / John Danesh (Hg.): Reason and Revelation. New directions in Bahá'í thought, Los Angeles, 3–37.

—: 2007. Bahá'í Ethics in Light of Scripture. An Introduction. Vol. 1: Doctrinal Fundamentals, Oxford.

Scharbrodt, Oliver: 2005a. „Weder vom Osten noch vom Westen". Islam und der Westen in ᶜAbdu'l-Bahás „Das Geheimnis göttlicher Kultur", in: Beiträge des ᶜIrfán-Kolloquiums 2004, Hofheim, 106–129.

—: 2005b. Zwischen Verständigung und Vereinnahmung. Bahá'u'lláhs Manifestationstheologie und ihre Implikation für den interreligiösen Dialog, in: Schriftenreihe der Gesellschaft für Bahá'í-Studien 8, 35–62.

Schuckelt, Geraldine L.: 2006. Zur Geschichte der Dresdner Bahá'í-Gemeinde, in: Schriftenreihe der Gesellschaft für Bahá´í-Studien 10, 153–188.

Smith, Peter: 1996. A Short History of the Baha'i Faith, Oxford.

—: 2000. A Concise Encyclopedia of the Bahá'í Faith, Oxford.

Smith, Peter / Momen, Moojan: 1989. The Bahā'ī Faith 1957 – 1988. A Survey of Contemporary Developments, in: Religion 19, 63–91.

Sours, Michael: 2000. Without Syllable or Sound. The World's Sacred Scriptures in the Bahá'í Faith, Los Angeles.

Stiles, Susan: 1984. Early Zoroastrian Conversions to the Bahá'í Faith in Yazd, Iran, in: Juan R. Cole / Moojan Momen (Hg.): From Iran East and West, Los Angeles (= Studies in the Babi and Baha'i History 2), 67–93.

Stümpel, Isabel: 1998. Tāhira Qurrat al-ᶜAin, in: Johann Ch. Bürgel / Isabel Schayani (Hg.): Iran im 19. Jahrhundert und die Entstehung der Bahā'ī-Religion, Hildesheim, 127–143.

Taherzadeh, Adib: 1981. Die Offenbarung Bahá'u'lláhs. Bd. 1: Baghdád 1863–1863, Hofheim.

—: 1995. Die Offenbarung Bahá'u'lláhs. Bd. 4: Mazra'ih und Bahjí 1877–1892, Hofheim.

Tavakoli-Targhi, Mohamad: 2008. Anti-Baha'ism and Islamism in Iran, in: Dominic Parviz Brookshaw / Seena B. Fazel (Hg.): The Baha'is of Iran. Socio-historical Studies, London, 200–231.

Tober, Gilan: 2003. Ein eindeutiger Wortlaut als Auslegungshindernis? Zur Auslegung normativer Bahá'í-Texte, in: Schriftenreihe der Gesellschaft für Bahá'í-Studien 7, 95–128.

Tober, Tajan: 2005. Jenseitiges Seelenleben nach dem Zeugnis der Bahá'í-Offenbarung, in: Schriftenreihe der Gesellschaft für Bahá'í-Studien 8, 89–120.

—: 2008. Ein neues ius divinum? Zur Theologie des Rechts der Bahá'í, Frankfurt.

Towfigh, Emanuel V.: 2006. Die rechtliche Verfassung von Religionsgemeinschaften. Eine Untersuchung am Beispiel der Bahai, Tübingen.

Towfigh, Nicola: 1989. Schöpfung und Offenbarung aus Sicht der Bahā'ī-Religion anhand ausgewählter Texte, Hildesheim.

—: 2007. Das Gebet – Balsam für die Seele. Ein Beitrag der Bahá'í, in: Franz Brendle (Hg.): Gemeinsam beten? Interreligiöse Feiern mit anderen Religionen, Hamburg-Schenefeld, 63–71.

Towfigh, Stephan A.: 2006. Das Bahá'ítum und die Medizin. Ein medizinhistorischer Beitrag zum Verhältnis von Religion und Medizin, Frankfurt.

Vader, John Paul: 1984. For the Good of Mankind. August Forel and the Bahá'í Faith, Oxford.

Vahman, Fereydun: 2006. Iranian Nationalism and Baha'i Globalism in Iranian Polemic Literature, in: Margit Warburg / Annika Hvithamar / Morten Warmind (Hg.): Baha'i and Globalisation, Aarhus, 107–118.

—: 2008. The Conversion of Zoroastrians to the Baha'i Faith, in: Dominic Parvez Brookshaw / Seena B. Fazel (Hg.): The Baha'is of Iran. Socio-historical Studies, London, 30–48.

Van den Hoonaara, Will C.: 2003. A Survey of the Baha'i Faith in Africa from its Earliest Days to 1986, in: Bahá'í Studies Review 11, 10–34.

Viswanathan, Gandhimohan: 1996. Bahá'í Pilgrimage to Israel, in: Bryan F. Le Beau / Menachem Mor (Hg.): Pilgrims and Travellers to the Holy Land, Omaha, 269–284.

Von Both, Uta: 1987. Entwicklungsprojekte der Bahá'í-Weltgemeinde, in: Bahá'í-Briefe 53–54, 18–34.

Von Kitzing, Eberhard: 2004. Evolution oder Schöpfung – zwei sich ausschließende Konzepte?, Beiträge des ᶜIrfán-Kolloquiums 2003, Hofheim, 179–201.

Walbridge, John: 1989. Bahai Shrines, in: Encyclopaedia Iranica 3, 464–465.

Walther, Hansjörg: 2005. Gentechnik und Ethik im Rahmen der Bio-Politik. Auf der Suche nach einem ethisch vertretbaren Standpunkt, in: Beiträge des ᶜIrfán-Kolloquiums 2004, Hofheim, 130–162.

Warburg, Margit: 2006. Citizens of the World. A History and Sociology of the Baha'is from a Globalisation Perspective, Leiden (= Studies in the History of Religions 106).

Westerhoff, Bernhard: 1998. Altern in der Bahá'í-Gemeinschaft, in: Schriftenreihe der Gesellschaft für Bahá'í-Studien 5, 109–117.

Wießner, Gernot: 1992. Offenbarung II. Religionswissenschaftlich, in: Hans Waldenfels (Hg.): Lexikon der Religionen, Freiburg, 471–472.

Wilson, Robert G.: 2004. Mark Tobey, his art, and the Seattle Baha'i Community, in: Bahá'í Studies Review 12, 32–49.

Wright, A. H.: 1851. Der Bâb und seine Secte in Persien, in: Zeitschrift der Deutschen Morgenländischen Gesellschaft 5, 384–385.

Zabihi-Moghaddam, Siyamak: 2004. The Bābī-State Conflict in Māzandarān. Background, Analysis and Review of Sources, in: Moshe Sharon (Hg.): Studies in Modern Religions, Religious Movements and the Bābī-Bahā'ī Faith, Leiden, 179–225.

Zölzer, Friedo: 2005. Die Einheit der Religionen. Bemerkungen zur Position der Bahá'í im interreligiösen Dialog, in: Schriftenreihe der Gesellschaft für Bahá'í-Studien 8, 19–34.

5.2. Register

5.2.1 Zitierte Stellen

ᶜAbdu'l-Bahā: AP / 1995
\# 44:112–115   129
ᶜAbdu'l-Bahā: BB / 1992
\# 44   185f.
\# 129:4f.   166
\# 227:18   168
ᶜAbdu'l-Bahā: BF / 1977
\# 43   198, 209f.
\# 53   108
ᶜAbdu'l-Bahā: BFor / 1975
\# 17   110
\# 21   111

Bahā'u'llāh: ÄL / 1980
\# 27:1   108
\# 29:2   116
\# 43:6   181
\# 78   104
\# 80:2   177f.
\# 81:1   117f.
\# 81:2   115
\# 84:1   104f.
\# 95   113
\# 117   181
\# 119   187
\# 130:1   163
\# 134:2   165

Bahā'u'llāh: BA / 1982
\# 7:19   157
\# 8:60   43
\# 8:78   157
\# 8:8–12   107
\# 9:8   108
\# 9:25   97
\# 15:9   43, 98
Bahā'u'llāh: GM / 1992
\# 181   140
Bahā'u'llāh: KA / 2000
\# 1   114
\# 6   139
\# 31   142
\# 32   146
\# 33   179
\# 36   208
\# 37   120
\# 48   171f.
\# 51   190
\# 63   169
\# 85f.   183
\# 91f.   60f.
\# 99   96
\# 110   137
\# 122f.   164
\# 144   123

\# 149f. 101
Bahā'u'llāh: KI / 2000
\# 7   98
\# 101   37
\# 217–219   201
\# 233   129

Shoghi Effendi (Briefe)
UHG 1975: 41   134
UHG 1975: 45   133f.
Shoghi Effendi: GGV / 1954
\# V:8   149

\# 2:27–31   27
\# 6:12   200
\# 9:6   35f.
\# 15:11   47
\# 22:45   194
Shoghi Effendi: VTG / 1967
\# 30:2   188

UHG 1990
9   157
UHG 2002
7   124

5.2.2 Namen- und Sachregister

ᶜAbdu'l-Azīz, Sultan   38, 40, 183
ᶜAbdu'l-Bahā   30, 40–43, 46–50, 51–53, 57f., 69, 74, 79, 94, 99, 103, 111, 121, 133, 184, 198, 206f.
Abhā-Königreich   114f., 117
Abraham   105, 121, 198–200
Absolutheitsanspruch   119–122
Abu'l-Fazl Gulpāygānī   205f., 208
administrative Rechte   128
Ahmad Ahsā'ī   19f., 22
Ahmad Bahhāj   45
Ährenlese   89
ᶜAkkā   40–42, 46, 48, 50, 56–60, 73, 145
ᶜAlī-yi Bārfurūshī   24, 26, 28, 62
ᶜAlī-yi Bastāmī   24
Amulette   87
Annahme der Religion   128, 130
Ansprachen in Paris   49
Apia   142, 196
Arbeit   180
Askese   170, 180
Ašqabad   192f.
Auferstehung   20, 31, 90f., 116f.
Auslegung   125
Azalīs   41f., 44, 87, 132

Bāb   22–32, 42, 48, 53, 57, 83–88, 105, 119, 121, 131, 137, 182, 198

Bābī-Religion   30–31, 36, 39f., 44–46
Badasht   26
Badīᶜ-Kalender   87, 131–133
Bagdad   33, 35, 38, 49, 146
Bahā'ī-Frauen-Forum   168
Bahā'ī Institut für Höhere Bildung   66, 176f.
Bahā'ī International Community   162, 186
Bahā'ītum   14, 189
Bahā'ī-Zyklus   119
Bahā'u'llāh   31–44, 53, 57f., 73, 88–96, 105, 119, 121, 137, 198–200
Bahīya Khānum   47, 52, 144
Bahjī   43, 48, 58, 140, 146
Bayān   23, 26, 29, 30, 35, 42, 84, 86–88, 182
Beratung   128, 133f., 167, 185
Bericht eines Reisenden   46
Bern   81
Bettelei   180
Bibel   199–201
Botschaften aus ᶜAkkā   93
Brief an den Sohn des Wolfes   93f., 98
Buchreligion   89, 101f.
Buchstaben des Lebendigen   24, 26
Budapest   74f.
Buddha   105, 198

Buddhismus 209–211
Bundesbruch 128
Bundestheologie 105f., 114, 116, 121, 128

Chahār vādī, s. Vier Täler
Chihrīq 25f., 85
Christentum 10, 49, 57, 85, 105, 117, 121, 201–203, 212f.

Daēna 89, 207
Dalā'il-i Sabᶜih 87
Dänemark 10
Dawn Breakers 76
DDR 70f.
de Bons, Josef 79
Demokratie 183f.
Deutschland 49, 52f., 68–73, 76, 79, 138, 143, 150
Dshihād 29, 31, 36, 38, 182, 184

Edirne 38, 40
Ehe 169f., 172
Einheit der Menschen 114
Emanationslehre 107f.
England 49
Entwicklungsarbeit 174–177
Erklärung des Bāb 137
Erziehung 112, 115f., 168, 171–177
Esperanto 187, 189f.
Ethik 163f., 166, 174, 176
Ewiger Bund 105f., 114
Ewigkeit der Schöpfung 107

Famagusta 41, 44
Familie 169
Fāris Effendi 202
Fastenmonat 136
Fath ᶜAlī Shāh 18
Feste 133–139
Fischer, Edwin 68f.
Flüchtlinge 76f., 81
Forel, August 79f.
fortschreitende Offenbarung 118–122, 208, 212f.
Fragen und Antworten 98
Frankfurt 70

Frankreich 49
Frauen 162f., 168, 172
Freiheit 116, 164, 166
Friede 173, 186–188

Gebet 101, 139–142
Gebetshaltung 140
Gebetsrichtung 30, 58, 140, 142
Gebetszeiten 131, 139
Geburtenkontrolle 170f.
Geheimnis göttlicher Kultur 46
Gemeindeordnung 125–129
Genf 79f.
Geringerer Friede 187f.
Gesetze 93
gestaltendes Zeitalter 133, 149
Gesundheit 177f.
Gleichberechtigung 168
Goldziher, Ignaz 74
Gott geht vorüber 53
Gottesbild 103–106
göttliches Recht 125f.
Graz 75
Größerer Bund 106, 119, 121
Größter Friede 187f.
Größter Name 102f., 133
Größter Zweig 51

Haft vādī, s. Sieben Täler
Haifa 30, 40f., 48, 50, 55, 56–60, 88, 137
Hakīm Āqā Jān 202
Hände der Sache Gottes 53–56, 155f.
Häuser der Andacht 49, 142–144, 150, 158, 192–198
Haus des Bāb 61f.
Heilige Stätten 144–148
Heiliger Geist 110f.
Herrigel, Wilhelm 52, 69f.
Hinduismus 203f., 208f., 212
Hüter der Sache Gottes 53, 55, 155
Hüteramt 55, 126, 155
Huqūqu'llāh 143, 162, 179
Husain 33, 105
Husain Bushrū'ī, Mullā 23f., 31

Ibn al-Farīd 90
Ibn ᶜArabī 20, 109
Ibrahīm Khayrullāh 48
Imām 17, 20, 26, 27, 28, 33, 85, 90
Indien 24, 41, 53, 149, 173f., 207f.
Inklusivismus 211–213
Internationales Bahā'ī Archiv 58, 88
Internationales Lehrzentrum 59, 161
interreligiöser Dialog 122–125, 138, 173f., 200, 212f.
interskripturale Interpretation 97f.
Iran 56, 60–68
Isfahān 19f., 25, 42
Ishrāqāt 43
Islam 10, 14, 27, 49, 57f., 62, 84, 85, 92, 105, 117, 203f., 212f.
Israel 56–60, 64, 67
Italien 80

Jamāl Effendi 41, 207f.
Javān-Mard, Ustad 205
Jenseits 117
Jesus 105, 121, 198, 203
Juden 41, 50, 57f., 75, 201f.
Judentum 105, 117, 121, 199–204, 212f.
Jungfrau, himmlische 32, 89, 207

Kalender 30, 36
Kalimāt-i Maknūnih, s. Verborgene Worte
Kalligraphie 100–103, 191
Kampala 194f.
Karmel 30, 48, 57f., 121, 144, 146, 192
Kerbelā 21, 29, 33
Kermān 61
Kermānshāh 20, 33
Khālidī-Orden 34
Khātamī 67, 177
Khomeini 63
Khorasān 61
kitāb 95f., 101

Kitāb ar-Rūh 84
Kitāb-i ᶜAhd 42f., 47, 51, 94
Kitāb-i Aqdas 42, 57, 88, 92f., 100, 126
Kitāb-i Asmā' 87
Kitāb-i Badīᶜ 90f.
Kitāb-i Īqān 34f., 37, 87, 90, 100
Kleinerer Bund 106, 127f.
Knobloch, Alma 69, 74, 149
Kommentierung von Bahā'ī-Schriften 93f., 96–100
Konfuzius 210f.
Kontinentales Berateramt 161
Koran 23, 84f., 119, 199f., 203
Krishna 105, 198, 209
Kunst, visuelle 72, 111, 191f.

Landegg Academy 81
Langenhain 71, 143
Laozi 211
Lausanne 80
lawh 94f.
Lawh-i Aqdas 202
Lawh-i Haft Pursish 92, 205f.
Lawh-i Karmel 57
Lawh-i Mānikchī-Sāhib 92
Lawh-i Sultān 38
Lawh-i Tibb 178
Leipzig 70
Liechtenstein 80, 82
Locarno 79
Lokaler Geistiger Rat 53, 127, 158
London 54

MacKay, Edith 79
Mahdī 23, 34
Mahdī-Moschee 61
Mākū 25f., 85
man yuzhiruhu'llāh 31, 35, 39
Mandäer 198f.
Mani 119
Manifestation Gottes 105, 113
Mānikjī Limjī Hataria 204f., 208
Manūchihr Khan 85
Martyrium 29
Mashhad 20, 67
Massenerklärungen 150

Mazra'īh   41, 144
Medizin   177–179
Menschenbild   113–118, 167
Messiaserwartung   22, 202, 212
Mīrzā Āqā Jān   102
Mīrzā Buzurg-i Wazīr ʿAbbās   31, 62
Mīrzā Hādī Dawlatābādī   45
Mīrzā Husain ʿAlī Nūrī,   s. Bahā'u'llāh
Mīrzā Mahdī   144
Mīrzā Muhammad ʿAlī   43, 47, 51
Mīrzā Yahyā Nūrī,   s. Subh-i Azal
Mishkīn-Qalam   102
Monotheismus   104
Mose   105, 121, 198
Muhammad   85, 105, 119, 121, 198, 203
Muhammad Isfahānī, Sayyid   33
Muhammad Nabīl Zarandī, Mullā   52
Muhammad Shāh   29
Muhammad Taqī Isfāhānī, Sheikh   98
Muharram   27, 37, 39, 137
Munīra Nahrī   46, 144
Musik   190f.
Mutammim-i Bayān   44, 87
Mutterbuch   93, 95f.
Mystik   33, 90, 100f., 109–111, 121

Nāsir ud-Dīn Shāh   18, 29f., 32, 38, 183
Nationaler Geistiger Rat   53, 127, 158f.
Nationaler Geistiger Rat für Deutschland   70, 73, 143
Nationaler Geistiger Rat für die Schweiz   80
Nationaler Geistiger Rat für Österreich   75f.
Nationalismus   61–63, 187f.
Nationalsozialismus   70, 75f.
Naw-Rūz   132, 136
Neues Testament   91

neun   142, 198
neun heilige Tage   137f.
neunzehn   25, 30, 36, 131f.
Neunzehntage-Fest   130, 132–136, 186
New Delhi   142, 151, 192, 196f.

Ode über die Taube   90
Offenbarung   118, 125, 130, 163
Offenbarungsschrift   102
Ökologie   180f.
Österreich   53, 73–78

Panama City   142, 195f.
Petris, Hans   74
Pflichtgebet   101, 139
Pilger   41, 59, 61
Pilgerfahrt   33, 49, 57, 145–148
Politik   181–185
Pöllinger, Franz   74f.
Priester   130, 170
Propheten   105, 118f., 198
Prophetentum   85

Qadsharen   17f., 19, 22, 31f., 35, 38, 44, 173
Qayyūm al-Asmā'   23, 84, 181
Qazwīn   24f., 27
qibla,   s. Gebetsrichtung
Quddūs,   s. ʿAlī-yi Bārfurūshī
Qurrat al-ʿAyn   24, 27f., 37, 74, 202

Ramadan   131, 136
Rashh-i ʿAmā   89
Rashtī, Sayyīd Kāzim   20–23
Rechtsprechung   126f., 157f.
Regionale Bahā'ī-Räte   72, 159f.
Regionale Geistige Räte   159
Reichtum   180f.
Reinheit   165f., 179
Religionsreife   130
Reza Shāh Pahlavi   63f., 173, 184
Ridvān-Fest   67, 137
Ridvān-Garten   35f., 38, 55, 182
Ringsymbol   103
Risāl fī Itbāt an-Nubūwa al-Hāssa   85

Rituale   130
Root, Martha   75, 149
Rūhī Afnān   52
Ruhīya Khānum   52–54
Runder Tisch der Religionen   72

Sabäer   198f.
Sahba, Fariborz   191f.
Sahīfīh-yi ᶜAdlīyīh   85
Saᶜīd-i Hindī, Sheikh   24, 208
Santiago de Chile   142, 197
Schia   17, 22, 28f., 33, 35, 44
Schöpfung   104, 106–113, 165, 167, 180f.
Schöpfung aus dem Nichts   108f.
Schöpfung durch das Wort   107
Schrein des Bāb   144
Schulen   173–175
Schwarz, Albert   69f.
Schwarz-Solivo, Alice   69f.
Schweiz   49, 76, 79–82
Seele   21f., 114f., 117f., 171, 177f., 190
selbstständiges Suchen nach Wahrheit   127, 129
Semle, Fritz   79f.
Sendschreiben an die Könige   38, 182f.
Sendschreiben an Papst Pius IX.   202
Sexualität   170f.
Shāh Bahrām   206
Sharīᶜa   26, 28, 86
Sheikh Tabarsī   29
Sheikhismus   19, 21f., 24, 27, 31, 45, 88, 109, 111
Shīrāz   22f., 25, 30, 49, 61, 65, 144, 146
Shoghi Effendi   50–54, 58, 60, 99, 144, 149, 155f., 197f., 210f.
Sieben Täler   34, 90, 101
Siegel der Propheten   31
Sinai   121
Sīyāh Chal   32
Sohrāb Ahmad   52
Sonnenkalender   132
Sozialprojekte   116, 174–176
Stuttgart   49, 69f., 138f.

Subh-i Azal   31f., 33f., 36, 39–41, 44–46, 87
Sufi   34, 87, 190
Suhrawardī   20
Sulaymānīyya   33f.
Sūrat al-Amr   39, 91
Sūrat al-Damm   39, 91
Sūrat al-Haykal   92, 94
Sūrat al-Mulūk,   s. Sendschreiben an die Könige
Sydney   195

Tablet der Weisheit   107
Tabrīz   26, 30, 65
Tafsīr al-Kautar   85
Tafsīr Sūrat al-Baqara   84
Tafsīr wa'l-ᶜAsr   85
Tāhira,   s. Qurrat al-ᶜAyn
Tanumafili, Malietoa   196
taqīya   21, 34, 44
Teheran   61, 65, 67, 150, 178
Tobey, Mark   191
Totengebet   141

Übersetzungen   88
ᶜulamā   19
umm al-kitāb,   s. Mutterbuch
Universales Haus der Gerechtigkeit   51, 54–56, 58f., 76, 127, 155–160

Vambéry, Armin   74
Verborgene Worte   34, 37, 90, 101
Verbreitung der Religion   149–154
Verfolgung   56, 63–68, 79, 153f., 176f.
Verstand   113
Vier Täler   34, 90, 101
Vierter Pfeiler   85
Vollkommener Schiite   85

Wahlen   130, 156f., 185
Wahlrecht   128
Wahrheitsanspruch   119f., 121f.
Wallfahrt,   s. Pilgerfahrt
Welten Gottes   108f.

Weltkulturerbe 60
Weltordnung 93, 111
Weltreligionen 14f., 198f.
Weltreligionstag 138
Weltsprache 189
White, Ruth 52, 70
Wien 49, 74f.
Wille und Testament 48, 51, 70
Wilmette 49, 143, 193f.
Wirtschaft 179–181
Wissenschaft 111f., 129f.

Yaḥyā Dawlatābādī 45
Yazd 20, 42, 65, 204

Yūsuf-Sure 84

Zamenhof, Lidja 190, 202
Zanjān 29
Zarathustra 105, 198
Zayn'ul Muqarrabīn, Mullā 98
Zionismus 62
Zoroastrismus 10, 22, 41, 89, 92, 132, 136, 204–207
Zürich 80
Zusatztage 132
Zwillingsoffenbarung 39f., 52, 137